현대 아프리카의 이해

Matthew Graham 지음
김성수 옮김

명인문화사

현대 아프리카의 이해

제1쇄 펴낸 날 2020년 2월 24일

지은이 Matthew Graham
옮긴이 김성수
펴낸이 박선영
주 간 김계동
디자인 전수연
교 정 김유원
사 진 ⓒ 한양대 유럽-아프리카연구소, 김민경, 김성수, 김유경, 김유원, 김혜정

펴낸곳 명인문화사
등 록 제2005-77호(2005.11.10)
주 소 서울시 송파구 백제고분로 36가길 15 미주빌딩 202호
이메일 myunginbooks@hanmail.net
전 화 02)416-3059
팩 스 02)417-3095

ISBN 979-11-6193-028-2
가 격 25,000원

ⓒ 명인문화사

이 도서의 국립중앙도서관 출판예정도서목록(CIP)은 서지정보유통지원시스템 홈페이지(http://seoji.nl.go.kr)와 국가자료종합목록 구축시스템(http://kolis-net.nl.go.kr)에서 이용하실 수 있습니다. (CIP제어번호 : CIP2020005848)

. . . .

Contemporary Africa

Matthew Graham

간략목차

세부목차

도해목차

표

도표

사진

글상자

지도

저자서문

이 책은 환상적이지만 일반적으로 오해된 대륙인 아프리카에 대해 간략하지만 누구나 쉽게 아프리카를 이해할 수 있도록 작성된 안내서라 할수 있다. 이 책은 아프리카에 관한 기존의 가정에 기대지 않으려고 하였다. 아프리카의 역사, 주요 정치경제적 발전, 사회적 운동의 출현, 사회적 갈등의 원인, 그리고 대중문화에 대해 기초적이지만 엄격한 통찰을 통해 기술하고자 하였다. 이 책의 핵심적 목적은 아프리카에 대한 잘못된 개념을 바로잡고, 더 나아가 아프리카를 '단일한 이야기(single story)'의 프리즘으로 기술하려는 환원론적이고 잘못 알려진 대중적 인식을 극복하려 하는 데 있다.

다양한 주제와 사례에서 적절한 것을 추출해 쉽게 읽고 이해 가능하도록 간략한 텍스트로 전달하고자 하였으나 쉬운 일은 아니었다. 최대한 목적을 달성하기 위해서 모든 사례를 고려할 수 없다는 것을 밝히는바이다. 하지만 아프리카의 다양성을 설명하기 위래 가능한 최대한 사례를 제시하려고 노력하였기에 독자들께서는 누락된 사례에 대하여 널리 양해해 주시길 바란다. 저자에게 이 책을 쓰는 과정은 매우 즐거운일이었으며 동시에 아프리카에 대한 내 자신의 지식도 확장되었음을 밝힌다. 마찬가지로 독자들도 이 책을 통해 아프리카에 빠져들길 바라며, 앞으로 더 많은 지식을 추구할 수 있게 되길 바란다,

매트 그레이엄(Matt Graham)

역자서문

아프리카의 격몽(擊蒙)

킬리만자로의 표범, 사바나를 활보하는 맹수의 제왕 사자, 생존을 위해 사자의 눈을 피해 초원을 질주하는 얼룩말과 임팔라들. 거칠고 황량한 사막, 사막을 가로지르는 검은 피부와 붉은 천을 두른 마사이족 그리고 유목민들, 정치적 혼란과 테러, 난민들을 통해 전해지는 뉴스들 … 아프리카라고 하면 먼저 떠오르는 주요 이미지들이다.

광활한 자연은 현대 문명의 부러움이라면 후진적 정치와 낙후된 경제는 아프리카의 뒷골목이다. 아프리카는 정치·사회적으로 독재와 난민, 분쟁으로 인해 헐벗고 굶주린 어린 아이들로 표상된다.

정말 그럴까. 아프리카에 대한 생각들은 미디어를 통해 매개되고 증폭된 오해와 편견은 아닐까. 사실 아프리카에 대한 많은 이미지들은 미디어와 자칭 아프리카 구호단체들의 홍보를 통해 얻어진 것이다. 아프리카에 대한 우리의 무지는 실제보다 더욱 부풀려진 점이 많다.

이 책은 실재적이고 복합적인 아프리카의 모습을 담아내고자 하였다. 아프리카의 다양성과 문화를 획일하는 편협한 시선과 인식에서 벗어나 '미지의 대륙' 아프리카의 실체적인 모습을 담고자 하였다. 지구상 어느 지역보다 오랜 역사의 땅. 아프리카를 이해하기 위해 저자는 역사, 정치, 경제, 문화 그리고 미래에 대한 전망까지 담았다. 아프리카는 환상적인 땅이 아니다. 그렇다고 낙관적 미래만 있는 땅도 아니다. 어느 한쪽의 서사에 기대지 않고 열린 시선으로 모든 것을 검토하였다. 이 책은 아프리카를 보여주는 것이다. 있는 그대로 보여주고자 하였다. 아프리카를 설명하는 여러 사례와 지표, 이론과 문헌을 통해 아프리카의 구석구석을 비추어 보았다. 그런 점에서 이 책은 아프리카에 대해 바로 보기를 제안한다. 파편화된 이미지와 단절하고, 깊이 있는 이해를 제공해 준다. 아프리카가 어떤 곳인지를 스스로 깨달을 수 있도록 하는 안내서이자 길라잡이이다.

한반도와 아프리카는 오랜 역사적 관계가 있었다. 오랜 역사에도 불구하고 한국과 아프리카의 교류가 별로 없다는 점은 다소 의아한 부분이다. 한국전쟁에 많은 아프리카 국인들이 참전하였다. 1970, 1980년대 아프리카와 교류도 비교적 활발하였다.

하지만 오늘날 한국과 아프리카 사이의 교류는 그리 발전하지 못하였다. 거리가 멀다는 것도 한 이유가 될 것이다. 하지만 접점도 적지 않다. 식민지배의 경험, 독립, 민주화 과정 등의 정치적 궤적을 밟아왔고, 급속한 경제성장과, 사회·문화적 발전을 경험하고 있다는 점에서 한국과 아프리카는 역사적으로 공통되는 요소가 결코 적다고 할 수 없다. 역설적으로 현재의 관계는 향후 한국과 아프리카의 발전 기회가 무궁하다고 할 수 있다는 점을 시사한다.

아프리카는 오랜 부진을 끊고 세계 경제의 한 축으로 떠오르고 있다. '부상하는 아프리카(Rising Africa)'는 우리나라의 경제발전에도 긍정적인 영향을 미친다. 아프리카의 지속적인 경제성장률과 낮은 수준의 인프라스트럭처, 아프리카 곳곳에 확산 중인 모바일 경제, 인구의 폭발적 증가세, 교육 수준과 시설 향상의 필요성, 보건·의료의 취약함, 관광자원의 발굴과 상품화, 기후변화에 대응하는 자세 등은 한국의 경제발전 성과를 아프리카 발전과 접목하여 새로운 가능성을 열어주고 있다.

한국과 아프리카가 상호 교류하고 협력할 영역은 무한하다. 최근 아프리카에서도 휴대전화와 전자제품 그리고 K-팝, K-드라마를 비롯하여 뷰티, 관광, 음식 등의 상품과 서비스가 소개되어 인기를 얻고 있다. 아프리카에서 보여준 한국제품과 한류는 한국을 단순한 경제발전 국가에서 경제와 문화가 강한 나라라는 인식을 심어주었다. 한국과 아프리카는 지리적 거리에도 불구하고 경제적, 정서적, 문화적으로 가까워지고 있는 것도 현대 아프리카의 다양성과 경제발전이 한국의 발전과정과 상당히 비슷하다.

보다 협력적인 관계를 위해서는 발전된 관계 개선이 필요하다. 공적개발원조국, 난민구제와 기아퇴치 등과 같은 시혜적인 위치에서 벗어나 보다 동등하게 호혜적인 협력관계를 모색해야 할 시점이 되었다. 협력적 관계가 형성된다면 상호 시너지 효과도 매우 높을 것이다. 발전가능성을 가능성에서 그치지 않고, 실천하기 위해서는 보다 실재적이고 객관적인 '현대 아프리카'에 대한 기본적인 이해가 필요하다. 이 책은 아프리카와 만나는 낯선 독자들을 위한 친절한 안내서이다.

실체에 접근하고자 하였다. 카메라 렌즈를 통해 보이는 낭만적인 아프리카 자연의 풍경에서 벗어나고, 원조와 도움을 제공하는 수혜자의 시선을 극복하여, 아프리카를 실체적으로 인식하는 것이 필요하다. 프레임이라는 장막을 걷고, 무궁무진한 가능성의 대륙으로서 아프리카를 이해해야 한다. 이을 통해 교류를 증진하고 상호간 협력과 발전을 모색할 수 있는 텍스트가 될 것이다. 관련 연구자들과 사회문화, 기업관계자, NGO 행동가들에게 아프리카에 대한 보다 심도 있는 분석을 위한 기본 자료로 활용할 수 있을 것이다.

어려운 상황속에서 꼭 필요한 책을 번역할 기회를 만들어준 명인문화사의 박선영 대표와 꼼꼼하게 편집을 맞아주신 전수연 디자이너 그리고 김유원씨에게 감사드린다.

새로운 것은 언제나 새롭고자 하는 마음에 있는 것이다. 아프리카가 꿈에서 깨어나듯이, 아프리카를 바라보는 우리도 과거의 틀에서 깨어나야 한다. 믿고 의지가 되었던 장인어른께서 입버릇처럼 하시던 말씀이시다. 안주하지 않고, 바른 길로 나아가며, 내가 잠들지 않았는지를 살펴야 한다는 아버님의 말씀을 독자와 함께 나누고 싶다.

2020년 2월
역자 김성수

제1장

아프리카란
무엇인가?

아마도 아프리카는 세계에서 사람들이 가장 잘못 생각하는 지역일 것이다. 비록 사람들에게 엄청난 관심과 주목을 받고 있으나 그 다양성과 복합성을 고려하지 않은 채 몇몇 현상과 사건들만으로 잘못 대표되는 지역이며, 일반화 시키려는 시도가 이루어지고 있는 곳이기도 하다. 아프리카는 10억 명 넘는 사람들의 고향이며 2,000가지 언어를 사용하는 (2017년 UN 기준) 지구상에서 가장 언어적으로 다양한 곳이다. 그럼에도 아프리카는 동일한 경제적인 환경과 문화적인 배경을 가진 지역으로 서방에 인식되어 왔다. 아프리카는 워낙 크기 때문에 그 안에 존재하는 다양성을 모든 의미를 완벽히 이해하는 것은 불가능에 가깝다. 따라서 사람들은 과도한 단순화를 통해 설명하려고 한다. 나아가 일견, 아프리카의 발전은 지속적이지 않은 것으로 보이며 권위주의, 부패, 국가 몰락과 관련된 것들이 '아프리카'의 특성으로 간주되기도 한다. 따라서 아프리카를 잘 모르는 이들은 아프리카에서 일어나는 이러한 일들이 전부인 것처럼 이해하게 된다. 아프리카의 얽히고설킨 복합성을 일관되게 (혹은 단일하게) 이해하고자 사람들은 환원론적인 설명을 선호하게 된다. 이런 현상은 아프리카에서 왜 그런 일이 일어났는지에 대한 원인이 생략된 채 상투적인 수준의 해석만을 남게 했다. 아프리카에서 어떻게, 왜 그러한 일들이 발생했는지 원인에 대해 주목하기보다 단순한 결과만 바라보는 실수를 범하게 된다.

이 책은 이런 단순한 시각에서 탈피해 아프리카에 대한 대안적 사고를 제공하기 위해 기획되었다. 그리고 아프리카에 존재하는 차이들이 얼마나 다양한지, 그러한 차이들이 얼마나 많은지 이 책에서 집중적으로 소개하고자 한다. 아프리카 대륙은 정치적, 역사적, 경제적, 사회적, 그리고 문화적으로 연구할 주제가 많은 깨끗한 캔버스와 같은 곳이다. 비록 이 책이 아프리카의 다양성(Heterogeneity)을 강조하겠지만 그러한 다양성과 차이는 효율적이거나 직관저인 비교를 통해서만 가능하다고 전제하지는 않을 것이다. 역사적이고 정치적인 궤적을 따라가다보면 아프리카는 놀랄만한 공통된 유사성도 존재한다. 유럽의 식민지 경험을 공유하거나, 다양한 형태로 정치와 경제적 시스템을 실험해왔다는점 등이 그렇다 (성공의 정도는 다양하게 나타날 수 있지만). 그러한 실험은 취약한 통치체제나 갈등과 엮이면서 도전받고 좌초되기도 하였으며, 아프리카 전역에서 민주주의의 공고화와 빠른 경제성장으로 나타나기도 하였다. 결과적으로 이 책은 풍부하면서 다양한 사례(Tapaestry, 다양한 색실로 엮은 직물로서 다양성에 대한 은유적 표현 - 역자 주) 연구를 제공하게 될 것이며 독자들로 하여금 아프리카에 대한 폭넓은 지식을 얻을 수 있게 할 것이다. 그리고 독자들이 관련 아이디어나 이슈를 비판적으로 연구할 수 있도록 도울 수 있을 것이다.

이 책의 핵심적인 목적은 단순하고 환원론적 가정을 배격하고 현대 아프리카의 사회적, 경제적, 정치적, 문화적 구성에 대한 이해를 제공하는 것이라고 할 수 있다. 아프리카 대륙이 현재의 모습을 갖추게 된 이유에 대해 천착함으로써 아프리카에 대한 명료하지만 매우 중요한 설명을 제공하고자 한다. 통치체제, 경제시스템들, 문화에 대한 다양한 주제를 설명할 것이며 그럼으로써 아프리카에 대한 입문적 지식을 제공할 수 있을 것으로 본다. 이 책은 이러한 주제들에 대해 사전지식이 없는 독자들을 대상으로 한다는 가정에서 쓰여졌다. 박스로 표시한 사례연구(본문에서 '글상자')와 지도, 그래픽, 이미지 등 일련의 보충자료를 통해 (전 아프리카를 통틀어) 매우 중요하고 다양한 핵심 포인트들을 짚어나갈 것이다. 이러한 보충자료들은 아프리카의 자세한 양상을 이해하는 데 큰 기여를 할 것이라고 생각한다. 이 책의 이러한 구조는 독자로 하여금 책을 넘나들게 해주며, 핵심 포인트를 집중적으로 이해할 수 있고 추후 연구를 어떻게 해야 할지에 대한 명확한 지침을 제공해 줄 수 있을 것이다. 하지만 이 책은 상대적으로 짧은 편이어서 넓은 주제를 다 다루기에 한계가 있으며 광활하고 복합적인 대륙인 아프리카를 총체적으로 설명하기에도 불충분한 것이 사실이다. 이해하겠지만, 아프리카에 관해 모든 것을 설명하거나 논의할 수 없기에 대륙을 포괄적으로 설명할 수 있는 적절한 사례를 주의 깊게 선택하였으며 이것을 통해 가장 전반적 이해가 가능하도록 노력하였음을 밝힌다. 이러한 목적을 달성하기 위해 사례와 주제 문제를 선별할 수밖에 없었으며, 따라서 이 책은 총체적이라기보다 선택적일 수밖에 없다고 고백한다. 하지만 한정된 항목이나 다수의 사례 그리고 복잡한 학문적 논쟁을 다루는 것이 이 책의 목적이 아니다보니 아프리카에 대한 넓지만 세밀한 기초적 이해를 도모하는 데 집중하고자 한다. 책의 내용과 평가에 대해 전체적으로 독자들이 비판적으로 접근할 수 있으며 생각할 수 있는 여지를 마련해 주고자 하였으며, 이것은 저자의 의견과 판단에 대해서도 마찬가지이다. 이 책은 아프리카에 대한 최종적인 설명이 아니라 출발점일 뿐이다.

이 장의 마지막 부분에 제시된 실질적인 주제를 다루기 전에 두 가지 쟁점을 먼저 검토해 보고자 한다. 첫 번째 부분은 무엇이 아프리카의 현재의 모습을 만들었는지 논의하는 것으로서 아프리카의 구성과 관련된 몇몇 아이디어를 검토해 볼 것이다. 이것은 매우 중요한 부분으로써, 이 책에서 다루는 '아프리카'가 의미하는 것이 무엇인지 명확한 이해를 제공해 줄 것이다. 한편으로 '아프리카'라는 용어에 대한 다양한 접근에 대한 본질을 드러낼 것이다. 두 번째 부분은 아프리카의 맥락 내에서 '거대 서사(Grand Narrative)' 개념에 초점을 맞출 것이다. 여기서는 '아프리카 비관주의(Afro-pessimism)'나 '아프리카의 부상(Africa Rising)'과 같은 용어가 아프리카 전반에 대한 이해를 확립하는 데 왜 무용하며 도움이 되지 않는지도 설명하고자 한다.

아프리카란 무엇인가?

아프리카를 객관적으로 설명하기 위하여 이러한 질문으로 시작하는 것은 이상할지 모른다. 꽤 단순한 정답을 가진 것으로 보이기는 하지만 맥락, 역사적, 시대적 틀, 개인적 관점에 따라 나타나는 아프리카에 대한 그림은 보이는 것보다 복잡하다. 사실 이 질문은 합의된 답이 있는 것이 아니고 확실하면서도 단순한 답이 있는 것도 아니다. 세계 도처의 사람들에게 이 질문을 하게 되면 다양한 답을 내놓을 것이다. 아프리카 거주자를 포함해서, 세계 여러 사람들에게 '아프리카'의 의미는 천차만별이며, 그 구성과 대표성에 대해서도 마찬가지이다. 이러한 혼란은 어디서 기원했으며, 북쪽으로 지중해 연안부터 남쪽으로 대서양과 인도양이 합쳐진 곳까지 이르는 우리가 알고 있는 아프리카 전체 영토는 언제부터 획정되었을까? 간단히 말해 아프리카에 대한 정의의 경합은 지리적, 정치적, 문화적, 학문적 해석에 따라 다양하게 발생한다. 아프리카의 실체에 대한 인식은 시대에 따라 지속적으로 변화한 것이 사실이다. 하지만 분명한 것은 유럽 식민주의의 개입 이후 최종적으로 만들어진 모습이 오늘날의 아프리카라고 할 수 있다. 현재의 아프리카의 정치적으로 획정된 지도(Political Map)는, 몇몇 예외가 있긴 하지만, 19세기 말에 외세에 의해 만들어진 것이다. 이러한 정치적 지도는 문화적, 인종적, 언어적 유사성 혹은 지리학적 현실과는 거의 관련이 없다. 마즈루이 (Ali Mazrui, 2005, 70)는 근대에 생겨난 아프리카 개념을 강조해왔는데, 그에 따르면 "유럽의 개념화와 지도법이 아프리카를 단순화하여 하나의 대륙으로 바꾸었다. … 아프리카 정체성을 개념화한 것은 유럽이었다." 이처럼 국가와 이렇듯 인위적 구성은 대륙에 막대한 영향을 주었다. 반드시 기억해야할 것은, 현재와 같은 아프리카의 정치적 지도가 아직도 변화되고 논쟁적이며 상대적으로 최근의 현상이라는 점이다. 간단한 예로 남수단은 2011년에 독립국가가 되었다.

우리는 아프리카를 어떻게 개념화해야 할까? 결론에 이르기까지 풀어야 할 문제들이 많다. 첫 번째 딜레마는 아프리카 대륙의 모든 국가들을 아프리카의 한 부분으로 고려해야 하는가 하는 문제이다. 모로코, 튀니지, 알제리, 리비아, 이집트와 같은 북아프리카국가들은 명확히 대륙 영토 내에 속하는 것으로 볼 수 있다. 하지만 많은 경우, 해당 시민들을 포함하여, 이러한 나라들은 아프리카 나머지 지역과 구분되고 분리된 곳으로 간주되기도 한다. 북아프리카국가들의 유사성은 대개 아랍 세계와 관련이 있으며, 이것은 이슬람과 아랍의 영향력의 확대에 기인한다 하겠다. 매우 다른 두 세계를 구분 짓는 표식과도 같은 것이 사하라(사막)일 것이다. 방대한 주류의 학술연구들이 이러한 접근을 취하고 있으며 전통적 의미의 아프리카에 대한 연구라고 하면 사하라이남 지역에 관한 연구에만 초점을 맞추고 있다. 이러한 데에는 여러 이유가 있겠지만, 특히 직접적인 비교분석을 하기 위한 편의성이 내포되어 있다고 볼 수 있다. 하지만 이 책에서는 아프리카 모든 나라들이 분석에 포함되어야 함을 강조하고자 한다. 비록 아프리카대륙의 부분으로써 주요한 주목을 받지 못한다 하더라도 그들 나라들은 아프리카의 한 부분임에 틀림없기 때문이다.

많은 이들이 연구에서 제외시키고 있는 상황에서 왜 북아프리카를 연구와 분석에 포함시켜야 하는가? 무엇보다도, 명백한 차이에도 불구하고 북부와 남부 사이에는 역사적이고 현대적인 연결고리가 존재한다는 것이다. 사하라 사막을 넘나들면서 이루어지는 종교의 전파, 사람들의 이주, 상호 연결된 경제적 시스템들이 바로 그것이다. 우리의 연구와 분석에 북아프리카를 반드시 결합시켜야만 하는 적절한 이유를 살펴본다면 다음과 같다. 북아프리카국가를 연구의 프레임에 포함시킴으로써 아프리카의 현대적(Modern) 이슈에 대한 이해와 해석의 폭이 넓어질 것이다. 증가하는 종교갈등, 이슬람 마그렙(Maghreb, 모로코, 알제리, 튀니지에 걸친 지방을 통칭 – 역자 주) 지방에서 알카에다 같은 초국가적 테러집단의 등장, 리비아 국가 제도의 붕괴, 그리고 유럽으로 떠나기 위해 북아프리카 지역에 도착한 사하라이남 아프리카 이주민의 홍수 등과 같은 이슈들 말이다. 이러한 현상은 서로 무관하게 발생하는 것이 아니며 사하라 북쪽 지역과 남쪽 지역 모두에 심대한 영향을 미치고 있다. 두 번째로 유럽은 전체로서 아프리카 대륙을 자신들이 원하는 식으로 개념화하였으며 1870년대 이집트 위기 이후 식민지 쟁탈전에 나서게 되었다는 점이다. 당시 이집트는 런던과 파리에 불어난 빚을 갚을 능력을 잃게되자 국가 재물과 기반시설을 영국과 프랑스에 넘기게 되면서 주권이 손상되는 결과로 이어지게 되었다. 이러한 약탈은 영토침탈의 심화로 번져가 그들이 대륙을 분할할 때 기존의 국경선은 고려의 대상조차 되지 못했다 (Sanderson, 1985, 96-100).

세 번째로, 더욱 문제가 되는 것은, 유럽에 의한 인위적 영토 획정은 인종과 종교에 근거했다는 점이다. 북부의 아랍인과 무슬림, 이와 대조적으로 남부는 흑인, 기독교인이라는 기준이다 (Cooper, 2002, 11). 하지만 지도상에서 이러한 기준에 따른 구분은 존재하지도 않고 납득할만한 이유를 가지고 있지 않다. 그리고 이 같은 일반화는 엄격한 역사적 사실에 기반한 것도 아닌 것이다. 더 나아가 인종에 따라 사람들을 범주화하거나 '블랙 아프리카'와 같은 꼬리표를 붙이는 것은 동일한 하나의 아프리카로 보편화하려는 신화와 함축적 의미를 오히려 강화 시키고 있다. 네 번째로 아프리카 대륙의 다자간 기구인 아프리카연합(AU: African Union)에 모든 국가가 가입되어 있다는 점이다. 과거에 알제리와 리비아는 범아프리카 대륙적 사안에 역동적이고 열정적인 역할을 담당해왔다. 1962년 독립 이후 알제리는 아프리카 자유운동의 선도적인 역할을 담당하였으며 활발하게 다른 아프리카국가들을 도왔다. 그리고 전 리비아 대통령이었던 카다피는 범아프리카주의의 열정적 신봉자였으며, 1990년대 후반 새롭게 AU로 변모한 대륙연합이라는 이상을 추진하는 데 중요한 역할을 하기도 하였다. 한편 그는 사하라이남 국가들의 국내 정치에도 적극적으로 개입한 바 있다. 이 두 국가의 정치엘리트는 확실히 나머지 아프리카국가들과 스스로를 동일시하고 있다.

두 번째 지리적, 정치적 이슈는 아프리카의 도서 국가의 지위에 대한 것이다. 내륙 영토는 고정되어 있고 쉽게 확인 가능하지만, 대서양과 인도양에 위치한 영토는 아프리카의 한 부분이라고 할 수 있는가? 아프리카 지도에서 마다가스카르(Madagascar)는 포함되지만, 동시에 다른 5개 섬 국가들(카보 베르데[Cape Verde], 코모로스[Comoros], 모리셔스[Mauritius], 상투메 프린시페[São Tomé Príncipe], 그리고 세이셸[Seychelles])은 무시된다. 특히 인도양에 속해 있다는 점에서 이들 섬 국가들과 본토 사이에 엄격한 구분이 존재하지만, 이들 나라들은 의식적으로 아프리카통일기구(OAU: Organisation of African Unity)에 가입했었으며, 따라서 대륙의 발전에 그들 자신의 국가의 발전을 정치적으로 연동하려 하고 있다. 이들 국가들은 현대 아프리카의 통합된 한 부분으로 고려되어야 하며 잊혀져서는 안 된다. 하지만 아프리카 주변의 몇몇 섬들과 소수민족은 대륙에 속하지 않는다는 것에 주의할 필요가 있다. 예를 들어, 프랑스의 해외 데파르트망(프랑스와 프랑스 식민지였던 나라에서 쓰는 지방 행정구역의 가장 큰 단위 주[州] − 역자 주)인 레위니옹(Réunion)과 마요트(Mayotte)는 식민지배의 직접적 유산일 뿐이다. 따라서 그들의 지리적 위치에도 불구하고 프랑스 공화국에 속하는 것으로 간주되어야 하며, 파리로 국회의원들을 보내며 심지어 유로를 사용하는 한 프랑스 공화국의 일부분으로 남게 될 것이다. 마찬가지로 북아프리카에서도 유럽 확장주의로 발생한 지역이 있으며, 스페인이 통치하고 있는 영토인 세우타(Ceuta)와 멜리야(Melilla)는 지리적으로는 모로코에 위치한 도시국가들이다. 비록 모로코는 그 지역이 식민지였다는 전제에서 다시 (역자 보충: 본래의) 영토로 귀속시켜 달라는 청원을 지속하고 있지만 16세기 이후 그 지역은 스페인 지배하에 있었다는 점을 감안하면 라바트(모로코 수도 − 역자 주)의 영토적 지배에 대한 역사적 주장은 그리 명확해 보이지는 않는다.

아프리카의 전체 그림을 복잡하게 만드는 마지막 이슈는 대륙 내 국가의 수가 명확하지 않다는 것이다. 공식적 국가 수는 이견이 있으며 그 결과 맥락에 따라 그 숫자는 다양하다. 예를 들어, 아프리카국가를 유엔(UN)은 54개국으로 인정하는 한편, AU는 55개국으로 인정하고 있다. 모로코와 사하라아랍민주공화국(Sahrawi Arab Democratic Republic, 분쟁 중인 서사하라 영토 내에 있는)을 아프리카국가로 인정하느냐 마느냐의 여부에 따라 대륙 전체 국가 숫자는 달라진다. 1984년에 모로코는 그들이 지배권을 주장했던 사하라아랍민주공화국을 국가로 인정한 것에 반발하여 OAU에서 탈퇴한 바 있다. 하지만 사하라아랍민주공화국은 특정 국가와 단체에서 부분적으로 국가로 인정하고 있으며 유엔이나 몇몇 아프리카정부들은 국가로 인정하지 않고 있다 (제9장 참조). 아프리카국가로 인정되지 않는 또 다른 사례로는 1991년 독립을 선언한 소말리아 북부 지역의 소말릴란드(Somaliland)이다. 그 지역은 정부가 정상 기능을 하고 있으며, 안정적이며 실제 유통되는 통화를 가지고 있다. 하지만 소말릴란드는 그 어떤 국가나 다자간 조직에서도 국가로 인정받지 못하고 있다. 두 경우 모두 여전히 풀어야 할 문제이다. 궁극적으로 어떤 국가들이 아프리카를 구성하는가 하는 문제는 특정한 상황이나 해석방식에 따라 다양하다고 할 수 있다.

어떻게 우리는 최초의 질문에 답할 수 있을까. "아프리카는 무엇인가?" 무엇보다 단일한 아프리카를 규정짓기란 불가능하다고 생각한다. 지리적, 문화적 다양성은 그야말로 충격적이며 정치적, 경제적 시스템의 다양성은 동일한 대륙이라는 개념을 해체하고 있다. 만약 아프리카가 그토록 다양하다면 무엇이 그들을 하나로 묶는가? 그 대륙의 대부분 나라들은 에티오피아(Ethiopia)나 라이베리아(Liberia)를 제외하고 유럽의 침략과 지배의 특정한 형태를 경험했다는 것이다. 비록 유럽 식민주의는 지역과, 맥락, 특정한 식민지배 능력에 따라 다양한 형태로 아프리카를 지배하긴 하였지만, 많은 근대 아프리카국가들은 역설적으로 이러한 식민지배의 경험을 공통점으로 공유하고 있으며, 이는 독립 이후의 발전에 큰 영향을 주는 요인이 되었다. 1957년 가나의 독립이 인정된 이후 빠르게 진행되었던 독립 투쟁들은 그 전략, 요구, 결과에 있어 많은 유사성을 가지고 있다. 이는 아프리카 지도자들로 하여금 외부 속박에서 벗어나기를 결단하는 데 서로 연합하도록 도움을 주고 있다. 이런 정서는 아프리카국가들 내에서 지속적으로 관찰되고 있다. 셋째로, 식민지 이후 시대에, 많은 아프리카국가들은 경제적, 정치적 영향이나 선택이라는 관점에서 놀랄 만큼 유사한 궤적을 경험했으며 불행하게도 갈등과 불안정성 또한 공유한 바 있다. 이러한 관점에서, 어떠한 일련의 공유된 개발 경로를 따라 아프리카가 통합되었는가를 비교하여 묘사하는 것이 더 쉬울 것이다. 마지막으로, 이론적이고 낭만적 수준에서, 통합된 아프리카라는 결속된 이상은 범아프리카주의라는 전망을 통해, 그리고 역사적 디아스포라를 통해 정교화된다. 이것은 제9장에서 보다 깊이 있게 논의될 것이다. 하지만 이러한 강력한 아이디어는 아프리카가 발전해 나가기 위해 반드시 사회적, 정치적, 경제적 단일체를 구성하여 앞으로 나아갈 것을 주장한다. 사실 이러한 단일체의 가능성은 공유된 역사와 미래라는 전제에 근거해서 볼 때 아프리카 거주민은 물론 디아스포라에서도 공통의 희망이라 할 것이다. 범아프리카주의의 지속적인 지향점은 여전히 관찰되고 있으며, 통합된 대륙이라는 궁극적 아이디어는 AU에서 적극적으로 추진하고 있다. 반면 범아프리카주의를 현실화하는 것과 관련된 실제적 문제가 있으며 이것은 그 대륙을 개념화하는 데 있어 중요한 철학적 의미들을 남긴다.

많은 비평가들이 아프리카를 전체로 개념화하는 것에 문제가 있다고 주장하듯이 거기에는 그럴만한 타당한 이유들이 존재한다. 아프리카는 정치체제, 지배 구조, 이데올로기, 경제적 정책 측면에서 어마어마한 다양성이 존재하는 곳이다. 이러한 현상은 문화적, 종교적, 인종적 상호작용에 있어서도 마찬가지이다. 그 대륙의 현대적 형태로서 '새로움(newness)'은 독립 이후, 지도자들에게 열린 풍부한 선택을 의미했다(아프리카 지도자들에게 다양한 형태의 정치, 경제, 사회제도를 실행해 볼 여지가 있었다는 의미 – 역자 주). 현대 아프리카는 근대 국가 발전 측면에서 실험실 역할을 해왔던 것이다. 아프리카 지도자들은 예외 없이 민족성, 국가의 목적, 정치학에서 정체성의 역할, 그리고 폭력과 불안정 이슈와 같은 큰 골칫거리들과 씨름해야 했다. 이러한 도전들에 대응하기 위한 많고 다양한 접근들이 쏟아졌으며 어떤 경우는 실패한 반면 어떤 경우는 성공해왔다. 현대 아프리카의 다양성은 그 대륙을, 이 책에서 제시한 주제를 탐구할 수 있게 만들고 직관적인 비교가 가능하게 한, 환상적인 사례연구의 대상이 될 수 있게 하였다.

"아프리카란 무엇인가?"라는 주제와 상호 연결된 중요한 질문은 "누가 아프리카인인가?"하는 것이다. 이것은 오랫동안 논쟁이 지속되어 온 근본적인 질문이었다. 마즈루이(Mazrui, 2009, xi)는 '혈연적인 아프리카인'과 '영토(soil)적 아프리카인'으로 구분한 바 있다. 핵심 주장은 인종적, 계통학적으로 범주화할 수 있는 혈연적 아프리카인이 있으며, 그들을 '흑인으로 확인'할 수 있다는 것이다. 따라서 영토적 아프리카인들은 아랍권 북부 아프리카국가 사람들, 케냐의 인디언, 남아프리카공화국의 백인들을 포함하는데, 이들은 지리적 관점에서 정의될 수 있으며, '국적이나 조상의 거주 위치가 아프리카 대륙임을 확인할 수 있는' 사람들이다. 그러나 이러한 설명은 기초적인 모든 것을 필수적으로 설명하지 않는다. "아프리카인은 누구인가"하는 것을 개념화하는 또 다른 방법은 인종, 지리, 범아프리카나 디아스포라와 관련된 아프리카인의 의식과 관련된 주제를 설명하는 데 있어 다른 범주들을 사용하는 것이다(Adibe, 2009, 16). 두 저자들은 이 문제를 명확히 하려고 노력하는 한편, 복잡한 논쟁을 단순화할 수 있는 자신의 고유한 이슈에 그들의 정의를 한정하고 있지만 명확한 답을 제공하지는 못했다. 독자들이 확인할 수 있는 핵심적인 것은, 모든 아프리카인들이 흑인은 아니며 정체성은 유동적이며 서서히 변화한다는 점이다. 그리고 디아스포라(diaspora, 민족의 정체성을 공유하는 특정 인구집단이 살던 곳을 자발적으로 혹은 강제로 떠나 다른 곳으로 이주하는 현상 – 역자 주, 제9장 참조)는 아프리카에서 태어나지 않았으나 그들을 아프리카인으로 상정하고 있다. 따라서 "아프리카인은 누구인가"하는 문제는 다시 한 번, 상황과 전망에 따라 해석과 관점의 영역이 다양하고, 다면적인 것이다.

요약하자면, 이 책은 북부 아프리카와 섬 영토를 포함한 전체 대륙을 언급하고 있다. 하지만 단일한 실체로서 아프리카를 사고하는 오류를 피하기 위해 여러 아프리카들이 모인 대륙이라는 관한 개념을 (다시) 상상해 보는 것이 도움이 될 것으로 본다. 이 책은 종종 아프리카를 아프리카 대륙으로 상정하게 될 것이다. 이른바, 모든 것을 아우르는 서사를 피할 수 있게 해줄 것이며 '아프리카'를 만드는 것에 대한 비판적이고 분석적인 이해를 도울 수 있을 것이다. 대륙으로서 아프리카라는 개념을 해체하고, 아프리카를 지역적 경계뿐 아니라 문화적, 정치적, 경제적 관점으로 들여다봄으로써 효율적 비교가 가능할 것이며, 그 차이와 복합성에 대한 설득력 있는 설명도 제공할 수 있을 것이다.

'거대 서사'의 문제

우리가 분명히 해왔던 것처럼, 아프리카는 다중적이고 갈등적인 실체를 가진 곳이다. 하지만 거대 서사는 그 대륙에 대한 일반화되고 스테레오타입화된, 그리고 종종 오해의 소지가 있는 시각을 지속적으로 전달해 왔다. 과도하게 단순화 된 해석과 이미지가 미디어, 비정부기구들(NGOs), 그리고 학계로 대중화되었고, 궁극적으로 전 아프리카의 발전은 다양한 형태가 아니라 단일한 경로와 양상으로 나타났을 것으로 추정되기에 이르렀다. 과도한 단순화는 전혀 도움이 되지 않는다. 한 나라나 지역에서 발생한 것은 전체 대륙은 차치하고서라도, 반드시 다른 곳에 영향을 미치는 것이 아니며, 긍정적이거나 부정적인 것도 아니다.

서방에서 아프리카는 끔찍한 대중적 이미지로 왜곡되어 묘사되었으며, 그 대륙에 대한 일반적 인식은 전반적으로 부정적이었다. 예를 들어, 아프리카 역사 과목 매학기 첫 시간에 나는 학생들에게 마음속에 즉각 떠오르는 5개를 떠올려 보게 한다. 응답의 대부분은 갈등, 가난, 경제적 붕괴, 기아, 부패, 취약한 정부, 독재, 불안정성 등과 관련된 이미지였다. 심지어 긍정적으로 언급된 것들은 기린, 광활한 원시, 혹은 마사이족 사람들 따위의 매우 피상적인 것들이었다. 아프리카에 대해서 즉각적으로 떠오르는 캐릭터화는 정확하지도 않고 무용하며, 이러한 부정적 이미지는 하나의 대륙을 일견 재난의 위험이 상존하는 곳으로 상정하게 한다. 예를 들어, 2014년 서아프리카의 에볼라 위기는 그러한 선입견을 강화해줄 뿐이었다. 이러한 측면들 모두는 전 아프리카를 거쳐 발생해 왔고, 현재에도 진행 중이며 부인할 수 없는 사실이기에 발생하지 않았던 것처럼 태도를 취하는 발생국 정부의 모습은 오히려 솔직하지 못한 것으로 보였다. 아프리카의 최근 역사에서 나타난 이 같은 납득하기 어려운 부분들은 아프리카 대륙의 이미지를 부정적으로 만들어 왔다. 이 책은 아프리카의 새로운 시각을 보여주기 위하여 많은 부분들을 설명하고자 노력 할 것이다.

아프리카에 대한 몇몇 논평들은 터무니없는 것들이 많다. 예를 들어, 역사가 트레버-로퍼(Hugh Trevor-Roper, 1964, 9)는 "아마도 미래엔 아프리카 역사에 관해 가르칠 것이 있을 것이다. 하지만 현재, 그러한 것은 존재하지 않는다, 단지 아프리카에서 유럽의 역사만 존재할 뿐이다. 그 외엔 어둠이며 어둠은 역사의 주제가 아니다"라고 논평한 바 있다. 카플란(Robert Kaplan, 1994)은 『애틀랜틱 먼슬리(*Atlantic Monthly*)』에 기고한 논문에서 서아프리카에 대한 종말론적 그림을 묘사한 바 있는데 그는 이 논문에서 아프리카는 국가 몰락, 범죄, 가난 그리고 폭력이 지배하며 이로 인해 문명이 위협받는 '무정부상태'가 될 것이라고 주장하였다. 2000년 5월, 『이코노미스트(*The Economist*)』지가 전체 아프리카 대륙을 '희망이 없는 곳'이라고 표현했듯이, 이러한 기조는 변하지 않았다. 비록 『이코노미스트』나 『애틀란틱 먼슬리』 모두에서 사용된 특정 사례가 실제 일어나긴 했지만, 후술된 분석들도 대부분 시에라리온이나 리비아에서 선별적으로 선택된 것 (이들 나라에서 벌어진 부정적 사건, 사태 - 역자 주)에 기반하여 전체 대륙의 상황처럼 일반화 하고 있다. 독자들이 한걸음 떨어져 그런 식의 비이성적인 일반화를 생각해 본다면, 그러한 주장은 희극에 가깝다고 생각할 것이다. 전 유럽에 걸쳐 발생한 사건들의 상태에 대해 중요한 판단을 내리기 위해 그 어떤 이도 그리스의 경제 몰락이나 우크라이나 내전과 같은 예를 들지 않을 것이다. 하지만 아프리카를 설명할 때, 이러한 현상은 시대를 걸쳐 반복적으로 나타나고 있다. 아프리카에 대한 몇 안 되지만 정당한 의견은 매스 미디어의 선택적 보도나 비정부기구의 눈물샘 자극 캠페인에 묻혀 주목받지 못하고 있다. 아프리카에 대한 이러한 사고는 그 대륙의 과거와 현재 그리고 미래에 대한 인식을 철저히 부정적으로 형성해왔다. 독자들이 한번 그러한 사고의 덫에 사로잡힌다면 '어둡고', '희망 없는' 대륙이라는 개념화에서 벗어나기 힘들게 된다.

그러한 스펙트럼의 반대편에, 긍정적 발전들을 (재)강조하는 새로운 경향이 존재해 왔다. 최근 10년간, 아프리카는 꼬리표처럼 따라붙었던 부정적 인식을 떨쳐내기 시작했다. 고무적인 경제성장률과 대중민주주의에 대한 향상된 전망이 포스팅(SNS와 같은 비제도권 매체를 통한 정보전달 - 역자 주)되고 있다. 2011년 『이코노미스트』는 아프리카 대륙을 묘사하는 데 있어 극적인 U턴을 선택하게 되는데, 바로 '아프리카의 부상'이라는 표제였다. 이전 부정적 묘사에서 벗어난 아프리카에 대한 이러한 인식은 2000년대 중반부터 학술적 뒷받침을 받기 시작했으며, 학술

연구들은 점차 증가하여 (Mahajan, 2008; Radelet, 2010; Robertson, 2012; Rotberg, 2014; Moghalu, 2014) 떠들썩하게 '신흥하는', '부상하는' 아프리카에 대한 주장을 촉진해 나갔다. 학계뿐 아니라 주요 다자간 기구에서도 그러한 용어들을 사용하기 시작했다. 2014년 5월, 국제통화기금(IMF)은 모잠비크에서 '아프리카의 부상' 컨퍼런스를 개최하였으며 거기서 각 대표자들은 점진적인 경제성장과 안정성 그리고 미래의 낙관주의를 축하한 바 있다. IMF나 세계은행 그리고 아프리카개발은행에 따르면 2000년대 중반 이후 가파른 경제성장을 보이고 있으며 빈곤 퇴치 수준도 높아지고 있고, 그리고 아프리카 전역에 인적, 물리적 인프라에 대한 투자가 증가하였다. 이 같은 긍정적 변화들을 설명하기 위해 자주 언급되는 사례는 견실한 중산층(Black Diamond)이 증가했다는 점 (제5장), 그리고 휴대전화와 그와 접목된 기술, 특히 인터넷이 가능한 기기의 사용 (제10장) 등이다.

경제, 인프라 측면에서 긍정적 변화와 더불어, 아프리카는 다당제 도입과 더불어 민주주의와 정치적 책임을 더욱 수용하는 쪽으로 변화하고 있다. 밀레니엄 이후 민주주의 제도를 받아들인 국가의 수가 증가했고, 정치폭력에 연관된 사건도 줄어들고 있으며 점점 더 많은 국가 정상들이 선거 패배 이후 부정선거를 주장하며 권력에 매달리기보다 권좌에서 물러나는 평화로운 정권이양이 늘어나고 있다. 예를 들어, 2015년 4월 선거에서 패배한 나이지리아 대통령 조나단(Goodluck Jonathan)은 자발적으로 물러난 첫 현직 대통령이었다. 1990년대 아프리카에 상처를 입혔던 폭력적인 갈등의 수가 급격히 감소하면서 신흥 경제성장이 시작되었으며 정치적 안정도도 높아지기 시작했다. 그 결과, 체제가 점차 안정되고 평화가 보다 보장되는 상황에서 경제성장을 위한 확고한 기반이 마련되게 되었고, 그러자 전 세계의 투자자들은 그들의 투자금이 과거

보다 더 안전하게 운용될 매력적인 투자처로서의 아프리카국가들에 주목하고 있다. 아프리카의 미래는 과거 수십 년 전의 그것보다 무한히 희망적인 것처럼 보인다. 아프리카국가들은 함께 변곡점을 지나 (아프리카 전체가 어두운 과거와 이별하고 새로운 현재와 미래로 나아가는 변곡점을 지났다는 의미 − 역자 주), 밝은 미래를 향해 가고 있다는 새로운 평가와 낙관적인 전망이 제시되고 있다.

이러한 거대 담론들이 대륙에 대한 우리의 이해를 발전시키는 데 도움이 되는가? 사실 그렇지 않다고 생각한다. 아프리카에 대해 알면 알수록 거대 서사는 설득력이 떨어진다. 다시 한 번 말하지만, 아프리카의 다중적 실제에 대해 반복적으로 강조해도 지나치지 않는다. 우리는 전체 대륙에 대해 그렇게 추상적으로 일반화할 수 없다. 몇 가지 예는 이러한 선입견을 깔끔하게 밝혀 줄 것이다. 경제 데이터는 명백히 거짓이 아니며, 코트디부아르와 에티오피아를 포함하여 일련의 아프리카국가들은 기하급수적인 성장률을 보여왔다. 이것은 마땅히 축하해야 할 일이지만, 두 가지 질문을 전제하고 있다. 첫째, 국내총생산(GDP) 증가율이 실제로 일반 인구의 물질적 편익에 영향을 미치는가? 아프리카 전역에서 중산층이 출현하는 반면, 소득 불평등과 빈곤은 계속 증가하고 있다. 가장 가난한 아프리카인들은 현재 세계 다른 지역보다 더 가난해지고 있는데, 이것은 인간개발 수준이 두드러지게 낮다는 점에 기인한 바 크다 (African Economic Outlook, 2015, vii–viii). 둘째로, 경제 호황은 매우 고르지 않다는 점이다. 모든 지역이 같은 방식으로 성장하고 있는 것은 아니며, 2017년 기준 실질 GDP 성장률 면에서 동아프리카는 5.3%인 반면 서아프리카는 0.4%로 나타났다 (African Economic Outlook, 2017: 5). 데이터를 세분화해서 개별 국가들의 성공 스토리를 들여다보면, 남수단이나 짐바브웨와 같이 동일한 방식으로 발전하지 않은 수많은 나라들이 존재함을 알 수 있다.

　더 나아가 한편으로는 민주주의와 자유선거의 발전이 비슷한 속도로 진행되고 있으나, 동시에 대륙은 높은 수준의 권위주의와 불안정, 그리고 상당수의 일당국가체제를 견뎌내고 있다. 예를 들어, 2017년에 세계에서 가장 오래 집권한 3명의 아프리카 지도자가 있었는데, 이들은 최소한 37년 동안 통치하고 있었다. 모리셔스나 보츠와나와 같은 다른 민주주의 국가 사례에서 보듯이 일련의 반대 목소리가 존재하고 있으며, 앙골라와 중앙아프리카공화국, 그리고 수단도 그러하다. 세계의 다른 곳들과 마찬가지로, 아프리카는 긍정적이고 부정적인 발전을 동시에 경험할 수 있고, 경험하고 있다. 거대 서사는 아프리카에 대해 대표성 없는 모습을 단순히 영속화할 뿐이며 아프리카의 복합성과 다양성을 대변해 주지 못한다.

주제별 접근

이 책은 아래에 제시된 주제를 설명하기 위한 일련의 장으로 구분되어 있다. 이처럼 장을 구분한 목적은 독자들에게 필수적인 정보와 세부사항을 제공하여 보다 쉽게 이해할 수 있도록 한 시도이다. 각 장은 독립적으로 읽을 수 있지만, 모든 장을 공통으로 관통하는 맥락이 분명히 존재하고 있다. 이 책에서 논의된 모든 주제에 대한 구체적 내용은 추가 읽을거리를 참조하면 된다.

　제2장은 **지리적 상황**을 다루고 있으며 물리적, 인구통계학적, 사회적 차원의 아프리카에 대해 설명할 것이다. 이 장의 핵심은 아프리카의 물리적 환경이 아프리카국가들의 정치적, 경제적 전망에 미친 영향에 관한

내용이다. 아프리카의 풍부한 천연자원과 그것의 분배(와 거의 동떨어져 있지만) 그리고 천연자원들이 착취된 방식을 분석하고, 마지막으로 현재의 인구통계학적인 관점에서 각 사회적 지표들을 분석할 것이다.

역사적 차원의 분석은 제3장에서 다루어질 텐데, 식민지 이전 시기부터 독립까지의 궤적을 추적한다. 식민지 이전 아프리카, 식민지주의, 탈 식민지화라는 세 시기에 초점을 맞추고 있다. 식민지 이전의 아산테(Asante)와 줄루(Zulus)와 같은 사회와 정치체제를 살펴보고, 유럽의 힘에 의한 식민지 정복 과정을 설명하며, 식민지 권력이 유지되고 몰락한 이면의 원인을 살펴보았다.

제4장에서는 몇 가지 핵심적인 **정치적 발전**들을 살펴보고, 아프리카의 주요 통치체제에 대해 개략적으로 설명한다. 여기서는 일당국가, 군사통치, 독재, 의회민주주의와 같은 정치적 지배 특징을 갖게 한 아프리카의 주요 체제들을 평가한다. 이 장에서는 또한 다양한 체제들이 아프리카 전역에서 어떻게, 왜 나타났는지 검증하고, 그 결과 어떤 다양한 결과가 나왔는지를 설명하게 될 것이다.

제5장에서는 **아프리카의 경제 상태**를 다루고, 자연 자원이 풍부했던 대륙이 왜 경제사적으로 그토록 형편없는 성과를 거두게 되었는지 설명하고자 한다. 대륙의 경제 궤적의 주요 측면을 모두 조사하였다. 국가 주도의 발전과 국유화, 신자유주의의 영향, 냉전 이후 회복, 대내외 맥락적 필요성에 따른 중국의 역할 확대 등이 그것이다.

불행하게도, 광범위한 분쟁의 확산은 식민지 이후 아프리카 대륙의 발전과 안정을 저해한 주요 요인이었다. 따라서 제6장은 **정치적 폭력**에 초점을 맞추고 있다. 이 장에서는 어떻게 그리고 왜 그러한 폭력에 대한 민감성이 있었는지를 조사하고 인종 간 갈등, 종교 종파주의, 약한 국가, 자원의 통제, 냉전을 포함한 다양한 갈등의 이유를 탐구한다.

　제7장은 아프리카 전역의 **사회운동의 발전과 시민사회**에 초점을 맞추고 있다. 가능한 한 많은 변화를 포괄하기 위해, 이 절에서는 여성 권리, NGO, 노동조합, 종교단체, 전통 당국 및 특정 이슈 캠페인 등을 포괄하는 광범위한 움직임과 제도를 다룬다. 이 장은 이러한 운동이 사회에 미치는 영향을 분석하고, 어떻게 현대 아프리카에 지속적으로 영향을 끼쳐왔는지를 평가한다.

　비록 통일된 **아프리카 문화**는 존재하지 않고, 보편적 문화 개념이 구성될 수도 없지만, 제8장에서는 대륙의 다양성이라 부를 만한 것들에 대해 평가하고자 한다. 그것은 음악, 영화, 문학 같은 넓은 문화적 주제를 포괄한다. 각 하위 절은 아프리카의 다양성을 설명하기 위해 특정 지역 및 국가 사례분석에 초점을 맞추고 있다.

　제9장에서는 **국민국가를 넘어선 아프리카**에 대한 분석을 할 것이다. 범아프리카주의, 아프리카 르네상스 등의 대륙 이니셔티브와 이데올로기의 역할과 영향, 지역 및 대륙 통합의 노력 등을 검토한다. 이 장은 디아스포라를 면밀히 들여다보고자 한다. 아프리카 이주 뒤의 현실을 평가하고자 하였으며, 유럽을 향해 대륙을 탈출하는 문화적인 현상을 분석하고자 하였다.

　마지막 장에서는 주요 주제, 추가 상황 설명으로 **마무리**하려 한다. 그리고 이 책에서 논의된 주요 사항들 중 몇 가지를 논하고 아프리카의 미래에 대한 몇 가지 전망과 견해를 제시할 것이다. 기후변화가 내포하고 있는 과제를 검토하고 한편으로 기술의 중요성과 성장과 같은 긍정적인 발전 요인들을 검토할 것이다. 비교할 것와 유사한 영역은 무엇인지 설명하면서, 이 장에서는 차이와 다양성이라는 가장 중요한 주장을 반복하여 강조하게 될 것이다.

추가 읽을 거리

아프리카가 개념화되고 구성되어 왔던 상이한 방식을 탐구할 때 유용한 입문서로서 Valentin Mudimbe (1988) *The Invention of Africa: Gnosis, Philosophy, and the Idea of Knowledge*와 *The Cambridge History of Africa* (1975-1986) (대륙의 역사에 대한 8권짜리 소전집)가 있다. 두 책은 위의 질문에 대한 철학적이고 역사적 통찰을 제공해줌으로써 연구의 훌륭한 시작점이 될 수 있다. 유용한 참고서적으로 Frederick Cooper (2002) *Africa Since 1940*, John Iliffe (1995) *Africans: The History of the Continent*, 그리고 Stephen Ellis (2002) 논문 "Writing histories of contemporary Africa"도 있다.

영토와 사람들

이 장에서는 아프리카 대륙의 물리적, 인구통계학적, 그리고 사회적 차원을 다룰 것이다. 지리적, 인구통계학적 추세에서 많은 공통점을 확인할 수 있으나, 아프리카의 크기와 다양성도 염두에 두어야 한다. 대륙의 자연환경과 같은 주제를 탐구함으로써, 이 장은 이 책의 다른 영역과 적절하게 맥락화될 수 있는 중요한 출발점 역할을 한다. 이 장은 아프리카의 주요 물리적 특징들에 대해 설명으로 시작하며 그 다음으로 그러한 특성이 동물과, 인간, 경제발전에 미치는 영향에 대해 간략한 논의를 진행하고자 하였다. 두 번째 절에서 아프리카 대륙의 정치적 지도를 조사하게 될 텐데, 외부에서 강요된 국민국가 개념을 설명하고, 그 결과 다수의 아프리카국가의 운명에 어떠한 영향을 미쳤는지 살펴보게 될 것이다. 그리고 아프리카에 존재하는 천연자원에 대해 상세히 설명하고 그것들을 소유한 이들에게 어떠한 영향을 미쳤는지 밝히고자 하였다. 다음 절에서는 아프리카 대륙의 인구통계학에 대해 기술하였다. 높은 출산율과 증가하는 젊은 세대와 같이 매우 중요한 현상들을 살펴보고 특히 이러한 현상들이 제공하는 기회와 도전은 무엇인지 집중적으로 논의하고자 하였다. 마지막으로 사회적 발전 속에 자리한 핵심 트렌드를 살펴보고 동시에 아프리카 전역의 주요한 유사성과 차이를 비교하면서 마무리 짓게 될 것이다.

'인간개발'과 같은 주제들을 논의할 때, GDP처럼 경제적 관점(제5장 참조)에 근거하여 통계수치상으로 나타나는 데이터는 다수의 아프리카인들의 실체적인 모습 (예를 들어, Jerven, 2013a 참조)을 보여주기에 한계가 있다. 인간개발지표(Human Development Indicator)와 같은 대안들은 보다 총체적인 접근법을 제공하는 데는 유용하지만, 실제로 인간'개발'을 측정하는 것이 가능한지에 대해서는 여전히 실효성에 의문이 제기된다 (Storey, 2009). 이러한 방법론의 적용은 서구적인 기준과 규범이 다른 문명권을 영속적으로 지배하고 규정하는 근거가 된다는 극단적인 주장까지 제기되고 있다 (Sardar, 1999). 중요한 점은 개발지표를 사용할 때 신중해야 하고, 아프리카 대륙과 그 사람들을 설명하는 지표에 대해 비판적으로 검토해야 한다는 것이다.

물리적 상황

아프리카의 총 면적은 부속 도서를 포함하여 약 1,170만 제곱 마일에 이르는 세계에서 두 번째로 넓은 대륙이다. 튀니지의 라스벤 사카에 위치한 가장 북쪽 지점부터 남아프리카공화국의 케이프 아굴하스까지 거리는 약 5,000마일이다. 폭으로 보면, 대륙의 영토는 세네갈에서 소말리아까지 4,600마일의 넓은 면적에 걸쳐 있다. 아프리카 대륙의 거대함은 늘 감탄을 자아낸다. 그러나 메르카토르(Mercator) 투영(지도 2.1 참조)을 활용한 전통적인 세계지도 때문에 대륙의 실제 크기가 대중의 인식에서 왜곡되는 경우가 많았다. 메르카토르 투영 도법에서 아프리카 대륙은 작게 표현되고 북아메리카와 유럽은 실제보다 훨씬 크게 묘사된다. 실제로, 아프리카 대륙은 그 경계 내에 미국이나 인도, 중국 그리고 상당히 많은 유럽을 넉넉히 품을 수 있다. 갈-피터스(Gall-Peters) 투영법은 세계 각 지역의 실제 크기를 깔끔하게 설명하고 있으며, 동시에 아프리카 대륙의 실제 크기를 나타낼 수 있다 (표 2.1).

아프리카는 전체적으로 인도양, 대서양, 지중해, 그리고 홍해에 둘러

지도 2.1 메르카토르 투영법(좌)과 갈-피터스 투영법(우)

출처: NASA(양쪽 모두).

표 2.1 주요 대륙과 비교한 아프리카의 크기

	크기(백만 제곱 마일)
아시아	17.2
아프리카	11.7
남아메리카	6.8
유럽	3.9

싸여 있는 대륙이다. 그 크기에도 불구하고, 지리적 특징 중 하나는 아프리카의 해안선이 다른 대륙에 비해 대체로 직선적이고 상대적으로 짧다는 것이다. 그로 인해 해안선이 부족하여 상대적으로 '매끄러운' 윤곽이 두드러지는데, 이것은 자연적인 항구가 거의 없다는 것을 의미하며, 결과적으로 경제 활동에 영향을 주게된다. 아프리카는 나일, 콩고, 나이저, 잠베지 등 세계에서 유명한 강들이 체계적으로 분포해 있다. 이 강들은 그들이 흐르는 국가의 식물, 동물, 그리고 인간의 활동을 활성화하며 유지하는 데 중요하다 (글상자 2.1 참조). 그러나 세계의 다른 주요 강체계와 달리, 아프리카의 대다수 강은 처음부터 끝까지 항해할 수 있는 것도 아니고, 해안선에서 내륙으로 상품을 수송하는 데 효과적이지도 않다. 예를 들어, 콩고강은 유명한 잉가(Inga)폭포를 비롯하여 32개의 폭포가 중간 중간 포진하고 있어 하류까지 직접적으로 통과할 수 없는 강이다. 그러나 이러한 강들이 통과하는 국가들에게는 많은 혜택이 돌아갈 수 있는데 그중 하나가 수력발전으로서 그 잠재적 능력은 최근에 이르러 주목받고 있다. 콩고강의 그레이트 잉가댐(The Great Inga Dam)과 잠베지의 카리바댐(Kariba Dam)과 카호라 바사댐(Cahora Bassa Dam)을 포함하여 주요 강에 거대한 수력발전용 댐들이 있다.

아프리카의 물리적 환경은 다양성을 특징으로 한다 (지도 2.2 참조).

글상자 2.1 나일강

에티오피아 청나일과 빅토리아 호수 백나일에서 발원한 2개의 주요 지류로 구성된 나일강은 4,238마일을 흐르는 세계에서 가장 긴 강이다. 나일강은 북아프리카의 발전에 필수적이며, 이 지역에서 문명을 유지하는 데 근본적인 역할을 해왔다. 수단과 이집트의 주요 물 공급원일 뿐만 아니라, 에티오피아에서 매년 강우로 인해 발생하는 나일강의 범람은 강 양쪽으로 비옥한 토양을 만들고, 인간의 문명을 뒷받침할 수 있는 훌륭한 농경지를 제공해 주었다. 1970년 아스완 하이댐(Aswan High Dam)이 만들어지고, 그 결과 나세르 호(세계 3위의 저수지)가 형성되어 이 지역은 전력을 공급받고 더불어 매년 발생하는 홍수를 조절해 왔다. 홍수 조절 메커니즘은 농부들의 농업생산을 유지하게 해주었다. 그리고 나일강 범람으로 인해 영양분을 공급받던 토양이 더 이상 비옥한 상태를 유지할 수 없었기에 토양 개발을 위한 새로운 기술을 도입해야 했으며, 이것은 이집트 농업 관행에 혁신이 필요함을 의미했고, 실제로 많은 영향을 미쳤다.

나일강은 그 중요성이 인접 지역의 정치적, 사회적 관심사에 지대한 영향을 미치는 실로 국제적인 강이다. 이토록 중요한 하천자원의 접근과 통제를 둘러싸고 북동부 국가들 사이에서 다양한 논쟁이 이루어졌다. 에티오피아 청나일에 그랜드 에티오피아 르네상스댐(Grand Ethiopian Renaissance Dam) 건설은 국제적인 논란을 불러일으켰으며, 이집트는 물의 흐름을 방해하고 하류 모든 국가에 해로운 영향을 미칠 것이라고 주장하며 건설을 막기 위한 가처분 신청을 내기도 하였다. 에티오피아 정부는 이집트가 이 강에 대한 지배권을 가지고 있지 않다고 주장하면서 이러한 항의를 무시했다. 현재 이 댐의 건설은 여전히 진행 중이다.

그리고 대륙은 몇몇 주요 지역과 뚜렷한 지리적 특징에 의해 구분된다. 이 절은 매우 일반적인 용어로 아프리카의 핵심적인 물리적 특징들을

지도 2.2 아프리카의 지리적 다양성

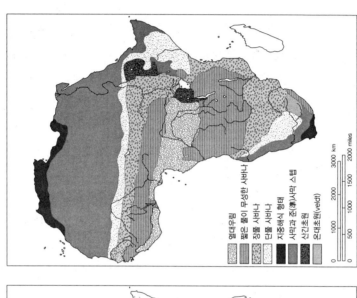

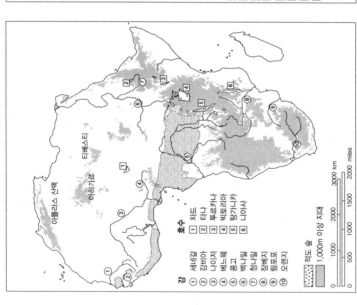

열대우림
짧은 풀이 무성한 사바나
장풀 사바나
단풀 사바나
지중해식 형태
사막과 준(準)사막 스텝
신간초원
온대초원(veldt)

0 500 1000 1500 2000 miles
0   1000 2000   3000 km

강
① 세네갈
② 감비아
③ 나이저
④ 베누에
⑤ 콩고
⑥ 차나일
⑦ 청나일
⑧ 잠베지
⑨ 림포포
⑩ 오렌지

호수
① 차드
② 타나
③ 투르카나
④ 빅토리아
⑤ 탕가니카
⑥ 니아사

아틀라스 산맥
티베스티
아하기르

적도 숲
1,000m 이상 지대

0 500 1000 1500 2000 miles
0   1000 2000   3000 km

출처: Reid, Warfare in Africa (Cambridge University Press, 2012)

설명할 것이다. 적도에 의해 거의 동등하게 나뉘어진 대륙의 북쪽과 남쪽은 각각 사막, 반건조 지역, 사바나, 열대림을 보유하고 있어서 지리적 환경 측면에서 놀랄 만한 유사성을 가지고 있다. 북쪽부터 살펴보면, 모로코에서 튀니지까지 뻗어 있는 아틀라스 산맥과 경계를 이루는 비교적 작은 해안 평야가 있다. 이 지역은 북유럽의 기후와 토양과 비슷하여 '지중해 지역'으로 불린다. 규칙적인 강우량, 온대 기후(적어도 아틀라스 산맥 바로 아래의 지역에 비해), 좋은 토양 등으로 인해 이 지역은 올리브나 감귤류 같은 다양한 작물을 지속적으로 재배할 수 있다. 그러나 이 비옥한 지역은 대륙 북쪽의 지배적인 특징인 사막 환경에 놓여있다. 사하라 사막은 알제리, 리비아, 차드, 수단, 니제르, 말리 그리고 모리타니 등과 같은 나라를 아우르고 있으며 넓이는 330만 제곱 마일에 이르고 있는 세계에서 가장 넓은 열대 사막이다. 사하라 사막은 인적이 드문 지역으로, 크기, 강우량, 극한의 온도 때문에 식물이 거의 없는 지대이다. 그 지역 대부분의 사람들은 거주 가능한 몇 안 되는 오아시스 지역에 살고 있다. 사막 기후는 앙골라, 나미비아, 남아프리카의 대서양 연안인 나미브와 칼라하리 사막의 대륙 남반부에서도 똑같이 나타난다. 역시 1,200마일이 넘는 이 지역에도 사람이 거의 살지 않는다.

세네갈에서 수단에 이르는 사헬 지역은 대륙의 동에서 서까지 이어져 있는데 사막과 사바나 지형을 구분하는 역할을 한다. 사하라 사막과 가장 가까운 곳의 기후는 여전히 뜨겁고 건조하며 매년 400mm 이하의 강우량을 기록하고 있으며 그마저도 3개월 정도에 불과하다. 사헬 벨트 남쪽으로 내려가면 스텝(steppe)지역으로 변화하는데, 관목, 덤불, 짧은 풀 그리고 아카시아 나무들로 이루어진 지역이다. 사헬 지역은 나이저강과 베느웨강 덕분에 번성할 수 있었다. 이 강은 서아프리카에서 초기 문명을 유지하는 데 중요한 자원이었다. 동쪽의 차드 호수는 수자원의 과잉 사용과 기후변화로 인해 최근 몇 십 년 동안 놀라울 정도로 크기가 줄어들었지만 여전히 그곳의 식물과 인간의 생명을 지탱하는 데 중요한 자원이다. 1960년 이후 차드 호수는 수량의 90%가 줄어들었다. 중앙아프리카와 마찬가지로, 시에라리온과 콩고민주공화국(DRC: Democratic Republic of Congo)에 이르는 서아프리카 해안 지역은 강우량이 많은(연간 1,400mm 이상) 열대성 융합 지역이다. 따라서 열대우림이 풍부한 곳이기도 하다. 이 지역이 식민지 침략이전, 아프리카의 광대한 왕국과 제국의 본거지였다는 사실은 놀랄 만 한 일이 아니다 (제3장 참조).

대륙의 동쪽에 위치한 에티오피아 고원은 화산 지대로서 비교적 온화한 기후와 비옥한 토양, 많은 강우량을 특징으로 한다. 에티오피아 고원에 내리는 비로 인해 저지대에서는 나일강의 범람이 발생한다. 그러나 에티오피아, 지부티, 소말리아를 아우르는 아프리카의 뿔 동쪽 아래 지역에서는 비 그림자 효과(Rain shadow effect, 산맥에서 바람이 불어오는 방향의 반대편 사면에 비가 내리지 않아 건조하게 되는 현상 – 역자 주)가 발생하고, 바람이 비를 막으면서 기후가 점점 건조해지고 사막처럼 변한다. 고원 남쪽을 지나 빅토리아 호까지 뻗어 있는 이 지역은 리프트 밸리(Rift Valley)의 본거지로서 지표면에 길고 깊은 틈이 나 있으며, 독특한 Y자 모양의 바위 형태를 취하고 있다. 이러한 지질학적 현상으로 인해 중부와 동부 아프리카에 크고 깊은 호수가 생성되는데, 이른바 '그레이트 호수(the Great Lakes)'로 알려진 곳이다. 빅토리아, 키부, 말라위, 탕가니카를 포함한 7개의 주요 호수를 아우르는 이 인상적인 수계(水系)는 정치적, 경제적 발전을 지속시키는 데 결정적인 역할을 해왔다. 예를 들어, 케냐, 르완다, 동부 DRC 지역은 리프트 밸리와 위대한 호수들 덕분에 천혜의 농업환경을 가질 수 있었다. 더구나 이 지역은 아프리카에서 가장 시원한 지역으로서, 제국주의 쟁탈(제3장 참조) 시기에 유럽인들은 습한 열대기후인 서부 아프리카보다 이곳을 선호하였다. 이 같은 수계에서 멀리 떨어진 많은 상당수 남동부 아프리카 지역은 관목과 초원으로 이루어진 광활한 사바나 지역이다. 이 지역은 방목과 목축에 탁월한 환경을 갖추고 있다. 마지막으로 남아공의 남쪽으로 뻗은 지역, 특히 서부 케이프 지방은 북아프리카의 '지중해식' 환경과 판박이인데, 다양한 종류의 농작물과 가축을 생산하고 기를 수 있는 광범위한 토양과 기후를 갖추고 있다.

북회귀선과 남회귀선 사이에 위치한 아프리카 대부분 지역은 여름과 온화한 겨울로 특징지을 수 있는 열대 기후에 속한다. 아프리카의 고도는 기후와 중요한 관계가 있으며, 따라서 에티오피아 고원이나 남아프리카의 드라켄스베르크와 같은 지역은 대륙의 북서부 사막 지역과 같은 '낮은' 고도의 아프리카에 비해 훨씬 낮은 온도를 유지하게 된다. 아프리카는 우기와 건기가 명확히 구분된다. 뜨거운 시기가 지나면 반드시 비가 오는 시기가 도래한다. 따라서 북반구와 남반구의 우기는 여름의 시작을 알리는 기준이 된다. 하지만 적도 인근 열대우림은 1년 중 상당기간 동안 비가 내리는 이례적인 지역이다. 중요한 것은, 대륙의 많은 지역이 심각한 가뭄의 위험에 직면하고 있다는 점이다. 그 지역에서는 강우량이 일정하지 않고, 고온의 날씨에는 수분이 빠르게 말라 버린다 (제10장 참조). 연간 강우량에서 이처럼 큰 차이가 나는 이러한 현상은 이들 지역에서 자랄 수 있는 초목뿐만 아니라 원활한 인간의 활동에도 심각한 결과를 초래하고 있다. 건조 지역에 위치한 니제르와 소말리아 같은 나라들은 물 부족, 농작물 재배 실패, 그리고 이에 따른 기근에 훨씬 더 취약하다. 수자원안보(Water security)는 많은 나라들에게 중요한 걱정거리인데, 급격한 기후변화의 영향으로 사막화, 토양 침식, 수

자원 축소가 진행됨에 따라, 이것은 곧 대륙이 해결해야 힐 시급한 과제가 될 것으로 보인다.

지리적 도전과 기후의 위협과는 별도로 아프리카는 질병의 측면에서 몇 가지 중요한 도전에 직면해 있다. 말라리아는 사하라이남 지역을 시름시름 앓게 만드는 위협으로, 21개국이 이 질병의 심각한 영향을 받고 있다. 전 세계적으로 33억 명으로 추정되는 사람들이 말라리아에 감염될 위험에 처해 있다 (WHO, 2014a). 그 결과 연간 사망자는 42만 9,000명으로, 이 중 92%가 아프리카에서 발생한다 (WHO, 2016a). 말라리아를 퇴치하기 위한 전 세계적인 조치가 빠르게 진행되고 있지만, 아프리카 전역에서 사망자를 줄이는 데 있어 아직 미흡한 것이 현실이다. 더구나 흔히 수면병과 동물의 죽음과 관련된 체체파리는 그것들이 기생하는 생물에 의한 질병도 유발한다. 주로 북쪽의 사하라 사막과 남

글상자 2.2 나이지리아에서 소아마비 퇴치

2012년 전 세계 소아마비 환자 중 절반 이상이 나이지리아인 이었다. 소아마비란 주로 어린이들을 쇠약하게 하는 질병이며 결국에는 마비에 이르게 한다. 나이지리아정부는 소아마비 확산을 국가 보건 비상사태로 선포하고 사람들을 교육하고 척결 조치를 하는 등 과감한 조치를 취한 바 있다. 정부, 시민사회, 종교단체, 보건의료 종사자들의 능력에 힘입어 나이지리아는 2년여 만에 간신히 소아마비를 근절할 수 있었다. 20만 명 이상의 의료 종사자들과 자원봉사자들이 5세 미만의 4,500만 명의 어린이들을 대상으로 한 전국적인 면역 프로그램에 착수했다. 면역 프로그램 이후, 소아마비 환자가 새로 보고된 것은 없다. 그 결과, 2015년에 나이지리아는 소아마비가 근절되었다고 선언한 바 있다. 이것은 나이지리아 관계 기관들의 협력을 통해 거둔 성공적인 조치였으며, 아프리카를 소아마비 없는 대륙으로 만들었다.

쪽의 칼라하리 사막 사이 위치한 지역에 영향을 미치는 체체파리는 특히 농작물과 가축에 악영향을 미치기 때문에 그 지역의 가난과 기아의 주요 원인이 된다. 아프리카 전역에서 인간에게 영향을 미치는 다른 주요 질병으로는 수인성 빌하르츠(기생충이 혈관 속으로 파고드는 질병 – 역자 주), 열대병, 홍역, 결핵 등이 있다.

아프리카의 물리적 환경 개선은 사회 정착과 지속가능한 거주라는 관점에서 그곳의 사람들에게 핵심과제였으며 그것을 극복해 왔다 (제3장 참조). 기후변화, 물 부족, 환경 악화는 많은 아프리카정부들에게 중대한 위협이며, 앞으로 어떻게 대응해 나갈 것인가 하는 과제를 남긴다. 제10장에서 몇몇 문제들을 보다 상세하게 제시할 것이다. 그러나 논의를 진행하기 전에 비교적 명확해 보이는 핵심을 반복적으로 강조할 필요가 있다. 아프리카 전역에서 나타나는 물리적 특성과 기후 요인은 인적, 경제적 개발과 밀접한 관련이 있다는 점이다.

정치적 지리학

현재의 아프리카의 지정학적 상황은 150년 전의 그것과는 비교가 불가능할 정도로 달라졌다. 유럽 열강들이 과거 어떻게 대륙을 분할했는지, 그리고 그렇게 함으로써 '현대 아프리카'를 어떻게 만들어냈는지에 대한 세부 사항은 제3장에서 더 자세히 논의할 것이다. 중요한 점은, 영토 경계는 외부적으로 그 대륙에 만들어진 것이라는 점이다. 언어적, 민족적, 문화적, 지리적 실제를 고려한 것이 아니다. 이처럼 영토 경계가 획정됨으로써 아프리카 전역에 지대한 영향을 미치게 되었다. 글로벌 관점에서 보면 아프리카 지도는 매우 불규칙적이다. 가장 두드러진 특징

은 깔끔하고 직선적인 경계선이 많다는 점인데, 아프리카 국경의 44%
는 직선이다 (Alesina, 2011). 이러한 국경의 대표적 사례는 모리타니
와 서사하라(현 사하라아랍민주공화국) 그리고 나미비아에서 볼 수 있
다. 세계 어떤 대륙에도 그와 같은 '부자연스러운' 국경들이 집중적으로
배치되어 있지 않다. 인위적인 식민지 시대 국경 획정은 아프리카에 중
요한 유산을 남기게 된다. 적어도 177개 언어와 민족집단이 2개 혹은
그 이상의 국가에 강제로 수렴되었고, 경쟁적이고 전통적으로 적대적인
집단들이 한 나라에 속하게 되었다 (Elglebert, 2002, 1096). 그 결과
사회적 갈등과 더불어 조화와 정치적 발전에 영향을 미치게 되었는데,
그것에 대해 제3장~6장에서 매우 상세하게 기술할 것이다.

 정치적 지도(지도 2.3)를 잠깐만 봐도 아프리카의 다양성을 알 수 있
다. 55개 영토가 크기, 지리적 위치, 물리적 특징의 관점에 따라 불균등
하게 분포되어 있다. 예를 들어, 가장 큰 알제리(91만 9,600제곱 마일)
와 콩고민주공화국(DRC, 90만 5,563제곱 마일)은 대륙의 광대한 영역
을 아우르고 있다. 그 다음으로 수단, 리비아, 차드, 말리, 그리고 남아
프리카가 뒤를 잇는다. 이들 나라의 면적을 합치면 45만 제곱 마일 이상
이 된다. 대조적으로 가장 면적이 작은 나라(육지)는 감비아(4,361제곱
마일), 스와질란드(6,704제곱 마일), 그리고 지부티(8,958제곱 마일)
순이며 이들 면적을 다 합쳐도 북 키부 전체나 DRC의 가장 작은 지방의
면적이 되지 않을 정도로 매우 작다. 나라들이 잘게 조각나 있다는 사
실은 몇몇 가장 작은 나라의 경우 자원부족, 저개발, 대량 경제를 유지
할 인적 자원부족 등으로 고통 받는다는 것을 의미한다. 대표적인 사례
인 감비아는 감비아강을 따라 300마일 길이로 길게 뻗은 국가인데, 가
장 넓은 지역은 30마일 거리밖에 되지 않고, 가장 좁은 지역은 불과 15
마일 거리로 축소된다. 불균등하고 편파적인 배치와 별도로, 정치적 지

지도 2.3 아프리카의 정치적 지도

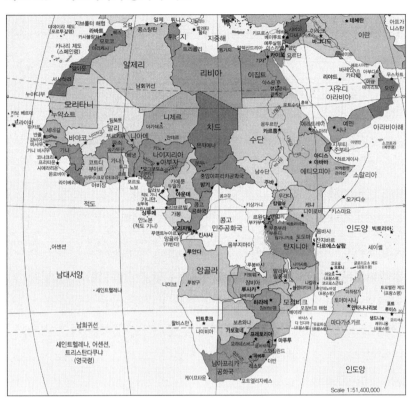

도를 보면 아프리카는 내륙에 국가들이 집중되어 있다. 적도를 중심으로 남쪽과 북쪽에 각각 8개씩, 총 16개 나라로 구성되어 있다 (표 2.2).

이러한 국가들은 식민지 치하에서 유럽 열강의 각축에서 벗어난 곳이었으며 상대적으로 사람이 살아가기 힘든 곳이었다. 이 식민지들은 전략적인 목적으로 또는 자신들의 위신을 지키기 위해 유지되던 곳으로 노동자들을 제국의 다른 영토에 이주 또는 보급하기 위해 활용된 지역이었다. 그 결과 차드, 말리와 같은 나라들은 상대적으로 개발이 더딜 수밖에 없었다. 그리고 수십 년 전부터 새로이 '설립된' 내륙 국가들이

표 2.2 내륙 국가들

적도 북부	적도 남부
부르키나 파소	보츠와나
차드	부룬디
중앙아프리카공화국	레소토
에티오피아	말라위
말리	르완다
니제르	스와질란드
남수단	잠비아
우간다	짐바브웨

등장하였다. 에리트레아가 에티오피아로부터 분리독립한 1993년 이후 에티오피아는 그 지역 바다로 직접적으로 접근할 수 없게 됐으며, 남수단은 아프리카에서 설립된 가장 최근의 내륙국이다. 식민지 시대 이후 다이아몬드가 풍부한 보츠와나와 최근 붐이 일어나고 있는 에티오피아라는 예외사례를 제외하면, 아프리카의 내륙 국가들은 일반적으로 빈곤과 저개발로 인해 고통 받고 있다.

핵심 결정 요인은 이러한 나라들이 상품 운송을 위해 반드시 이웃 나라를 거쳐야 한다는 점이며, 이러한 상황 때문에 물류 과정은 시간을 요하며, 비용이 많이 들고, 정치적 협력에 의존하게 된다. 바다에 접근할 수 없다는 것은 내륙 국가들이 해안선을 보유한 나라들에 비해 상품을 수출하고 음식과 연료와 같은 필수품들을 수입하는 데 드는 비용이 거의 두 배가 된다는 것을 의미한다 (World Bank, 2008). 게다가 이웃 국가들 스스로가 개발 기회가 부족하거나, 갈등과 불안정의 순환에 갇혀 있다면, 우간다와 같은 아프리카의 내륙 국가들은 성장에 몇 가지 심각한 장애물에 직면하게 된다 (Collier, 2008, 55-57). 또 다른 예로 2011년에 독립한 남수단은 현재 진행 중인 수단과의 갈등으로 인해 경제성장에 어려움을 겪고 있으며, 국가 경제를 활성화시키기 위해 막대한 석유를 효과적으로 수출하기 위한 방법을 모색하고 있다. 석유 수출을 위한 유일한 대안 경로는 케냐와 에티오피아를 통하는 것인데, 운송망을 건설하는 데 많은 비용이 필요하고 수년의 시간도 소모될 것으로 판단된다. 이렇듯 한 국가의 크기, 대륙에서의 위치(즉, 물리적 및 기후 조건의 영향) 및 자원에 대한 접근(아래 절 참조)은 개발 기회에 큰 영향을 미친다.

아프리카의 천연자원

아프리카는 원자재와 천연자원이 풍부한 대륙이다. 하지만 아프리카가 직면한 역설은 풍부한 자원에도 불구하고 가난하다는 점이다 (글상자 2.3 참조). 이번 절에서는 주요 자원과, 그 활용 그리고 자원 다양성이 갖는 잠재력을 에너지라는 관점에서 살펴보고자 한다. 또한 아프리카의 원자재가 세계 전역으로 수출되고 많은 나라의 경제에 중요한 역할을 하고 있음을 강조할 것이다. 그뿐 아니라 아프리카의 자원을 확보하기 위해 국가 간 경쟁이 진행 중인데, 이것은 밀레니엄 이후 중국의 끝없는 경제성장에 의해 주도되고 있다. 이러한 현상이 '아프리카를 둘러싼 새로운 쟁탈전(new scramble for Africa)'인가에 대한 논쟁이 발생되고 있다.

많은 제조 공정에 필수적인 광물 및 금속이 아프리카 전역에서 발견되고 채굴되며, 선진국의 국가들과 다국적기업들은 이러한 자원들에 접

글상자 2.3   자원의 저주?

아프리카는 자원의 저주로 고통 받고 있다는 것이 공통된 시각이다. 석유, 금, 다이아몬드와 광물자원은 보유한 나라를 번영으로 이끄는 것이 아니라 오히려 가난과 저개발을 유도한다 (관련 주제에 관해 제5장에서 자세히 다룰 것이다). 문제는 자원개발로 인한 배당금이 정기적으로 낭비되고 있다는 점이다. 왜 이런 일이 일어날까? 몇 가지 이유가 있다. 첫째, 이러한 원자재를 가공하여 완제품으로 생산하기보다는 채굴에 중점을 두고 있다. 그 결과 아프리카국가 대신 다른 나라들이 산업 생산을 통한 부를 얻게 된다. 게다가 이러한 자원이 나라의 부를 창출하게 되면, 다른 산업 부문이 무시되거나 이익이 되지 않는다는 것을 의미하며, 이것은 한 가지 경제적 촉매에 과도하게 의존하게 만들고, 따라서 다른 산업 부문의 발달에 해약을 끼치게 되는데 — 이것은 '네덜란드 병'이라고 알려져 있다. 둘째로, 원자재의 가치는 가격 변동에 영향을 받으며, 시장가치가 폭락함에 따라 다양한 시기에 '가격 쇼크'가 일어난다. 아프리카 대륙이 수출에 의존할수록 이러한 현상은 정부 재정에 엄청난 악영향을 미치게 된다. 세 번째로, 아프리카 전역에서 효과적인 재분배 과정이 부족하다는 점이다. 이러한 자원으로부터 얻어진 부는 일부 엘리트들에 의해 독점되고 종종 지배정당과 연결되어 있다. 예를 들어, 급성장하고 있는 석유 수출국인 적도 기니를 잠깐 살펴보면, 1인당 평균 소득은 약 2만 3,000달러 수준이지만, 인구의 4분의 3이 1년에 700달러 미만으로 생활하고 있는 것이 현실이다. 대신 테오도로 오비앙 은게마(Teodoro Obiang Nguema Mbasogo) 대통령의 가족은 약 6억 달러로 추정되는 재산을 모아 항공기, 고급 승용차, 주택 등 자산을 취득한 반면 대부분 인구는 빈곤에 허덕이고 있다 (Blas, 2014; Human Rights Watch, 2015). 넷째, 많은 나라들이 제도적으로 취약한 상태이며, 자원에 대한 투명성과 감독 부족 때문에 부패, 지대추구(rent-seeking, 경제 주

계속

체들이 자신의 이익을 위해 비생산적인 활동에 경쟁적으로 자원을 낭비하는 현상, 즉 로비·약탈·방어 등 경제력 낭비 현상을 지칭하는 말 – 역자 주), 아프리카 이외 지역으로부터의 불법적인 자금유입 등이 발생한다. 그 결과 세입은 줄어들고 개발 프로젝트에 투자할 여력이 줄어들게 된다. 마지막으로, 자원에 대한 접근과 통제는 시에라리온, 앙골라, 콩고민주공화국을 포함한 대륙 전역에서 갈등을 유지하기 위해 사용된다는 점이다.

하지만 주목할 만한 예외가 있으니 다이아몬드가 풍부한 보츠와나이다. 1966년 독립 당시 보츠와나는 상대적으로 빈곤한 저개발 국가였다. 하지만 정부는 다이아몬드 수익(전체 세수의 40%에 달하는)을 인프라와 보건, 교육, 빈곤 감소에 사용한 바 있으며 이것을 통해 세계에서 가장 빠르게 경제적으로 성장한 동시에 높은 1인당 국민 소득을 기록한 국가 중 하나가 되었다. 이러한 사례는 모든 나라들이 자원의 저주를 경험하는 것은 아니고, 주의 깊고 투명하게 자원을 관리한다면 정반대의 결과를 얻을 수 있음을 시사한다.

근하기 위해 경쟁한다. 코발트, 우라늄, 백금 (아프리카에서 이 세 광물들이 세계에서 가장 많이 매장되어 있다), 니켈, 보크사이트, 구리, 철광석과 같은 광물자원은 아프리카 전역에 매장되어 있다. 스마트폰, 노트북 컴퓨터, 태블릿 컴퓨터와 같은 현대 전자 기기를 생산하기 위해 아프리카의 원자재는 필수적이다. 콩고민주공화국(DRC)은 텅스텐, 주석, 탄탈룸과 같은 핵심 원료를 제공하는 중요한 역할을 하고 있다. 게다가 다이아몬드와 금은 아프리카 전역에서 발견되는 중요한 자원이며, 대량으로 추출되어 판매되고 있으며, 수익 면에서도 가장 가치 있는 원자재이다. 금 수출 상위 4개국은 (매우 압도적인 차이로 1위인) 남아프리카공화국, 가나, 말리, 탄자니아 등이며, 다이아몬드 생산량이 가장 많은 나라는 보츠와나, 남아프리카공화국, 나미비아, 앙골라, DRC 등이다. 광물 채굴이 그 나라들의 경제적 복지에 얼마나 중요한지 주목해 보아야 한다. 가령, 보츠와나는 다이아몬드 채굴에 경제적 복지를 전적으로 의존하고 있다. 대륙 전역에서 새로운 광물의 발견은 수십억 달러의 투자를 가져오고 더 큰 발전을 향한 주요 원동력이 될 수 있다. 목제품 제조에 필요한 단단한 나무와 같은 다른 천연자원은 특히 콩고 분지의 서부 아프리카와 중앙아프리카 전역에서 발견되고 있으며, 그 지역 숲의 상업적 벌목은 지역경제에 중요한 요소이다. 대륙 GDP의 6%는 임업에서 유래한 것으로 추정된다.

아프리카는 상당한 석유와 가스 매장량을 보유하고 있으며, 많은 정부들이 그것들의 추출과 생산에 의존하고 있다. 탄자니아, 가나, 모잠비크 등의 나라에 새로운 유전과 가스 매장지가 위치하고 있으며, 앙골라, 적도 기니, 알제리, 나이지리아, 콩고-브라자빌, 리비아 등 기존 매장 지역에서 추출과 생산이 광범위하게 이루어지고 있기 때문에 석유와 가스는 아프리카 경제를 지탱하는 주요 자원이라고 할 수 있다. 이 대륙은 세계 석유 생산량의 9.6%를 차지하고 있으며, 미개발 매장량의 8%를 보유하고 있다 (PWC, 2015). 아프리카 전역의 석유와 가스의 개발과 추출은 G20 국가들이 중동과 러시아에 대한 의존에서 벗어나려고 함에 따라 그 중요도가 더욱 높아질 것으로 보인다. 하지만 석유와 가스의 거대한 매장량으로 인해 민주주의가 확립되고 투명한 규범이 만들어지는 것은 아니다. 반복된 경우지만, 이들 자원에서 얻어진 부는 앙골라, 적도 기니, 그리고 수단과 같은 국가에서 독재정부를 유지하는 데 사용되었다. 지리적 긴장과 갈등, 정치적 불안정성과 부패 때문에 세계 다른 지역과 비교할 때 위에서 언급된 자원들은 상대적으로 덜 개발된 상태이다. 광물과 화석 연료의 거대한 매장량으로 인해 부를 창출하고 개발이 촉진될 것이라고 기대되었지만, 글상자 2.3에서 설명한 바와 같이 종종 '자원의 저주'에 빠지기도 하였다. 이러한 자원들은 대륙 전역에서 갈등과 분쟁을 조장하기도 하였으며 역으로 복지를 강화하기도 하였다. 앙골라와 콩고민주공화국(DRC), 시에라리온과 같은 방대한 사례에서 알 수 있듯이 석유와 다이아몬드의 통제는 갈등을 지속시키기도 한다. 이러한 주제는 제6장에서 보다 자세히 논의할 것이다.

아프리카는 재생에너지 측면에서 엄청난 잠재력을 가지고 있다. 그리고 이것은 경제적 다양성과 대안적이면서 저렴한 전력 생산의 형태 필요성의 측면에서 점점 더 중요해질 것 같다. 태양에너지, 풍력발전, 바이오매스(식물의 광합성에 의하여 고정화된 생산량 중에서 석탄·석유를 제외하고, 아직 이용되고 있지 않은 에너지 자원을 가리킴 - 역자 주), 지열에너지 및 수력발전과 관련하여 여러 기회가 존재한다. 예를 들어, 사하라 사막 같은 지역에서 매우 긴 일조시간 덕분에 태양열에너지는 대체에너지로 점점 더 각광받고 있다. 모로코에서는, 와르자자테(Ouarzazate) 근처에 세계에서 가장 큰 태양광 발전 단지 중 하나인 4개의 거대 태양광 복합 설비를 갖추고 있으며, 여기서 생산되는 태양열에너지를 사용할 계획이다 (사진 2.1 참조). 모든 발전소가 가동되는 2020년까지, 이 단지에서 나오는 태양열에너지는 580MW의 전기를 생산할 것이며, 이것은 1년 내내 100만 가구가 넘는 가정에 전력을 공급할 수 있는 용량이다 (Neslen, 2015). 또한 풍력에너지를 얻을 수 있는 좋은 환경이 만들어져 있어, 대륙 전역에 많은 풍력발전소가 설립되고 있다. 한 예로 66개의 터빈이 있는 남아프리카 동부 케이프 지역의 쿡하우스 풍력발전소가 있다. 이러한 재생에너지를 생산하기에 유리한 환경으로 인해 비재생에너지에 의존할 필요성이 점차 줄어든다. 그리고 이러한 재생에너지 생산, 유지를 위해 새로운 산업이 요구되기 때문에 경제적 다

▌ 사진 2.1   모로코 와르자자테 근교 태양광발전 설비

출처: Philippe Petit/Paris Match via Getty Images.

양화와 고용을 위한 기회를 제공한다. 그러나 재생에너지의 잠재력이 분명히 몇몇 긍정적인 변화를 이끌어 내고 있으나, 이러한 대체에너지 자원은 여전히 많은 매장량을 자랑하는 석유와 가스에 비해 아프리카 경제에 미치는 영향이 미비한 것 또한 현실이다.

인구통계학적 추세

최근까지 그 크기에 비해 아프리카의 총 인구는 세계 다른 곳과 비교해서 그다지 많지 않았다. 그러나 21세기 들어 극적인 변화가 생기기 시작했다. 2010년 아프리카 인구는 10억 명을 돌파하였으며 그중 절반이 20세 이하이며 이에 걸맞게 아프리카 인구는 가파르게 증가할 것으로 보이며 2050년에는 20억 명에 달할 것으로 추정된다. 이런 추세로 2050년이 되면 세계인구 중 절반이 아프리카인이 될 수도 있다는 전망도 있다. 말라리아와 HIV/AIDS를 포함한 물리적·지리적 요인, 질병과 같은 아프리카 인구에게 영향을 미치는 주요 위협들에도 불구하고, 최근 수치로는 여성 1인당 평균 4.43명의 출산율을 보이며 여타 지역을 압도하고 있다. 세계 평균 출산율은 2.47명이며 점점 하락하는 추세이다 (UN, 2017). 아프리카의 이러한 현상은 세계적인 추세에 반하는 것으로, 그 결과 아프리카에 있는 가족 단위는 여전히 큰 반면, 평균 인구는 훨씬 더 젊어지고 있다. 결과적으로 '젊은이들의 급증'함에 따라 세계 어느 곳보다 24세 이하 젊은이의 비율이 높은 곳이 되었다. 아프리카에서 24세 이하 인구 비율은 60% 이다. 예를 들어, 니제르는 15.1세로 가장 젊은 평균 연령을 기록하고 있고, 16세에 말리가 그 뒤를 바짝 따르고 있다. 선진국과 비교하면 영국의 평균연령은 40.4세이고 미국은 37.6세이니 차이가 크다고 볼 수 있다.

　역동적인 젊은 인구가 많다는 것은 축복인 동시에 저주이기도 하다. 젊은 인구는 성장과 발달을 위한 훌륭한 동인이 될 수 있지만, 정부는 특히 교육, 기술 제공, 그리고 가장 중요한 고용 영역에서 인구통계학적 팽창의 필요를 충족시키기 위해 끊임없이 정책적인 보완책을 마련해야 한다. 만약 이러한 문제가 충족되지 않을 경우 과도한 인구와 그들의 불만으로 인해 다수의 아프리카국가들이 고통을 겪게 될 것이다. 게다가, 급속히 팽창하고 있는 인구를 위한 식량 생산에 대한 압력이 증가할 것이며, 이는 많은 국가들이 충족시키기 위해 애쓰고 있는 부분이다. 예를 들어, "The State of Food Insecurity in the World" 보고서에 따르면 (FAO, IFAD & WFP, 2015), 사하라이남 아프리카 24개국이 이미 심각한 식량 위기를 겪고 있다. 이것은 대륙 전체가 해결해야 할 가장 시

표 2.3 아프리카 인구 통계

국가/지역	인구 (단위: 천 명)						인구 밀집율 (1㎢ 당 인구)
	1950년	1970년	1990년	2000년	2010년	2020년 (예상)	
가나	4,981	8,597	14,628	18,825	24,318	30,530	106.9
나이지리아	37,860	56,132	95,617	122,877	159,425	206,831	175.0
남아프리카공화국	13,683	22,503	36,793	44,897	51,622	56,669	42.6
레소토	734	1,032	1,598	1,856	2,011	2,258	66.2
르완다	2,186	3,755	7,260	8,022	10,294	12,997	417.3
모리셔스	493	826	1,056	1,185	1,248	1,291	614.8
말라위	2,954	4,604	9,409	11,193	14,770	20,022	156.7
모잠비크	6,313	9,262	13,372	18,265	24,321	31,993	30.9
부르키나 파소	4,284	5,625	8,811	11,608	15,632	20,861	57.1
부룬디	2,309	3,457	5,613	6,767	9,461	13,126	368.4
상투메 프린시페	60	74	114	137	171	211	178.0
세이쉘	36	52	71	81	93	99	202.3

알제리	8,872	14,550	25,912	31,184	36,036	43,008	15.1
앙골라	4,355	6,301	11,128	15,059	21,220	29,245	17.0
에티오피아	18,128	28,415	48,057	66,444	87,562	111,971	87.6
우간다	5,158	9,446	17,384	23,758	33,149	45,856	165.9
이집트	20,897	34,809	56,397	68,335	82,041	100,518	82.4
카메룬	4,466	6,771	12,070	15,928	20,591	26,333	43.6
케냐	6,077	11,252	23,446	31,066	40,328	52,187	70.9
카보베르데	178	270	341	439	490	553	121.7
코모로스	156	228	415	548	699	883	375.4
콩고민주공화국	12,184	20,010	34,963	48,049	65,939	90,169	29.1
탄자니아	7,650	13,606	25,458	33,992	45,649	62,267	51.5

출처: Created using data from United Nations, *Department of Economic and Social Affairs, Population Division* (2015). World Population Prospects: The 2015 Revision.

급한 문제 중 하나이다.

임신율이 높아지고 젊은 층이 급격히 증가함에 따라 모든 아프리카 국가들이 급격한 인구 성장을 경험하고 있다. 표 2.3은 과거와 미래의 인구 증가율을 보여주고 있는데 놀랄만한 상승추세를 확연히 알 수 있다. 나라와 지역별로 다양성을 보이기는 하지만 인구 증가율은 예외 없이 아프리카 전역에서 관찰할 수 있다. 예를 들어, 이미 큰 나라인 나이지리아는 2010년 1억 5,940만 명에서 2020년 2억 680만 명으로 증가할 것이며, 같은 기간 말라위와 같은 작은 나라에서도 600만 명의 인구가 급증할 것이다. 표 2.3에서 보는 것과 같이 아프리카 전역의 인구밀도는 km² 당 32명 꼴로 특별히 높은 편은 아니지만, 대륙에서 가장 인구밀도가 높은 카보 베르데, 부룬디, 르완다, 말라위와 같은 대륙의 가장 작은 나라들에게 인구 증가는 가장 큰 영향을 미칠 것임을 보여준다.

대륙의 인구가 급증하면서 이 사람들은 어디에 살 것인가? 이러한 고민은 급속한 도시화 진행으로 이어졌다. 아프리카개발은행(African Development Bank, 2012)에 따르면 이 대륙의 도시 인구는 1990년대 이후 매년 3.5%씩 증가해 왔으며(개발도상국에서 가장 빠르게 증가하고 있음) 2050년에는 도시에 거주하는 사람들이 전체 대륙 인구 중 60%까지 증가할 것으로 예상된다. 특히 몇몇 도시의 성장은 놀랍다. 표 2.4에 제시된 UN의 숫자는 아프리카 최대 12개 도시의 인구수를 보여준다. 2018년에 이집트의 카이로, 나이지리아의 라고스, DRC의 킨샤사와 같은 메가 시티들은 모두 1,000만 명 이상의 인구가 살고 있다. 예측 인구 증가율은 더 경이로운 수치를 보여준다. 2010~2025년 루안다는 인구가 69%, 나이로비가 77%, 다르에스살람이 85% 증가할 것으로 예측된다. 아프리카의 도시에서 인구 증가는 여러 요인에 기인한다. 각 국가는 적어도 하나의 핵심 도시 중심지를 가지고 있으며, 압도적으

표 2.4 아프리카 도시들의 성장 – 크기에 따른 12개국

순위	도시	국가	2005년	2010년	2015년	2020년 (예상)	2025년 (예상)	변화율 (%) (2010→2025년)
1	카이로	이집트	10,565	11,001	11,663	12,540	13,531	23.0
2	라고스	나이지리아	8,767	10,578	12,427	14,162	15,810	49.5
3	킨샤사	콩고민주공화국	7,106	8,754	10,668	12,788	15,041	71.8
4	루안다	앙골라	3,533	4,772	6,013	7,080	8,077	69.3
5	알렉산드리아	이집트	3,973	4,387	4,791	5,201	5,648	28.7
6	아비장	코트디부아르	3,564	4,125	4,788	5,500	6,321	53.2
7	요하네스버그	남아프리카	3,263	3,670	3,867	3,996	4,127	12.5
8	나이로비	케냐	2,814	3,523	4,303	5,192	6,246	77.3
9	케이프타운	남아프리카	3,091	3,405	3,579	3,701	3,824	12.3
10	카노	나이지리아	2,993	3,395	3,922	4,495	5,060	49.0
11	다르에스살람	탄자니아	2,680	3,349	4,153	5,103	6,202	85.2
12	카사블랑카	모로코	3,138	3,284	3,537	3,816	4,065	23.8

출처: Created using data from UN-HABITAT (2010), The State of African Cities 2010: Governance, Inequalities and Urban Land Markets.

로 많은 인구 때문에, 정부는 이 도시에 기반시설, 고용 및 복지 지출을
집중적으로 하고 있다. 이 '허브' 도시들은 생산성과 성장의 핵심 엔진
으로 경제발전에 지대한 기여를 하고 있다. 대규모 도시 지역이 등장함
으로써 여러 기회가 생기고 있음에도 불구하고, 도시의 급속한 성장은
아프리카정부들 입장에서 여러 가지 심각한 문제점들을 안겨주고 있다
(글상자 2.4 참조). 도시화의 한 가지 결과는 이미 한계에 다다른 서비
스와 가용 일자리와 주거지의 부족이 앞으로 더 심각해진다는 점에 있
다. 일반적으로 사람들이 농촌에서 킨샤사나 요하네스버그와 같은 주요
중심지로 이동할 때, 보다 더 나은 삶을 영위할 기회를 가질 수 있을 거
라는 맹목적 기대를 갖기 마련이다. 그러나 아프리카의 도시화는 세계
의 다른 지역과는 달리 산업화에 의해 추진되지 않아 일자리의 가용성
에 영향을 미치고 (일자리의 수가 제한적이고 - 역자 주) 경제적 불평등
을 심화시킨다. 그 결과 아프리카 전역에 빈민층이 급격히 늘어나게 되
고, 많은 도시들이 그들의 삶의 질을 유지시켜줄 수 있을 만큼 효율적으
로 상황을 책임질 수 없는 지경에 이르게 된다.

'아프리카의 부상'이라는 관점은 이 대륙의 급속한 도시화가 잠재적
으로 이득이 될 수 있다고 묘사하고 있지만, 그것은 대부분의 아프리카
인들이 시골 지역에서 계속 살고 있다는 사실을 외면한다. 도시 인구는
지난 50년 동안 19%에서 39%로 두 배로 증가했을 수도 있지만, 아프
리카 농촌 인구 역시 대륙에서 다양한 양상으로 급격히 증가했다. 대륙
의 절반 이상이 주로 농촌 사회로 남아 있다. 부룬디, 말라위, 니제르는
80%이상의 시골이다. 그 결과, 아프리카국가들은 2030년대 중반까지
압도적인 농촌 사회를 유지할 것이다. 그러나 도시와 시골을 범주화하
는 것은 그 기준과 해당국가의 환경에 따라 다를 수 있다. 예를 들어, 나
이지리아는 마을을 2만 명으로 정의하는 반면, 말리의 기준은 4만 명이

글상자 2.4   라고스

라고스(Lagos)는 나이지리아의 상업 중심지로, 그 자체로 글로벌 유력 도시로 떠오르고 있다. 『이코노미스트』(2013)에 따르면 라고스 시의 GDP는 주변의 모든 서아프리카국가들은 물론, 케냐와 같은 주요 국가보다 더 많다. 석유가 매장되어 있는 남서 나이지리아의 기니만에 위치한 이 도시는 원유 추출과 정제를 통해 현재의 부를 획득할 수 있었다. 약 1,250만 인구가 거주하고 있으며, 인구성장률은 전례 없이 상승하고 있어서 세계에서 가장 인구가 많은 도시 중 하나가 되었다. 이러한 급속한 성장은 몇 가지 심각한 문제를 야기하게 되었는데, 무분별한 도시 확장, 인구과잉, 그리고 인구 유입으로 인한 도시 슬럼화 등이 그것이다. 폭발적인 인구 증가로 인해 도시 인프라와 공공 서비스가 공급가능한 역량을 초과하는 수준이 된 것이다. 그러나 상황은 급속히 변화하고 있고 이러한 상황에 대처하기 위한 개선 방안이 추진되고 있다. 라고스 시는 향상된 세금 징수 시스템을 통해 세수를 확대하고 그것을 도시 인프라를 확충하는 데 투입하고 있다. 도시의 예상 성장률을 알고 있는 지도자들은 이러한 정책을 더 확대 추진하고 있다. 2008년 고속버스 운송 네트워크가 마련되었으며 경전철도 건설되었다. 교통망의 정비로 인해 교통체증을 완화하고 시민들의 이동성이 제고되었다. 극복해야 할 과제는 아직 많지만 라고스의 지속적인 성장률과 도시의 확장에 대응하기 위한 노력이 이루어지고 있다. 이 같은 헌신이 변화를 일으키기 시작하고 있다.

다. 따라서 아프리카인들이 어떻게 살고 있는지에 대해, 크고 역동적인 도시에서부터 고립된 시골 지역사회에 이르기까지 모든 것을 아우르는, 단 하나로 모든 것을 포괄할 수 있는 이미지는 없다는 것을 인식해야 한다. 정책입안자들의 과제는 도시와 농촌의 인구 증가에 대응할 수 있는 충분한 고용, 복지, 인프라를 제공하기 위해 도시와 농촌의 전략을 모두

촉진하고, 이러한 환경 안에서 증가하는 청년들에게 기회를 제공하는
것이다.

사회적 경향

대륙이 직면하고 있는 기회, 도전, 제약을 고려할 때, 사회발전의 전망
은 어떠할까? 이 절에서는 UN 인구분과위원회 산하 경제사회부의 세부
적인 데이터로 요약한 사회 진보의 계량 가능한 척도인 사회발전 지표
를 간략하게 설명한다. 기대수명은 '삶의 질'을 반영하는 방법이며, 수
치가 낮은 국가는 일반적으로 더 가난하고 덜 발달되어 있다. 대륙 전역
의 국가들 사이에는 상당한 차이가 있다. 만약 당신이 카보 베르데, 모
리셔스, 세이셸과 같은 도서국가나 북아프리카에서 태어난다면 당신은
더 오래 살 가능성이 있다. 이들 나라는 모두 안락하게 70세 이상 살 수
있는 기대 수명을 보이고 있다. 그러나 이와는 대조적으로 앙골라, 차
드, 중앙아프리카공화국, 레소토 등의 국가에서 산다면, 당신은 60번째
생일까지 사는 것을 행운으로 여길 것이다. 이러한 수치들이 각 나라 내
에서 엄청난 차이를 숨기고 있다는 것은 말할 필요도 없다. 예를 들어,
남아프리카의 백인 인구는 통계적으로 그 나라의 광산 분야에서 일하는
이주 흑인 노동자들보다 훨씬 더 오래 살 가능성이 높다. HIV/AIDS (글
상자 2.5 참조), 결핵, 말라리아와 같은 아프리카 전역의 주요 사망 원
인은 계속해서 기대 수명에 영향을 미치지만, 대륙 전역에서 그 비율은
고무적이게도 빠르게 개선되고 있다. 1950년 이후, 아프리카의 평균 기
대수명은 2011년까지 37세에서 58세로 증가했고, 2060년에는 다시 71
세로 증가할 것이다. 이 수치는 의료와 삶의 질 측면에서 개선되고 있음

글상자 2.5 HIV/AIDs

아프리카 사회가 직면한 가장 큰 위협 중 하나는 HIV/AIDs 의 확산과 그로 인한 보건상의 위기라고 할 수 있다. 아프리카에서 1,500만 명의 사람들이 사망한 바 있고 주로 동부와 남부 아프리카에서 2,550만 명의 사람들이 이 병을 앓고 있다 (UNAIDS, 2016). 높은 감염률은 기대 수명을 낮추고, 가족 구조를 해체하고, 다수의 에이즈 고아들을 만들었으며, 정부가 이 질병을 억제하기 위해 애쓰느라 상당한 복지 예산을 지출해왔다. 수백만 명의 사하라이남 아프리카인들의 사회경제적 복지에 해로운 영향을 미치고 있음에도 불구하고, 감염률을 줄이고 관리하는 데 진전이 이루어지고 있다. 2015년까지 1,200만 명 이상의 아프리카인들이 세계 최대의 항레트로바이러스(ARV) 치료 프로그램에 참가했으며, 남아프리카에서는 340만 명이 ARV 치료를 받고 있다. 감염률을 낮추기 위해 정부들은 사람들이 손쉽게 ARV 치료를 받을 수 있게 하고, 제약회사가 저렴하게 약품을 판매할 수 있도록 설득하고 HIV/AIDs의 확산을 막기 위한 예방, 테스트 및 성교육 프로그램을 확대하고 있다. 아프리카 전역에서 이 질병과 싸우는 데 있어 꾸준히 긍정적인 변화가 이루어지고 있지만, 새로운 감염자의 2/3가 아프리카에서 발생하는 한 HIV/AIDs는 이 지역 사망의 중요한 원인이다. 따라서 HIV/AIDs에 대한 의식 수준을 높이고, 고통을 치료하며, HIV/AIDs 감염률을 낮추기 위한 정부 및 국제기관의 지속적인 노력이 요구된다.

을 보여주는 것으로서 매우 긍정적인 수치라 할 것이다 (AfDB, 2014).

비만 인구 비율이 급격하게 상승함에 따라 아프리카 대륙은 새롭게 부상하는 건강 관련 도전에 직면해 있다. 많은 아프리카국가들에서 영양실조가 비만과 함께 공존하지만, 종종 KFC, 맥도날드, 그리고 윔피와 같은 패스트푸드 체인점이 판매하는 고지방이나 고당질의 제품들의 소비가 증가하면서 과체중인 사람들의 비율이 급증하게 되었다. 예를 들어, 1980년 이후 가나의 비만율은 인구의 2%에서 13.6%로 상승했는가 하면, 보츠와나 여성의 절반 이상이 비만이다 (*The Lancet*, 2014). 비만 수준이 증가함에 따라 제2형 당뇨병, 고혈압, 심장마비, 다양한 암을 앓고 있는 사람들의 숫자 역시 증가하고 있다.

유아 사망률은 한 국가의 의료체계, 복지 제공, 그리고 보다 광범위한 사회발전 수준의 질을 확인하는 척도로 사용된다. GDP와 사회-경제적 발전과 낮은 유아 사망률 사이에는 밀접한 상관관계가 있는 경우가 많다. 보고되지 않았으나 긍정적인 아프리카 전역의 사례들이 있는데, 거의 모든 나라에서 유아 사망률이 급격히 줄어들고 있다는 것이다. 가나, 케냐, 세네갈, 르완다, 우간다는 매년 6%이상 유아 사망률이 감소하고 있다. 그러나 모리셔스, 튀니지, 카보 베르데와 같은 부유한 나라들은 유아 사망률이 매우 낮은 반면, 앙골라, 기니 비사우, 남수단을 포함한 가난한 나라들은 받아들일 수 없을 정도로 유아 사망률이 높다는 점을 상기하면 대륙 전체에서 차이는 극명하다. 모든 아프리카인이 긍정적인 발전을 경험하는 것은 아니며, 발전의 수준은 국가 내에서뿐만 아니라 국가 사이에서도 다르다는 것을 보여준다. 긍정적인 발전은 모든 아프리카에서 그대로 실현되지 않는다는 불균등한 본질이 존재한다는 것이며 한 나라 내에서 살아가는 경험에 차이가 있는 만큼 나라별로 경험하는 삶에 차이가 존재하는 것이다.

성인의 문해율은 한 국가의 사회발전에 또 다른 중요한 결정 요인이다. 이 수치는 종종 복지와 국민의 교육 기회 제공에 투입되는 정부 지출과 밀접하게 연관되어 있다. 다시 말해, 한 국가의 부, 복지에 헌신적으로 비용을 투여할 수 있는 능력과 읽고 쓰는 이들 비율은 매우 밀접한 관계가 있다. 2000년대 초반부터 아프리카 전역의 교육수준 향상에 엄청난 진전이 이루어져 현재 학교에 다니는 아이들이 전례 없이 많아졌다 (제10장 참조). 몇몇 나라들은 중앙아프리카공화국, 니제르와 같이 읽고 쓸 줄 아는 능력이 낮은 수준이지만, 교육에 대해 전체적으로 접근성이 높아짐에 따라 읽고 쓸 줄 아는 비율은 꾸준히 향상되고 있다. 그러나 여전히 교육 수준은 심각하게 낮은 상황인데, 3,400만 명의 아이들이 학교에 가지 않는 반면, 등록된 2단계(중등) 학생의 대륙 평균은 43%이고 3단계(고등)에서는 8%에 불과하다 (UNDP, 2016, 232-233). 청년층의 급속한 증가함에 따라, 아프리카정부들은 교육 지출을 늘리고 국가와 국민의 미래에 투자할 기회에 관심을 가져야 한다.

양성평등 통계는 여성이 이용할 수 있는 기회와 국가가 평등을 달성하기 위해 수행하는 정책의 범위를 보여주는 또 다른 유용한 도구다. 이 통계는 여성들이 교육에 접근할 수 있는 능력, 의회에서 여성의 대표성, 고용 기회, 그리고 성에 기반한 폭력의 지속가능성을 포함한 요소들로 구성되어 있다. 낮은 점수를 받을수록(0에 가까울수록) 일반적으로 더 진보적이고, 개발되었으며, 자유로운 나라임을 의미한다. 아프리카 대륙은 여성의 지위와 기회의 평등 수준이 천차만별이다. 부르키나 파소, 차드, 그리고 DRC와 같은 몇몇 나라들은 놀랍게도 여성의 평등 수준이 낮다. 이와는 대조적으로 남아프리카공화국과 르완다는 특히 정치적 대표성과 여성 국회의원 수 측면에서 더 큰 성평등을 향한 고무적인 발걸음을 내디딘 바 있다. 2006년 라이베리아에서 엘레 존슨 설리프(Ellen Johnson Sirleaf) 대통령이 당선된 이후, 아프리카에서 3명의 여성 국가 최고 지도자를 배출된 바 있다. 하지만 성평등 지수 1위 수준인 노르웨이(0.068), 프랑스(0.080), 영국(0.068)과 비교하면 대륙 전체에서 가부장적 태도와 관행을 극복하기 위해서는 아직 해야 할 일이 많다.

마지막으로 유엔이 발행하는 인간개발지수(HDI)는 전 세계의 기대수명, 교육, 국민총소득, 삶의 질 등을 측정하는 지표다. 이것은 사람들의 삶의 기준과 그들의 삶의 기회를 측정하기 위한 도구다. 비교세계적 관점에서 볼 때, 통계는 많은 아프리카국가들에게 불편한 현실을 보여준다. 대륙의 어느 한 국가도 '매우 높은 인간개발' 수준을 보장하지 못한 것으로 나타났다. 아프리카 4개국만이 100위권(높은 인간개발)에 진입해 있는데, 세이셸이 세계 63위, 모리셔스가 64위, 알제리가 83위, 튀니지가 97위에 그 뒤를 잇고 있다. 불행하게도 아프리카국가들이 HDI 목록의 최하위를 차지하고 있다. UN이 자료를 기록한 188개국 중 최악의 20개국 중 19개국이 아프리카국가들이다. 지수 오름차순으로 보면 중앙아프리카공화국이 제일 마지막, 이어서 니제르, 차드, 부르키나 파소, 부룬디 그리고 기니 순이다.

이 장에서는 아프리카와 그곳의 사람들에 대해 개략적으로 설명함으로써, 다른 주제들이 나중에 더 깊이 있게 논의될 수 있는 플랫폼을 제공하는 역할을 하고자 하였다. 아프리카의 물리적 및 기후적 특징의 변화, 외부적으로 강제된 현대 국가의 도입, 여러 지역의 활용 가능한 자원 및 인구 증가와 인적 개발의 영향을 다루었다. 위와 같은 설명을 통해 이 장은 현대 아프리카의 다양성과 복합성에 대한 감각을 제공하고자 하였다. 여기서는 아프리카 사람들이 경험하는 상이한 상황과 이것들이 인간의 활동에 미치는 영향을 지수로 설명하였다. 많은 도전들이 산재해 있지만, 미래에 대한 엄청난 잠재력이 있으며, 대륙 전역에 긍정적인 발전이 풍부하게 이루어질 것은 명백하다.

추가 읽을 거리

아프리카 지리의 다양한 측면에 대한 입문서로서 Alfred Grove (1993) *The Changing Geography of Africa*와 *The Physical Geography of Africa* (Adams, Goudie, & Orme, 1999)가 있다. 아프리카의 도시화 및 도시개발의 변화하는 본질에 대해서 Susan Parnell and Edgar Pieterse (2014) *Africa' Urban Revolution*과 Bill Freund (2007) *The African City: A History*를 참조하면 된다. 아프리카의 인구통계학적 발전에 대한 세부적이고 폭넓은 이해를 위해 질병, 사망, 이주 등을 주로 다룬 Hans Groth and John May (2017) *Africa' Population: In Search of a Demographic Dividend*를 참조할 것.

제3장

역사

현대 아프리카를 완전히 이해하기 위해서는 어떻게 오늘날의 모습을 갖추게 되었는지 검토해 볼 필요가 있다. 따라서 현재에 영향을 끼치고, 현재의 모습을 형성해온 역사적 발전들을 살펴보고자 한다. 식민지 이전부터 1960년대 독립 시대에 이르기까지 아프리카의 역사는 변화와 진화라는 중층적 특징을 갖고 있다. 서아프리카의 아산테와 같은 왕국의 부흥이나 남부 아프리카의 억압적 백인 소수 통치 등 국가와 사회에 거대한 혼란과 변화를 불러온 몇 가지 중대한 시점이 있었다. 역사는 그러한 주요한 전환점을 중심으로 쓰이는 경우가 많지만, 아프리카의 과거는 특히 사회 구성, 정치적 규범, 민족정체성의 측면에서 주로 느리고 유연하게 변화했다는 점에 주목해야 한다. 예를 들어, 대륙의 역사적 궤적에서 비교적 짧은 시간 동안 지속된 유럽 식민주의는 아프리카 사회를 완전히 파멸시키거나 변형시키지는 않았다. 식민지 이전 시대의 많은 정치적, 문화적 관습은 제국주의 통치 시대에도 유지되었고, 식민지 이후의 정치에 지대한 영향을 발휘할 수 있었다.

근현대사의 무게는 지금도 아프리카의 현재와 미래를 광범위하게 짓누르고 있다. 인위적인 영토 경계, 국민국가의 민족 구성, 정치적 통치 스타일, 경제적 유산과 같은 핵심 이슈들은 모두 아프리카의 현재에 계속 영향을 미치고 있다. 이 장에서는 현재 아프리카의 모든 어려움을 과거의 탓이라고 주장하려는 게 아니다, 이러한 주장은 명백하게 사실이 아니기 때문이다. 그러나 식민주의의 망령은 독립 이후 많은 정치인들에게 유용한 은폐물이 되었다 (아프리카의 정치, 경제, 사회, 영토 등의 문제를 모두 유럽 제국주의 국가의 탓으로 돌리는 주장 – 역자 주). 아프리카에서 현대 국가라는 미묘한 의미(뉘앙스)를 확실히 이해하고, 여러 나라들이 걸어온 현대 국가로의 길이 무엇인지 살펴보고자 한다. 그렇게 하기 위해, 이 장은 지울 수 없을 만큼 명확히 아프리카 대륙의 현재에 영향을 준 몇몇 중요한 역사적 사건들을 살펴보고자 한다.

아프리카 현대사를 다룬 서적들은 대부분 아프리카를 형성하는 데 있어 외부적 영향의 역할에 초점을 맞춘다. 예를 들어, 그들은 주로 대륙의 영토 점령과 관련된, 북부의 이슬람과 오토만 통치, 유럽인들의 아프리카 지배 등을 다루고 있다. 의심할 여지없이, 외세 침입, 아프리카 사회의 종교적 전환, '외세(alien)' 정치 이념의 도입, 그리고 국제 경제무역관계의 구축은 모두 대륙에 엄청난 영향을 미쳤다. 하지만 아프리카를 외부자의 관점에서 바라보는 것은 두 가지 심각한 역사적 편견의 왜곡을 낳는다. 첫째, 아프리카의 과거사가 외세의 힘과 영향력에 의해서만 형성된 것이라는 인상을 심어주는데, 이것은 궁극적으로 역사적 사건에서 아프리카의 역할을 간과하는 것이다. 두 번째로 아프리카의 역사는 19세기부터 '시작'되었다고 보는 견해인데, 이것은 식민주의 이전 시대에 존재해 왔던 복합적이고 독특한 과거를 근본적으로 부정하는 오류를 낳는다. 실제로, 그러한 유럽중심적인 접근법 속에서 아프리카인들은 그들 자신의 역사에서 추방되었고, 외부 세력의 개입과 쇠퇴를 지켜보는 방관자로 묘사되었다. 이러한 좁은 역사관은 많은 정치적, 사회·경제적 발전에 아프리카인들이 긍정적이든 부정적이든 어떠한 영향을 미쳤는지에 대한 보다 완벽한 그림을 제공하지 못한다. 예를 들어, 대륙에 해로운 영향을 끼친 노예무역은 새로운 현상이 아니었고, 유럽인들이 도착하기 전부터 활발한 국내시장이 형성되어 사람들을 아메리카로 수송하기 시작했다. 노예를 잡아 유럽인들에게 팔아넘긴 것은 현지 지역 지도자와 무역업자였다 (Rodney, 1966; Fage, 1969; Lovejoy,

2012). 대서양 노예거래를 조직하는 데 있어서 유럽인들의 야만성과 복잡성을 부정하려는 것이 아니다. 단지 역사가 종종 아프리카인들이 이러한 비열한 사건들에 개입하지 않았다는 식으로 설명을 해왔다는 점을 지적하고 싶다. 현실은 훨씬 더 참혹하고 복잡했다.

이 장에서는 아프리카 역사에 대한 간략한 리뷰를 제공하고 식민주의 이전 시대, 식민주의 시대, 탈식민주의 시대별로 몇몇 핵심 주제를 다루고자 한다. 식민주의 이전 시대 절에서는 상이한 정치체제가 어떻게, 형성, 생존하였으며, 아프리카 전역에서 상호작용해 왔는지를 검토할 것이다. 줄루(Zulus), 아산테(Asante), 소코토 칼리파국(Sokoto Caliphate) 등 몇 개의 강력한 왕국과 제국을 살펴보고 그들이 가졌던 영향력을 평가할 것이다. 제2부에서는 (대부분 경우 80년 미만 지속된) 유럽 식민주의 시대에 초점을 맞추게 된다. 아프리카에 대한 제국주의적 정복의 배경적 원인들, 새로운 영토 '국가'의 창조, 서로 다른 힘에 의해 어떻게 통치가 실행되고 유지되었는가, 그리고 서로 다른 장소에서 외부 개입이 가했던 서로 다른 영향과 같은 중요한 주제들이 다루어질 것이다. 중요한 것은, 몇 가지 심오한 변화에도 불구하고 유럽 강대국들은 아프리카 사회의 모든 차원을 '성공적으로' 설계하거나 근본을 바꿀 수는 없었다는 것을 강조할 것이다. 결과적으로 중요한 전통(연속성)은 식민지 이전부터 식민지 시대까지 살아남았고 이러한 연속성은 현대 아프리카국가와 사회를 형성해온 복합성을 이해하는 데 근본적인 개념이라고 할 수 있다. 현대 아프리카의 복합성은 식민지 정치와 제도적 관행 이전의 관습과 전통의 융합이라고 보기 때문이다. 마지막 장에서는 아프리카 민족주의의 부상을 살펴볼 것이다. 아프리카 민족주의는 유럽의 지배를 야기하기도 했으며 제2차 세계대전 이후 활성화된 탈식민주의의 동인이 되기도 하였다.

아프리카 대륙의 거대한 크기를 고려하고 아프리카인들이 과거를 경험하고 이해해 왔던 다차원적인 방법을 동원하여, 이 장에서는 수긍할 수 있는 일반화를 시도하고자 한다. 그러므로 학술 문헌의 중요한 논쟁은 어느 지점에서 어떻게 일어났는지, 그리고 이것이 대륙에 대한 우리의 이해에 어떻게 영향을 미쳤는지를 강조하면서, 아프리카 역사를 통틀어 가장 중요한 개념과 발전을 보여주고자 한다.

1850년대 이전의 아프리카

19세기에 유럽 식민주의가 도래하기 전 아프리카 사회를 평가하자면, 당시에는 공식적이고 경계가 뚜렷하게 정해진 국가는 분명히 없었다. 아비시니아와 아산테, 다호메이, 고대 이집트, 하우사, 말리 같은 많은 주요 정치체제들이 대륙의 서쪽과 동쪽 지역에 대규모로 모여 있었으나, 이들은 예외적인 경우로 보인다. 식민지 시대 이전의 아프리카 그 외 지역에서는, 현대의 국가나 공식적인 정치 통치제도와 거의 비슷한 것이 없는 '텅 빈 곳'이었던 것 같다. 이러한 상황을 잭슨(Robert Jackson, 1993, 67)은 '국가보다는 느슨하게 정의된 정치체제와 사회'의 대륙으로 관찰한 듯하다 (지도 3.1).

하지만 영토경계가 확실하지 않다는 것과 통치하지 않는 것을 동일시하는 것은 솔직히 오해를 살 수 있다. 실제로 역사적, 고고학적 증거는 완전히 다른 그림을 보여준다. 대륙 전역에 걸쳐 다양한 정치적 통제와 사회조직체계가 있었음을 보여준다. 다른 세계 지역과 마찬가지로 왕국들과 제국들이 생기고 사라졌다. 그러한 과정에서 시대에 걸쳐 점점 국가의 모습으로 진화하고 적응해 갔다. 1800년대에 유럽인들이 대륙 문

지도 3.1 구분된 1876년 아프리카 왕국들

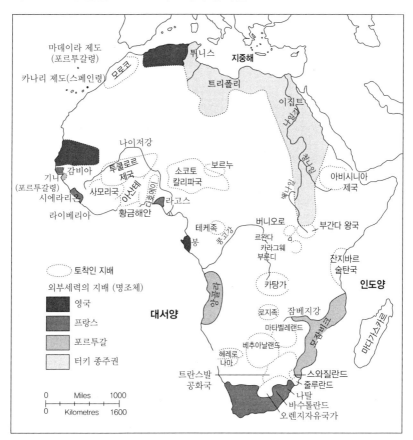

제에 적극적으로 간섭하기 시작했을 무렵, 국가 권력의 현대적인 개념
과 많은 유사점을 가진 소코토 칼리파국과 부간다처럼 점점 강력해지고
세련된 실체들이 다수 존재하게 되었다. 비록 약 수천 년의 역사를 지나
치게 일반화하기를 원하지 않지만, 식민지 이전의 아프리카 사회는 중
앙집권화된 정치체제 또는 국가 없는 사회라는 두 개념중 하나로 분류
하는 것이 가장 좋다. 물론 두 체제로 명확히 구분할 수 없는 중간적인
형태들이 분명히 존재했다.

제2장에서 제시된 주제와 지나치게 중복되지 않으면서 아프리카의 지리 및 환경에 관한 몇 가지 사항을 강조해야 할 필요가 있다. 나(저자)는 지리적 결정론에 대한 주장을 지지하지 않는다. 종종 무시되곤 하지만 의심할 여지없이 자연 환경은 인간, 문화, 그리고 결과적으로 정치적, 경제적 발전에 큰 영향을 미쳤다. 아프리카 대륙 전역에서 극단적이기도한 물리적 도전들을 경험할 수 있기에 단순히 아프리카가 얼마나 크고 다양한지를 강조하는것 만으로는 충분하지 않다. 몇 가지 두드러진 예외가 있지만, 아프리카의 지리적 상황은 무자비하다. 몇 가지 예를 들자면 불규칙한 비, 농업에 척박한 토양, 질병, 위협적인 기후, 교통의 어려움으로 인해, 특정 지역이 광범위한 인간 활동을 지원하는 데 훨씬 덜 적합하다는 것을 의미한다. 아프리카는 전반적으로 생태학적인 관점에서 볼 때 열악한 환경에 처해 있다 (Davidson, 1992, 216). 따라서 전부는 아니지만 주요 정치체제가 인간의 지속가능한 생존에 훨씬 유리한 서부와 동부 지방에서 등장한 것은 그다지 놀랄 일은 아니다. 그 결과, 대륙 전체에서 상대적으로 낮은 인구 밀도를 보이게 되었고, 이러한 상황은 더 큰 정치체제를 세우고 경제 활동을 지속하는 능력에 지대한 영향을 미쳤다. 많은 사람들이 그러한 조건에서 공식적이고 영토가 정해진 국가를 수립하는 것이 어렵다는 것을 분명히 인식하였고, 따라서 국가 없이 살 수 있을 수도 있다는 결론을 내리게 된다.

대다수의 사람들은 작고 지역화된 작은 집단이나 큰 규모의 마을보다 작은 정착촌에서 살았다. 그 곳은 대개 원로회의 지배하에 있거나, 경제적 흐름을 통제하고, 후원하고, 권력을 분배하고, 보호를 제공할 수 있는 힘 있는 '빅 맨'의 지배하에 있었다. 티브, 이그보, 마사이와 같은 이들 집단은 대체로 자급자족했으며, 주변의 물리적 조건에 적응하고 노동하기에 효율적인 형태로 조직되었다. 결과적으로 이러한 사회에 생존하거나 번성하기 위해서 국가나 군주에 충성하는 것보다 그 사회의 생존과 번영에 훨씬 중요한 것은 공동체나 민족적 친족관계였다. 식민통치 후에도, 이러한 지역사회는 전통적인 형태의 통치방식이 지속되면서, 새로운 제도에 크게 영향을 받지 않게 되었다. 가족과 민족에 대한 이러한 밀접한 소속감은 현대 아프리카 사회의 극히 중요한 부분으로 남아 있으며, 이는 이 책의 후반부에서 주로 다루게 된다 (예: 제4장과 제6장 참조).

또 다른 중요한 지리적 요인은 아프리카 토지의 이용가능성이며 (이용할 땅이 넓다는 것 – 역자 주) 이것은 낮은 인구 밀집율과 밀접한 관계가 있다. 비교 대상이 되는 곳은 유럽으로 그 곳의 땅은 1급지이며 따라서 각 왕국들은 자신의 권력을 과시하기 위해 다른 나라의 국경을 해체하고 자신의 영토는 지켜야 할 필요성을 빨리 깨달은 바 있다. 국가의 근대적 개념화는 영토에 대한 지배권을 행사하고, 이에 대한 주권을 행사하는 것을 전제로 하고 있는데, 이는 1648년 베스트팔렌조약에 의해 유지되는 것이었다. 하지만 식민지 이전 시기 아프리카는 상황이 완전히 달랐다. 토지의 소유권은 이용 가능한 것이 많았기 때문에 우선적인 관심사는 아니었다. 사실 아프리카 지도자들이 직면하고 있는 핵심 문제는 사람들의 부족이었다. 따라서 아프리카에서의 힘은 영토가 아니라 사람들을 통제할 수 있는 능력에 기초했다 (Vansina, 1990). 강력한 정치 형태를 확립하는 데 있어 중요한 것은 가능한 한 많은 사람들에게 권한을 행사할 수 있는 능력이었다. 이것은 여러 가지 방법으로 이루어질 수 있었다. 강요와 징벌적 조치를 (샤카[Shaka, 줄루 왕국의 시조 – 역자 주] 통치하의 줄루족의 삶에서 극적으로 보여지듯) 취하거나 보호를 제공하고, 자원 및 식량에 대한 접근을 개방하는 것과 같은 인센티브 (부간다의 사례)를 준다든지, 그리고 종종 노예제도를 통해 경제적 생산

인구를 증가시키는 방법(다호메이처럼)이 그것이다.

하지만 이러한 방식은 대륙 전역의 지도자들에게 딜레마를 안겨 주었다. 허브스트(Jeffery Herbst, 2000, 35)는 식민지 이전 시대 지도자들이 의미 있는 방식으로 먼 거리까지 그들의 영향력을 확장하고 과시하고자 하였다고 논증한 바 있다. 적대적 환경과 열악한 교통망으로 인해 중앙집권화된 정치단체들이 등장했을 때에도 특정 영역을 넘어서 통제권을 행사하는 것이 매우 어려웠다. 권력의 중심부에서 멀어질수록 충성과 헌신을 얻어내기 힘들어지기 때문에 영토 경계는 종종 유동적이었다. 결과는 종종 복잡한 형태의 위임통치였다. 지역 지도자들과 지역 사회들은 더 강한 권력에 대한 충성을 맹세하는 동시에 그것의 후원 하에 상대적인 자치권을 누리게 되었다. 예를 들어, 소코토 칼리파국은 에미르(Emir, 이슬람의 왕 – 역자 주)들이 통치하는 도시국가들의 연합체였는데, 에미르들의 지위는 지배적 권위자인 술탄에게 인정받아야 했다(Asante, 2015, 135). 그러나 많은 주에서 이러한 영토에 대한 공식적인 통제가 힘들어졌고, 통제 거리가 증가함에 따라 훨씬 더 문제가 되어 외딴 지역의 저항 가능성이 있었다. 결과적으로, 공식적인 정치 기관이 완전한 통제력을 발휘하지 못하거나 그 영향력이 닿지 못하게 된다면, 이용 가능한 토지는 많기 때문에, 영향력에서 벗어난 사람들은 예속된다고 느끼거나 갈등을 피하고 싶어할 경우 간단히 그곳을 떠날 수 있었다. 그 결과, 대륙 전체는 높은 수준의 이동성을 보이게 되었으며, 이것은 '근대' 국가의 창출뿐만 아니라 다른 집단을 아우르는 응집력 넘치는 '국가적' 정체성을 형성하는 데에도 영향을 미치게 된다. 개인들은 지역 공동체나 친족들과 그들 자신을 동일시할 가능성이 훨씬 더 높았다. 주로 협소한 지역을 중심으로 사용되었던 아프리카 언어의 다양성은 바로 사람들의 이동성이 활발했다는 증거라고 할 수 있다.

이러한 요소들은 아프리카의 역사적 궤적을 뒷받침하고 형성해 왔기 때문에 고려해야 할 근본적인 것이다. 공동체는 주변 환경으로 인해 어려움을 겪었고, 이는 '현대적인' 관료제도의 창출에 영향을 미쳤다. 가나와 콩고 같은 많은 주요 정치체제의 사례에서 나타나듯이, 식민주의 이전 시대의 두드러진 특징은 급격한 부상과 그 이후 몰락이라고 할 수 있다. 식민주의 이전 시대 아프리카 사회에 대해 유럽중심주의 모델과 확실히 다르게 고려해야 한다. 당시엔 법, 대표성, 권력과 사회적 통제의 위계도 존재하지 않았다는 유럽인의 인식을 바탕으로 아프리카에 '국가'(성)이 부족했다고 판단하지 말아야 한다. 그것은 근본적으로 현상을 왜곡시키고, 독특하고 복잡한 사회조직화의 현실을 가리기 때문이다. 이 절의 나머지 부분에서는 식민지 이전 아프리카에 대한 몇 가지 광범위한 주제를 간략히 언급할 것이다. 이슬람의 부상과 영향, 유럽의 초기 개입과 대서양 노예무역, 그리고 18세기 아프리카의 부상을 주로 다룰 것이다.

식민주의 이전 시대 아프리카의 의미 있는 대부분의 발전 중 하나는 북부 전역에서 이슬람의 부상과 확산을 통해 이루어졌다. 이후 그 지역은 외부의 영향력과 문화, 사고에 개방적인 곳이 되었다. 이슬람교의 광범위한 채택은 641년 우마이야(Umayyad)의 이집트 침공으로 시작되었다. 이후 우마이야 제국은 북아프리카 전역으로 지배력을 확장해 나갔고, 8세기 초에는 전 지역이 우마이야의 지배하에 들어갔다. 이후 수 세기에 걸쳐 이슬람이 사하라를 가로질러 서아프리카와 수단 벨트 지역까지 확산되었으며, 주로 이슬람 종교와 문화사상의 보급에 주도적 역할을 담당했던 무역업자들과 상인들이 주도했다. 따라서 사하라를 가로지르는 무역과 통신망은 이슬람 문화가 광범위하게 파급되는 데 결정적인 역할을 했고, 동시에 일부 주요 정치 왕국의 형성에 일조했다 (글상

자 3.1 참조). 이러한 현상을 급격한 변화의 과정이라고 명명하는 것은
과언이 아닐 것이다. 15세기 이후, 사하라 전역의 대부분 정치단체들이
적어도 부분적으로는 이슬람 전통에 의해 영향을 받았다. 그러나 아프

글상자 3.1 송가이 제국

손니 알리(Sunni Ali)가 세운 송가이(Songhai) 제국은 서부 사헬 지
역을 지배하면서 15~16세기 두각을 나타낸 바 있다. 1464년 가오
시 외부로 확장된 송가이 제국은 나이저강을 지배하고 서아프리카 소
금과 금 무역을 지배하면서 이 지역에서 말리를 대신하여 최대 강대
국으로 부상하였다 (Asante, 2015, 76-77, 122-125). 무역을 통해
발생한 수입은 상비군을 보유할 수 있게 해 주었는데, 이는 경제적 지
위를 보호할 뿐만 아니라 이 지역 전체에 걸친 제국의 팽창주의도 실
행에 옮기기에 가능케 했다. 송가이 제국은 국제적으로 중요한 국가
로 부상하게 되었는데, 이슬람 학문 전파에 핵심적 도시였던 팀북투
(Timbuktu)는 사헬 전역에서 이슬람 문화를 전파하고 수용하게 하는
역할을 한 바 있다. 이 도시는 학문적으로도 유명하지만 동시에 모스
크와 법원 같은 건물들이 인상적인 곳이다. 그러나 1500년대 초반의
전성기를 지나면서부터 제국은 몰락하기 시작했다. 사하라 금 거래에
대한 통제력을 잃기 시작했고, 유럽의 무역업자들과 하우사와 같은
새로운 강대국들이 그 자리를 대신하게 되었다. 이러한 경제적 쇠퇴
는 내전과 후계 문제로 촉발된 송가이 제국에 지속적인 정치적 위기
를 초래했다. 결국 송가이는 1591년 모로코의 침략으로 붕괴되었다.
모로코의 잘 정비된 군대가 제국을 파괴하고 영토를 장악한 것이다.
그러나 모로코가 광대한 송가이 제국을 정복했음에도 불구하고, 영토
에 대한 헤게모니를 효과적으로 장악하지 못했으며, 궁극적으로는 이
거대한 중세 제국(송가이)이 작은 공동체들과 왕국으로 분해되는 것
을 목격하였기에 그 지역에 대한 완전한 지배를 포기했다.

리카의 이슬람교는 토착 관습과 전통이 종교에 통합되어 매우 유연하고 적응력이 뛰어난 것으로, 복합적인 종교의 형태를 보이게 되었다 (제7장 참조). 북아프리카에서의 이슬람의 영향력은 1550년 오토만 제국의 아프리카 진출로 인해 더욱 강화되었다. 당시 오토만 제국은 모로코를 제외하고 북아프리카 전 지역으로 그 영향력을 확장하고 있었다. 오토만 제국은 중요한 경제적, 문화적, 종교적 권위를 입증한 바 있고, 19세기 초(지도 3.2)까지 (대부분) 지배력을 유지할 정도로 오래 지속된 제국이었다.

17세기 후반의 극적인 역사적 발전으로 인해 아프리카의 이슬람 문화권 전역은 지속적인 불안정과 격변이 촉발되었다. 이것은 이슬람의 전통과 관습에 균열이 생기고 있음을 의미했다. 성직자 나시르 알딘(Nasir

지도 3.2 아프리카에서 이슬람의 전파

al-Din)은 보다 순수한 형태의 이슬람 교리를 준수할 것을 요구했고(그 동안 토착종교와 무슬림이 혼합된 관행을 몰아내고), 모든 세속적 지도 자들이 성직자의 권위에 그들의 권력을 내줄 것을 요구했다 (Curtin, 1971). 1673년, 오늘날 모리타니에서 나시르 알딘은 협력을 거부한 지도자들을 상대로 성전(지하드)을 선포했다. 풀라니족(니그로이드 [Negroid]와 지중해 민족과의 혼혈 유목인 - 역자 주)의 지하드 선포는 권력에 도전하거나 힘을 합치는 합법적인 도구를 제공했기 때문에 후대 에 많은 영향을 미쳤다. 1800년대 초반에는 성공적인 지하드 시대가 시 작되어 정치질서를 뒤흔들면서 새로운 왕국이 몰락하고 출현하기를 반 복하였다 1804년, 우스만 단 포디오(Usman dan Fodio)는 그의 추종자 들을 이끌고 하우사 도시국가들(현 나이지리아)에 대항하여 성전을 벌였 으며, 그의 군대는 1808년까지 고비르, 카노, 다우라 같은 중요한 도시 들을 점령한 바 있다. 처음에는 하우사 국가의 일부에 불과했으나 이러 한 군사작전 등을 통해 이들은 소코토 칼리파국(소코토 칼리프가 통치하 는 지역 - 역자 주)을 형성하게 되었고 급격히 지배력을 확장하여 아프 리카의 가장 강력한 정치집단으로 성장하게 된다. 영국이 침략 이후 북 부 나이지리아를 통치할 때도 칼리프 통치구조는 유지되었다 (p. 80 의 절에서 간접통치에 대한 논의를 참조, '식민주의 시대'). 이슬람의 패 권과 전통, 문화가 확장되고 통합됨에 따라 중요한 역사적 발전이 함께 이루어졌다. 이슬람은 북아프리카를 외부의 영향과 문화에 개방하고, 그 것들을 종교로 통합시켰다. 그리고 사하라 전역의 경제 교역을 추진하는 데 도움을 주었으며, 정치적 실체의 흥망성쇠를 좌우하기도 하였다.

15세기 중반에 유럽 무역업자들이 아프리카에 도착하면서 또 다른 중요한 발전의 계기가 시작되었다. 그때까지만 해도 북부 아프리카 이 외 지역은 상대적으로 국제 교역에서 소외된 지역이었다. 이처럼 일반적 세계와 동떨어져, 중세 "아프리카는 여전히 대부분 자신의 리듬으로 움직이며, 자신의 절차를 따르고, 자신의 채널 및 경로를 찾고 있었다" (Oliver, 2001, 9). 하지만 항해 기술이 비약적으로 발전함에 따라 유럽의 배들은 이전에 가보지 못한 곳까지 항해할 수 있게 되었다. 예를 들어, 1500년대 초에 포르투갈 인들은 희망봉 주변을 여행했고, 여러 인도양 해안선까지 도달했다. 이러한 기술적 변화로 인해 금, 구리, 향신료, 구슬, 천 등을 교역할 수 있었고, 나중에는 해안 지역의 사람들과 교역이 이루어지는 경제적 연결고리가 마련되었다. 이러한 교역으로 아프리카 공동체들과 유럽인들의 상호작용은 촉발되었다고 할 수 있다. 유럽인들은 아프리카에 강력한 왕국이 존재하고 말라리아와 같은 질병으로 인해 극도로 사망률이 높을 뿐만 아니라 그들 자신도 먼 거리를 여행할 수 있는 자신감이 없었다. 이러한 요인으로 유럽인들은 아프리카 내륙 깊숙이 진입하지 않았다. 그러므로 해안 가까이에 있는 지역 지도자들 및 지역 공동체와 관계를 맺는 것이 훨씬 더 쉬웠다. 무역을 용이하게 하기 위해 해안선을 따라 요새와 소규모 무역 사무소가 연달아 설치되었다. 그 결과, 잔지바르 술탄국(Sultanate of Zanzibar)과 같은 강력한 중상주의 국가가 출현했는데, 이 국가들은 무역 루트를 통제하고, 그들의 상업적 이점을 이용하여 대부분의 동아프리카와 중앙아프리카 지역에 군사력과 정치력을 확장시켰다.

포르투갈이 아프리카 해안선을 따라 진출한 이후 프랑스와 영국, 네덜란드, 스페인과 같은 유럽국가들이 아프리카 정치 공동체와 무역 관계를 맺었다. 그러나 유럽에서 노예 노동력의 필요성이 증가함에 따라 교역은 더욱 열기를 띠게 되었으며 결과적으로 대서양 노예무역이 폭발적으로 성장하게 되었다. 이러한 논의를 발전시키기 전에 짚어보아야 할 3가지 맥락이 있다. 첫째로, 위에서 언급했다시피, 노예제도는 아프리카에서 새로운 현상이 아니라는 점이다. 말리 제국과 콩고의 경우 노예를 동원하여 공동체 내에 필요한 특정 역할을 맡겼으며, 종종 되팔지 않았다. 노예를 판매한 금액으로 무기를 구매하고 군대를 유지할 수 있었다. 이러한 상황에서 노예무역에 개입한 나라들 사이에 격렬한 전쟁과 폭력이 발생한 것은 이상한 일이 아니다. 다호메이와 은동고의 군국주의는 그러한 측면에서 설명할 수 있다. 하지만 아프리카 내부의 노예제와 관련된 현상은 간과되기 십상이다. 왜냐하면 아프리카 역사는 사실보다는 외재적 관점에 의해 기술되기 때문이다. 둘째, 대서양 노예무역이 가장 잘 알려져 있으나, 아랍 노예상인들은 아프리카 북부와 동부에서 활발한 교역활동을 벌이기도 하였다. 여기서 수백만 명의 아프리카인들이 홍해와 인도양을 거쳐 중동으로 팔려 갔다 (Nunn, 2008, 141; Lovejoy, 2012, 15-18). 마지막으로, 노예무역은 특정 지역에 편중되어 이루어졌고, 남부 아프리카와 중앙아프리카의 지역은 사실상 다른 지역들이 겪는 피해를 경험하지 않았다 (Manning, 1983, 839).

광활한 사탕수수 농장의 중심지인 '신대륙(아메리카 대륙 – 역자 주)'의 등장으로 노동집약적 농업이 각광받게 되었고 따라서 수많은 노예가 필요하게 되었다. 아메리카 대륙으로 노예를 보급하는 역할은 유럽 상인들에 의해 주도하였다. 따라서 노예무역은 글로벌 무역 네트워크의 핵심적인 부분을 차지하고 있었다. 세 대륙 간의 '삼각무역'이다. 노예로 팔려간 아프리카인들이 얼마나 되는지 알아내려는 노력이 있었지만, 정확한 숫자는 알 수 없었다. 현재 추정하기로, 대서양 노예무역에 동원된 이들은 1,250만 명 정도로 추산되고 있다 (Nunn, 2008, 142; Trans-Atlantic Slave Trade Database). 사하라와 홍해, 그리고 인도양으로 팔려간 노예들은 600만 명 정도로 추정된다 (지도 3.3).

아프리카 경제, 정치, 사회에 노예무역이 미친 영향에 대해 학술적 논

지도 3.3 노예무역 루트

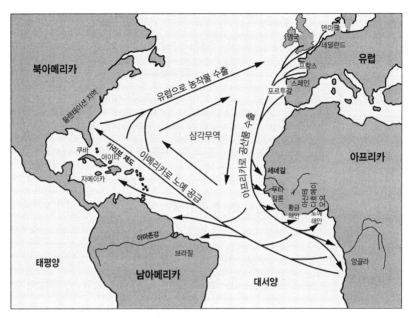

출처: Shillington (2012), 『아프리카의 역사(*History of Africa*)』, Palgrave Macmillan.

쟁이 진행되어 왔다. 먼저 노예제도는 재앙이었으며 그로 인해 아프리카의 자원들이 저개발되고 착취당해왔다는 주장이 있다. 로드니(Walter Rodney, 1972)와 눈(Nathan Nunn, 2008), 그리고 이니코리(Joseph Inikori, 1994)와 같은 학자들에 따르면, 노예제도는, 대안적인 생산형태를 외면한 채, 국가 구조를 약화시키고 경제를 노예제도에 의존하게 만들었다. 한편, 노예제도가 해당 지역의 정치적 역동성에 영향을 주었다고 주장하는 학자들도 존재한다. 노예제도는 전쟁과 습격 등을 동반하기 마련이어서 사회에 불안과 불안정성이 팽배하게 되었다는 주장이다. 아산테, 오요, 다호메이 같은 몇 개의 주요 왕국들은 노예무역 덕분에 권력을 유지할 수 있었다. 인근 지역들에 대한 전쟁과 습격을 벌여 포획한 이들을 유럽에 팔아넘기고 그 대가로 상품을 공급받은 것이다

(Lovejoy, 2012, 4-5). 클라인(Martin Klein, 1992)과 허벨(Andrew Hubbell, 2001, 27)은 모두 이것을 포식국가(predatory state)라고 불렀다. 이들은 서부 수단 지역 국가에서 사람들을 노예로 만들 목적으로 어떻게 전쟁과 폭력을 주기적으로 사용했는지를 보여 주었다. 이러한 활동이 포식국가 경제 생활의 근본적인 부분이 되었다. 그 결과, 그러한 국가에 인접한 주변 공동체는 스스로를 보호하기 위해 폭력으로 대응하거나 노예 상태로 되돌아갔고, 이것은 위기를 심화시킬 뿐이었다. 그러나 손튼(John Thornton)과 같은 소수의 역사학자들은 노예제도가 더 넓은 경제적, 사회적 그림의 한 부분일 뿐이며, 다른 이들이 강조하는 것처럼 해를 끼치지 않았다고 주장한다. 손튼(Thornton 1998, 125)은 누구를 포획하여 팔 것인지는 아프리카의 엘리트들이 결정했다고 강조하면서, "유럽인들은 경제적이든 군사적이든 아프리카 지도자들에게 노예를 팔도록 강요할 수단을 가지고 있지 않았다"고 주장했다. 아프리카 정치, 상업적 엘리트들이 기꺼이 노예를 공급하려고 했던 것은 그들이 처한 내부 역학과 역사에 기인했다는 주장이다.

유럽 전역에서 도덕적 문제를 제기하는 대중의 목소리가 커짐에 따라 영국은 1807년에 노예무역(노예제도 자체는 아니지만)을 불법으로 규정하였고 1833년에는 금지한 바 있다. 그리고 해군을 동원하여 다른 나라들의 노예무역을 막아서기도 했다. 1807년 이후 노예들의 숫자는 급격히 줄어들었으나, 아프리카 노예무역에 즉각적인 종지부를 찍지 못했고, 이후로도 50년간 고집스럽게 지속되었다. 노예제 폐지는 분명히 노예무역에 전적으로 의존했던 국가들의 이익에 영향을 미쳤다. 다이크(Onwuka Dike, 1956)는 그것을 '적응의 위기(crisis of adaptation)'라고 규정한 바 있다. 적응의 위기에 직면한 국가들은 붕괴되거나 회복하려고 애쓰거나 둘 중 하나의 기로에 놓이게 되었다. 그러나 다른 학자들 (Lovejoy & Richardson, 2002)은 노예무역 폐지에 대한 대응이 미묘한 형태로 나타났다고 주장하기도 하였다. 아산테와 같은 나라들은 야자 기름 추출과 콜라 너트 수확 같은 자국의 '합법적인' 영역에 노예를 동원(유럽에 노예를 파는 대신 – 역자 주)했다는 것이다.

노예무역과 노예에 기반한 경제에 의존하지 않은 예외적 지역이 남아프리카공화국이었다. 그곳에서 네덜란드의 동인도회사는 1652년에 케이프 식민지를 설립했다. 여기서 비교적 규모가 큰 유럽공동체가 정착하여, 북쪽으로 식민지 영토를 확장하기 시작했다. 그 결과 이들은 코이나 호사족과 같은 토착민과 접촉하고 갈등을 빚게 되었다. 영국이 식민지를 장악하고 새로운 규칙을 제정하면서, 특히 노예제도를 폐지한 후, 보어인들은 자신들 삶의 방식이 침해당한 데 분노하여 1834년 그레이트 트렉(영국인의 지배로부터 벗어나기 위해 보어인이 행한 케이프 식민지로부터의 이동 – 역자 주)을 단행하였다. 보어족이 이동하고 나서 남부 아프리카에는 2개의 새로운 '백인' 공화국이 세워지게 되는데, 오렌지자유국가(Orange Free State)와 트란스발(Transvaal)이 그것이다. 이후 1830년 프랑스의 알제리 정복으로 19세기 유럽의 식민지 침략이 시작되었다. 1848년까지 알제리의 지중해 지역은 원래부터 프랑스에 속하는 지역으로 간주되었고, 그 결과 수십만 명의 유럽인들이 이 식민지에 도착했고, 이곳은 백인 정착민들의 이익을 위해 철저히 안배된 곳이었다. 그러나 19세기 후반 본격적인 제국주의적 야망이 시작되기 전에는 백인 유럽인과 그 후손들이 아프리카에 정착하는 일은 예외적인 사례였다.

19세기 본격적인 식민지화가 진행되기 전에, 아프리카 몇몇 주요한 정치적 실체들이 등장, 통합되곤 하였다 (글상자 3.2). 여전히 국가라는 실체가 없는 사회가 존재하고 있었다. 하지만 서부와 동부 그리고 남부

글상자 3.2 줄루국의 부상

줄루족(Zulus)이 남부 아프리카에서 중요한 강국으로 부상한 것은 놀랄 만한 일이다. 1819년 이전에는 줄루족은 넓은 은구니(Nguni) 부족 내에서 비교적 작은 씨족이었으나 샤카(Shaka)의 군사력을 통해 두각을 나타나게 된다. 18세기 후반에, 은구니는 더 큰 개체로 합쳐지기 시작하면서 각각의 개체들은 토지 부족에 시달리고, 더 많은 소떼가 필요했으며, 그리고 보어공화국이 그들의 영토를 잠식하는 상황에 직면하고 있었다. 이러한 압박은 결국 씨족 간의 전쟁을 초래했고, 이 분쟁 기간 동안 씨족 우두머리인 딩기스와요(Dingiswayo)를 위해 싸운 샤카는 그의 군사적 독창성과 영리함을 보여주었다. 딩기스와요가 죽자 샤카는 씨족의 우두머리가 되었다. 그는 혹독한 군사훈련을 실시하고 나이별 연대(군사 단위)를 구축하거나 단 창(倉)과 같은 혁명적 무기를 개발하고 소뿔 포메이션과 같은 전략을 개발하였다. 줄루족은 1820년과 1823년에 그들의 주요 라이벌인 은드완드웨(Ndwandwe)를 물리쳤다. 그것은 은구니 부족에 대한 샤카의 권위를 공고히 하게 되는 계기가 되었다. 계속된 전쟁으로 인하여 중앙집권화된 군사적 국가가 설립되었다. 별다른 저항 없이 줄루족은 주변 사람들과 영토에 대한 제국주의적 침공을 감행하고 때로는 협력을 모색하기도 하였다. 1825년까지 줄루는 오늘날 남아프리카의 동부 지역 대부분을 통치하게 된다. 보다 작은 왕국을 굴복시킬 때는 그곳에 일정한 자율성을 부여하는 은구니 특유의 전통이 유지되고 있었다. 물론 샤카에게 충성과 군대를 바치는 방식으로 경의를 표해야 했지만. 줄루족의 급속한 팽창과 군사적 야망은 남아프리카에 전례 없는 혼란을 가져왔다. 그리고 대규모 사람들의 집단 이동(음페케인[Mfecane] 또는 전멸)이나 생태적 위기, 순환적 폭력 등을 가져왔다. 샤카는 인기 있는 지도자가 아니었다. 그는 잔인함과 독단적인 의사결정으로 유명하다. 그리고 그는 1828년 이복동생인 딩가네(Dingane)에 의해

계속

암살당했다. 그러나 샤카의 군사 정치적 리더십의 유산은 살아남았고, 그의 삶과 업적을 둘러싼 상당한 신화가 있다. 무엇보다 줄루국의 급속한 성장을 이끌어 내 식민지 이전 아프리카에서 국가를 건설했다는 놀라운 업적은 부정할 수 없다.

아프리카에서 중앙집권화된 강력한 국가가 나타나기 시작했다. 동부 아프리카의 부간다와 같은 왕국은 관료체제와 초기의 인프라체제를 갖추고 있어서, '근대'국가라 부를 만 하였다. 아프리카 전역에 걸쳐 중앙집권화 된 통치를 할 수 있는 세력이 존재했으며, 이들은 서로 다른 방법으로 그것을 달성하려고 하였다. 먼저 소코토 칼리파국의 사례에서 보이듯이 국가를 형성하는 통합된 힘으로서 이슬람을 들 수 있다. 두 번째로 부간다와 같이 자원과 무역, 농업을 독점하여 인접 지역의 충성을 얻어내는 방식으로 중앙집권화한 왕국이 있다. 마지막으로 혁신적 전략과 전쟁을 수행함으로써 남부 아프리카를 지배했던 군사국가로서 줄루는 압도적인 힘으로 자국민들과 자원을 지키기 위해 폭력을 사용한 국가이다.

19세기 중반까지, 아프리카는 유럽이나 중동 등의 외부 세력의 침입을 경험하게 된다. 하지만 한편으로 이러한 외부세력을 통해 정치, 경제적 확장과 성장을 이루어낼 수 있었다. 자원과 무역의 상업적 통제에 집중하거나 통합된 종교적 메시지를 전달하거나 군사적 기량을 발휘하는 것, 이 세 가지는 식민지 이전 시대 아프리카에서 정치적 국가를 탄생하게 한 주요 특징이다. 이러한 아프리카국가의 등장은 '근대적' 형태 — 줄루족이 강력한 민족주의 이데올로기로 무장했듯이 — 를 띠고 있다. 즉, 군사적 기술의 발전과 새로운 사회적 조직화를 통해 근대적 국가 형성이 가능했다.

식민지 시대

유럽 열강들이 왜 아프리카를 식민지화했는지 구체적으로 밝혀진 이유
는 없지만, 20세기에 반향을 불러일으킨 것만은 사실이다. 식민지 시대
아프리카를 설명하다 보면 남미나 아시아와 비교할 때 식민지배가 늦
게 시작되었고 비교적 짧게 — 대부분 80년 — 지속되었다는 점은 간과
하게 된다. '아프리카 쟁탈전'이 이루어지던 시기에 놀라운 점은, 1884
년(상징적인 아프리카 분할이 시작되던 해) 이전까지만 해도 유럽 지도
자들은 아프리카 내부의 알려지지 않은 곳까지 지배력과 세력을 확장하
지 않았다는 것이다. 무엇이 변화했을까? 의약품과 커뮤니케이션 수단
의 기술적 진보가 이루어지지 않았다면 유럽인들의 침략은 가능하지 않
았을 것이다. 말라리아로 인한 사망을 급격히 줄여 줄 수 있었던 퀴니네
(quinine, 말라리아 치료제 – 역자 주)의 발견은 아프리카 해안에서 본
토 깊숙이 탐험할 수 있는 좋은 무기가 되었다. 둘째로, 과학의 발달로
증기선, 철도, 전신 등의 발명은 아프리카 내에서, 혹은 아프리카로의
메시지와 사람의 커뮤니케이션이 활발하게 진행될 수 있었다. 마지막으
로 맥심 건(소형 기관총 – 역자 주)으로 무장한 침략군들은 별다른 인명
피해 없이 큰 규모의 원주민 군대를 쉽게 격퇴할 수 있었다. 하지만 이러
한 점들만으로는 유럽이 왜 아프리카 분할하려 했는지 설명할 수 없다.

　식민주의는 단 하나의 이론을 중심으로 설명할 수 없다. 식민지의 위
치나 식민지배를 경험한 이들의 상황에 따라 다른 가설들이 제시된 바 있
다. 이와 관련한 역사지리학적 논쟁이 격렬하게 진행된 바 있다 (Hobson,
1902; Robinson & Gallagher, 1961; Mazrui, 1969; Fieldhouse, 1973;
Oliver & Sanderson, 1985; Stoecker, 1986; Darwin, 1997; Flint,
1999, Cain & Hopkins, 2002; Ferguson, 2004; Chamberlain, 2010).

이들이 제시한 아프리카에서 식민주의가 발생한 이유를 정리하면 다음과 같다. 글로벌 이익의 도모를 위해, 제국 주변부에서 발생한 위기에 대응하기 위해, 경제적 이익을 편취하기 위해, '신사다운 자본'의 영향 때문에, 국격을 유지하기 위해, 강력한 라이벌 세력의 등장으로, '식민지 현지에 진출해 있던 사람들'의 역할과 영향력으로, 이념적 목표 때문에 유럽의 인종주의로 인해, 그리고 대중의 압력 때문에 … 아프리카에 대한 제국주의적 침략을 설명할 수 있는 단일하고 보편적 요인은 존재하지 않는다. 굳이 범주화를 시도한다면 경제적, 정치적, 문화적 동기로 인해 식민주의가 작동했다고 볼 수 있다. 제국주의 식민지 침탈을 이해하기 위해서 유럽 세력이 어떠한 동기를 가지고 특정한 지역을 식민화하려고 했는지 그 이유를 살펴보아야 할 것이다.

유럽인들의 정복속도는 현저하게 빠르고 포괄적이었다. 1914년까지의 아프리카 지도를 놓고 볼 때 라이베리아와 아비시니아(에티오피아) 2개국을 제외한 모든 국가가 외부 세력의 피지배하에 있었다 (지도 3.4 참조). 1884년 베를린회의가 '식민지 쟁탈전'의 시작으로 보는 견해가 있으나, 그 이전부터 유럽 열강들은 아프리카를 침략해 왔다. 1880년대까지 유럽 열강들은 아프리카 내에서 자신의 영향력을 주장해왔다. 가령, 영국의 경우 남부 아프리카 전역에서 영향력을 프랑스의 경우 서아프리카에서 영향력을 주장해 왔다. 영국이나 프랑스와 같은 유럽 강대국 외에도 몇몇 국가의 지도자들은 식민지 쟁탈전에 빠지고 싶지 않았고, 적극적으로 참전한 바 있다. 바로 대표적인 지도자인 벨기에 왕 레오폴드 2세인데, 식민지에서 도를 넘어선 잔인함으로 악명이 높은 인물이었다. 벨기에 본토에서 지지를 받지 못하던 레오폴드는 1870년대에 콩고 분지나 지도상에 표시되지 않은 지역을 눈독 들이기 시작했다. 그는 국제 연합이라는 사적 기구를 설립한 바 있는데 표면적으로는 그 지역

지도 3.4 아프리카 식민지 지도

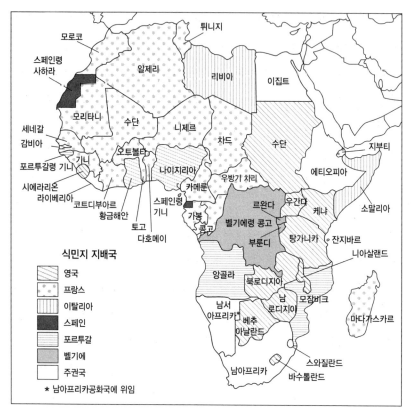

출처: Nugent (2012), 『독립 후 아프리카의 모습(*Africa Since Independence*)』, Palgrave Macmillan.

의 사람들을 대신하여 해당 지역을 통치하는 데 목적이 있었다. 실제로는 그 지역의 자원과 재산을 착취하기 위한 조직이었다. 스탠리(Henry Stanley, 영국의 탐험가 – 역자 주)의 도움을 받아 레오폴드는 아프리카 중앙의 광활한 지역에 대한 소유권을 주장한 바 있다. 이 지역은 콩고자유국가(Congo Free State)가 되었다 (벨기에령 콩고, 자이르[Zaire]로 알려지기도 했으며 오늘날에는 콩고민주공화국[DRC]). 이같은 뻔뻔스러운 토지 강탈을 시작으로 영국과 프랑스, 이탈리아, 포르투갈, 독일은 앞다투어 아프리카에서 자신의 소유권을 주장하기 시작했다.

경쟁이 격화되는 것을 막고자 1884년 11월에서 1885년 2월까지 비스마르크의 주재로 베를린회의가 열리게 되었다. 아프리카를 두고 경쟁하는 유럽 각국의 이해관계와 갈등을 조정하는 것이 개최 목적이었다. 보다 구체적으로, 콩고와 나이저강 유역에 대한 소유권 분쟁을 조정하고, 아프리카 내에서 자유 무역을 보장하는 안건이 다루어졌으며, 추후에 아프리카 영토를 자국에 병합할 때 적용할 '규칙'을 논의하였다. 당시에 아프리카를 지배하는 주요 세력이 명백히 있었음에도 불구하고 토착 아프리카 지도자들은 이 회의에 초대받지 못했다는 것에 주목할 필요가 있다. 회의의 핵심적 조항 중 하나는 유럽 각국은 특정 영토에 대한 '실효적 지배'의 증거를 제출해야 한다는 것이었다. 그 지역에 실제로 거주하거나 현지 지도자들과 조약을 맺어야 한다는 것이 조건이었다. 회의 결과, 아프리카 분할협정이 처음으로 조약문 형태로 작성되었고, 이후 적힌 그대로 아프리카는 유럽 각국에 합병되었다. 그러나 아프리카의 상당 부분이 유럽 정치가들에게 알려져 있지 않다는 것이 더 큰 문제였다. 따라서 주권, 국가 지위, 형식적인 영토경계에 대한 베스트팔렌조약 정신에 따라 유럽 열강들은 지도에 '질서'를 부여하고 그들만의 새로운 국경을 만들었다 (제2장 참조). 아프리카 대륙의 실체와 전혀 상관없는 매끈한 국경이 획정되었으며, 그것은 민족적, 언어적 경계를 기준으로 한 것도 아니었다. 결과적으로 유럽 열강들은 기존 아프리카국가와 통치구조를 자의적으로 유린하였다. 이러한 대륙 분할에 대해 솔즈베리 경(Lord Salisbury)은 다음과 같이 냉소적인 평가를 내린 바 있다. "우리는 서로에게 산과 강, 호수를 나눠주고 있지만 그것들이 정확히 어디에 있는지 모른다" (유럽 열강들은 아프리카에 거주하지도 가보

지도 않으면서 지도상, 혹은 문서상으로만 아프리카를 자의적으로 나눠 가졌다는 의미 – 역자 주) (Meredith, 2005, 2). 유럽 열강들은 아프리카 국경을 인위적으로 정했고 기존의 정치체제와 통치구조를 이해할 능력조차 없었다. 이것은 아프리카를 규정하는 중요한 인식체계로 작용하여 오랫동안 지속되었고 아프리카국가, 사회적 진화의 방향을 결정하는 데 지대한 영향을 미쳤다. 따라서 베를린회의는 아프리카의 역사적 발전에서 중요한 기점이었다. 하지만 베를린회의로 인해 아프리카 분할이 시작된 것도 아니며 통제의 추상적 개념을 현실적으로 해석하는 문제를 해결하지도 못했다 (아프리카를 통제한다는 것이 구체적으로 무엇을 의미하는지 정의, 규정하지 못했다는 의미 – 역자 주). 적어도 처음에 아프리카인들은 베를린에서 합의된 경계선을 정하는 과정에서 대리인을 통해 관여할 수 있었다. "수동적 역할에 머물지 않고, 그들은 초기 경계선 획정에 참여하였고, 국경 간 새로운 무역시스템을 만들었다" (Howard, 2010, 22).

아프리카에 대한 이론적 병합이 유럽에서 논의되었다 하더라고, 실제 그곳에서 자신들의 요구를 어떻게 구체적으로 관철시킬 것인가 하는 까다로운 문제들이 나타나게 되었다. 식민지 개척자들은 제한된 관리비 비용으로 가능하면 저렴하게 이러한 것들을 달성하고자 하였다. 일단 '지배'가 공고화되면 — 제1차 세계대전 이후까지 — 본토로부터 변변한 투자나 자원을 기대하기 어려웠기 때문에 그 영토에서 할 수 있는 일이 많지 않았다. 식민지 지배는 폭력, 잔혹성, 강요에 의해 뒷받침된 것이 사실이지만, 노골적인 군사개입은 그곳이 자신의 영토임을 확실히 하기 위한 최후의 수단으로 사용되었다. 그들은 주로 법치주의라는 허울을 내세운 외교적 해법을 선호했으며, 당연히 그 배후에는 폭력의 위협이 도사리고 있었다. 1884년 이후 정부 관리, 장성, 그리고 부당 이득을 취하려는 자들은 아프리카로 건너가 지역 지도자를 만나서 협정에 서명하도록 설득하였다. 그 협정은 자원과 영토에 대한 유럽의 지배를 인정하는 내용을 담고 있었다. 많은 아프리카 지도자들은 그들이 서명한 협정의 세부사항에 대해 이해하지 못했고, 그 심각성을 알았을 때는 이미 늦은 후였다. 은데벨레의 로벤굴라 왕은 자신의 왕국에서 행한 영국의 만행에 대해 빅토리아 여왕에게 서신을 보내기도 했다. 저렴한 비용을 들이면서 식민지를 확보하기 위해 공인된 기업을 활용하기도 하였는데, 이것은 영국이 특히 선호하는 방식이었다. 영토를 정복하고 관리하는 비용을 재무부에서 개인 회사가 부담함으로써 식민지의 운영 주체가 개인회사가 된 것이다. 유명한 사례가 로즈(Cecil Rhodes)가 이끄는 왕립 니제르 회사와 영국 남아프리카 회사였다. 하지만 이러한 회사들은 장기간 지속되지 못했고 1924년까지 모든 회사들이 정부의 산하 기관으로 통합되었다 (사진 3.1).

아프리카에 대한 식민지 정복은 기술적 탁월성과 유럽의 패권주의에 의해 쉽게 이루어진 것처럼 보이지만, 외부의 지배에 저항하는 의미 있는 활동도 아울러 존재했다. 이것과 관련된 몇 가지 사례가 있다. 1882년 이후 프랑스는 사모리 투레(Samory Touré)가 이끄는 와술루 제국을 제압하려는 과정에서 현재의 말리와 기니에서 강경하고 지속적인 저항에 직면했다 (Vandervort, 1998). 서아프리카 전역에 퍼져 있는 사모리 투레의 군대는 그들의 세력을 유지하고 영토의 손실을 막기 위해 수년 동안 프랑스를 상대로 재래식 전투와 게릴라전을 벌였다. 사모리 투레가 사로잡히면서 1898년 저항은 막을 내렸지만 프랑스로서는 그 지역의 지배권을 확보하는 데 비싼 대가를 치러야 했다. 동아프리카에서 에티오피아는 1896년 아드와 전투에서 이탈리아의 식민지 공격을 성공적으로 물리쳤고, 이로 인해 그 영토의 독립을 인정하는 평화조

┃ 사진 3.1   케이프 타운에서 카이로까지 서 있는 로즈 상(像)

출처: *Punch*, 10 December 1892.

약이 황제 메넬리크 2세 때 체결되었다. 한편, 남부 아프리카에서 영국
은 처음에는 줄루족과, 그 다음에는 보어공화국과 대치하기도 하였다
(Meredith, 2007; Nasson, 2011; Judd, 2013). 영국은 1879년 줄루
족과의 이산들와나 전투에서 1,300명이 사망하는 최악의 대패를 경험
한 바 있다. 앵글로-보어전쟁이라고 알려진 트란스발과 오렌지자유국가

와의 분쟁에서도 영국은 많은 대가를 치루어야 했다. 보어공화국은 영국이 영토의 침략과 병합을 시도한 것에 격분하여 영국군에 대한 선제공격을 개시했다. 앵글로-보어전쟁은 장기화되고 피비린내 나는 분쟁으로, 수천 명의 사람들이 사망하였고, 영국을 위기에 빠트릴 정도로 피해를 입혔다. 반란을 진압하는 과정에서 영국인들은 초토화 전술을 수행했고, 강제수용소에 여성과 아이들을 억류시켜, 그들 중 대부분을 죽게 만들었다. 이러한 잔인한 전술은 보어인들 사이에 분노와 적개심을 불러 일으켰으며, 그 결과 남아프리카에서 영국인에 대한 적대감은 오랫동안 지속되었다.

남서아프리카(나미비아)에서 마지막 저항이 일어났는데, 피의 보복을 수반한 20세기 최초의 대량학살이 발생한 곳이다 (Zimmererer & Zeller, 2008; Sarkin, 2011). 독일 정착민들은 헤레로족과 나마족의 토지와 가축을 강제로 빼앗았고, 여기에 대항하여 토착민들이 저항하게 되었다. 독일군은 1904년 전투에서 헤레로족의 봉기를 물리쳤다. 하지만 생존한 헤레로족들은 칼라하리 사막으로 내몰렸고, 그 중 생존한 이들은 노동 수용소로 보내지게 된다. 추정치만 7만 5,000명이 사망한 것이다. 짐머만(Andrew Zimmerman, 2001, 245)을 비롯한 학자들은 식민지 지배의 잔혹성을 나치의 최종 해결책과 분명히 연계시키고 있다. 이들은 "헤레로와 대량학살 전쟁을 통해 식민지 아프리카에서 전개된 관행을 유럽으로 가져 온 것이 홀로코스트이며 … 이러한 사실은 매우 명백하다"고 주장한 바 있다. 아프리카 대륙 전역에서 역동적이고 용기 있는 저항이 있었지만, 기술력과 군사력을 지닌 식민지 침략자에게 일방적으로 패배할 운명이었다.

외교든 전쟁이든 아프리카 영토가 일단 확보된 후, 지배력을 어떻게 확장해 갔는가 하는 문제가 제기된다. 식민지 이전의 통치 형태가 계속되었고 이것은 명확해 보인다. 많은 식민지에서 열강들의 지배와 힘은 주요 도시 중심지에 제한되었다. 백인 관리는 거의 없었고, 상대적으로 경찰력이나 치안 병력 규모는 작았고, 인프라 또한 거의 마련되지 않았다. 도입된 인프라는 소수 백인과 교육받은 도시 엘리트, 그리고 경제적 생산의 중심지를 위한 것이었으며, 다수 주민은 거기에서 소외되었다. 알제리와 케냐, 로디지아, 그리고 남아프리카는 예외적 지역이었다. 그곳에 정착한 다수의 백인들의 생활을 위해 기계와 인프라가 충분히 안배된 '근대'국가를 건설할 수 있었던 것이다. 국력의 부족이나 세력을 확장할 수 있는 능력 부족이 식민지배를 유지하는 데 주요한 애로점이었다. 나아가 국가 단위로 묶이지 않는 부족들이나 사하라 사막의 유목민들은 식민지 지배자들에게 수수께끼 같은 존재였다. 따라서 이들을 통제할 방법을 찾고자 골몰하였다.

식민주의는 그 자체로 일반적이고 두루뭉술한 용어라는 점에 주목해야 한다. 이러한 용어는 식민지배와 그것에 대한 협력, 그리고 식민지배를 대하는 태도에 있어 다양한 경험과 차이가 존재했다는 사실을 은폐한다. 유럽 각국은 자신들의 식민지배 형태가 더 많은 장점을 가지고 있다고 주장하는 등 서로 다른 접근을 취하고 있다. 간단히 분류하자면 직접 지배, 간접지배, 유럽 이주민 사회라는 3가지 주요 스타일이 있다.

불편한 진실은 식민주의는 아프리카 통치자들의 적극적 협력 없이 유지되지 못했다는 사실이다. 유럽 세력들은 지배를 공고히 하기 위해 기존 지도자들이나 독재자들의 권력을 인정해 주는 정책을 전개하거나 민족주의 집단을 육성하기도 하였다. 예를 들어, 1903년 영국이 북부 나이지리아에서 소코토 칼리파국의 저항을 진압한 후, 식민지 이전의 통치 체계를 유지한 바 있다. 영국은 식민지전 통치구조를 이어받으며 소수의 관리자들만이 정치행위에 참여하며 뒤에서 조정하는 저비용 통치

방식인 루가드(Frederick Lugard) 장군이 고안한 간접지배를 선호하였다. 가장 중요한 지배자의 역할을 했지만, 그 일상적인 통제는 새로 임명된 술탄과 여러 왕들에게 맡겼고, 그들은 상당한 수준의 자치권과 권력을 유지했다. 소수의 관리자만으로, 식민지를 수월하게 지배할 수 있었고, 이러한 저비용 통치 형태는 식민지 이전의 통치구조를 이용하는 것이다. 그 결과 영국은 여러 민족집단들 사이 분쟁을 부추겼고, 아프리

글상자 3.3 프리데릭 루가드: 간접지배의 설계자

간접지배는 북부 나이지리아의 영국 총독이었던 루가드 경이 고안해낸 식민지 통제 형태였다. 그 체제는 식민지배를 유지하는 데 요구되는 비용과 인원 없이 특정 영토를 지배할 수 있는 간단한 방법이었다. 북부 나이지리아의 경우, 일단 소코토 칼리파국의 왕(Emir)들의 저항은 진압되었고, 영국의 전적인 지배를 수긍하고자 하는 패전국 지도자들은 이전과 같은 방식으로 그 지역을 통치할 수 있었다. 식민지 통치체계가 간접적 지배 형태로 유지된 것이다. 각 지역의 왕들은 주로 식민지정책에 조력하는 측면에서 일상적인 통치를 수행하면서 그들의 권력과 권위를 유지할 수 있었으나 세금과 치안은 그들의 통치영역 밖에 있었다. 영국 관료들이 이들 지도자들에게 식민지정책의 목표를 주입시키고 통치 방식에 대해 조언해 주었다. 결과적으로 소수의 백인 관리들이 수천 제곱 마일 지역을 통치하게 된 것이다. 영국의 이상과 정책을 따르지 않는 지도자들은 간단히 제거되었으며, 이러한 과정을 통해 다른 지도자들의 충성심을 확보할 수 있었다. 간접지배는 효과적인 영국 식민 통제의 형태로 입증되었다. 이러한 형태는 비용이 덜 들고 손쉬운 통치를 가능하게 하여 중앙집권화된 관료주의가 필요하지 않았다 (중앙정부가 식민 지역의 세세한 통치를 위해 비용과 인원을 동원할 필요가 없다는 의미 – 역자 주).

카 민족들 사이에서 공통된 '국가적' 정체성을 확립하려는 노력은 이루
어지지 않았다. 사실, 어떠한 유럽 세력도 점령한 식민지 지역을 완전히
장악하지 못했고, 지역 원주민들에게 지배의 합법성을 인정받지도 못했
다. 따라서 그들이 고안해 낸 것이 간접적 지배였던 것이다. 하지만 나
이지리아의 간접지배 형태가 니아살랜드(Nyasaland)에 똑같이 적용되
는 것은 아닌 것처럼 간접지배는 해석에 따라 그 접근과 통치의 수준이
다양하고, 유연하며, 특별한 관행이 존재한 것은 아니었다. 즉 특정 지
배 세력이 여러 식민지를 운영할 경우 동일한 간접지배 방식을 택하는
것이 아니라 지역에 따라 다양한 방식으로 운영하였다.

　반면 프랑스와 벨기에, 독일 그리고 포르투갈은 중앙집권화된 관료
주의와 관리 형태를 선호하였다. 외부 세력의 지배 원칙이 기존의 통치
구조에 우선했다. 이러한 **직접통치**의 모델 아래, 기존의 권력은 종속되
었고, 아프리카 집단들 사이의 분열과 통치정책이 노골화되어 식민지
지배에 대한 잠재적인 도전을 약화시켰다. 예를 들어, 르완다에서는 계
급 분열을 바탕으로 투치족이 후투족보다 우선적인 지위를 부여받았다.
식민지 사람들은 열등하다는 가정을 취하지 않았던 영국과 달리, 여타
유럽 세력들은 언젠가 아프리카인들이 유럽 시민으로 동화될 수 있다고
설파한 바 있다. 우월감과 인종차별에 대한 관념으로 가득 차 있는 프랑
스인들은 특히 문명, 평등주의, 문화의 혜택을 줌으로써 아프리카인들
이 프랑스인으로 '진화'될 수 있다고 주장했다. 원주민들은 자신들의 정
신적 유산을 포기하고 식민지의 언어, 문화, 교육적 가치를 받아들이도
록 안내받았으며, 이로 인해 그들은 (유럽) 시민이 될 수 있다는 생각을
갖게 되었다. 하지만 완전한 시민권을 획득할 기회는 드물었고 대부분
의 사람들은 동등하게 대우받지 못했다. 식민지의 소유가 평등주의 원
칙을 침해한다는 사실은 간단히 무시되었다. 식민지에 대한 유럽의 이

같은 접근은 '문명화 미션'이라는 모호한 개념으로 자리하였으며, 모든 식민지 세력에 의해 부분적으로 채택된 식민지 지배 이념 — 유럽의 온건한 지배를 통해 아프리카인들이 '이익'을 얻을 수 있다는 — 이 되었다. 그러나 많은 유럽 제국주의는 이러한 이상을 채택하게 되었고 셍고르(Léopold Senghor) 같은 몇몇 독립 이후 1세대 지도자들은 프랑스와 밀접한 관계를 계속 유지하기도 하였다. 비록 프랑스 인으로 동화시키는 정책은 식민지 전체로 확대되지는 않았지만, 프랑스는 1848년까지 서아프리카에서 가장 오래된 식민지 정착지였던 세네갈의 4개 지역(생루이, 다카르, 고레, 뤼피스크)에서 투표권을 포함한 시민권을 인정하였다. 1914년에 프랑스 의회에 아프리카 의원이 진출하기도 하였다.

대부분의 아프리카 식민지에서 정착 유럽인은 거의 없었지만, 알제리, 앙골라, 케냐, 로디지아, 남아프리카는 유입 인구가 꽤 있었다. 이런 (유럽) **정착민 식민지**는 소수의 백인의 이해관계를 보호하기 위해 기획된 지역이었으며 식민지 지배력을 유지하고 확장하기 위한 간접적 지배의 형태를 취하고 있었다. 정착민 식민지는 토양 상태가 매우 우수하여 온화한 기후 속에서 경작하기 유리하였다. 그 결과 많은 아프리카인들은 1급지 거주권을 박탈당했으며 '원주민 보호구역'으로 쫓겨났다. 대부분 그곳은 사람이 살아가기에 적합하지 않은 지역이었다. 이러한 식민지에서 아프리카에 대한 인식은 매우 보수적이었으며, 백인 거주자들은 인종적 우월주의를 공공히 고수하게 되었으며 이러한 인식으로 인해 아프리카인들은 공포와 협박 잔인성을 경험해야 했다. 식민지배에 대한 민족주의자의 저항이 일어난 곳은 바로 소수 백인에 대한 대규모 항거가 일어났던 정착민 식민지였다.

1914년, 소수의 예외를 제외하면 아프리카 전역의 식민지배는 위태롭고 불완전한 상태에 이르렀다. 제1차 세계대전에서 아프리카가 기여했다는 사실은 잊혀져 왔고, 2014년 100주년 기념행사 때 비로소 그 사실이 주목받게 되었다. 하지만 아프리카 식민지는 제1차 세계대전에 기여한 핵심적 요소였으며 유럽 열강들은 그들을 최대한 이용하려 하였다 (Lunn, 1999; Strachan, 2004; Liebau, 2010; Samson, 2012). 영국과 프랑스는 수백만 명의 아프리카인들을 동원하였고 상당량의 자원을 사용하였다. 그 와중에 파리는 '문명화 법칙'을 어겼다고 비난받기도 하였는데, 이는 그들이 무골민족이론(martial race theory, 교육받은 지식인은 겁쟁이며, 덜 교육받은 일반인들은 용감하다는 논리 - 역자 주)에 따라 북부와 서부 아프리카 전역에서 모집한 세네갈 척후병(Tirailleurs Senegalais)을 활용하였기 때문이다. 게다가, 레토우-보르베크(Paul von Lettow-Vorbeck) 휘하의 동아프리카에 있는 독일군은, 상당한 수의 연합군이 이 지역에서 그들을 추격했음에도 불구하고, 무패 상태로 남아 있었다 (현지 아프리카인이 기여했다는 의미 - 역자 주).

전쟁이 끝난 이후 유럽국가들은 식민지 영토를 착취하는 데 합심하게 되었고, 독일의 식민지는 베르사이유조약에 의해 분할되었다. 유럽 세력은 1920년대 내내, 전쟁 기간 발생한 손실을 식민지가 충당할 수 있도록 (인프라)투자에 나서게 된다. 유럽으로 자원 수송을 원활히 하기 위해 도로와 철도, 항만을 건설하는 데 광범위한 투자가 이루어진 것이다. 하지만 모든 공동체들이 이러한 외부인의 투자에 대해 수동적이거나 수용적으로 반응하지 않았다. 예를 들어, 가나의 세프위족(Sefwi)은 의사결정과정에서 그들의 참여를 요구했고, 자신들의 이해관계에 반하는 식민지 인프라 개발에 계속 반대해 왔다 (Boni, 1999, 70).

동시에 사회적 (복지)공급이나 교육에 집중하는 꽤 많은 개혁 조치들이 실시되었으며 이것은 문명화라는 허울에 부합하는 정책이었다. 예를

들어, 벨기에령 콩고는 경제, 사회적 발전에 많은 투자를 하였고, 주로
보건과 교육 서비스의 확대를 위해 자금을 집중하였다. 이러한 온건한
식민지배 형태를 통해 피지배자들은 유럽의 통치 형식에 자연스럽게 적
응했고, 이들은 추후에 식민지 개발에 조력하는 역할을 담당하게 된다.
초등 교육시스템은 주로 교회가 담당하였다. 교회가 교육의 역할을 담
당함으로써 저렴한 교육이 가능해졌고, 현지인들을 기독교로 개종할 수
있는 기회를 아울러 제공했다. 그 결과로 교육받은 엘리트 아프리카인
들이 부상하게 되었는데 이들은 식민주의가 부여한 기회를 붙잡은 이들
로써 반다(Hastings Banda)와 셍고르와 같은 해외 대학에서 유학한 미
래의 민족주의 지도자였다.

　하지만 인프라나 교육에서 이루어진 발전이 다수 아프리카인들을 위
해 안배된 것이라고 단정하지 말아야 한다. 이러한 혜택은 온정주의적
인종 차별이라는 미명 아래 숨겨진 경제적 착취 수단 그 이상도 그 이하
도 아니다. 식민지 세력은 아프리카를 경제적, 정치적 이해관계에 기초
하여 병합하였으나 문명화 미션라는 개념을 통해 점령을 정당화하려 했
다. 그 전제는 유럽인들이 '문명', 기독교, 상업, 그리고 교육에 대한 사
상을 받아들이는 사람들이 아프리카 사회를 변화시킬 수 있도록 허용하
는, 일시적인 관리인일 뿐이라는 것이었다. 원주민들이 '준비된' 상태일
때 그들은 이익을 챙기고 완전한 독립을 쟁취할 수 있을 것이라는 약속
은 늘 있었다. 식민주의 초기 단계에 많은 아프리카인들이 이러한 약속
을 믿었고, 새롭게 창조된 나라는 문명, 기독교, 상업, 교육 등 근대성의
견인차 역할을 할 요소들로 인해 번성하리라고 믿었다. 유럽 세력들은
할 수 있는 한 아프리카의 모든 것을 쥐어짜고 착취하려 들었고, '근대
성'이나 독립을 위한 움직임은 그리 빨리 이루어지지 않았다. 식민 정부
에 의한 변화의 시계 바늘은 빨리 돌아가지 않았고, 어떠한 자원도 아프

리카의 발전을 위해 할당되지 않았으며, 대다수 정책들이 아프리카 사회의 발전을 지체시키기 위해서 시행되었다. 약속과 현실 사이의 간극은 넓었다. 문명화 미션이라는 허울은 곧 벗겨졌다. 교육 기회라는 혜택을 얻었던 많은 이들이 약속(독립)과 다른 현실에 좌절하고 동요하기 시작했다. 식민주의는 사실 아프리카 발전에 장애가 되며 아프리카 자치를 위한 기회를 방해한다고 인식하기 시작한 것이다.

탈식민주의: 독립에 이르는 길

탈식민주의는 수백만의 아프리카인들에게 자유를 가져다 준 20세기의 가장 의미심장한 정치적 발전 중 하나였다. 1945년 말부터 1960년대 중반까지 대다수 주요 아프리카 식민지는 유럽의 지배에서 벗어나 독립하게 되었다. 하지만 포르투갈 식민지와 소수 백인 국가인 로디지아, 나미비아 그리고 남아프리카와 같은 국가는 예외였다. 탈식민화 과정에서 알제리, 벨기에령 콩고, 케냐의 지배 소수자들이 폭력을 동원하고 독립에 비타협적이었다는 인식이 일반적이었다. 그러나 실제로, 그 과정은 매우 신속하게, 그리고 대체로 평화롭게 협상된 방식으로 진행되었다. 하지만 확실한 것은 탈식민주의는 지속된 유럽통치에 대한 투쟁이라는 점이다.

　탈식민화에 관한 학문적 논쟁은 다방면에서 이루어졌는데, 그 과정 뒤에 숨겨진 이유와 동기를 평가함에 있어 상이한 주장들이 존재한다. 탈식민주의 서사는 역사적으로 보면 제2차 세계대전과 함께 시작되었다. 제2차 세계대전은 식민통치의 종말을 알리는 시작점이었고, 아프리카의 독립을 촉진한 사건이기도 했다. 이유는 간단하다. 제2차 세계대전으로 인해 세계질서가 재편되었고, 주요 식민지 지배 세력의 힘과 패권을 약화시키게 된 것이다. 낡은 국제 구조는 되돌릴 수 없을 만큼 변화하였고 동시에 혼돈 속에서 2개의 초강대국이 탄생하게 되었다. 아울러 아프리카 민족주의자들은 독립에 대한 열망을 더욱 강화해온 것이다. 유럽 열강의 힘은 전쟁 초기 프랑스와 벨기에의 패전으로 인해 쇠락하기 시작했다. 1940년 독일의 프랑스 침공으로 인해 프랑스인들이 적도의 아프리카국가로 망명하였고, 콩고-브라자빌(콩고공화국으로 알려진)은 레지스탕스의 본거지가 되었다. 한편 벨기에정부는 콩고(the Congo, 벨기에령 콩고를 의미함 – 역자 주)로 옮겨야 했다. 이러한 사건들은 식민지 지배 위상과 뿌리 깊은 지배 의식에 충격을 주었다. 굴욕적이게도 프랑스는 비시 정권(Vichy regime, 1940년 6월 나치 독일과 정전협정을 맺은 뒤 오베르뉴의 온천도시 비시에 주재한 프랑스의 친독일정부 – 역자 주) 물리치기 위해 아프리카의 강력한 지원에 의존해야 했다. 당시 차드의 통치자 에부에(Felix Eboue)는 드골주의자들이 식민지를 조직하는 데 힘을 보탰다. 그때부터 식민지를 둘러싼 유럽과 아프리카의 관계는 완전히 달라지게 되었다 (사진 3.2 참조).

전쟁 내내 유럽 제국은 아프리카에 의존했고, 엄청난 아프리카 사람들이 식민지 군대에 징집되거나 군수 물품을 생산하는 역할을 담당하였다. 100만 명이 넘는 아프리카인들이 전쟁 동안 영국군에 차출되었다 (표 3.1 참조)

하지만 이러한 대규모 징집으로 인해 유럽 세력이 식민지를 유지하는 데 있어 의도하지 않은 결과가 발생하게 된다. 아프리카 군인들은 대륙을 벗어나 복무함으로써 여러 문화를 두루 경험했다는 점은 간과해서는 안 될 중요한 부분이다. 그들은 기술과 지식을 습득했을 뿐만 아니라 인도 군대와 접촉함으로써 인도의 독립 투쟁을 알게 되었고 아프리카 민

▎ 사진 3.2 프랑스 해방일에 알제리 보병들의 제2차 세계대전 승전 기념
　　　　　 행진, 1945년 5월 8일

　　출처: Photo12/UIG/Getty Images.

족주의를 가슴속에 새기게 되었다. 전후 그들(특히 케냐인)이 집으로 돌
아 왔을 때, 그들 나라가 제2차 세계대전에서 기여한 만큼의 보상을 받
지 못하는 현실을 목도하였다. 따라서 이들은 변화를 요구하는 결심을
더욱 굳히게 된 것이다. 마지막으로 제2차 세계대전은 변화와 개혁의
기대를 높여주었다. 어떤 식으로든 보상을 받지 못한다면 왜 그토록 많
은 아프리카인들이 전쟁에 참여해야 하는가? 그러나 유럽국가들은 보
상할 생각도 없었고, 그렇게 하지도 않았다. 1941년에 조약된 대서양
헌장은 대표적인 사례라 할 수 있다. 이 문서는 전쟁의 주요 목적을 상
정하고 있는데, 겉으로는 자기결정권(식민주의에 반대하는)을 주요 내
용을 내세우고 있다. 처칠(Winston Churchill)은 자기결정권은 식민지

표 3.1　제2차 세계대전에 참가한 아프리카 군인 수

식민지 세력	아프리카 식민지 군대	군인 수
영국	남아프리카	334,000
	왕립 아프리카 소총 부대(케냐, 탄자니아, 우간다, 말라위)	289,530
	왕립 서아프리카 선봉대(나이지리아, 가나, 시에라리온, 감비아)	243,550
	이집트	100,000
	남부 아프리카(레소토, 보츠와나, 스와질란드, 잠비아, 짐바브웨)	77,767
	모리셔스, 세이셸	6,500
프랑스 (비시와 자유프랑스)	알제리, 세네갈, 말리, 부르키나 파소, 베냉, 차드, 기니, 코트티부아르, 니제르, 콩고공화국	190,000
이탈리아	에리트레아	60,000
벨기에	콩고	24,000

출처: D. Killingray and M. Plaut (2012), *Fighting for Britain: African Soldiers in the Second World War* 데이터 재구성

에 적용되지 않는다고 완강히 주장했지만, 헌장은 아프리카인들에게 유럽세력의 지배에 도전할 자신감과 영감을 제공하였고, 민족주의 지도자들에게 저항의 불씨를 제공했다. 제2차 세계대전은 식민주의의 모순을 드러낼 수 있는 중요한 첫 단계로 작용하였으며 미래 아프리카인들의 저항을 위한 추동력을 마련해 주었다.

식민지 열강들에 대해 아프리카국가들끼리 연대하여 압박을 가하게 되었고, 이러한 세계대전 직후 시기는 '제국의 위기' 시기라고 부를 수 있다. 제국주의의 우월성에 대한 가정은 무너졌고, 유럽국가들은 전쟁비용에 의해 황폐화되었고, 식민지 개혁을 요구하는 목소리는 바로 식

민주의의 개념을 문제 삼았다. 하지만 식민지 열강들에게 제국의 종말이라는 단어는 생각할 수 없는 것이었다. 아프리카의 경제, 사회발전을 이루기 위해 전후 개혁이 실시되어야 한다는 사실은 명확했다. 하지만 취해진 일련의 조치들은 식민주의를 유지하기 위한 것이었을 뿐 식민주의를 종식시키기 위한 것이 아니었다. 사실, 영국으로서는 아시아 식민지를 잃게 됨에 따라 아프리카 식민지가 차지하는 위상을 식민지 운영자의 필요에 맞춰 재조정해야 했다. 아프리카는 '잃어도 좋은 식민지가 아니라 회생시켜야 할 곳'이 된 것이다 (Cain & Hopkins, 2002, 630). 전쟁 직후부터 1950년대 중반까지는 식민주의 부활의 시기였다. 아프리카 식민지들은 전쟁으로 타격을 입은 경제를 회복시키기 위한 주요 자원들을 제공하였다. 더불어 유럽 재건을 위해 쓰여질 세금의 주요 출처이기도 했다. 1952년 영국의 전체 파운드화 보유고 중 20%가 아프리카를 통해 거둬들인 세금이었다 (Hargreaves, 1988, 101).

1953년 영국이 니아살랜드, 북부 로디지아, 남부 로디지아(각각 현재의 말라위, 잠비아, 짐바브웨)를 합쳐서 중앙아프리카연방(Central Africa Federation)을 설립하여 새로운 정치체제를 만든 데에는 정치적 계산이 깔려 있었다 (Cohen, 2017). 새로운 식민지 구조를 만듦으로써 아프리카에서 지배권을 계속 유지하려 하였다. 마찬가지로 프랑스는 1946년 헌법에 식민지를 프랑스 연방에 포함시킴으로써 아프리카의 자치 영토를 인정하지 않았다. 그 결과 해외 식민지는 '하나의 프랑스'에 속하는 것으로 간주되었으며 이러한 정책은 이전의 동화정책과 일치하는 것이었다. 그러나 새로운 계획은, 특히 평등의 개념에 관해서는 허구였다. 새로운 헌법은 아프리카인들에게 제한된 권리와 대표권을 주었고, 모든 실질적인 힘은 프랑스 의회에 있었다 (Thomas et al., 2015, 129-131). 하지만 특별 허가를 통해 아프리카 의원들은 계속해서 의회에 참석할 수 있었다. 영향력 있는 아프리카 지도자가 등장하였고, 우푸에-부아니(Félix Houphouët-Boigny)와 셍고르와 같은 정치인들은 자신의 지위를 통해 프랑스정부가 연방의 이상(본토 국민과 식민지 주민은 동등하다는 – 역자 주)을 관철해 줄 것을 요구하였다. 궁극적으로 대부분의 전후 개혁은 이후에도 지속된 정치적 지배와 경제적 약탈을 숨기기 위한 겉치레에 불과했다. 유럽 열강들은 자신들의 제국주의 정체성을 약화시키려는 노력을 하지 않았다.

무엇이 변화했고, 아프리카의 탈식민주의는 어떻게 진행되었을까? 무엇보다, 탈식민주의는 느슨하게 진행되었으며 나라마다 상이한 형태로 나타났다. 한마디로 탈식민주의 양상을 총체적으로 설명할 수 없지만 대체적으로 본국의 의사에 따라 자발적으로 이루어졌거나 계획에 따라 진행되었다고 할 수 있다. 물론 그 과정에 격렬한 자유투쟁과 민족주의 지도자들의 협상이 있었다. 1945년까지 이집트, 에티오피아, 라이베리아, 남아프리카가 독립국이 되었고, 이후 20년 동안 다수의 주요한 아프리카국가들이 자유국이 되었다. 1922년에 영국은 이집트의 독립을 선포하였으나 그것은 단지 명목적인 자유일 뿐, 실제로 영국인들은 1956년까지 이집트에 대한 중요한 영향력을 가지고 있었다. 물론 이러한 영향력은 모호하고 비공식적인 식민주의를 통해서 가능한 것이었다. 가나가 독립을 인정받은 1957년은 대륙 전체의 자유가 선포된 상징적인 해이다. 하지만 독립의 분수령이 된 순간은 17개 나라가 자유를 인정받은 1960년이다. 알제리와 같은 예외가 있긴 하지만 북부 아프리카는 식민지배에서 벗어난 최초의 지역이라는 점에 주목할 필요가 있다. 사하라이남 지역과 비교해 북아프리카에서 제국주의 통치 전통은 사뭇 달랐고, 제2차 세계대전에 북아프리카에서 역동적으로 전투를 경험한 민족주의자들은 현상유지 세력(식민주의자)에 도전할 수 있는 자신감을 갖게 되었다. 사실 이 지역은 유럽의 식민주의 이상에 순응하는 곳이 아니었다. UN이 영국의 지배를 인정하지 않음에 따라 리비아는 북아프리카 국가 중 처음으로 독립국이 되었다. 이후 1956년에 모로코와 튀니지가 독립하게 되었고, 여기서 발생한 극렬한 저항으로 인해 알제리를 계속 식민지로 보유하고자 했던 프랑스는 포기하고 철수할 수 밖에 없었다. 북아프리카의 탈식민화는 대륙 전역에 강력하고 광범위한 영향을 미쳤다. 아프리카에 대한 인위적인 구분과 개념화에도 불구하고 우리는 그 영향력이 얼마나 대단했는지 판단할 수 있다. 탈식민화 과정과 그것이 각국에 미친 영향에 대한 복합적 본질을 이 책에 다 서술할 수 없다. 하지만 개괄적인 몇 가지 관점을 살펴봄으로써 아프리카를 독립으로 이끈 움직임이 무엇인지 포착할 수 있을 것이다 (지도 3.5).

무엇보다 서서히 부상한 아프리카 민족주의(제7장 참조)는 유럽 지배에 저항할 수 있었던 중요 요소였다. 전후 식민지 개혁정책은 매우 제한적인 사회 변화를 유도하는 것이어서 민족주의 지도자 모임 사이에는 독립을 위한 속도가 느리다는 불만의 목소리가 터져 나오기 시작했다. 식민지 사회 구조는 전쟁 이전에도 변화가 진행되어 왔고, 급속한 도시화와 노동자 계층의 증가를 경험하였다. 하지만 취약한 사회, 삶, 물질적 조건은 늘 상존하고 있었다. 제2차 세계대전은 이러한 문제를 악화시켰다. 1948년 아크라의 폭동, 1945~1946년에 있었던 다카르와 생루이의 파업은 식민지 사람들 사이에 불만과 불안이 증폭되고 있다는 방증이었다. 이러한 상황과 맞물려서 노동조합이 부상하게 되는데, 이들은 변화의 요구를 보다 확실하게 표현하기 위해 중요한 수단이었다. 이러한 환경에서, 기니의 세쿠 투레(Ahmed Sékou Touré), 또는 케냐의 키쿠유중앙연합과 같은 민족주의 집단들은 물질적 저개발 상태가 식민지 지배에 기인한다고 인식하였으며, 따라서 독립을 통한 개발의 확

지도 3.5 탈식민화 날짜

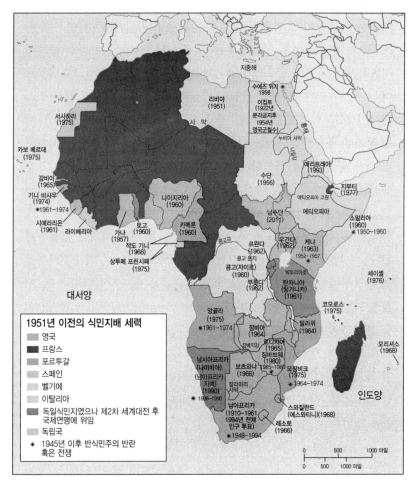

대를 주창하게 되었다. 가타와 같은 몇몇 식민지에서 정당 설립이 합법화되었고, 이들은 사람들을 동원하는(사람들에게 독립의 필요성을 역설하여 행동으로 이끄는 – 역자 주) 주요 수단이 되었다 (글상자 3.4). 제2차 세계대전 기간 동안 강조된 자기결정권이라는 메시지를 사용하여 민족주의 지도자들은 식민주의의 위선을 벗기는 데 초점을 맞추었고,

글상자 3.4   크와메 은크루마와 가나의 독립

식민지 관리들이 모범적인 영토로 생각했던 황금 해안 식민지에서, 제2차 세계대전 이후 영국정부는 잘 조직된 민족주의자들의 항거에 직면하게 되어 주도권을 급속히 상실했다. 사회적 불만은 고조되었으며, 1948년에 아크라에서 폭동이 발생하였다. 비록 식민지 정부에 직접적인 해를 끼치지 못했지만 영국 식민지 당국이 당장 행동에 나서게 하기엔 충분한 위협이었다. 결과적으로 공산주의의 확장을 저지하기 위해 황금해안협약연합(UGGC) 지도자들이 체포되었으며, 그 중에서는 젊고 지식 있는 야심찬 리더인 은크루마(Kwame Nkrumah)도 있었다. 이후 영국은 식민지배 규칙을 검토하여 개혁에 대한 모호한 약속을 하였으나, 결국 제국 관리들의 감독 하에 자치를 허용하게 된다. 이 과정에서 UGGC의 지도자들이 석방되었으나, 혁명주의자였던 은쿠루마는 여전히 구금 상태였다. 은쿠루마는 석방된 후 UGGC를 탈퇴하여 1949년에 회의인민당(CPP: Convention People's Party)을 창당하여 다양한 정치적 관심을 한데 모으게 된다. CPP는 전국적으로 대중의 지지를 얻기 위해 세련된 정치 기구(청년 지부 신문 포함)를 설립하여 대륙 전역에서 대중의 지지를 얻고자 했다. 핵심 캠페인 슬로건은 '당장 자치 정부를(self-government NOW)'이었다. 그들은 영국의 점진주의적 자치 제안이 가진 모호성을 극명하게 부각시켰다. 은쿠루마는 1950년에 다시 체포되었다. 이러한 방해에도 불구하고 CPP는 1951년 의원 선거에서 손쉽게 승리하게 된다. 영국 총독 찰스 아덴-클라크(Charles Arden-Clarke)는 은크루마의 지지자를 적대시하는 대신 그를 석방하는 통찰력 보여 주었으며, 그가 CPP를 이끌기 원했다. 그 때부터 영국은 은크루마의 정치적 활동을 육성하고 거기에 영향을 미치면서 CPP와 긴밀히 협력했고, 실제로는 6년간의 이행 과정을 통해 식민지 독립을 진행한 바 있다. 비록 영국의 '감독'하에서 이루어지긴 했지만 은크루마는 그의 권력을 이용하여 지속

계속

된 식민통치의 부당성을 설파하였다. 1956년 선거 승리 이후 영국정부는 더 이상 식민지배에 매달릴 이유가 없었다. 영국은 철수에 동의했고, 가나는 1957년 3월 6일에 독립을 맞게 되었다.

국가와 사회의 광범위한 변화를 도모하고자 하였다. 거센 독립 요구의 물결을 달래거나 막을 수 없었기 때문에, 유럽 열강들은 물러설 수 밖에 없었고, 이러한 양상으로 인해 식민주의는 약화되었고 민족주의자들은 자신들의 요구를 더 강하게 밀어붙일 수 있게 되었다. 1960년대에 이르러 유럽 열강들은 더 이상 대부분의 식민지에서 독립을 인정하지 않을 수 없었다. 유럽 열강으로서는 꺼져가는 제국의 불길을 되살리기 위해서 식민지 내 갈등의 현장으로 뛰어들 이유가 없었다. 탈식민화에 강력한 영향을 미친 또 하나의 동인은 범아프리카주의였다 (제9장 참조). 이 이념은 수많은 아프리카 지도자들에게 길잡이 역할을 하였고, 특히 은크루마(Kwame Nkrumah)는 이 메시지를 이용하여 독립에 대한 요구를 주장하였고, 대륙의 단결을 호소하기도 하였다. 그리고 아프리카인들이 자신의 대륙을 자부심을 가지고 바라볼 것을 주장했다 (사진 3.3).

백인 이주자들이 집중적으로 거주했던 지역에서 탈식민지화 과정은 보다 복잡한 양상을 보였다. 사실, 이러한 지역에서 백인들은 탈식민화에 비타협적이었으며 폭력을 동원해 저항하기도 했다. 이들은 다수 국민들의 합법적 요구에서 동떨어진 행태를 보이고 있었다. 일찍이 식민지 통치에 저항해 왔던 알제리와 케냐와 같은 나라에서 반란은 잔인하게 진압되었다. 결과적으로, 치안력을 동원한 현상유지 세력과 자유운동 세력 간의 갈등은 오랫동안 고착화되었다. 알제리와 케냐에서는 도를 넘어선 식민통치가 표면화되었는데, 지배 세력들은 다수의 아프리카

▌사진 3.3   가나 대통령 크와메 은크루마

출처: Underwood Archives/Getty Images.

인들을 구금하고, 고문하였으며, 보호라는 미명하에 다수의 공동체를
재이주시켰으며, 보다 잔인한 방법으로 이러한 조치를 감행하였다 (글
상자 3.5). 예를 들어, 마우 마우 반란(1952~1960년) 동안 100만 명
넘는 사람들이 강제로 재이주해야 했다 (Anderson, 2006, 294). 마우
마우에 대한 영국의 고질적 폭력은 전체적으로 은폐되었다. 광범위하게
자행되었던 영국의 잔혹한 행태는 당시 전투원들이 영국정부를 상대로
소송을 제기하면서 비로소 드러나게 되었다. 그 결과 2013년에 보상금

글상자 3.5 알제리 혁명, 1954~1962년

알제리 혁명이 시작되기 전, 프랑스 통치에 대한 불만과 저항이 몇 차례 있었는데, 1945년 세티프 폭동이 대표적인 예다. 개혁 조치가 매우 미미한 수준에 그치자 1954년에 아메드 벤 벨라(Ahmed Ben Bella)가 이끄는 민족해방전선(NLF: National Liberation Front)이 등장하게 된다. 이 단체는 식민지배에서 벗어나기 위한 혁명적 게릴라 전술을 주로 구사하였다. 1954년 11월, 식민지배의 상징들에 대한 일련의 공격으로 투쟁의 서막을 알렸다. 프랑스는 즉각적이고 잔인하게 반응했다. 억압, 무차별 폭력, 집단적 처벌과 대규모 구속 등으로 대응한 것이다. 무장 게릴라들의 백인 정착민 학살은 알제리인에 대한 보복으로 이어지는 폭력의 순환 양상을 보였다. 프랑스는 어떠한 타협이나 독립의 가능성을 열어두지 않았는데, 그곳에 100만 명의 프랑스인들이 거주하고 있었기 때문에 그러한 단호함을 보일 수 있었다. 한편 수에즈 위기와 그로 인한 인도차이나에서 철수한 것과 같은 치욕을 되풀이할 수 없다는 프랑스군의 자존심도 함께 작용한 것으로 보인다. 1956년, 프랑스는 반란을 진압하기 위해 50만 명의 군인을 알제리에 주둔시켰으며, 이들과 NLF의 폭력전술은 더욱 심화되었다. 1957년 알제 시에 군사통치가 실시되는데, 마수(Jacques Massou) 장군은 도시 전역에서 반혁명 전략을 구사하게 되고, 결국 해방운동을 무너뜨려 발붙이지 못하게 만들었다. 프랑스가 전쟁에서 승리했을지 몰라도 울분을 품고 있었던 알제리인의 마음을 얻지 못하게 되어, 탈식민지화된 아프리카에 대한 염원은 점점 고조되었고, 따라서 드골(Charles de Gaulle)은 NLF와 협상에 나서게 된다. 1959년에 양측은 교전 중단에 동의하고, 프랑스는 알제리의 독립을 약속하였다. 양측의 화해에 배신감을 느낀 프랑스 이주자들과 군대는 폭동, 반란, 그리고 드골 암살 시도 같은 폭력적 행태를 보이기도 했다. 하지만 반란은 진압되었고, 1962년 7월, 국민투표에서 알제리 국민들은 압도적으

계속

로 독립에 찬성표를 던졌다. 프랑스정부는 7월 3일 독립을 공식적으로 인정하였으며, NLF가 정권을 잡았고, 결과적으로 거의 모든 프랑스 이주민들은 알제리 땅을 떠나야 했다. 양측의 충돌 대가는 엄청났나. 추성하건대, 100만 명의 사람들이 죽었고, 식민지 이후 알제리에 폭력의 그림자가 여전히 걷히지 않고 드리워 있었다. 특히 식민지 부역자로 간주된 아르키(Harkis)에 대한 폭력이 자행되었다.

지급 판결을 이끌어 내게 된다. 식민지 열강에 의해 자행된 폭력은 백인 지배의 잔혹성과 비합법성을 보여주는 사례라고 할 수 있다.

탈식민화를 위한 노력이 대륙 전역에서 이루어졌지만, 1960년대에는, 맹목적으로 권력에 집착했던 백인 거주 식민지에서 독립은 성취되지 않았다. 이들이 필사적으로 권력을 유지하려 했던 이유는 잃을 것이 많았기 때문이다. 그리고 자신들이 우월하다는 이념적이고 인종적 가정을 갖고 있었기 때문에 타협의 가능성을 일체 내비치지 않았던 것으로 보인다. 오래 지속된 폭력적 자유투쟁(특히 포르투갈령 아프리카에서)으로 인해 권력을 쟁취할 수 있는 혁명적 순간이 도래하고 있었다. 여러 국가들이 독립을 쟁취하는 가운데, 앙골라, 모잠비크, 카보 베르데, 기니 비사우, 그리고 상투메 프린시페 같은 포르투갈 식민지는 여전히 유럽의 지배 하에 있었다. 이러한 상황은 결과적으로 1961년에서 1974년까지 장기간 독립전쟁으로 이어졌다. 지속된 전투 끝에 독립이 비로소 인정되었다 (포르투갈 군부 정권에 대한 지지도가 떨어지면서 - 역자 주). 1974년에는 리스본 쿠데타가 촉발되어 포르투갈은 식민지에서 발을 뺄 수 밖에 없었다. 한편, 1948년 선거에서 국민당이 승리함에 따라, 남아프리카공화국에서는 아파르트헤이트 정책을 통해 합법적인 인종 억압에 나서게 된다. 소수의 백인들은 인종적 위계질서를 고수하려 했으며, 국내외의 상당한 압박에도 불구하고 남아공정부는 진정한 변화를 원하는 이들의 요구에 저항했고, 1990년대까지 이러한 상황은 지속되었다. 마지막 사례로 1965년에 '독립'한 로디지아를 들 수 있다. 하지만 영국으로부터 독자독립선언(UDI: Unilateral Declaration of Independence)을 통해 권력을 공고히 하려 했던 소수 백인 집단이 추진했다는 점에서 진정한 의미의 독립은 아니었으며 진정한 독립은 1980년에 이루어졌다.

대륙 내외에서 벌어진 사건들 또한 탈식민화의 중요 동인으로 작용하였다. 1956년 수에즈 운하를 재탈취하려는 프랑스와 영국의 노력이 수포로 돌아간 것만 보아도, 어떠한 세력도 미국이 도움 없이 효과적인 제국주의 세력으로서 영향력을 발휘할 수 업게 되었다는 것을 알 수 있다. 국제 질서가 변화했다는 사실을 명확히 보여주는 사례라고 할 수 있다. 1960년 맥밀란(Harold Macmillan)은 '변화의 바람' 연설에서 식민지배라는 게임이 끝났음을 뒤늦게 인정한 바 있다. 1950년대 후반에 이르러 경제 우선 순위가 변화하여, 식민지배 세력은 미국이나 유럽 간 무역 네트워크에 더 관심을 갖게 되었다. 식민지는 더 이상 전후 국가 재건을 위해 중요한 지역이 아니었고, 식민지 개발을 위한 비용은 가파르게 증가하고 있었다 (Cooper, 1996a). 더구나 1950년대 후반에 이르러, 알제리나 케냐에서 군사적 행동이 허무하게 끝나고, 1960년 콩고에서 벨기에식 탈식민화가 처참하게 실패하게 되었다. 이러한 사례들은 식민지 운영에 한계가 왔다는 경고였다. 식민지 유지 비용은 감당할 수 없는 수준이었다. 식민지에서 평화롭고, 조직적이며 '계획성'있게 철수한 것은 바람직한 선택이었다. 가나는 오랜 노력 끝에 1957년 독립을 성취하게 되는데, 이것은 더 이상 식민지 지배 — 특히 서아프리카에서 — 를 정당화할 명분이 없었다는 것을 의미한다. 식민지 지도자들은 서로가 발전하는 모습을 지켜 보았고, 특정 국가의 두드러진 발전보다 전체 아프리카의 전반적이고 균등한 발전을 추구하는 선견지명을 보였다. 민족주의 지도자들은 서로의 인식을 공유하고 영향을 미침으로써, 식민지 지배자들에게 그들의 요구가 인정받지 못한 선례와 그 이유를 분석했다. 이러한 분석을 바탕으로 독립으로 이르는 길을 닦을 수 있었다.

　탈식민화가 계획된 과정인지 아니면 일관성이 결여된 무모한 후퇴인지에 관한 흥미로운 논쟁이 있다. 영국의 탈식민화는 제국주의 프로젝트를 성공적으로 마무리한 위엄 있고 계획적인 과정이었다는 주장이 있다 (Flint, 1983; Pearce, 1984). 이러한 의기양양하고 자기 확대적인 관점은 다음과 같이 요약할 수 있다. "(영국은 신탁통치자로서의 의무를 다했다. … 따라서 대영제국은 '자기 회수적 관심[self-liquidating concern, 스스로 평화롭게 아프리카에서 철수하려는 - 역자 주]'이라는 오랜 이상을 실현했다 [Brendon, 2008, xix])." 하지만 그러한 관점은 터무니 없다고 생각한다. 이러한 측면을 설명하는 공식 기록도 없을 뿐더러, 가능한 최선의 방법으로 식민지에서 철수했다고 역사 기록을 왜곡하는 이러한 시도는 사람들을 호도할 뿐이다 (Shepard, 2006). 프랑스, 영국, 벨기에 모두 최선을 다해 지배력을 유지하려고 애썼고, 식민지와 본국, 국제사회의 압력으로 인해 식민지를 더 이상 감당할 수 없다는 것이 명백해졌을 때 스스로 발을 뺄 방법을 찾았던 것이다. '질서 있는' 철수 조치가 있었다는 공식적인 기록 없다면 식민지 철수를 이런 관점에서 기술하는 것은 인정할 수 없다. 1958년 후반, 프랑스는 서아프리카에서 제한적인 자치권을 보장하고, 식민지를 본토와 더 강하게 복속시키는 안건에 대한 찬/반 국민투표를 실시한 바 있다. 세쿠 투레가 이끄는 기니에서만 과반수 반대표가 나왔고, 여기에 앙심을 품은 프랑스정부는 잔인한 보복으로 앙갚음했다. 결과적으로 기니는 1958년 식민지에 영향력을 유지하기 위해 설립된 프랑스 공동체 참여를 거부하게 된다.

1960년 벨기에로부터 콩고의 독립을 통해, 성급하고 준비되지 않은 철수가 가져오는 결과가 어떠했는지 여실히 알 수 있다. 벨기에령 콩고는 식민지 상태에서 벗어나지 못한 전형적 국가로 인식되었다. 유럽 세력이 성급히 떠나는 과정에서 의회민주주의의 외형만 남겨 놓은 채 그것을 유지하기 위한 핵심적 도구와 메커니즘은 구축하지 못했던 것이다. 식민지 국가들은 제한된 행정력(구조와 범위 면에서)을 가질 수 밖에 없었고, 그마저도 제대로 발휘할 수 없는 상황이었다. 한편 지배 권력은 합법적인 정치적 반대파의 활동을 방해하였고, 경제적 자원의 분배를 독점하였으며 폭력과 협박을 통해 나라를 통치하고자 하였다. 이러한 양상은 전체주의 국가의 특성이지 민주국가의 그것이 아니다. 식민지 이후 아프리카에서 이러한 측면이 두드러지게 나타나는 것은 사실 놀랄 일은 아니다. 식민지 이전에 이미 유사한 통치, 사회적 형태를 경험하였고, 식민지 시대를 거쳐 그러한 구조가 중첩되면서 식민지 이후 보다 명확하게 드러난 것뿐이다.

이후 권력이 아프리카 지도자들과 정치집단으로 넘어가면서, 이들 또한 아프리카의 정치, 경제적 발전에 심대한 영향을 미쳤던 중요한 도전들에 직면하게 된다. 유럽 식민주의가 남긴 수많은 문제들은 모든 독립 지도자들이 마찬가지로 맞닥뜨려야 하는 도전이었다. 핵심적인 문제는 경제발전이 미미했다는 것이다. 이러한 상황은 하나의 자원이나 현금화할 수 있는 작물에 과도하게 의존하는 경제구조에 기인한 것이며, 이전 식민지 세력의 필요에 의해 그러한 경제구조가 만들어지고 공고화된 것이다 (제5장 참조). 자원을 가능한 빨리 수탈하고 소수 백인의 필요를 충족시키기 위해 만들어진 인프라 네트워크에서 다수의 아프리카인들은 소외될 수 밖에 없었다. 먼저, 낮은 교육 수준(1960년에 단 20%의 아프리카인들만 읽고 쓸 수 있었다)으로 인해 식민지 이후 국가 제도와 경제를 운영하는 데 어려움을 겪게 되었다. 한편 '민주주의 결핍'이 발생하게 되는데, 식민지 시대에 졸속으로 진행된 자유민주주의의 이상(모든 아프리카인들이 지속적으로 염원했던)에 근본적인 결함이 있음을 의미한다 (제4장 참조). 식민지 시대 이후, 민주주의 이상은 중앙집중화된 관료주의에 의해 악화되었으며 합법적 정통성을 갖지 못한 국가 제도에 의해 훼손되었다. 마지막으로 자의적이고 강제적으로 국경이 획정됨에 따라 특정 영토 내에 혹은 아프리카 전역에 문화적, 언어적 집단이 구분하는 분리되어 이들 간 긴장과 의심, 갈등이 발생하게 되었다 (제6장 참조). 결과적으로 독립된 아프리카는 돌이킬 수 없는, 그리고 뿌리 깊은 역사적 유산으로 인해 고통 받았다. 따라서 아프리카 전역에서 통합된 (이전에는 없었던) '국가들'을 설립해야 한다는 압력이 점증하고 있다. 그리고 통합된 아프리카에서는 자유 국민들의 기대를 충족시키기 위한 급속한 경제발전을 추구해야 한다는 주장이 핵심적인 요구로 분출하고 있었다.

독립의 시기는 아프리카의 미래에 대한 진정한 희망과 흥분, 그리고 낙관주의의 시대였음을 잊지 말아야 한다. 다수의 새로운 지도자들은 대중의 지지를 등에 업고 권력을 부여받았으며 국가의 미래에 대한 명확하고 야심찬 비전으로 무장하고 있었다. 아프리카는 새로운 시대로 나아갈 수 있고, 세계 무대에서 당당히 자신을 주장할 수 있다는 자신감이 있었다. 이 장에서 서술한 아프리카의 과거와 유산은 독립 이후 혼란이 걷히고 난 후에 분명해 진다. 현대 아프리카를 분석하기 위해 반드시 대륙의 복합적인 역사를 이해해야 한다.

추가 읽을 거리

광범위한 시기의 아프리카를 한 장(章)으로 다루는 일련의 문헌들이 있는데, 주로 아프리카 전체나 개별 지역의 역사적 궤적을 주로 설명하고 있다. 아래의 추천 도서들은 대륙 전체를 주로 묘사하고 있어서, 보다 깊이 있는 연구를 위해서 개별 국가들을 다루는 문헌을 참고하는 것이 좋다. 식민주의 이전 시대에 대한 유용한 개괄서로서, Molefi Kete Asante (2015) *The History of Africa*; Roland Oliver (2001) *Medieval Africa, 1250-1800*; Toyin Falola (2008) *Key Events in African History*; Christopher Ehret (2016) *The Civilizations of Africa: A History to 1800*. 그리고 *The Cambridge History of Africa* 시리즈가 있다. 식민 지배의 양상과 확장, 그리고 영향에 대해서 다음의 문헌을 참고하면 된다. Crawford Young (1994) *The African Colonial State in Comparative Perspective*; Walter Rodney (1972) *How Europe Underdeveloped Africa*; Frederick Cooper (2005) *Colonialism in Question*. 탈식민화의 다른 측면에 대한 책으로는, Martin Shipway (2007) *Decolonization and Its Impact*; Ali Mazrui and Michael Tidy (1984) *Nationalism and New States in Africa*; Todd Shepard (2006) *The Invention of Decolonization*; John Hargreaves (1988) *Decolonization in Africa*.

제4장

정치체제

民주주의라는 개념은 아프리카 전역에 뿌리내리고 있었지만 시기별로 민주화 속도는 다르게 나타났다. 냉전이 종식된 후 1990년대 초반부터, 아프리카는 취약한 통치 관행을 포기하고 정치적 다양성과 자유를 보장하는 방향으로 나아가게 되었으며, 이러한 양상을 헌팅턴(Samuel Huntington, 1991)은 '민주화의 제3의 물결'이라고 명명한 바 있다. 하지만 전체주의에서 민주화로 전이하는 과정은 완벽하게 이루어지지 않고 있다. 아프리카국가들이 민주화를 성취하기 위한 의미 있는 발전을 계속해 왔지만, 고른 영역에서 이루어진 것은 아니었다. 비록 다양한 결과가 있었지만 선거는 아프리카 대륙 전역에서 정기적으로 치러졌다. 몇몇의 의미 있는 경우에서처럼 선거에서 패배한 현직 대통령은 권좌에 매달리기보다 물러나는 수순을 밟기도 했다. 나이지리아가 대표적인 국가라고 할 수 있다. 나이지리아는 수십 년의 군사통치를 경험했고, 문민정부의 실정이 반복되었던 곳이었지만 이후 낙관적 전망을 가능케 한 순간들이 도래하였다. 조나단(Goodluck Jonathan) 대통령은 2015년 선거 패배 후 부하리(Muhammadu Buhari)에게 정권을 이양해 사상 초유의 평화적 정권 교체를 실현했다. 선거를 통한 정치는 아프리카 대륙 전역에서 이제 확고히 자리 잡고 있다.

민주주의의 긍정적 영향력에도 불구하고 많은 국가들이 여전히 민주주의 제도화 추세에서 벗어나 있다. 아프리카의 반 이상 국가들이 여전히 전체주의로 간주되고 있다. 보츠와나같이 민주주의가 잘 정착된 나라에서조차 정치적 자유 수준이 퇴보하고 있다 (Economic Intelligence Unit, 2016, Freedom House, 2017). 아프리카의 정치적 지형은 다음과 같은 세 부분으로 구분된다. 먼저 모리셔스나 가나와 같은 민주주의 국가 그룹이 있는데 이들은 소규모 국가가 대부분이다. 다음으로 탄자니아와 같이 결함이 있거나 혼종된 민주주의 체제를 갖춘 국가 그룹이 있는데, 이들은 아프리카의 민주주의 국가보다 상대적으로 규모가 큰 국가들이다. 마지막으로 중앙아프리카공화국, 차드, 앙골라와 같이 전체주의를 유지하고 있는 다수의 국가들이 있다. 사실상, 의회민주주의와 일당독재, 종신 대통령, 군사통치가 현 아프리카에 동시에 존재하고 있다. 아프리카의 정치적 상태에 대한 여러분의 관점은 어떠한 사례를 중점적으로 볼 것이며, 민주주의를 측정하는 바로미터로서 선거만 유일하게 고려할 것인가 아니면 다른 여러 가지 조건들을 고려할 것인가에 따라 달라진다. 어떤 관점을 취하든 그것과 경쟁하는(그 관점에 반대되는) 관점이 존재한다는 것에 주위를 기울일 필요가 있다. 현대 아프리카 정치를 생각할 때, 다중적 현실의 개념은 더없이 중요하다. 명확한 것은 아프리카의 정치는 독립 이후 몇몇 주요한 진화를 모색했으며, 이것을 통해 오늘날 아프리카 전역에서 상이한 통치와 통제의 형태가 나타났다는 점이다.

  아프리카 정치학을 연구할 때 위에서 언급한 통치 유형들을 고려함으로써, 서로 다른 형태의 정부를 범주화 할 수 있을 것이다. 이러한 범주화는 아프리카 정치를 설명하는 데 도움이 될 것이지만, '민주주의' 혹은 '권위주의'라는 용어는 서로 다른 통치 형태가 가진 다중성을 제대로 설명해 주지 못한다는 점을 알아야 한다. 예를 들어, 짐바브웨와 같은 나라들은 민주주의 국가의 보증이라고 할 수 있는 선거를 해왔을지 모르지만 2017년까지 일당지배 권력을 통해 탄생한 독재자가 통치해 왔다. 따라서 다양한 정치적 특징들을 이해하기 위해 아프리카 개별 국가를 면밀히 들여다 볼 필요가 있다. 이처럼 다양한 정치적 특징들로 인해 개별 국가의 정치적 정체성은 단일하고 매끈하게 정의하기 어렵다. 민주주의가 아프리카 정치 발전을 위해 벤치마킹할 정치체제이며 (많은 결함에도 불구하고) 아프리카에 좋은 것으로 인식되기도 한다. 이것은 여러 관점 중 하나일 뿐이다. 많은 사람들은 민주주의가 통치의 이상적인 형태라고 믿지 않는다. 아프로바로미터(Afrobarometer, 2016) 조사에 따르면 아프리카인 중 32.4%는 "다른 어떤 정부형태보다 민주주의를 선호는가"라는 질문에 **그렇지 않다**고 응답한 바 있다.

이 장에서는 아프리카의 정치적 궤적을 식민지 이후 시기(1952~1990년)와 민주화 시기(1990년~현재) 두 시기로 나누어 설명하고자 하였다. 정치적 발전과정에서 어떠한 진화 과정이 있었는지 간략히 살펴보고, 어떠한 변화로 인해 아프리카 전역에서 다양한 현재의 정치적 형태가 나타나게 되었는지 설명하고자 한다.

식민지 이후 시기 정치학(1952~1990년)

일당국가의 등장

첫 번째 시기는 탈식민지 직후(1950년대~1990년대)이다. 아프리카국가들은 이 시기에 놀랄 만큼 유사한 정치적 궤적을 공유하고 있는데, 이전 식민지 세력이 남기고간 민주적 구조를 버리고 일당국가를 선호한 것이다. 군부통치나 독재주의 같은 정치 형태를 취할 수 있었지만, 일당국가는 아프리카 정치 형태로 선택되었다. 물론 그러한 통치 형태를 추구하게 된 데는 나라별로 다양한 맥락적 이유가 있다. 간단히 말해, 이러한 정부는 단일 정당이 지배하는 국가라는 특성을 가진다. 본질적으로 권위주의적 성격을 지닌 이러한 통치 형태에 대해 모든 정치집단들과 노동조합, 시민사회, 학생 운동권이 한 목소리로 반대하고 있었다. 보츠와나, 감비아, 세네갈과 같은 나라들이 다당제를 유지하고 있지만, 현직 대통령이 늘 승리해왔다는 점에서 완전한 민주주의 국가라고 보기 어렵다. 결과적으로 1990년까지 투표함을 통해 정부와 대통령을 바꾼 아프리카국가는 없었다. 다음과 같은 국내적 압박들이 거세지면서 개혁과 민주화에 대한 개혁 요구는 받아들여지게 된다. 불만에 가득찬 국민들의 저항이 늘어나고, 경제적 붕괴가 광범위한 영역에서 발생하였으며, 냉전 종식이후 국제적 질서가 변화한 것이다. 오랫동안 대륙 전체에 걸친 비민주적 관행이 자행되어 왔다. 보카사(Jean-Bédel Bokassa, 중앙아프리카공화국), 모부투 세세 세코(Mobutu Sese Seko, 자이르, 콩고민주공화국[DRC]), 그리고 테오도로 오비앙 은게마(Teodoro Obiang Nguema Mbasogo, 적도 기니)와 같은 대통령들은 잘못된 개인 통치가 어떤 것인지 극악무도한 사례를 통해 보여 주었다. 이처럼 비민주적 관행과 개인 지배로 인해 발생하는 문제점들이 결합하여 아프리카 정치의 대외적 인식은 훼손되었다. 무엇보다 중요한 것은 일당국가는 다양한 접근이나 정치 형태를 허용하는 체제가 아니라는 점이며 대중적 인기 또한 없다는 점이다.

이 지점에서 독재통치로 전환을 가능하게 했던 식민지 세력이 남긴 정치적 잔재(제3장 후반에 논의 했던)를 다시 생각해 보는 것은 중요하다 할 것이다. 식민주의가 무너지고 나서야 비로소 민주적 제도들이 확립되었다는 사실을 기억할 필요가 있다. 외부세력에 의해 들여온 통치구조들은 굳건하지 못하고, 식민통치 하에서 온축된 민주주의 전통을 경험하지 못했다. 더구나 새로 제정된 헌법은 법적 정당성이 부족했으며, 민족주의 정치가들의 지지를 받지도 못했다. 독립 초기, 이전의 식민지 정치 구조들을 새로운 정치 엘리트들은 그대로 활용하였다. 사실 독립국가를 운영하기 위한 수많은 도전들이 있는 상황에서 굳이 권력 구조를 바꿀 이유가 있었을까? 하지만 식민지 시대 제도와 구조는 민주주의가 뿌리내리는 것을 방해하는 근본적인 문제였다. 중요한 것은, 그들은 민주적인 목적을 위해 고안된 것이 아니라 소수자의 요구를 충족시키기 위해 고안된 것이었고, 강력한 중앙집권화된 관료주의에 기반을 두었으며, 권력과 경제적 부에 대한 접근을 제한하였다. 한편, 폭력에 의해 뒷받침된 독재정치가 그 체계 안에 깊이 내재되어 있었다. 그 결과 국가의 모든 통치 수단을 장악한 소수 엘리트가 등장하게 되었으며, 이들은 정치, 경제적 영역을 독점하고 회유나 협박을 통해 반대 세력을 무력화하였다. 따라서 독립 직후부터 엘리트들은 강력한 일당 중심 정치 메커니즘을 소유하게 되었으며 강력한 리더를 중심으로 뭉치게 된다. 이러한 체제는 권위주의를 내포하고 있었으며, 식민지 시대로부터 물려받은 체제를 모델로 하고 있었다 (Zolberg, 1966). 이 같은 권력의 집중화와 독점화는 아프리카의 정치적 궤적을 이해하는 데 매우 중요한 개념이다.

1960년대 일당국가는 대세여서, 당대 연구자들과 민족주의 지도자들 — 은크루마(가나), 니에레레(Julius Nyerere, 탄자니아), 그리고 케냐타(Jomo Kenyatta, 케냐) — 은 이러한 체제를 정당화하기도 했다 (글상자 4.1참조). 일당국가를 옹호하는 첫 번째 중요한 논거는 국가 통합의 필요성이다 (국가 통합을 위해 일당국가가 가장 적합하고 필요한 정치체제라는 주장 - 역자 주). 아프리카 통합의 전제는 반식민지 투쟁에서 도움이 되는 신화였지만, 새로 등장한 국가들 사이에 자리 잡은 민족집단의 다양한 성격을 고려할 때, 그것은 비현실적인 개념이었다. 정치 엘리트들은 그들의 시민들이 인종, 지역, 종교, 그리고 부의 수준에 따라 나뉘어져 있다는 것을 충분히 알고 있었다. 이처럼 다양한 집단들을 대표하는 정치적 정당은 국가 내부의 분열을 야기할 것이고, 국가를 약화시킬 것이며, 아프리카를 이용하려는 사악한 세계 곳곳의 세력들의 먹잇감을 제공할 것이라는 믿음이 널리 퍼져 있었다. 벨기에령 콩고는 1960년에 급속히 몰락함으로써 혼란에 빠지게 되었는데, 이러한 상황은 정치적 인종적 경쟁자들에 의해 가속화되었고, 이기적인 서방 세력에 의해 악화되었다고 아프리카 지도자들은 주장하였다. 그들은 분리, 다양성이 통제되지 않을 경우 어떠한 일이 발생하는지 잘 보여주는 대표적 사례라고 지적하였다. 따라서 중앙집권적 통제를 수행할 수 있는 숙련된 정당보다 인종적 지역적 파벌을 극복할 수 있는 정치집단은 없다는 것이 그들의 인식이었다. 아프리카 지도자들이 직면해야 했던 또

글상자 4.1   일당국가로서 은크루마의 가나

많은 사람들이 군사통치나 독재주의의 렌즈로 아프리카에서 일당국가를 들여다보고 있다. 하지만 몇몇 국가에서 이러한 정치체제는 선거를 통해 절대적 지지를 등에 업고 있어서 사실상 합법성을 인정받았다. 은크루마의 리더십 아래 발전해 왔던 가나의 일당정치는 모범적인 사례라고 할 수 있다. 은크루마의 회의인민당(CPP: Convention People's Party)은 1956년 선거에서 압도적인 승리를 거둔 바 있다. 하지만 정치적 반대에 부딪히자 은크루마는 다당제 시스템을 도입하게 된다. 그는 즉시 지방 및 민족단체를 금지했고, 이어서 헌법을 개정하여 정치 평론가들을 체포할 수 있도록 허용하는 입법을 실시했는데, 그들은 공식적인 사법부의 순회법원에서 재판을 받을 수 있었다. 결과적으로 가나에서 반대파는 1964년에 효과적으로 무력화되었다. 은크루마는 일당국가에 대한 찬반 국민투표를 실시하게 되고 별다른 반대 없이 공식적인 일당국가를 수립하게 된다.

다른 도전은 앞서 언급한 내부적 분열을 극복할 '새로운' 국가를 어떻게 만들어야 하는가 하는 점이었다. 초창기 식민주의자들은 식민지 국민들에게 국가 정체성을 고양하려고 하지 않았고, 통합보다 인종과 종교적 갈등을 조장하려 했다. 식민지 이후 지도자들은 국가 정체성을 심어 주기 위해서, 분산되지 않고, 강력한 핵심 정당이 필요하며 이들이 국가 통합 정신과 소속감을 고양한다고 주장하였다.

일당국가의 필요성을 경제적, 사회적 발전의 관점에서 보는 시각도 있다. 새롭게 독립한 아프리카 모든 국가는 경제에 시동을 걸어야 했고, 국가 인프라를 개발하고 선거 공약을 실현시키기 위해 노력해야 했다. 이러한 경제적, 사회적 발전을 이루기 위해 시간은 본질적 요소이다. 하지만 의회민주주의는 본질적으로 반대파가 존재하기 마련이며 논쟁을 거치게 된다. 따라서 경제, 사회적 발전은 더디게 진행된다. 코트티부아르의 전 대통령 우푸에-부아니(Félix Houphouët-Boigny)는 반대 정당을 '불필요한 사치'라고 묘사한 바 있다 (Thompson, 1964, 275). 다당제 민주주의는 급속한 발전을 가로막는 것으로 인식되었고, 일당국가를 채택함으로써 간단히 무시할 수 있는 체제였다. 일당국가는 반대나 장애물 없이 신속하게 의사결정을 내리고 정책을 수행할 수 있는 체제였다. 1960년대는 서구 민주주의에 대한 근대적이고 대안적인 체제로서 사회주의와 계획경제가 가장 주목 받던 시기였음을 기억해야 한다. 당시 소련과 중국의 급속한 근대화는 일당을 통해 자신들만의 '발전적 도약'을 도모한 덕분이었다. 고용과 물적 성장을 선택할 것인가, 아니면 민주적 투표권을 행사할 기회를 선택할 것인가 하는 양자택일의 상황이었다. 돈과 음식이 없는 상황에서 누가 민주주의에 관심을 기울이겠는가? 야심찬 개발 목표를 달성해야 하는 상황에서 많은 아프리카 지도자들은 민주주의를 쓸데없이 산만한 것으로 여겼다. 민주주의와 개발을 둘러싼 논쟁이 오늘날 에티오피아에서 여전히 재현되고 있다. 에티오피아 현 정부인 에티오피아 인민혁명민주전선(EPRDF: Ethiopian People's Revolutionary Democratic Front) 내에서 그러한 논쟁은 진행 중이다. 에티오피아는 2000년대 중반 이후 10여 년 동안 10%의 GDP 성장률을 기록하면서 야심찬 근대화 계획과 빈곤 완화라는 목표를 달성해 왔다. 이러한 경제적 발전은 민주주의와 표현의 자유, 그리고 인권을 대가로 이루어진 것이었다.

아프리카 일당국가의 몇몇 지도자들은 진정한 민주주의와 대중 참여 정치가 이러한 통치 스타일을 통해 달성될 수 있다고 믿기도 하였다. 카운다(Kenneth Kaunda) 잠비아 대통령(Kaunda, 1974), 니에레레 탄자니아 대통령(Nyerere, 1968)과 같은 영향력 있는 지도자들은 아프리카 사회의 공동체적 성격에 근거하여 모든 시민들이 자유롭고 공개적인 토론을 할 수 있는 '일당 참여 민주주의'에 참여할 수 있으며, 이것은 당의 방향을 설정하고, 궁극적으로 국가의 방향을 결정하는 데 모든 국민이 관여할 수 있음을 의미한다고 주장한 바 있다. 예를 들어, 탄자니아의 니에레레 대통령(Nyerere, 1968)은 합의체 촌락 민주주의 정치로서 아프리카 사회주의의 한 형태인 우자마(Ujamaa) 실행을 요구했다. 이러한 정치제도는 탄자니아 아프리카국가연합(TANU: Tanzanian African National Union)이라는 국가적 틀 내에서 대중 참여와 논쟁이 가능한 메커니즘이었다. 니에레레의 아프리카 사회주의 비전은 여러 국가 지도자에 영향을 미쳤고, 특히 세네갈 대통령이었던 셍고르는 아프리카 사회를 조직화하는 원칙으로서 다수의 선을 위해 소수의 욕구가 희생되어야 한다는 점을 강조한 바 있다. 그리고 이처럼 전통적, 근대적 전망을 아울러 고려하여 국가의 방향을 설정해야 사회주의로 향하는 새로운 '아프리카' 루트가 개척될 수 있다고 주장하였다.

케냐에서 대중 참여에 대한 관점은 위의 사례와 비교할 때 약간 다르다. 케냐는 독립 이후 사실상 일당국가였으나 케냐 아프리카국가연합(KANU: Kenyan African National Union)이 야당을 금지한 1982년 이후 공식적으로(법적으로) 일당국가가 되었다. 그러나 케냐타 대통령은 KANU 내에서 경쟁과 논쟁을 허용하였고, 모든 국회의원들은 전국 선거 과정에서 지역 연합의 지지를 받아야 지명될 수 있었다. 국회의원들은 지역구를 위해 열심히 일할 수밖에 없다는 점에서 민주주의와 유사한 점 — 비록 부패와 유착으로 이어지기도 했지만, KANU에 해를 끼치지 않는 한 불만의 목소리는 허용되었다 (Widner, 1993, 60).

그러나 이러한 문민 일당국가들 중 다수는 너무 오래 집권하기도 했으며, 파벌과 경쟁 집단의 등장으로 인해 도전에 직면하기도 했다. 그리고 대중의 정치참여를 약속했음에도 불구하고 대중들의 요구와 기대를 충족시키지 못했다. 거의 대부분의 일당국가에서 정치적 통제를 계속 유지해 나가는 것이 문제가 되었다. 매우 많은 나라들이 사회적 분열을 경험하면서, 통치의 정당성과 권력 및 영향력을 상실해 갔고, 신후원주의(Neo-Patrimonalism)를 통해 이것을 만회해야만 했다 (글상자 4.2 참조). 신후원주의는 안정적인 겉모습으로 현 상태를 포장(적어도 일당 통치 초기에 정치체제의 정당화에 유리한)할 수 있었지만, 결함이 많았고 본질적으로 구조적 취약점을 안고 있었다. 아프리카 전역에서 여러 모습을 가지고 있던 일당국가는 거의 성공을 거두지 못했다.

개인적 지배

많은 경우 신후원주의 지배체제를 통해 지도자들은 당을 초월하여 국가에 대한 개인적 통제를 법적으로 정당화할 수 있었다. 잭슨과 로즈버그

글상자 4.2   신후원주의

현대 아프리카의 주요한 정치 통제 형태는 신후원주의(neo patrimoni-alism)라고 할 수 있다. 이러한 통치 형태는 과거의 전통적인 권위 속에 근대 국가의 정체성을 융합한 것이다 (Hyden, 2000, 19). 정치 엘리트들은 지지자들의 충성을 확보하기 위해 자원들을 활용하게 되는데, 흔히 족벌주의, 후원, 지대추구(즉, 재투자나 개발 없이 돈과 자원을 빼돌려서 포식국가라고 불리는), 그리고 부패의 형태로 나타난다. 중앙집권화된 국가의 엘리트들은 그들의 권위와 통제를 유지하기 위해 권력과 경제적 이득을 분배해주어야 했는데, 개인적이고 민족적, 종교적 혹은 지역적 인맥을 활용하였다. 어떠한 반대 없이 엘리트들은 그들의 권력을 남용할 수 있었다. 그러나 이러한 불안정한 형태의 통제는 국가 자원의 분배를 통해 이루어진다. 일단 이것이 줄어들면(제5장의 경제학에 대한 논의 참조) 엘리트들에 대한 충성심은 급속히 소멸된다. 탈식민지 시대 아프리카국가들에게, 공적 서비스(공적, 사회적 인프라 – 역자 주)와 준 국가기관에 대한 지배력을 확보하는 것이 정권을 유지하는 핵심적 관건이었다. 이들 기관들은 그들의 지지자들에게 기회를 제공해 주고 자원을 분배해 줄 수 있는 도구였다. 공적 서비스는 아프리카 전역에서 엄청난 국가 예산을 투여해야 하는 사업이었으며, 결과적으로 정부재정을 파탄 직전까지 밀어 넣었다. 하지만 정권을 유지하는 것만이 가장 중요한 관심사였다. 한번 상실하면 되찾을 수 없을 것처럼 보였기 때문에, 권력은 가장 중요한 것이었다. 따라서 지도자들은 가능하면 최대한 부와 권력을 축적하고, 빈틈없이 지키고자 하였다. 뿐만 아니라 신후원주의는 근본적으로 불안정하여 부패로 이어지며, 정치적 권위와 공적 국가 구조를 무력하게 만드는 국가발전보다는 엘리트들의 부만 축적 가능하게 하는 비효율적 정치 형태이기에 혼란, 파벌, 그리고 라이벌구조를 만들게 돼 다수의 사람들은 제외되는 결과를 도출하게 된다. 야당이 없었기 때문

계속

에 정치적 변화를 꾀하기 위한 유일한 방법은 정당 내부의 숙청이나 반란, 아니면 군사쿠데타(대부분 이것을 선택하였다)였다.

(Robert Jackson & Carl Rosberg, 1982a)가 '개인적 지배'로 명명한 이 체제를 통해 모부투나 우푸에-부아니, 그리고 이디 아민(Idi Amin)이 권력을 잡게 되었다. 이러한 지도자들은 "제도나 사회적 힘으로 만들어지는 통치 형태를 선호하지 않았다. 이들은 개인적 권위와 권력으로 통치하고자 하였다"(Jackson & Rosberg, 1984, 438). 그 결과 지도자는 헌법은 무시하고 법령으로 지배하면서 국가 소송을 지배하고 영향력을 미치려고 하였다. '개인적 지배'는 권위주의, 기만주의, 자기중심주의, 국가 비효율의 전형으로, 지도자의 눈앞의 이익을 넘어서는 국가나 국민에 대한 관심은 거의 없다. 그들 중 많은 지도자들이 반식민지 투쟁 초기 권력을 잡은 이들('국부'/'국가의 수호자')이거나 쿠데타 리더들이었다. 많은 지도자들이 법적 정당성이 부족하거나 대중적 지지를 확보하지 못한 이들이었으며, 권력은 강제와 협박, 후원 네트워크, 그리고 마키아벨리즘적 조작(교활한 여우의 모습과 용맹한 사자의 모습을 모두 갖춘 정치통치 형태 – 역자 주) ─ 자의적 의사결정, 장관교체 등 ─ 을 통해 유지될 수 있었다. 모부투는 자이르에서 자신의 권력을 유지하기 위해 이러한 전술을 모두 사용하였고, 특히 내각에서 분파주의를 조장하고 경쟁심을 부추기는 등 내각 장관을 조종하는 데 열성적이었다. 그는 자신의 통제에 잠재적 반대나 도전을 할 가능성이 있는 이들을 승진시키거나 재배치함으로써 목적을 달성할 수 있었다 (글상자 4.3 참조).

아프리카에서 개인적 지배는 가능한 한 정치적 권력을 유지하려는 과두정치의 형태를 띠게 된다. 결과적으로 30년 이상 권좌를 유지했던 대

글상자 4.3 자이르 모부투 대통령의 금권 정치

콩고 — 이후 1971년 자이르로 명칭변경 — 에서 쿠데타로 정권을 잡은 모부투 세세 세코(1965~1997년)는 극단적인 개인 지배의 사례를 보여준다. 모부투는 의회의 통제를 피해가며 광범위한 후원을 통해 온갖 아첨꾼들을 주변에 배치하고 결국에 '모부투주의'라는 개인숭배 현상까지 만들어 낸다. 이러한 과정을 통해 자이르는 중앙집권적 권력 국가가 된다. 그의 지배에 반대하는 모든 세력들은 정치적 엘리트와 군대, 공무원 조직을 통해 제거되었고, 어떠한 도전도 등장할 수 없게 되었다. 자원 착취, 각종 부패, 그리고 자이르의 엄청난 천연자원을 독점하면서 모부투는 막대한 부를 축적할 수 있었다. 모부투는 금권 정치를 통해 자이르 엘리트들의 재산을 불려 주었을 뿐, 국가 복지에 관심도 없었다. 핵심 산업이 대거 국유화되었고, 이러한 과정을 통해 그의 가족과 민족집단, 지지자들은 재산을 약탈하고 이익을 빼돌릴 수 있었다. 결과적으로 인플레가 발생하고 경제 하락이 이어졌고, 대부분의 자이르인들은 빈곤에 허덕이게 되었다. 모부투의 약탈 규모를 알 수 있는 2가지 사례가 있다. 재임 기간 동안 스위스의 개인 계좌에 5억 달러로 추정되는 금액을 빼돌린 바 있으며, 그바돌리테(Gbadolite)의 외진 곳에 자신만의 베르사이유 궁전과 공항을 건설하여 콩코드 기를 타고 파리로 쇼핑을 떠나기도 했다. 냉전 시기였기 때문에 모부투의 도를 넘은 행위와 인권 유린 행위는 미국과 서방 조직들의 묵인 하에 자행될 수 있었다. 모부투는 반공산주의 입장을 취했기 때문이다 다 (사진 4.1).

┃ 사진 4.1 자이르 대통령 모부투 세세 세코와 엘리자베스 2세 여왕이 버킹엄 궁전으로 가고 있다.

출처: Keystone/Getty Images.

통령들이 아프리카의 정치체제를 장악하는 개인적 지배의 양상이 이어져 왔다 (표 4.1참조). 표 4.1에 제시된 지도자 외에도 20년 이상 권력을 유지해온 현재 지도자들이 있다. 알바시르(Omar al-Bashir, 수단), 데비(Idriss Deby, 차드), 아페웨르키(Isaias Afewerki, 에리트레아), 드니 사수 은게소(Denis Sassou Nguesso, 콩고공화국)가 그들이다.

개인 지배는 최악의 리더십 남용으로 이어지고 이 과정에서 폭력적 방법을 동원한 권력 유지 행위를 통해 사적 축재가 이루어진 사례는 수없이 많다. 아래에 논의할 세 명의 대통령들은 군대를 동원하여 권력을 획득한 바 있다. 첫 번째 인물은 국가를 탐욕스럽게 약탈했던 보카

표 4.1 아프리카에서 가장 오랜 기간 재임했던 대통령 목록 (2018년 시점 기준)

이름	국가	재임 기간
무아마르 카다피	리비아	41
오마르 봉고	가봉	41
냐싱베 에야데마	토고	39
테오도로 오비앙 은게마	적도 기니	39*
조제 에두아르두 두스산투스	앙골라	38
로베르 무가베	짐바브웨	37
폴 비야	카메룬	35*
펠릭스 우푸에-부아니	코트디부아르	33
다우다 자와라	감비아	32
모부투 세세 세코	자이르(현 콩고민주공화국)	32
요웨리 무세베니	우간다	32*
하비브 부르기바	튀니지	31

* (저작일 기준) 현재까지 재임 중 표시

사(1966~1979년)이다. 중앙아프리카공화국에서 보카사는 자신을 중
심으로 운영되는 국가 — '보카사의 개인 계좌와 더 이상 존재하지 않
는 국가 계좌를 구분하면서' (O'Toole, 1986, 52) — 를 설립하려 했다.
국고를 약탈하는 것은 물론이거니와, 개인숭배와 극단적인 폭력과 테
러, 반대파에 대한 숙청 등을 통해서 그는 권력을 유지했다. 이것이 가
능했던 것은 14년 동안이나 그의 행위를 암묵적으로 용인해 온 프랑스
덕분이었다. 그의 권력 확장이 어느 정도였는지 가늠해 볼 수 있는 대표
적 순간은 1977년 자신이 황제로 등극하던 장면이다. 그는 대관식에서
2,000만 파운드가 넘는 비용을 지출했다 (사진 4.2).

우간다의 이디 아민은 군사쿠데타를 통해 1971년 오보테(Milton Obote)
로부터 권력을 넘겨받았다. 이후 그는 협박을 통해 특권적 지위를 유지
하게 된다. 아민(1971~1979년)이 헌법을 정지시켜 자신이 만든 법령

▌ 사진 4.2 장-베델 보카사의 대관식

출처: Photo 12/UIG via Getty Images.

에 의해 통치하면서 우간다는 순식간에 혼란과 폭력의 소용돌이로 빠져들게 된다. 그는 실제적이든 상징적이든 여러 수단을 통해 자신의 반대파를 억압해갔다. 부패, 축재 그리고 재난에 가까운 국유화정책(이것으로 인해 아시아인들이 추방되었다)은 경제의 몰락을 가져 왔고, 이러한 전 과정을 감독한 사람이 아민이었다. 재임 기간은 짧았으나 폭력과 부패로 점철된 개인 지배는 우간다에 재난에 가까운 비참한 결과를 초래하였다 (Decalo, 1990, 177).

군사통치

독립 이후, 군은 아프리카 정치에 두드러진 영향력을 발휘해 왔다. 탈식민지 시기 직후 군부는 자신들의 힘(군사력 – 역자 주)을 사용하기 시작했고, 정치권에 대한 쿠데타 등을 통해 독점적 폭력을 자행했다. 북아프리카에서 나세르(Gamal Abdel Nasser) 장군이 이끄는 이집트 군주제 타도 쿠데타(1952년)를 시작으로 사하라이남에서도 군부통치가 여러 곳에서 일어났다. 콩고(1960년), 베냉(1963년), 콩고-브라자빌(1963년), 토고(1963년), 부르키나 파소(1966년), 중앙아프리카공화국(1966년), 가나(1966년) 등 국가에서 군부통치가 시작되었다. 민주화의 여명기였던 1990년대 중반까지 아프리카 2/3 이상의 국가들이 군부통치를 경험한 바 있다. 사하라이남 41개국(85.4%)에서 쿠데타가 성공했거나 쿠데타 시도가 있었다. 북아프리카에서는 모로코를 제외한 모든 국가에서 군부가 권력을 잡았다. 1990년 이전 독립한 국가 중 보츠와나와 카보 베르데, 모리셔스만이 군사적 개입이 없이 국정 운영이 가능했다 (McGowan, 2003, 345). 결과적으로 군부는 아프리카인의 정치적 삶에서 떼려야 뗄 수 없는 상수(permanent fixture)가 되었다.

아프리카 전역에서 군사통치가 그토록 광범위하게 퍼지게 된 이유는 무엇일까? 군부가 대담하게 권력을 잡고자 했던 맥락적 이유는 나라마다 상이하지만 몇 가지 공통성이 존재한다. 일당국가와 신후원주의 지도자가 우세한 당시 상황 속에서 아프리카국가들은 정치적 변화를 모색할 메커니즘이 부족했다. 공식적인 반대파가 존재하지 않는 상황에서 군의 개입은 아프리카국가들에서 공통적으로 나타난 해결책이었다. 대부분의 쿠데타 지도자들은 — 현 정부의 낮은 지지율을 포함하여 — 자신들의 행동을 정당화하기 위해 표준화된 국민들의 불만 목록을 갖추고 있었다. 기존 정치지도자들의 무능력과 실패, 광범위하게 자행된 부패 행위, 경제 지체 내지 하락, 그리고 사회적 불만 등이 대표적인 사례였다. 군부 지도자들은 국민들의 이러한 불만을 감지하고 적극 이용하였다. 그들이 통치하게 되면 조직화되고, 효율성이 높으며, 숙련된 통치 구조를 갖추게 될 것이며 국가의 '새로운' 방향을 확립하게 될 것이라고 주장하였다. 질서가 잡히고 필수적인 변화가 정착되면 민간 정치인들에게 권력을 이양할 것이라고 설득하기도 했다.

1960년대 초기, 쿠데타가 대세가 아니었던 시기에 일련의 군사적 개입 이후, 군부는 민간 지도자에게 권력을 넘겨주기도 하였다. 예를 들어, 토고 대통령이었던 올랭피오(Sylvanus Olympio)는 1963년에 일당독재에 분노한 군부 측 인사에 의해 암살당했다. 올랭피오 축출 이후 쿠데타 지도자들은 연립정부 측 민간 정치인들에게 권력을 넘겨주었다. 하지만 1967년 군부는 금방 태도를 바꾸어 새로운 민간 정치 엘리트를 축출하였다. 민간 정치인들은 더 이상 토고를 효과적으로 통치할 능력을 보여 주지 못했다는 것이 그 이유였다. 군부가 쿠데타 이후 권력을 이양했던 사례는 콩고(1960년), 베냉(1963년), 그리고 가나(1979년)에서도 나타났다. 하지만 토고의 사례와 마찬가지로 '실패'로 끝난 짧은 기간의 민간통치 이후 군부는 다시 권력을 잡고 또 오랫동안 유지하게 되었다.

군부 지도자들은 군사력을 독점하고 있었고, 대중들은 기존 정권에 염증을 느끼고 있던 터라 군부가 권력을 잡는 것은 어려운 일이 아니었다. 아마도 쿠데타 지도자들은 권력을 얻기 위해 국가 인프라(대통령직, 공항, 라디오 방송국)를 장악할 필요가 있었을 것이다. 아울러 대통령을 구속하고 잠재적 반대 목소리를 잠재우기 위해 군사적 협박을 가했다. 1960년대에는 기존 정치에 대한 대중의 불만이 고조되던 시기였기 때문에 초기 군부 쿠데타에 대한 반대는 거의 없었다. 예를 들어, 1971년 아민의 쿠데타는 우간다 전역에서 대중의 열렬한 축하를 받았다. 나아가 쿠데타 지도자들에 대한 국제적 관심이나 간섭은 거의 없었다. 냉전의 결과로 아프리카에 대한 지정학적 본질이 변했기 때문이었다. 슈퍼 파워 국가들은 아프리카에 급격한 이념 변화가 발생하지 않는 한 군사 정권을 용인해 주기로 한 것처럼 행동했다. 프랑스만이 단호한 개입에 나섰는데, 이 역시 자신들의 이익이 침해된 일련의 사건들 때문이었다. 이 때가 바로 프랑스가 서아프리카 전역에 군사 거점을 다시 획득해 나가던 시기였기 때문이었다. 프랑스는 과거 1964년 가봉에서 레옹 음바(Leon M'ba)의 군사쿠데타를 막기 위해 개입한 바 있으며 1979년에는 보카사 정권을 축출하기 위해 중앙아프리카공화국 침략을 자행하기도 하였다. 하지만 표 4.2에서 제시된 바와 같이 한번 쿠데타가 발생하면 이후 쿠데타 시도는 계속 빈발하게 된다는 것을 알 수 있다.

대중의 불만과 취약한 통치능력 때문에 군사개입이 이루어지긴 했지만 이것만으로 모든 상황을 설명할 수는 없다. 사실, 많은 쿠데타는 사리사욕을 채우려는 세력의 지원 하에 촉진되고, '여러 영역'의 불평불만이 합쳐져서 발생한 측면이 있다 (Decalo, 1990). 군부 집권은 금융적,

표 4.2 아프리카에서 성공한 쿠데타, 1952~1990년

국가	년도
이집트	1952
수단	1958, 1969, 1985, 1989
콩고	1960, 1965
토고	1963, 1967, 1967
콩고-브라자빌	1963, 1968
베냉	1963, 1965, 1965, 1967, 1969, 1972
중앙아프리카공화국	1966, 1979, 1981
부르키나 파소	1966, 1974, 1980, 1982, 1983, 1987
나이지리아	1966, 1966, 1975, 1983, 1985
우간다	1966, 1971, 1980, 1985
가나	1966, 1972, 1978, 1979, 1981
부룬디	1966, 1966, 1976, 1987
시에라리온	1967, 1968
말리	1968
리비아	1969
소말리아	1969
마다가스카르	1972
스와질란드	1973
르완다	1973
니제르	1974
에티오피아	1974
차드	1975
세이셸	1977
코모로스	1978, 1989
모리타니	1978, 1980, 1984

적도 기니	1979
라이베리아	1980
기니 비사우	1980
기니	1984
레소토	1986
튀니지	1987

출처: P. McGowan (2003), "*African military coup d'état, 1956-2001*", 363-364. 제시된 데이터 재구성.

정치적, 민족적, 개인적 이해관계가 얽힌 다면적 양상을 갖고 있었다. 군부 엘리트들은 자원에 대한 접근을 원했고, 그들을 후원할 기업을 찾고자 하였다. 이러한 동기가 군사개입의 강력한 원인이 되었던 것이다. 하지만 가나(1966년)와 같은 나라에서는 군부의 권력과 영향력을 제한하려는 민간 조직 — '엘리트' 대통령 경호대와 같은 대안적 치안 조직 — 을 설립하려고 하였다. 하지만 이것은 군부 입장에서 그들의 이해관계를 위협하는 시도였을 뿐이었다. 더구나 정치지도자와 군사지도자의 이해관계가 충돌할 때 — 특히 예산 문제와 관련하여 — , 군부는 군대를 동원하여 자신의 특권적 지위를 지키려고 하였다. 대안적 조직은 군 내외 사회에 걸쳐 민족적, 지역적, 종교적 관심에 따라 조직되었다. 예를 들어, 보다 대표성 있고, 민족들이 고루 분포된 군대를 설립하려는 시도가 나이지리아에서 있었으나 1966년에 집권한 요루바(Yoruba)와 이그보(Igbo)의 장군들에 의해 저지당했다 (글상자 4.4 참조).

마지막으로 개인적 영달과 권력을 위해 쿠데타를 일으킨 사례도 있다. 말리의 트라오레(Moussa Traoré, 1968년), 적도 기니의 테오도로 오비앙 은게마(1979년), 그리고 라이베리아의 사무엘 도(Samuel Doe, 1980년) 등이 대표적이다.

글상자 4.4 나이지리아의 군부

식민지 시대 이후, 나이지리아는 지속적인 군사개입을 경험한 국가라고 할 수 있다. 1966년에 발생한 두 번의 쿠데타는 기존 정치인들의 실정 때문에 촉발되었다. 정치인들은 경제 쇠퇴의 책임이 있었고, 민족적 갈등을 심화시켰다는 비판이 들끓었다. 하지만 쿠데타는 군대 내의 민족 간 갈등에 기인한 바가 컸다. 당시 군은 북부 하우사/풀라니 장교들이 지배하고 있었는데, 여기에 이그보인들은 불만을 가지고 있었다. 군내에서 민족 간의 분열은 나이지리아의 권력 투쟁에 불을 붙이게 되었고, 결과적으로 2차 쿠데타 때 고원(Yakubu Gowon) 장군이 집권하게 되었다. 2차 쿠데타 결과 비아프라(Biafra)의 이그보인 통치지역이 독립을 선언하게 되고, 이로 인해 잔혹한 내전의 서막이 열리게 된다. 1970년 내전이 종식된 후 고원은 여전히 군사통치를 수행해 나갔고, 막대한 양의 원유를 활용하여 전후 국가 재건에 노력한 바 있다. 그리고 모두를 아우르는 국가 정체성에 입각한 나이지리아의 민족통합을 강조하였다. 고원은 1976년까지 민간통치로의 복귀를 약속했지만, 1974년 이 결정에 대해 무기한 연기를 선언하며 철회했다. 고원의 뒤를 이어 무르탈라 무함마드(Murtala Mohammed)가 1975년 7월 집권하였으나 1976년 실패한 쿠데타 직후 암살당하게 된다. 이러한 사건들을 통해 알 수 있는 것처럼 일단 최초의 쿠데타가 성공하게 되면 후속 쿠데타들이 연달아 발생한다.

무함마드에 이어 집권한 오바산조(Olusegun Obasanjo)는 대(大) 군사위원회의 도움을 받아 1979년까지 권좌를 유지했다. 정당이 허용되고 선거가 치러지는 등 민주적 절차와 제도가 마련되면서 권력은 민간으로 이행하게 되었다. 아울러 정치적 과정에서 군의 영향력에서 벗어나려는 노력 ― 헌법에서 쿠데타를 위법으로 규정 ― 도 함께 수반되었다. 1979년 선거에서 샤가리(Shehu Shagari)는 북부 유권자들의 지지에 힘입어 대통령으로 당선된다. 광범위한 부패, 경제

계속

적 쇠퇴, 정치적 다툼으로 점철된 샤가리 정권의 실정으로 인해 다시
한 번 쿠데타가 발생하게 된다. (우연하게도 나이지리아의 현 민간 대
통령과 동명이인인) 부하리(Muhammadu Buhari)가 주도한 1983년
쿠데타로 인해 나이지리아에서 짧은 민주주의는 막을 내리게 된다.
하지만, 우울할 정도로 친숙한 패턴으로, 부하리는 1985년 바방기다
(Ibrahim Babangida)에 의해 무너졌다. 이전 군부 지도자들은 적어
도 겉으로는 쿠데타 이후 민주주의 회복을 약속했으나, 바방기다와
후계자 아바차(Sani Abacha, 1993년 집권)는 훨씬 더 개인적이고 독
재적인 방식으로 통치했다. 방대한 부패와 족벌주의, 인권유린이 훨
씬 더 노골적으로 자행된 것이다. 나이지리아에서 다당제가 허용된
것은 오바산조가 재집권했던 1999년이었다. 하지만 1차 집권 시기 오
바산조와 부하리는 모두 나이지리아 정치에서 군대의 지속적인 영향
력(필요성 – 역자 주)을 강조한 민주적 시대의 대통령이었다.

   냉전 기간 동안 마르크스-레닌주의 군사국가라는 흥미로운 사례가 등
장하게 된다. 집권 정당성이 다소 부족했던 몇몇 군부(콩고-브라자빌,
베냉, 소말리아, 에티오피아)는 공식 국가 이념으로서 마르크스주의를
채택하게 된다. 마르크스주의는 소비에트 블록과 국제적 연계를 확고히
할 수 있고 재정적 원조와 이데올로기적 지원을 가능하게 해주는 유용한
도구임에 틀림없었다. 한편 국내 좌파 그룹의 정치적 반대를 누그러뜨릴
수 있는 무기였다. 나아가 마르크스-레닌주의 국가들은 폭력과 협박이
합법적으로 가능한 대규모의 치안 인프라를 가지고 있었으며, 이들은 당
연히 국가통치 구조 속에서 기능했다. 하지만 마르크스 이데올로기를 고
수한 것은 실용적 선택이었기 때문에, 이데올로기적 순수성에 대한 의심
이 퍼지기 시작했다. 유일한 예외는 1974년에 정권을 잡은 에티오피아
의 데르그(Derg, 1987년까지 유지되었던 마르크스-레닌주의를 신봉하

는 사회주의 에티오피아 임시 군사정부를 의미 – 역자 주)로 1975년에 정식으로 마르크스주의를 채택하고, 소련과 쿠바의 지원을 받아 집단화와 국유화를 시도하면서 국가의 방향을 재정립하고자 하였다.

　군부는 아프리카 전역에서 가장 중요한 징치적 행위자였으며, 알제리, 자이르, 나이지리아와 같은 강력한 국가들도 1960년대 중반까지 민간통치를 지속하지 못했다. 하지만 군부는 이전 민간 정치인들을 괴롭혀 왔던 국정문제들을 해결하지 못했으며, 자신에게 주어진 권력에 집착했으며 수많은 공무원 조직을 양산시켜 가면서 통치의 범위와 강도를 늘리는 데만 혈안이 되어 있을 뿐이었다. 사실 통치의 가장 나쁜 사례가 군부통치이다. 군부 지도자들은 결국 대중적 지지를 상실했고, 인종적, 종교적 갈등을 해결하지도 못했다. 한편 그들은 경제적 불황과 쇠퇴에 책임이 있으며, 부패하고 무원칙하고, 정치적 부패를 조장하였으며, 무엇보다도, 민주주의가 실행될 기회를 박탈해 버렸다. 오늘날에도 군부 정치의 유산은 여전히 아프리카에 지속적으로 악영향을 미치고 있는 것으로 보인다.

위태로운 민주주의

탈식민지 시대 동안 아프리카 전역에서 민주적 정치체제는 이상하리만치 성공하지 못했다. 논의했던 바와 같이, 독재적 지배를 선호했던 탓에 다당제 의회민주주의는 정착하지 못했다. 대부분의 아프리카 지도자들은 야당을 금지하는 법안을 통해 잠재적인 반대 목소리를 차단해 왔다. 하지만 몇몇 국가는 아프리카에서 민주주의 결핍이 절대 보편적인 것이 아님을 보여주었다. 식민지 이후 시기 동안 보츠와나, 모리셔스, 감비아와 세네갈과 같은 국가들은 다당제 민주주의를 실현한 바 있다.

견고한 다당제 정치의 사례로 공통적으로 언급되는 국가가 보츠와나다. 1965년 첫 번째 선거 이후 보츠와나는 정기적 선거를 치러왔고 여러 정당들이 치열한 경쟁을 벌이고 있다. 보츠와나민주당(BDP: Botswana Democratic Party)이 이제껏 매 선거마다 승리했다는 점에 주목할 필요가 있다. 그리고 집권세력의 힘이 작용하여 여론 조사에서 반대파를 압도했다는 점도 과소평가해서는 안 된다. 주변 국가들과 달리, 보츠와나가 민주주의를 유지할 수 있던 비결은 BDP가 지속적으로 높은 경제성장률을 유지할 수 있도록 감독해 왔다는 점에 있다. 초대 대통령이었던 카마(Seretse Khama)는 공무원 조직을 당의 이해관계에서 독립시켰고, 상당한 자율성을 보장한 바 있다. 민주주의 규범을 준수하는 국가의 또 다른 예는 세네갈이었다. 비록 초창기, 셍고르 집권 시에는 일당체제였으나, 1974년에 처음으로 다당제가 법적으로 인정받았으며, 헌법상에 제한된 형태의 다당제에 기반한 선거제를 명시하였다. 이와 같은 세네갈의 민주화는 국가 주도의 과정이었으나, 대부분의 아프리카국가들보다 훨씬 높은 수준의 자유를 보장해주었다. 1980년, 셍고르 대통령이 자발적으로 하야한 후 후계자 디우프(Abdou Diouf)는 완전한 다당제를 허가했으며 결과적으로 민주적 참여와 자유 수준은 훨씬 높아졌다.

비록 아프리카 전역에 민주주의가 뿌리내리지 않았으나 대중의 이상으로서 완전히 사라진 것은 아니었다. 정치적 지도자들이 민주주의에 반하는 조치를 취해왔지만 국민들의 민주주의에 대한 요구는 거셌다는 점은 주목해야 할 것이다. 예를 들어, 나이지리아에서 군사적 지배가 지속되었음에도 불구하고, 민주주의는 지배적인 가치로 존재했다. 다이아몬드(Diamond, 1997)가 강조했듯이, 나이지리아의 쿠데타 정부는 합법적 지배를 강조할 수밖에 없었는데, 그들의 핵심 주장은 그들은 민주주의 국가로의 이전(transition) ─ 물론 30년 이상 지속되었지만 ─ 을 감독할 뿐이라는 것이었다.

탈민주주의화?

1990년대 두 번째 '변화의 물결'

1990년대 아프리카 전역은 더 높은 수준의 자유와 민주주의로 전환을
이루게 되었고, 이것은 수십 년간 독재와 일당지배를 극복한 중요한 과
정이었다. 변화의 시작은 1988년 알제리에서 시작되었다. 알제리 국민
들은 피폐화되어가는 삶의 조건 향상시키기 위해 폭동을 일으켰다. 폭
동으로 인해 민족해방전선(NLF)은 정치적 정당성을 상실하게 되었고,
결국 민주적 개혁과 새로운 헌법을 채택할 수밖에 없었다. 민주주의로
전환을 이룬 두 번째 국가는 상투메 프린시페였다. 1989년에 사회주의
를 포기하고 경제적, 정치적 개혁을 진행하였다. 헌법 회의를 구성하여
다당제 선거체제를 채택하고 선거를 치르도록 한 것이다. 연이어 아프
리카 전역에 민주주의 개혁이 착수되었으며 수년 안에 많은 아프리카국
가들이 정치적 변화를 경험하였다. 물론, 변화의 깊이나 방식에는 차이
가 있었다. 종신 대통령, 군부 지도자, 일당국가들이 대중의 변화에 대
한 욕망에 굴복함에 따라 자유민주주의의 이상은 정상화(적어도 수사학
적으로는)되었다. 아프리카 전역에 정치적 개혁을 압박하는 국내외의
상호연결된 요구 덕분이었다.

　1990년대 아프리카를 휩쓴 민주화를 촉진시킨 요인은 무엇일까? 국
제적으로 세계는 짧은 시간에 극적으로 변화하였다. 냉전중심적 사고
는 변화했고 기존의 정치적 확실성은 붕괴되었다. 냉전은 억압적 지도

자들이 초강대국으로부터 효율적이고 확고한 지지를 얻을 수 있는 틀을 제공했다. 그들을 만족시켜줄만한 행동을 함으로써 아프리카의 억압적 지도자들은 변함없이 빈약한 통치나 독재를 계속할 수 있었다. 더구나 초강대국들은 그들에게 중요한 물자와 군사적 원조를 제공했고, 이것을 통해 권력을 유지할 수 있었다. 소련 연방의 붕괴로 인해 에티오피아, 베냉, 콩고-브라자빌과 같은 나라는 갑작스레 외부적 후원을 잃게되었다. 이러한 상황에 따라 미국 또한 아프리카에서 다당제, 선거에 따른 의회 구성, 기본 인간 권리 등이 포함된 자유민주주의를 촉진시켜야한다는 요구에 시달렸다. 냉전 논리나 외부의 지원에 근거한 대중성을 상실한 체제를 정당화하거나 유지하기 점점 더 어려워진 것이다. 아프리카에서 냉전 개입주의의 대표적 사례(제6장 참조)인 앙골라 내전에서 이루어진 1989년 평화 협약에 따르면, 쿠바와 남아프리카 군대의 철수가 전제되어 있고, 나미비아에서 프레토리아(Pretoria, 남아프리카 행정 수도 – 역자 주) 세력의 점령 종식이 필수적 사항이었다. 그 결과 나미비아는 1990년에 독립을 인정받은 바 있다.

   보다 광범위한 정치적 변화는 외부적으로 경제, 특히 원조 예산과 관련이 있었다. 아마도 세계은행(World Bank, 1989)이 취한 조처들을 살펴보면 국제사회가 아프리카를 바라보는 마음가짐에 확실한 변화가 있음을 알 수 있다 (제5장 참조). 세계은행의 보고서에는 정치적 상황에 따른 원조 제공 여부를 명확히 하고 있다. 보고서에서는 특히 올바른 통치와 민주적 개혁의 필요성을 강조하고 있다. 이어서 1990년 이후 영국과 프랑스, 1991년 유럽연합(EU)은 올바른 통치가 존재해야 경제적 원조가 있음을 천명한 바 있다. 1990년대 EU의 아프리카 원조 예산은 대륙 전체 예산의 1/2 이상에 달하고 있었다 (Olsen, 1998). EU는 정치적 변화가 실행되어야 지원이 지속가능하며 그렇지 않을 경우 중단할 것이라고 압박하였다. 광범위한 경제적 쇠퇴를 감당할 수 없었고, 국제적 질서는 변화하였기에 다수의 아프리카정부들은 다당제 선거를 도입할 수밖에 없었다.

국내적으로는, 기득권 엘리트들은 개혁을 요구하는 압박에 직면하고 있었다 (글상자 4.5 참조). 1980년대까지 많은 지도자들의 정치적 정당성은 몇 안 되는 정부에 대한 신뢰, 즉 소수의 지지자들이 떠받치고 있었다. 앞서 언급한 경제적 위기로 인해 이전의 신후원주의적 네트워크는 붕괴되어 갔고, 지지자들의 충성심만으로 위태로운 지도자들의 권력을 유지할 수 없었다. 지도자들의 대중적 인기가 지속적으로 하락했고, 국민들의 삶은 피폐해져만 갔으며, 경제적 병폐는 악화일로에 있었다. 이러한 상황에서 정부들은 자신의 권위가 더 이상 예전 같지 않음을 깨달았다. 그들이 후원해주었던 일부 엘리트들에게 더 이상 '팔 수' 있을 만한 유용한 것들(자원과 특혜 등 – 역자 주)이 남아 있지 않았다. 후원해 줄 거리가 바닥나자 이전에 행했던 폭력과 강제라는 수단도 권위를 지켜주는 힘을 잃게 된다. 불만에 가득찬 군중들은 아프리카 전역에서 대중적 항거에 나서게 된다. 시민사회가 부흥한 것이었다 (제7장 참조). 종교 집단, 노동조합, 운동권 학생 등이 연대하여 당시 정부에 항거하기 시작했다. 그들의 최종 요구는 민주적 선거였다. 예를 들어, 교회들은 말라위에서 반다(Hasting Banda)에 대해 반대 목소리를 높이기 시작했고, 잠비아 칠루바(Frederick Chiluba)의 노동조합 운동은 다당제를 위한 민주주의운동(MMD: Movement for Multi-Party Democracy)으로 발전하여 카운다(Kenneth Kaunda) 대통령에게 도전했고, 나중에(1991년) 그를 상대로 승리를 거두게 된다. 민주적 개혁 요구는 비판적인 독립 언론의 등장에 힘입은 바가 큰데, 그들은 저널리즘 원칙에 근거하여 반대 그룹의 입장을 지지해 주었다. 베냉의 대통령 케레쿠는

글상자 4.5   프랑스어권 개혁모델

서아프리카의 프랑스어권(francophone) 개혁모델은 현직 지도자들과 반대파가 만나 미래의 현안들을 논의하는 헌법 회의 형태이다. 결국 최종 요구 사항은 정치적 개혁과 선거였다. 국내적 저항에 직면하고 외환 보유고 부족으로 궁지에 몰렸던 베냉 대통령 케레쿠(Mathieu Kerekou)가 권위를 상실함에 따라 — 그의 종말을 서서히 늦추기 위해서라도 — 1990년에 시민사회와 국가회의(National Conference)를 개최했던 것이 대표적 사례라고 할 수 있다. 하지만 대표자들은 그 기회를 틈타 회의의 운영권은 자신들에게 있다고 선언하기에 이른다. 한편 여당의 힘을 제압하고 과도 정부를 운영하게 된다. 직후 새로운 헌법이 채택되고 1991년 선거가 치루어지게 되어 케레쿠는 실각하게 된다. 이후 치러진 1996년 선거에서 권력이 평화적으로 이양됨에 따라 베냉에서 민주주의가 제대로 뿌리내리게 된다. 선거로 인한 정권의 집권과 재집권이라는 순환이 이루어지게 된 것이다. 베냉은 민주화를 위한 해결책을 제공한 것이고 국가회의라는 개념은 후에 차드, 가봉, 니제르와 같은 나라에서 공식적으로 명명된 것이다.

1991년 선거에서 자신이 패배한 것이 언론 때문이라고 주장한 바 있다. "모든 것을 엉망으로 만든 언론인 때문이다"(*The Sowetan*, 1992)라고 불만을 터뜨렸다. 카메룬이나 에티오피아, 스와질란드, 그리고 잠비아와 같은 나라의 지도자들이 1990년대 언론의 자유를 구속하고 제한하려 한 것은 놀랄 일이 아니다.

민주화로의 움직임이 늘 환영받은 것은 아니다. 몇몇의 현직 지도자들은 그들의 지위를 이용하여 순진한 개혁주의자들을 꼬드겨 권력을 되찾으려고 하였다. 몇몇 경우 민주화로의 전환은 성공하지 못했다. 정권을 이어받은 지도자들이 변화의 바람을 조정하려 들었기 때문이다. 예

를 들어, 토고 대통령 에야데마(Gnassingbé Eyadema)와 자이르의 모
부투 대통령의 경우 대안적 분배를 논의 하자는 국가회의의 요구에 마
지못해 응하기도 하고, 다당제를 허용하고 선거도 실시하겠다고 약속한
바 있다. 하지만 그들은 일련의 과정들을 전복시키려고 들었고, 자신들
의 권력을 공고화하고자 하였다. 다른 경우 국가회의 방식(formula)은
회의에 참석한 대통령에 의해 거부되기도 하였다. 그들은 반대파가 우
선권을 장악할 수 있기에 "통제할 수 없다"는 이유를 들었다. 외형적으
로는 민주적 개혁의 형태를 제공하고, 잠재적 도전자들에 비해 절대적
으로 유리한 약식(snap) 선거를 요구했다. 카메룬의 비야(Paul Biya),
기니의 콩테(Lansana Conte), 케냐의 모이(Daniel arap Moi), 부르키
나 파소의 콩파오레(Blaise Compaore)가 대표적이다. 일부 극단적인
경우, 이 기간 동안 발생한 정치적 변화는 내부 폭력으로 이어졌고 (제6
장 참조), 특히 르완다 학살(1994년)과 시에라리온내전(1991~2002년)
에서 두드러졌다.

　여전히 대통령들이 권력유지에 골몰했음에도 불구하고, 1990년대
개혁의 흐름 속에서 발생한 2가지 중요한 발전이 있었다. 첫 번째는 아
프리카 많은 지역에서 다당제 선거가 최초로 실시(1996년에 18곳에서)
되어 민주주의 규범이 공고화되기 시작했다는 점이었다. 국가 선거는
이제 대륙 전역에서 당연한 절차의 하나로서 치러지고 있다. 한편 선거
와 민주주의를 동일시하는 것은 많은 문제를 내포하고 있다. 선거를 통
해 다시 권력을 획득한 지도자들과 기존의 일당들이 존재함을 감안한
다면, 경쟁하는 정치의 기능을 정상화하고 강화할 수 있는 지점이 어딘
지 고민해 보아야 할 것이다 (Lindberg, 2006). 두 번째 의미 있는 발전
은 새로운 헌법을 도입한 것이다. 헌법에는 근본적인 정치적 권리를 규
정하고 있었으며 무엇보다 중요한 것은 대통령 중임을 제한한 부분이었

다. 1990년대에 33개국 이상에서 이 조항을 채택한 바 있으며, 이것을
통해 부패한 관계망(clientist network)을 사전에 예방하고 민주적 경
향을 강화하고 지도자들이 더 이상 권력에 매달리지 않도록 했다는 점
에서 의의가 있다 (Vencovsky, 2007, 15-16). 국내와 국제적 압박으
로 이루어진 개혁은 아프리카 정치 지배의 양상을 바꾸어 놓았고, 과거
의 관행과 단절된 현재 진행형의 변화를 가능케 했다.

아마도 1990년대 민주화 과정을 가장 압축적으로 보여준 경우는 남
아프리카일 것이다. 수십 년간 억압적인 백인 비주류의 지배 이후, 1990
년 국민당(National Party)은 아프리카민족회의(ANC: African National
Congress)를 법적으로 인정하고 넬슨 만델라(Nelson Mandela)를 석
방하게 된다. 그리고 4년간 주류 흑인정부를 세우기 위한 정권 이양과
정을 겪게 된다. 물론 이것은 쉽지 않은 과정이었다. 흑인 협상가들은
아파르트헤이트의 사회적, 경제적, 정치적 유산과 싸워야 했으며 모든
이들이 받아들일 만한 협상안을 제시해야 했다. 민족 간 폭력이나 분출
하는 인종적 불만과 같은 작은 내전의 불씨도 함께 잠재워야 하는 상황
이었다. 하지만 이양과정은 성공적이었고, 새로운 임시 헌법이 제정되
었다. 첫 번째 민주 선거가 1994년 4월에 치러졌고, ANC가 승리하게
되어 대륙에 진정한 낙관주의 순간이 도래했음을 알렸다.

민주화의 결과로써 오늘날

1990년대 '민주화의 제3의 물결' (Huntington, 1991)이 시작된 이후
오늘날 아프리카 정치상황은 어떠할까? 먼저 선거정치제도가 확고하게
자리 잡았다는 점을 들 수 있다. 이러한 시스템을 뒷받침 할 틀을 만들
기 위한 의미 있는 조치들이 취해지기 시작했다. 나이지리아나 부르키

나 파소에서 논란 없이 대통령 교체가 성공적으로 이루어진 것을 보면, 2015년 이후 선거의 물결은 아프리카 민주주의의 새로운 계기를 마련하고 있다고 평가할 수 있다. 하지만 표 4.3에 나타난 바와 같이 권위주의와 관계없이 이루어진 권력 이양의 양상은 국가별로 다르게 나타난다.

프리덤 하우스(Freedom House, 2018)가 제시한 정치적 자유 수준에 따르면 아프리카국가 간, 혹은 지역 간 편차가 크게 나타난다. 10개국은 '자유국' 22개국은 '비자유국'으로 분류된 바 있다. 나아가 자유 수준을 이와 같이 일반화함으로써 아프리카에서 이루어지는 민주주의의 세부적 조치를 모두 측정할 수 없다. 즉 아프리카 전역에서 지도자들과 정부들이 수행하는 매우 다양한 민주주의적 책무의 수준을 측정하기에 불가능하다. 이번 절에서는 1990년대 이루어진 핵심적 민주주의 발전 양상을 살펴보고자 한다.

아프리카는 민주적 이상 실현을 위한 책무를 긍정적으로 받아들이지 않는 대륙이라 할 수 있다. 따라서 몇몇 국가만을 민주적인 것으로 평가할 수 있을 것이다. 가령 카보 베르데나 보츠와나 같은 국가들을 들 수 있다. 이들 나라는 민주적 헌법과 관행을 채택하고 있으며 자국민의 정치적 자유를 보호하고 있다. 하지만 민주적 이상을 실천하고 그것을 뒷받침하기 위한 강력한 제도적 틀을 구축한 나라가 있다. 바로 모리셔스다. 인도양의 작은 섬들로 이루어진 모리셔스는 높은 경제성장을 이루었고 신후원주의를 단호히 거부함으로써 민주주의를 견고히 해 나갔다. 아프리카의 많은 국가들이 경험한 역사적 관행과 유산을 극복하고 쟁취한 것이기에 의미가 있다. 식민지 이후 정부는 복지를 강화하고 안정적인 경제성장을 이루어냄으로써 독립된 관료조직(지도자나 특정 세력과 결탁하지 않은 – 역자 주)을 완성하는 등의 현명한 정책을 수행하였다. 합의를 통한 의사결정 등에 집중하는 책임 있는 정치적 지도자가 존재

표 4.3   2018년도 아프리카의 자유 수준

자유	부분적 자유	비자유
카보 베르데(90)	세이셸(71)	알제리(35)
모리셔스(89)	시에라리온(66)	모리타니(30)
가나(83)	레소토(64)	짐바브웨(30)
베냉(82)	말라위(63)	앙골라(26)
상투메 프린시페(82)	라이베리아(62)	지부티(26)
남아프리카(78)	부르키나 파소(60)	이집트(26)
나미비아(77)	마다가스카르(56)	가봉(23)
세네갈(75)	코모로스(55)	르완다(23)
보츠와나(72)	잠비아(55)	카메룬(22)
튀니지(70)	모잠비크(52)	콩고공화국(21)
	탄자니아(52)	부룬디(18)
	코트디부아르(51)	차드(18)
	나이지리아(50)	콩고민주공화국(17)
	니제르(49)	스와질란드(16)
	케냐(48)	에티오피아(12)
	토고(47)	중앙아프리카공화국(9)
	말리(45)	리비아(9)
	감비아(41)	수단(8)
	기니(41)	적도 기니(7)
	기니 비사우(41)	소말리아(7)
	모로코(39)	에리트레아(3)
	우간다(37)	남수단(2)

* 괄호 안 숫자는 전반적 자유 점수(100=최고, 0=최악), 정치적 권리, 시민의 자유, 정치적 자유를 측정하는 항목으로 이루어짐.

출처: 프리덤 하우스 데이터 재조합, https://freedomhouse.org/report/freedomworld-2018-table-country-scores.

했으며 이들은 민주적 관행들을 사람들의 머릿속에 각인시켰다. 그 결
과 1967년 이후 11번의 자유 및 공정 선거가 치러졌고, 정권 교체가 이
루어졌으며 결과적으로 3당 — 군사사회주의운동(MSM), 노동당, 모리
셔스인 군사운동(MMM) — 이 권력을 나누게 되었다. 2014년 선거로
구립-파킴(Ameenah Gurib-Fakim)은 모리셔스 최초의 여성 대통령에
오르게(2015년) 된다. 라이베리아에서 설리프(Ellen Johnson Sirleaf)
(글상자 4.6 참조)와 말라위의 반다(Joyce Banda)가 대통령에 당선되
면서 남성 지도자들이 지배했던 아프리카에 여성 지도자들이 두각을 나
타내기 시작했다 (표 4.4 참조). 모리셔스는 아프리카에서 완전한 민주
주의를 구현한 나라로 인정받고 있다. 핵심적인 것은 지도자들과 정당
들이 정치적 권력을 두고 경쟁하고 평화롭게 정권이 교체되고 있다는
점이다.

작은 규모의 민주주의 국가를 제외하면 주요국에서 1990년대 민주화
과정은 완성되지 않았다. 결과적으로 아프리카 전역에 나타난 민주주의
는 외형적으로 투영된(겉만 번지르르한 – 역자 주) 것이었으며 내면을
들여다보면 기존의 정치적 유산이 지속되고 있었다. 대다수 아프리카정
부의 특징을 다음과 같이 유형화할 수 있다. '가짜', '혼종', '권위주의'가
그것이다 (*Economist Intelligence Unit*, 2017). 이러한 유형화는 의도
나 목적 상 모두 민주적인 국가들부터 본래 권위주의 국가였으나 자신
들의 권력을 정당화하기 위해 최소한의 민주적 조처를 실행하는 국가들
까지 여러 정부의 스타일들을 아우를 수 있다. 1990년대 민주화라고 하
면 정기적인 선거를 떠올리게 되지만, 그 과정을 들여다보면 모든 나라
들이 민주적이지 않은 것으로 보인다 (부룬디, 수단, 짐바브웨).

아프리카 전체를 들여다보면 통치 관점이나 스타일에 있어 매우 다
양한 것을 알 수 있다. 남아프리카나 세네갈과 같은 국가는 다양한 민주

글상자 4.6   엘렌 존슨 설리프의 유산

2018년 아프리카 첫 번째 여성 대통령이었던 설리프는 헌법이 규정한 두 번째 임기가 끝난 후 라이베리아의 민주적 권력 이양을 주관하게 된다. 1989년~2003년까지 14년간 내전 동안 라이베리아 전역에서 25만 명이 죽었으며 여성들은 고질적인 성폭력에 시달려야 했다. 14세 이상 여성 중 70%가 그 기간 동안 강간당하기도 했다. 여성단체(제7장 참조)의 일치된 행동으로 인해 평화가 쟁취되었고, 그들은 설리프의 선거 캠페인을 성공적으로 지원하게 된다. 뿌리 깊은 가부장적 사회에서 힘 있는 여성이 정치적 영역에서 그 역량을 발휘한 빛나는 사례라고 할 수 있다. 설리프 행정부의 첫 번째 정책은 라이베리아에서 성평등을 이루어 내는 것이었고, 엄격한 반(反)강간 법률을 적용하게 된다. 성폭력 법정을 만들고 여성 교육을 위한 국가 프로그램을 진행하기도 하였다. 업적을 인정받아 그녀는 2011년 그보위(Leymah Gbowee)와 카르만(Tawakkul Karman)과 함께 2011년 노벨 평화상을 수상하게 된다. 하지만 설리프의 인기와 국제적 명성은 국내에서 그다지 인정받지 못했다. 그녀의 정책은 필수적으로 복합적인 정치적 결과물을 낳았고, 재임 중 각종 지표에 대한 비판이 점증했기 때문이다. 더구나 여성 해방이라는 측면에서 설리프는 가부장적 구조를 해체하는 데 실패했고, 여성의 정치참여를 독려하지 못했다고 비평가들은 지적하고 있었다. 예를 들어, 그녀 임기 중에 의회에 진출한 여성 숫자는 줄어들었다. 하지만 여성도 아프리카에서 최고의 정치적 위치에서 역량을 발휘할 수 있다는 것을 증명한 역사적 인물이었다. 수많은 도전과 압력에 직면했지만 그녀는 내전 이후 평화를 유지해 냈고, 인권 법령을 제정했으며 여성의 이익을 위해 투쟁하였다. 2018년에 아프리카에서 '예외적이고 변혁적인 리더십'을 성취한 것을 인정받아 권위 있는 모 이브라힘(Mo Ibrahim)상을 수여받게 된다. 궁극적으로 그녀가 이룬 업적을 상기해본다면, 그녀는 아프리카 정치에서 유리 천장을 깨트려 국제적으로 영감을 선사해준 인물이었다.

표 4.4 아프리카 정치에서 여성

세계 순위	국가	의회에서 여성 비율 (%)
1	르완다	61.3
5	나미비아	46.2
10	남아프리카	42.4
12	세네갈	41.8
14	모잠비크	39.6
18	에티오피아	38.8
25	탄자니아	37.2
27	부룬디	36.4
34	우간다	34.3

출처: 국제 의회 연합(Inter-parliamentary Union 자료 재구성, 2018년 6월 자료 수정. http://archive.ipu.org/wmn-e/classif.htm.

주의 요소를 두루 갖추고 있다. 정기적 선거, 야당 허용, 사법부의 독립, 군대의 불간섭, 자유언론 등의 민주적 조건을 갖추고 있는 것이다. 하지만 더 나은 수준의 민주주의를 실행하는 정부들조차도 놀랍도록 비자유주의적 경향을 보이고 있어 오히려 권위주의적 상대방과 그 행태가 닮아 있다. 극단적인 다른 한편으로 권위주의가 깊이 고착된 이집트, 에리트레아, 앙골라가 있다. 선거를 치루고 있지만 동시에 협박과 폭력을 사용하여 권력을 유지하려 한다. 야당을 억압하고 협박하고, 언론의 자유를 제한하며, 국가의 자원을 자기 마음대로 착취하고 헌법 조문을 바꾸기도 한다. 거의 대부분 아프리카국가들이 위에서 정의한 데로 '가짜', '혼종', '권위주의' 유형에 포함된다. 하지만 이러한 유형은 고정된 것이 아니라 몇몇 요인에 따라 다양하게 나타난다. 다당제 시스템이나, 개인 통치자, 지배적인 정당 국가 등의 요인들이 조합되어 각각 다양한 양상의 국가시스템이 나타나는 것이다.

하지만 많은 국가에서 다당제 민주주의가 이루어지고 있는 것은 확실하다. 가나와 세네갈이 그 예이다. 비록 이러한 나라들에서 현 정권이 그들의 위치를 이용해 최대한 선거에 영향력을 미치려고 하지만, 야당은 민주적 선거를 통해 승리할 가능성이 여전히 존재한다. 그리고 모든 정치적 행위자들이 제도와 실행방안을 인정하고 있어서 평화적인 정권 교체가 될 수 있을 것을 본다. 중요한 것은 현 지도자들이 대통령 임기 제한을 존중하고 자리에 연연하지 않고 있어 정권 교체 가능성이 매우 증가하고 있다는 것이다 (Cheeseman, 2010). 2016년 베냉 선거가 그 대표적인 예이다. 미국 정치와 마찬가지로 2당체제가 특징인데, 이들이 정권을 번갈아 나눠 갖고 있다. 가나에서 전 군사지도자 롤링스(Jerry Rawlings)는 야당을 인정하고 1992년 선거를 치름으로써 민주화 과정을 선제적으로 실천한 바 있다. 롤링스와 그의 국민민주회의(NDC: National Democratic Congress)는 첫 선거에서 승리했고 연이은 1996년 선거에도 승리한 바 있다. 하지만 NDC에 대한 높아만 가는 비난으로 인해 존 아타 밀스(John Atta Mills) 후보는 2000년 선거에서 신애국당(NPP: New Patriotic Party)의 쿠포르(John Kufour)에게 패배하게 된다. 쿠포르는 2004년에도 선거에서 승리하였다. 하지만 2008년에 밀스는 NDC를 이끌고 NPP의 아쿠포-아도(Nana Akufo-Ado)를 근소하게 꺾고 승리(나중에 개표 조작으로 밝혀졌지만)하게 된다. 2011년에는 NDC의 마하마(John Mahama) 대통령이 연이어 정권을 잡게 되지만 2016년 패배하게 되어 아쿠포-아도가 대통령 자리에 오르게 된다. 수십 년간 군부통치 이후에 가나에서 이루어진 정치권력의 교체 현상은 민주주의가 공고화되고 대중의 정치참여가 정착되는 민주주의 수준을 증명하는 지표라고 볼 수 있다.

나이지리아가 다당제 민주주의를 대표하는 나라가 되었다고 주장할 수 없지만, 2015년 선거에서 첫 번째 정권 교체를 이루어내게 되어 군사독재와 정치적 불안정성 이후 낙관적 순간을 맞이하게 되었다고 평가할 수 있다. 조나단과 그의 인민민주당(PDP: People's Democratic Party)은 선거 패배를 인정하고 부하리와 그의 범진보의회당(APC: All Progressives Congress)에게 평화롭게 정권을 이양하였다. 미래 선거에서 좋은 선례를 남기게 될 것으로 기대된다. 린드버그(Staffan Lindberg, 2006)는 아프리카국가들은 독재정치의 역사를 넘어서 일련의 선거를 통한 정권교체를 통해 민주적 규범을 정착해 나갈 수 있을 것이라고 주장한 바 있다. 중요한 특징은 정권의 교체 가능성이며 선거 과정을 통해 심각한 조작(manipulation)이나 갈등을 피할 수 있다는 것이다. 비록 린드버그의 주장이 몇몇 장점을 가지고 있지만, 공고화된 민주주의는 정치체제 안에 평등의 수준이 내재되어야 가능하다. 이것은 권위주의적 구조를 개혁하고 정권을 잡고 있는 이들이 갖는 이점이 제거 되어야 확보된다. 단순히 정권의 교체만으로는 부족하다. 체감 가능한 정책들, 즉, 야당을 인정하고 민주적 규범을 엄수하는 것을 포함한 강력한 민주적 제도를 모색하고 유지해야 한다. 칠루바(잠비아)나 반다(말라위) 같은 대통령이 민주적으로 정권을 잡았으나, 이전의 정치적 독재적 관행을 그대로 반영하는 체제를 유지한다면 민주주의는 이루어질 수 없다 (Gyimah-Boadi, 2015).

아프리카 전역에서 나타나는 공통된 통치 형태는 지배정당체제(dominant party system)이다. 물론 혼종 민주주의부터 권위주의적 국가에 이르기까지 여러 형태가 존재한다. 첫 번째 유형은 보츠와나, 남아프리카, 탄자니아와 같은 나라로서 다당제 민주주의를 채택하고 있으며 정기적인 선거가 실시되어 야당이 여당과 경쟁하는 양상을 보이고 있다.

하지만 아프리카 정치의 가부장적 속성, 불안한 국가 제도, 허약한 야
당, 개인화된 권력 등으로 인해 현역 대통령은 실각할 가능성이 없어서
그들이 하고자 하는 대로 통치할 수 있는 대단히 많은 여지를 갖고 있다
(Maltz, 2007; Cheeseman, 2010). 가짜 혹은 혼종 민주주의 국가라고
할 수 있다. 이러한 통치 형태의 위험성은 현 정권이 반(semi) 권위주의
관행을 보일 수 있다는 점이다. 민주적 발전 기회와 정권 이양 가능성을
방해할 수 있다 (글상자 4.7 참조). 이 나라들은 의회 내 다수당의 지지
를 받는 강력한 대통령이 존재하는 것이 특징이다. 그 결과 여당과 국가
의 이해관계가 흐릿해지게 되고 여당의 이해관계가 우선하게 된다. 결
과적으로 특히 재정적인 의사결정을 하게 될 때 국회의 감시를 신경 쓸
필요 없어지게 되어 과도한 지출이 발생하고 부패한 행위가 만연하게 된
다. 남아프리카에서 1999년 무기거래가 매우 엄격해졌는데, 그와 관련
하여 아프리카민족회의(ANC) 의원들과 조력자들이 부적절한 처신을 보
이고 사기 및 부패 혐의를 받고 있었기 때문이다. 한편 최근에는 은칸들
라(Nkandla)에 있는 전 대통령 주마(Jacob Zuma)의 사저에 대해 공공
사업부가 정부지출 제재를 승인하기도 했다. 비판의 목소리와 야당의
반대, 매스미디어, 독립된 검사들의 거대한 반발에 부딪히자 2016년 주
마는 자신의 비행을 부분적으로 인정할 수밖에 없었다. ANC가 공무원,
사법부, 미디어, 시민사회에 엄청난 압력을 가했음에도 불구하고 민주
주의체제 안에서 지배정당은 그들 마음대로 모든 것을 좌지우지 할 수
없다는 것을 보여주는 사례라고 할 수 있다.

민주적 지배의 빛나는 사례로 인정받는 보츠와나 또한 지배정당국가
의 사례이다. 1966년 이후 빈번하게 선거가 치러졌지만, 보츠와나민주
당(BDP)는 늘 권력을 잡아왔고, 선거에 패할 가능성이 없었기에 보츠와
나 사회에 두드러진 영향력을 발휘해 왔다. 하지만 1990년대 이후 투표

글상자 4.7   탄자니아의 지배정당

탄자니아는 1992년 다당제 민주주의가 복원된 이후에도 특정 정당이 다수의석을 차지하고 있는 지배정당(dominant party) 현상을 볼 수 있는 좋은 사례이다. 여당인 혁명당(CCM: Chama Cha Mapinduzi)은 여전히 권력을 잡고 있고 다수당의 위치를 유지하고 있다. 탄자니아에서는 역동적인 반대 움직임이 존재하고 법치가 존중되고 있다. 2015년 키크웨테(Jakaya Kikwete)는 두 번째 임기를 끝으로 권좌에서 내려왔다 (탄자니아에서는 연임할 수 없으나 예외적 경우였다). 이후 마구풀리(John Magufuli)가 58%의 득표율로 차데마(Chadema) 당의 로와사(Edwards Lowassa)를 제치고 당선된다. 탄자니아의 가장 최근 선거는 2015년이었는데, CCM은 야당과 치열한 경쟁 끝에 의회에서 상당한 의석을 확보하게 된다. 집권 54년 만에 CCM은 2005년 80%의 높은 득표율을 기록한 후 급격한 표 하락을 경험했다. 마구풀리 신임 대통령은 즉시 탄자니아에서 독립기념일 축하행사를 취소하고 하원의원들을 위한 불필요한 해외여행을 금지하며 아루샤의 주요 병원 관리자들을 해고 — 환자가 바닥에서 자는 것을 목격한 후 — 하는 등 반(反)부패운동에 나섰다. 그의 조치들은 몇몇 탄자니아 인들에게 책임 있는 정치인의 긍정적 사례로 간주되기도 하였다. 소셜 미디어에 "#마구풀리가무엇을할것인가(WhatWouldMagufuliDo)" 운동이 일기도 했다. 그러나 마구풀리는 시간이 지날수록 초기의 이미지와 멀어졌다. 그는 대중 집회를 금지하거나 반대자를 체포하고 자신을 비판한 대중 매체를 협박하는 등 뚜렷하게 비민주적인 경향을 보였다.

결과를 보면 BDP의 권좌가 강력하게 위협받고 있음을 알 수 있다. 국회 내 의원 수가 완만하게 감소하고 있었다. 2014년에 전체 57석 중 37석을 확보하게 되어 역대 최저를 기록했다. 보츠와나의 정치적 미래를 점쳐볼 수 있는 중요한 지표로서, BDP가 수도 가보로네(Gaborone)에서

1개의 의석만 차지했다는 것을 지적할 수 있다. 아프리카 전역에서 이루어지는 도시화가 전통적 정치 규범에 영향을 미치고 있는 것이다. 여당의 오랜 집권과 BDP 실정에 대한 높아만 가는 비난에도 불구하고 보츠와나는 모 이브라힘 지표(Mo Ibrahim Index, 2017) 3위에 오를 정도로 여전히 높은 통치 지표를 기록하고 있다.

지배정당국가 두 번째 그룹은 표면적으로 권위주의 국가인 앙골라, 알제리, 카메룬, 적도 기니, 에티오피아가 포함된다. 이러한 국가들은 식민지 이후 시기부터 일당 혹은 군부 국가였거나, 무장 자유투쟁을 통해 권력을 잡은 지배정당이 존재했던 국가였다. 민주주의가 정착되려면 정치 행동의 공식적인 규칙을 '제도화'하여 특정 규범을 지속적으로 준수할 필요가 있다 (Posner & Young, 2007). 하지만 아프리카 전역에서 민주화 과정은 보편적이지 않았고, 기존의 정치체제를 근본적으로 변화시키기에 무리가 있었다. 그 결과 정치, 경제적 권력을 기존 실무자가 계속 쥐게 되었고, 정치적 엘리트들은 민주주의 '원칙'을 존중하지 않고, 기존 정치는 독재 상태로 남아 있게 되었다 (Gyimah-Boadi, 2015). 선거 권위주의 체제에서, 정권을 잡은 쪽은 자유와 평등이라는 민주적 기준에 부합하는 선거를 치르지 않는다. 선거는 단지 정당성을 위한 도구로 활용되고, 국제사회의 분노를 누그러뜨리는 데 사용될 뿐이다. 반대 집단들이 억압받는다는 점에서 선거 과정은 근본적으로 결함이 있다. 야당 정치인들은 구속되고 전국적 미디어가 송출되지만 편파적이며 국가라는 지위는 특정당의 목적을 위해 사용되고 있다. 선거결과가 의심스러워 보이면 결과를 조작하면 된다. 2008년 짐바브웨 대통령 선거가 이러한 양상을 보인 완벽한 예이다. 이 같은 권위주의적 국가들은 비야(카메룬), 카가메(Paul Kagame, 르완다)와 같은 강력한 지도자들이 지배하며 그들은 절대적인 우선순위의 권력을 지속적으로 보유하고 있다.

따라서 정치체제는 대통령에게 집중된 권력을 특징으로 하며 대통령은
국가 구조에 우선하는 전제적인 지배력을 갖게 된다. 한편 당은 대통령
의 요구에 순응하는 것이다. 나아가 공무원 조직, 사법부, 치안시스템은
여당과 밀접하게 관련을 맺고, 국가를 통제할 강력한 조처들을 수행하
고 필요하다면 불만을 억압하기도 한다. 예를 들어, 짐바브웨 아프리카
민족동맹-애국전선(ZANU-PF: Zimbabwe African National Union-
Patriotic Front)은 짐바브웨의 관료와 경찰 조작을 장악하고 있으며 선
거기간 동안 야당인 민주변화동맹(MDC: Movement for Democratic
Change)을 억압해 왔다. 국가와 특정 당이 밀접하게 연결되는 현상은
몇 가지 정치적 과제를 남긴다. 독립되어야 할 정치체제들은 무엇인가?
무엇이 신후원주의 정치체제를 지속하게 만드는가 하는 문제들이다. 결
과적으로 방대한 유권자들이 정치적 과정에서 배제된다.

　　정치체제 초반부에서 강조했던 정치적으로 중요한 변화는 1990년대
대륙 전역에서 새 헌법을 채택했다는 점이다. 핵심적 내용은 대통령의
연임 금지이다. 민주적 규범과 실천을 '제도화'하고 몇몇 엘리트들이 그
들의 지배를 확장하려는 시도를 금지하는 긍정적인 지표로서 헌법을 채
택하려는 발전이 있었다 (Posner & Young, 2007). 하지만 최근에 몇
몇 국가에서 '헌법적 쿠데타'를 시도하고 있다. 지도자들이 헌법을 개정,
수정하거나 헌법상 금지사항을 무시하려는 경향을 보이고 있는 것이다
(Reyntjens, 2016). 1999년 나미비아의 누조마(Sam Nujoma)는 헌법
을 개정함으로써 나쁜 선례를 남겼고, 2000년대 이후 아프리카 전역에
서 잇달아 헌법 개정이 이루어졌다. 부룬디의 대통령 은쿠룬지자(Pierre
Nkurunziza)가 헌법을 무시하고 3번째 권좌에 오른 2015~2016년에
부룬디에서 폭동의 물결이 넘쳐났다. 르완다에서는 카가메가 2015년
헌법 개정을 통해 2034년까지(이론적으로) 자신의 임기를 확장한 바 있

다. 콩고공화국 대통령 은게소(Denis Sassou Nguesso)는 2015년 헌법 개정을 통해 연임 조항을 없애고 대통령 후보자 나이 제한(기존에 70세까지)을 삭제한 바 있다. 마지막으로 우간다 대통령 무세베니(Yoweri Museveni)는 2016년 불법행위로 구속 중 당선이 된 바 있는데 2005년 헌법 개정이 아니라면 가능하지 않은 일이었다. 아이러니한 점은 밀레니엄 전환 시기에 등장한 무세베니, 카가메, 제나위(Meles Zenawi, 에티오피아), 와드(Abdoulaye Wade, 세네갈) 등은 민주주의와 자유, 헌법주의를 주창했던 새로운 지도자들이었다는 점이다. 헌법적 쿠데타를 경험한 국가들은 취약한 민주주의 구조, 불안한 정치제도, 제약된 시민사회, 분열되고 조직화된 야당, 강력한 대통령 성향, 그리고 신후원주의 관행이 유지될 수 있도록 하는 고도로 중앙집권화된 힘을 공통점으로 갖고 있다 (Randall & Svåsand, 2002). 결과적으로 민주주의를 내켜하지 않았던 엘리트들은 헌법상의 연임 제한을 존중할 의사가 없었고 그들이 그렇게 하지 못할 제도적 장벽도 존재하지 않았다.

하지만 모든 헌법 쿠데타가 성공했던 것은 아니었다. 예를 들어, 27년간 부르키나 파소를 통치한 콩파오레는 권좌를 유지하기 위해 2014년 헌법 개정을 시도한 바 있다. 수도 와가두구(Ouagadougou) 시민들이 콩파오레를 권좌에서 축출하였고, 실패한 쿠데타를 포함하여 불안정한 시기를 지나 2015년 선거가 실시되었다. 이전 지도자들이 쿠데타를 통해 집권했다는 점을 감안하면 카보레(Roch Marc Kaboré)의 당선은 부르키나 파소 역사에서 매우 중요한 순간임에 틀림없었다. 다른 예로서, 선거에 패배한 후 권좌에서 물러나지 않은 대통령이 불안정성을 야기하고 저항을 불러일으킨 사례도 있다. 코트디부아르의 대통령 그바그보(Laurent Gbagbo)가 2010년 대통령직에서 물러나지 않고 내전을 발발시킨 사례가 대표적이다. 결국 유엔과 프랑스군이 내전을 종식시키고

와타라(Alassane Ouattara)를 대통령으로 추대하기 위해 개입하였다.

현재 아프리카가 시급히 해결해야 하는 문제는 분쟁 후 평화 정착과 선거 폭력을 해소시키는 데 있다 (제9장). 갈등 해결은 정치적 불안정성을 해소하고, 합의를 달성하고 문제를 해결하고 민주주의 관행을 '제도화'하는 데 매우 중요한 도구이다. 불행하게도 엘리트들은 국가적 화해의 필요성보다 자신들의 욕심(동기)을 우선하는 경우가 많다 (제6장). 인종, 종교, 자원배분 등의 조작을 통해, 엘리트들은 불안정성이 종종 그들의 이해관계에 부합한다는 것을 깨닫게 되었다. 콩고민주공화국의 분쟁(1997년~현재까지)은 정치적 동기화(올바른 정치를 위한 동기 − 역자 주)의 어려움을 적절하게 보여주고 있다. 정치적 갈등을 완화하기 위한 하나의 메커니즘은 권력분배 협정을 맺고 경쟁자들을 하나로 모아 통합 정부를 구성하는 것이다. 2008년에 짐바브웨와 케냐 모두 현직 대통령이 패배를 인정하지 않자, 갈등을 빚던 정당들은 통합 정부에 참여할 것을 요청받았다. 하지만 결과는 만족스럽지 않았다. 핵심적인 정치적 차이를 극복하지 못했고, 합의 내용은 결국 패배한 여당의 권력 유지를 인정하고 그들을 후원하는 내용을 확인했을 뿐이었다. ZANU-PF는 짐바브웨에서 노골적인 위반과 강요를 통해 권력 공유 협정을 훼손한 반면, MDC의 정당성과 영향력은 의미 있는 정치교체 관련 법령을 제정할 수 없어 약화되었다. 부룬디, 코모로스, DRC와 소말리아는 모두 권력 공유 계획을 시도했지만 갈등을 적절히 해결하거나 안정을 확보하는 데 실패했다. 유일한 가시적인 '성공'은 1994년 남아프리카에 수립된 거국연립정부(Government of National Unity)일 것이다. 비록 백인 소수 민족당이 협상에서 탈퇴하면서 2년 만에 끝났지만 어느 정도 안정과 타협을 이룰 수 있었다.

현대 아프리카 정치에서 군부의 영향력을 감소시킬 수 있는 핵심적인 정치적 변화가 있다. AU나 서아프리카경제공동체(ECOWAS), 남아프리카개발공동체(SADC)와 같은 다자간 기구는 모호한 입장을 취하지 않고 군부 쿠데타의 정당성을 인정하지 않았다. 게다가 선거에서 패배한 현직 대통령들이 물러나는 것을 거부했던 지역에서 이 기관들은 합법적인 승리자를 취임시키기 위해 군사적으로 개입할 것이라고 위협하기도 했다. 특히 감비아에서 2017년 1월 자메(Yahya Jammeh) 대통령이 권좌에서 물러나려 하지 않자 노골적인 행동에 나서기도 했다. 그러나 군의 정치적 역할이 완전히 수그러들지 않고 있다. 2000년 이후, 15번의 성공적인 쿠데타가 있었는데, 그 중 가장 최근의 것은 짐바브웨(2017년)에서 발생했다. 비록 군부는 부정적인 국제 여론을 충분히 인식하고 있었음에도 불구하고 쿠데타를 단행하였다. 따라서 그들이 무가베(Robert Gabriel Mugabe)를 타도하는 것이 쿠데타가 아니라고 주장하였다. 놀랍게도 1990년대 쿠데타가 실패한 2곳의 국가가 있다. 감비아(1994년)와 코트디부아르(1999년)이다. 두 나라는 민주화 시대에 군부가 최초의 권력을 잡는 바람에 고통을 받은 바 있다. 알제리(1992년)의 경우, 군이 정권을 장악했을 때 이슬람 측 선거 승리가 자신들의 특권을 위협할 수 있기에 엘리트 이기주의가 분명히 나타났다. 쿠데타의 역사를 살펴보면, 정치에 군부가 지속적으로 개입할 가능성은 매우 높다는 것을 알 수 있다 (글상자 4.8 참조). 2010년 이후 말리, 레소토, 부룬디와 같은 나라에서는 10번의 쿠데타가 있었는데, 이 쿠데타는 민주적 제도와 관행을 공고히 하는 것을 방해하고 저지시켜 왔다. 더구나 쿠데타가 사그러들면서 군부 내 변종 집단들이 발호하기 시작했는데 이들의 정치적, 경제적 관심이 그러한 행동으로 이끌었다고 볼 수 있다 (Dwyer, 2017). 예를 들어, 2017년 코트디부아르와 카메룬에서 군사 반란이 발생하였다. 군대는 더 이상 그렇게 중요한 정치적 행위자가 아

글상자 4.8   2013년 이집트의 민주주의를 전복시킨 군부

2011년 이집트에 대중적 저항이 일어났다. 카이로 타히르 광장에 모인 군중들이 결국 무바라크(Hosni Mubarak)의 30년(1981~2011년) 집권을 무너뜨린 것이다. '이집트혁명'(넓게는 아랍의 봄의 한 부분인)을 통해 무바라크를 몰아내고 새로운 헌법을 제정하고 민주적 선거가 실시되었다. 첫 번째 선거에서 이슬람교 무슬림 형제단(Islamist Muslim Brotherhood)의 무르시(Mohamed Morsi)가 2012년에 대통령에 당선되었다. 하지만 1년 후 2013년 중반 대중적 저항이 또 한 번 일어나게 된다. 무르시가 대통령으로서 권력을 독점하고 무슬림 형제단의 의사결정을 맹목적으로 따르고 있다는 비난이 쇄도했다. 국가 공무원 조직 내에 이슬람 운동을 강화하고 불만의 목소리를 차단하려고 했다는 비난이었다. 시민들의 불만이 증폭되자, 7월 이집트 군부가 개입하여 48시간 내에 야당과의 정치적 차이를 해결하라는 최후통첩을 보내게 된다. 놀랄 것도 없이, 그 시간 내에 화해는 이루어지지 않았고, 시시(Abdel el-Sisi)장군은 이집트 유일의 민주적으로 선출된 대통령인 무르시를 재임1년 만에 축출하게 된다. 무르시는 체포되었고, 군부가 이슬람을 압박하는 법령을 제정함에 따라 무슬림 형제단의 활동은 매우 제한될 수밖에 없었다. 무르시 리더십이 실패하고 그의 지배에 대한 광범위한 국민적 저항 때문에 쿠데타가 성공하였으나, 이집트의 민주주의 운동은 군부의 이해관계에 도전하려는 새로운 정치개혁의 가능성과 결합된 이슬람주의자들의 힘을 보여준 사건이라고 할 수 있다. 쿠데타는 이집트 군부를 국가 정치체제에서 영향력 있는 권력 중개인으로 복귀시켰다. 그리고 그로 인해 시민적 제도의 권위와 정당성이 훼손되었다.

닐 수도 있지만, 그들이 여전히 많은 아프리카국가들 내에서 가지고 있는 영향력과 권력을 과소평가해서는 안 될 것이다.

미래의 전망

1990년 이후 민주적 규범의 정착 측면에서 많은 발전들이 이루어졌다. 민주적 관행을 뿌리내리게 하기 위한 지속적인 노력이 있어왔다. 선거 실시, 새로운 헌법의 제정, 시민사회의 자유 허용 등에서 발전이 있었다. 아프리카인들은 효과적인 리더십과 올바른 통치에 대한 목소리를 높여 갔으며 그들은 올바른 통치가 이루어지지 않을 경우 비민주적 법률과 권위주의에 저항하였다. 민주주의와 자유의 이상에 대한 책무를 더 엄격하고 강하게 요구하고 있는 현상은 긍정적인 발전으로밖에 볼 수 없다. 아프리카에서 치러지는 많은 선거들이 국내적으로나 국제적으로 자유롭고 공정하게 이루어지고 있다고 인식되고 있다. 그리고 선거를 통해 광범위한 민주주의 과정을 갖춘 지역이라는 신빙성과 정당성을 확보할 수 있게 되었다. 더구나 최근에 나타난 흥미로운 경향은 몇몇 궁지에 몰린 아프리카 지도자들이 권력에 집착하기보다 스스로 권좌에서 물러나는 것을 택하고 있다는 점이다. 앙골라의 산토스(Jose Eduardo dos Santos, 2017년)와 남아프리카의 주마(2018년), 에티오피아의 데살렌(Hailemariam Desalegn, 2018년) 등이 대표적 인물이다. 과도하게 비관적으로 볼 필요는 없지만, 여전히 이러한 긍정적 현상은 아프리카 전역에서 보편적인 것은 아니다. 사실, 올바른 통치 기준이 지연되고 몇몇 경우는 과거로 회귀하고 있다는 증거들이 존재한다. 예를 들어, 잠비아 대통령 룽구(Edgar Lungu)는 2017년 권위주의 지배를 내용으로 하는 입법안을 시행한 바 있으며 콩고민주공화국에서는 대중의 반대 목소리가 두려운 나머지, 카빌라(Joseph Kabila) 대통령은 2016년 이후부터 지금까지 선거를 기약 없이 연기하고 있다. 아프리카의 통치 수준을 측정할 수 있는 여러 통계 자료(the Mo Ibrahim Index; Economist

Intelligence Unit; Freedom House)가 있다. 이들 통계 자료에 따르면 독재적 리더십, 정치적 불안정성, 불완전한 선거는 따로 존재하는 것이 아니라 매우 빨리 결합하여 나타나는 경향이 있음을 알 수 있다. 예를 들어, 모 이브라힘 지표(2017년)를 보면 2012년과 2016년 사이에 아프리카 전체 국가의 전반적인 통치 점수(93개 지표에서 0~100까지 점수를 매김)는 하락하고 있음을 알 수 있다. 심지어 상위 10개국 중 4개국의 점수도 하락하고 있다 (표 4.5 참조)

나라별로 정치 발전의 점수 차이가 나타나고 있는데, 작은 국가, 특히 섬으로 이루어진 국가가 올바른 통치, 인간의 권리 보장, 자유와 관련해 일관되게 높은 점수를 획득하고 있다. 이것이 가능했던 것은 민족적 다양성이 덜하고 지역적으로 구분된 정체성보다 통합된 국가적 정체성을 도모하기에 유리한 지리적 조건을 갖고 있었기 때문이다. 민주주의의

표 4.5 아프리카 통치 수준에 관한 모 이브라힘 지표

상위 10개국		하위 10개국	
1	모리셔스	45	앙골라
2	세이셸	46	적도 기니
3	보츠와나	47	차드
4	카보 베르데	48	콩고민주공화국
5	나미비아	49	리비아
6	남아프리카	50	수단
7	튀니지	51	중앙아프리카공화국
8	가나	52	에리트레아
9	르완다	53	남수단
10	세네갈	54	소말리아

출처: 모 이브라힘 재단 데이터(2017년) 재구성.

경고음이 울리는 국가는 적도 기니와 에리트레아와 같은 작은 나라들인데, 이들은 국민에 대한 완전한 통제가 용이하기 때문에 보다 억압적이고 권위적이다. 이에 비해 아프리카의 가장 큰 나라들은 정치 개발 도표의 하단에 지나치게 많이 분포해 있다. 이 나라들의 다당제 시스템은 민족적, 종교적, 지역적 이해관계를 둘러싼 정치적 동원이 빈발함에 따라 원래 가치가 훼손되고 있다. 예를 들어, 선거에서 민족 간 갈등을 부추겨서 정치적 폭력과 불안정성을 조장하는 케냐 선거가 대표적이다.

이코노미스트 인텔리전스 유닛(Economist Intelligence Unit, 2017)도 아프리카에서 민주주의의 밝은 미래를 전망한 바 있다. 정권과 대통령이 평화롭게 교체하는 경우가 증가하고 있고, 2006년 이후 쿠데타는 점차 감소 추세에 있다고 한다. 하지만 통치 지표 영역에 대해 비판의 목소리가 높다. 여전히 현역 대통령에 재임하고 있는 이들이 많고, 헌법 개정과 조작을 일삼는 경우가 증가하고 있으며 일반적인 통치 수준이 매우 낮다는 점을 근거로 들고 있다. 이 지표에 따르면 모리셔스만 완전한 민주주의 국가라고 인정되고 있으며 27개 북부와 사하라이남 아프리카국가들은 권위주의적 국가로 분류 되어 있다.

미래는 어떤 식으로 펼쳐질 것인가? 통치와 리더십 문제가 여전하고 민주주의로 가는 길은 그리 간단한 것이 아니다. 잠시 멈춰 유럽이 민주적 규범을 채택하는 데 얼마나 오랜 시간이 걸렸는지 생각해 보라. 그들 또한 수세기 동안 격변과 불안정을 겪었고, 점진적 진화와 개선을 이루어냈다. 식민지 권력에 의해 아프리카에 얼마나 즉각적이고 불완전하게 이러한 구조와 제도가 이식되었는지 돌이켜 보자. 그리고 유럽의 민주주의 기준(비록 결함이 있지만)으로 아프리카를 판단하는 행태를 보여 왔음을 분명히 주지해야 할 것이다. 식민지 시대에 급하고 불안하게 이식된 민주주의가 유럽의 (결함에도 불구하고) 민주주의라는 기준에 따라 평가되어서는 안 된다. 독립 이후 60년 동안 아프리카는 매우 장구한 길을 걸어 왔다. 한편 1990년대 민주화는 아직 완성되지 않았고, 민주화로의 전환은 여전히 많은 나라에서 진행 중이다. 민주적 관행들은 아프리카 전역에서 점차 정상화되고 있다. 아프로바로미터(Afrobarometer, 2016) 통계에 의하면 67.8%의 아프리카인들이 민주주의를 지지하고 있으며 82.8% 이상이 종신 대통령제에 반대하고 있다. 아프리카인들은 올바른 통치와 민주주의를 요구하고 있는 것이다. 사회경제적 발전(특히 교육에서)이 이루어지고 대륙 전역에 인구적 변화가 이루어짐에 따라 정치적 변화의 물결이 나타나고 있다. 도시 지역에 거주하는 젊은 세대들은 취약한 리더십을 감내하지 않으며 그들의 기대에 부합하지 않을 때 정치적 변화를 요구하고 나선다. 이 장의 내용은 아니지만 (제10장 참조) 휴대전화와 인터넷의 확산이라는 테크놀로지 변화 양상으로 인해 민주주의 확산이 촉진되고 있다. 정보에 대한 대안적 접근이 가능해지고 정부의 비행을 감시할 수 있는 메커니즘이 도입된 것이다. 더 이상 권위주의 지도자들은 계속해서 권력을 유지하기 어려워졌다.

AU나 ECOWAS와 같은 지역 블록 또한 민주주의 규범을 공고히 하려는 움직임을 보이고 있다. 이들은 특히 군부 쿠데타를 적극적으로 저지하려는 조치와 행동을 취하고 있다 (제9장 참조). 고무적인 것은 선거를 실시하는 권위주의 국가인 짐바브웨와 같은 나라에서도 야당은 허용되고 있는데, 이러한 현상은 식민지 직후 시대에도 존재하지 않았다. 완전한 민주주의가 여전히 성취되지 않았으나, 모리셔스나 나이지리아, 가나와 같은 나라의 정치지도자들의 행동과 정책들을 보면 희망이 보인다. 이들 나라는 민주적 관행을 정착시키기 위해 최선을 다하고 있으며 제도화된 규범을 존중하고 있다. 이러한 양상들은 대륙 전역에서 모범으로 받아들여질 것이다.

추가 읽을 거리

대륙 전역의 정치적 발전과 경향을 다루는 서적 중 탁월한 입문서로 Paul
Nugent (2012) *Africa Since Independence* 그리고 Richard Joseph
(1999) *State, Conflict and Democracy in Africa*, Crawford Young
(2012) *The Postcolonial State in Africa*, Robert Jackson and Carl
Rosberg (1982a) *Personal Rule in Black Africa*, 그리고 Patrick
Chabal and Jean-Pascal Daloz (2010) *Africa Works: Disorder as
Political Instrument*가 있다. 이 책에서 제시된 현대적 주제에 대해
논의를 하고자 한다면 Nic Cheeseman (2014)이 편집한 *Routledge
Handbook of African politics*와 Daniel Posner and Daniel Young
(2007) "Institutionalization of political power in Africa.", 그리고 Filip
Reyntjen (2016) "The struggle over term limits in Africa."를 참조하면
된다.

제5장

경제

아프리카의 경제적 성과는 통치, 빈곤, 성장 그리고 개발과 같은 이슈와 밀접하게 연결돼 있다. 그리고 이러한 이슈들은 아프리카에 대한 인식을 형성하는 데 중요한 역할을 해왔다. 아프리카 비관주의와 낙관주의 서사는 경제적 지표와 밀접하게 연결되어 있다. 1980년대부터 2000년대 초반까지 아프리카 경제는 암담하기만 했다. 채무와 빈곤층이 증가하였고, 외부의 개입은 심화되어 갔으며 무역 수지의 불균형은 심각한 수준이었다. 2000년 『이코노미스트』는 '희망 없는 대륙'이라는 헤드라인을 게재한 바 있는데, 이는 경제학과 아프리카 비관주의가 만나면 어떠한 서사를 만들어 내는지 보여주는 사례라고 할 수 있다. 20년 이상 빈약한 경제성과로 인해 정치적, 사회적 발전이 심각하게 저해되었다는 관점이 가장 유력한 설명일 것이다. 하지만 2000년대 중반까지 대외 채무가 조정되고 물가 상승이 이어지고 아프리카에서 주요 행위자로서 중국이 부상하게 되면서 상황은 급격히 변화하기 시작했다. 아프리카 경제는 현저하게 향상되었고 누구나 부러워할 만한 성장률을 기록하고 있으며, 동시에 개발과 인프라에 대한 투자 역시 확대되고 있다. 이제 아프리카가 기존의 병폐를 극복하고 자신의 가치를 높이고 있는 상황에서 언론들은 앞다투어 '아프리카의 부상'이라는 제목을 달고 있다. 대륙을 부정적으로만 보던 관점들은 긍정적인 관점으로 시계추 방향이 옮겨가고 있다.

이 장은 독립 이후부터 현재까지 아프리카 경제의 최악의 시대와 최정점의 시대를 일목요연하게 정리하고자 한다. 먼저 식민지 이후 10여 년간 대륙의 상황을 살펴보고 국내외 축적된 문제들이 어떻게 1980년대 위기를 초래했는지 설명하고자 한다. 그리고 그러한 문제를 해결하기 위한 외부적 노력 — 구조조정프로그램(SAPs) — 이 아프리카국가들에게 얼마나 심대한 영향을 미쳤는지 논하고자 한다. 후반부에서는 밀레니엄 이후 최근의 정세발전을 평가하고, 이러한 발전을 촉진시킨 중국의 역할에 초점을 맞추게 될 것이다. 아프리카는 경제적 호황을 이어오고 있는데, 어떻게 그것이 가능했으며, 호황은 지속가능한가 여부를 논하고자 한다.

이 장을 시작하기 전에, 3가지 핵심을 강조한다면 다음과 같다. 첫 번째, 아프리카의 경제적 부를 평가함에 있어 위에서 설명한 거대 서사(낙관주의 혹은 비관주의)적 관점에서 벗어나 객관적으로 보려고 할 것이다. 이 장에서는 다양한 경제적 호황과 불황 주기가 어떻게 발생했는지, 그리고 대륙 전역에 미친 영향은 무엇인지 설명하고자 한다. 그러한 현상을 거대 서사의 틀에 맞추어 이해할지 선택은 독자들의 몫이다. 두 번째는 아프리카 전역에서 발견되는 일반적인 경제적 패턴이 존재하지만 각국의 경제 양상은 독특하다는 점이다. 따라서 한 나라에 적용되는 것은 나라의 상황별로 분명하게 다른 향상을 나타날 수 있다. 그런 관점에서 보면 단일한 아프리카 경제 경험이란 존재하지 않는다.

마지막 쟁점은 몇몇 통계와 그것들의 신뢰성과 관련되어 있다. 경제학을 다루는 이번 장에서는 성장률, 무역 균형, 부채와 관련된 통계 자료들이 다수 있다. 주로 IMF나 세계은행, 아프리카개발은행 데이터이다. 하지만 이 장의 주제와 관련된 다자간 기구가 제공하는 통계수치의 정확성과 해석에 있어 매우 면밀한 주의를 기울이며 적용할 것이다. 저벤(Morten Jerven, 2013b, 2015)은 아프리카 전역에서 데이터를 수집하는 문제, 수치를 제시하는 방법, 그리고 아프리카 경제를 이해하는 데 있어 이러한 관행들이 가져올 수 있는 위험에 대해 상세히 지적한 바 있다. 우리는 근대에 발전된 아프리카 경제에 대해 알아야 하지만 동시에 전통적이고 비공식적이며 지역적인 경제에 대해서도 함께 살펴보아야 한다. 아프리카 전역에서 마천루, 정보통신 기술의 일상화 등 급속한 '근대화'의 징후를 발견할 수 있다. 하지만 이러한 상황들은 물론 비공식적 무역업자나 살아남기 위해 투쟁했던 사람들의 노력에 부분적으로 힘입은 바 크다. 경제학자들이나 정치인, 학자들이 동원하는 수치에는 많은 이들의 경제적 활동(실체)이 누락되는 경우가 많고 경제활동의 상당부분을 배제되어 있다고 할 수 있다. 따라서 통계 수치를 다룸에 있어 건강한 수준의 회의주의가 필요할 것이다. 즉, 수치가 모든 것을 말해주지는 않는다는 입장을 견지하고자 한다.

1960~1970년대: 낙관주의 시대?

역사결정론적 시각에서 보면, 식민지 이후 시기는 끊임없이 부정적 렌즈를 통해서 들여다 볼 수밖에 없으며, 결과적으로 실패한 시기로 판단하게 된다. 사실 당시 경제는 저성장으로 인해 일련의 실패를 경험했거나, 기회를 얻지 못한 상황 속에서 악화되었거나, 그 둘 중 하나였다고 설명되고 있다 (Collier & Gunning, 1999, 4). 하지만 이것은 잘못된 표현일 수 있다. 식민지 이후 초기 단계인 1960년대에서 1970년대 초반에 경제 수준은 완만한 상승세여서 많은 아프리카국가들이 변모할 수 있을 정도였다. 독립국의 지도자들은 번영할 수 있고 경제적으로 독자 생존하기 위해 근본적으로 국가의 방향성을 변화시키고 식민지의 유산을 극복해야 한다는 사실을 잘 알고 있었다. 보다 높은 수준의 복지와 고용을 달성하겠다는 약속은 당연한 것이었다. 빠른 경제발전이 핵심적 우선 순위였다. 여러 측면에서, 1960년대에는 어느 정도 경제적 성공을 달성할 수 있었다. 성장률이 완만히 상승하고 고용창출이 이루어지고, 인프라에 대한 투자가 이루어지고 보건 및 교육을 위한 사회 프로그램들이 실시되었다.

식민지 유산이 잔존하고 있는 상황을 극복하고 신생 독립국으로 변모한다는 것은 쉬운 일이 아니었다 (제3장 참조). 대체적으로 아프리카 경제는 값싼 농작물과 산업생산을 위한 비가공 원자재를 유럽에 수출하는데 초점을 맞추고 있었다. 독립 시기에 아프리카는 차, 커피, 견과류, 면화 등의 세계 주요 수출국이었다. 결과적으로 아프리카 경제의 기반은 1차 원료에 의존하고 있어서 매우 협소했다, 표 5.1에서 제시된 바와 같이 경제적 다양성이 거의 없었다. 나이지리아(원유), 보츠와나(다이아몬드), 잠비아(구리)와 같은 나라는 수입원으로서 단일상품의 수출(기존 식민지 지배국가)에 의존하였다. 이러한 구조적 불균형의 유산은 오늘날까지 남아 있다. '경제붕괴의 시작' 절에서 설명하겠지만. 1차 생산에 지나치게 의존하게 됨에 따라 국제적 수요와 등락을 거듭하는 수확량에 따라 경제가 영향을 받게 되었다. 1차 생산물은 가격 변동성에 매우 취약했기 때문이다. 더구나 식민지 권력은 원산지 생산시설을 만들지도 않았고, 기술적 과정이나 지식을 이전시켜주지도 않았을 뿐더러 아프리카가 자급자족할 수 있는 어떠한 형태도 만들어 놓지 않았다. 대신에 외국으로부터 가공된 값비싼 상품을 수입하게 만들어 선진국에 유리한 무역조건 속에서 내재적 불균형이 나타났다.

아프리카 경제는 좁은 단위의 1차 생산물 수출에 기반하고 있었을 뿐 아니라, 식민지 지역으로서 왜곡된 내부 발전을 경험하였기에 상황은 더욱 악화되고 있었다. 예를 들어, 아프리카에 가설된 도로와 철도망은 아프리카 외부로 1차 생산물을 이동하기 위한 식민지 권력이 특별

표 5.1   아프리카국가들의 주요 생산, 수출 자원

원료	국가들
원유	알제리, 앙골라, 카메룬, 콩고민주공화국(DRC), 이집트, 적도 기니, 가봉, 리비아, 나이지리아, 수단
다이아몬드	앙골라, 보츠와나, 중앙아프리카공화국(CAR), 시에라리온, 남아프리카, 짐바브웨
커피	부룬디, 코트디부아르, 에티오피아, 케냐, 르완다, 우간다
코코아	베냉, 카메룬, 코트디부아르, 가나, 상투메 프린시페, 시에라리온, 토고
구리	DRC, 잠비아
면화	베냉, 부르키나 파소, 차드, 이집트, 말리, 수단, 토고
귀금속(금, 은, 백금)	가나, 기니, 말리, 세네갈, 남아프리카, 탄자니아
우라늄	차드, 니제르, 나미비아, 남아프리카
금속 광물(보크사이트, 철광석, 아연 등)	CAR, DRC, 기니, 라이베리아, 마다가스카르, 모리타니, 모로코, 남아프리카, 시에라리온, 토고, 짐바브웨
견과류	기니 비사우, 니제르, 세네갈, 감비아

출처: *World Bank Group*, African Development Indicators, 2000.

히 안배한 운송망에 불과했다 (Berg, 1981, 12). 아프리카 경제는 내부 시장의 활성화가 아니라 외부로 그 지향점이 맞추어져 있었다. 특히 유럽으로 수출에 집중하면서 국내 교역이나 아프리카국가 간 상호 연결성은 무시되었다. 식민지 시대 마지막 유산은 교육 기회가 충분히 제공되지 않았다는 점이다. 훈련받고 숙련된 이들이 부족했기 때문에 근대화된 일자리를 창출하지 못하고 신생 경제 영역을 개발하는 일은 엄두도 낼 수 없었다. 결론은 식민지 시대 이후 아프리카국가들은 제조업 분야를 설립하거나, 원자재 수출 주도 모델에서 벗어나 다각화하거나, 그들의 제품에 대한 대체 구매자를 찾는 것이 매우 어렵다는 것이었다. 결과적으로 유럽이 경제적으로 이득을 보는 구조가 공고화되었다. 아민(Samir Amin, 1973), 로드니(Rodney, 1972)와 같은 작가나 은크루마(Nkrumah, 1965) 같은 지도자들에게 이러한 상황이 대륙을 '저개발' 상태로 정체시킨 신식민주의 본질이었다 (글상자 5.1 참조).

식민주의가 남긴 근본적인 문제들을 인정하는 것은 옳은 일이다. 하지만 아프리카 대륙이 외부 요인에만 의존해 왔다는 주장은 아프리카 지도자들의 정치적 역할을 체계적으로 무시한 데서 기인한다. 1960년대 혹은 그 이후로 정치적 지도자들은 나라의 경제를 최선의 모습으로 변모시키거나 운영하기 위한 노선을 선택했다. 냉전 시대 미, 소 양측의 이데올로기적, 물질적 도움 중 어느 노선을 선택할 것인가의 문제였다. 하지만 사회주의를 택한 국가(가나, 기니, 말리, 탄자니아)와 자본주의를 택한 국가(코트디부아르, 케냐, 나이지리아, 말라위, 모로코, 보츠와나) 모두 유사한 정책을 취하고 있었다는 점은 자못 놀랄만한 일이다. 이들 나라 지도자들은 국가 주도 경제성장을 지향하고 자급자족형 경제를 추구하는 경제발전정책을 취했던 것이다. 물론 그들의 이념적 기반에 따라 정책의 수준은 차이가 있었다. 표면적으로 재분배와 평등주의에 기반한 경제 변혁을 내세웠으나 현실은 사뭇 달랐다. 영(Crawford

글상자 5.1 신식민주의

신식민주의(neo-colonialism)는 1970년대에 주목받은 개념으로서, 탈식민지화된 이후에도 식민주의에 기반한 경제 모델이 독립국가에 굳건히 적용되고 있다는 입장이다. 식민지 국가들은 정치적으로 독립을 성취했을지 몰라도 경제적으로 서구에 여전히 종속된 상태라는 입

계속

장이다. 결과적으로 선진국과 같은 외부적 힘이 탈식민국가들에게 영향을 미치고 경제의 방향을 좌우한다. 서구에만 유리하게 조성된 적폐적이고 불균등한 세계 무역 질서를 통해 가능했다. 아프리카 경제는 추출 산업(Extractive Industries), 현금 작물에 기반을 두고 있어서 — 구매자의 필요가 생기면, 상품이 생산되는 구조 — 의미 있는 방식으로 산업을 다양화하거나 발전시킬 여지가 거의 없었다는 주장이 제기된다. 아프리카는 글로벌 경제 위계의 최하위에 속하는 지역으로 격하되었다는 것이다. 자유라는 허울 아래 빈곤과 불평등이 영속화되었다. 매혹적인 개념이고, 아프리카의 지속된 경제 문제에 대한 깔끔한 설명이기도 하다. 의심할 바 없이 주요 유럽 열강들은 탈식민지 시기에 정치적인 통제 없이 경제적 이득을 얻으려고 노력한다. 하지만 신식민주의는 아프리카 전역에서 균일하게 적용되어 나타나지 않는다.

사실, 순수한 신식민주의 시스템을 성공적으로 정착시킨 국가는 단지 프랑스뿐이다. 그들이 지배했던 서부와 적도 지역의 과거 식민지 지배 국가(기니는 예외)를 설득해 CFA프랑(세파프랑)을 보유하게 했는데, 프랑스 프랑화에 고정 환율을 유지시켜 주는 대신에 해당 국가의 재정적 자율성을 탈취한 것이다. 나아가 과거 식민지배 국가들은 프랑스와 기술적 협약을 체결하고, 우선적인 무역 거래에 합의했다. 그리고 프랑스 군대가 그 지역에 계속 주둔하는 것을 허용하게 된다. 코트디부아르는 신식민주의 관행을 보여주는 가장 극명한 사례라고 할 수 있다. 코트디부아르의 우푸에-부아니 대통령은 프랑스 조언자들을 초청해 자국의 통치의 여러 측면에서 도움을 청하기도 하였고, 주요 국가 농업생산계획이나 생산 개발에 참여시키기도 하였다. 농업생산물 — 특히 코코아 — 의 광범위한 개발로 코트디부아르는 1970년대 GDP가 급속히 증가한 바 있다. 물론 농업생산물의 재배와 통제는 국가 소관이었다. 아이러니한 것은 프랑스가 식민지배했던 시기보다 독립 이후 코트디부아르에 프랑스인이 더 많이 거주하게 되었다는 점이다.

Young, 1982, 183)이 날카롭게 논평한 것처럼 "아프리카에 자본주의를 따르는 수많은 추종자들이 있지만 열렬한 신봉자는 거의 없다."

1960년대는 아프리카에서 정치적, 경제적 낙관주의가 지배하던 시기였다. 전 세계적으로 커피와 차, 구리, 원유 가격은 높은 상태를 유지하고 있어서 아프리카국가 수입은 상대적으로 높았고, 산업발전에 투자할 여력이 충분하였다. 1960~1970년에 사하라이남의 하위 소득국가들의 GNP는 매년 4.2%씩 성장하였고, 중위 소득국가들은 4.8%씩 성장하였다 (World Bank, 1980, 99). 가용 수입이 완만하게 증가함에 따라 아프리카 지도자들은 가능한 한 빨리 경제와 사회를 근대화하고 변화시키기 위한 정책을 펼치기 시작했다. 이러한 변혁을 달성하기 위해 정치인들은 변화를 효율적으로 받아들이는 국가를 모색하기 시작했다. 국가 주도의 경제성장은 철지난 개발 모델이 아니었다. 1960년대 영국과 프랑스 같은 나라에서 보이듯 국가주의적 접근은 거의 보편적이었다. 특히 소련과 중국과 같은 사회주의 국가에서 국가주의는 더욱 두드러졌다. 중앙집중화된 경제계획은 발전과 근대성으로 향하는 핵심 경로로 간주되었고, 동시에 이러한 체제를 통해 정치인들은 신속한 변화를 직접적으로 주도할 수 있었다. 1956~1966년 시기에 대부분의 아프리카 국가들이 독립을 달성했고, 동시에 중앙집중화된 경제적 사고는 정점에 달해 있었다. 따라서 아프리카 전역에서 이러한 경제 모델이 대부분의 지역에서 적용되고 있었다는 사실은 놀랄 일이 아니다. 1차 생산물 수출로 인한 수입 덕분에 인프라 및 산업화 프로젝트가 전 아프리카에서 실행되었다. 아스완 하이댐(Aswan High Dam, 이집트), 잉가댐(Inga Dam, 자이르[DRC])은 이 시기에 지어졌다. 한편 주요한 공적(Public) 영역에서 지출은 건강과 교육을 증진하기 위한 복지 부분에 집중되었다. 사실 식민지 직후 10여 년간 최고의 성공적 업적은 상당 액수의 재정적 투자를 바탕으로 이루어진 사회 복지의 진보라고 할 수 있다. 이것을 통해 수백만의 아프리카인들의 삶이 향상되었다. 예를 들어, 건강에 지속적으로 예산을 투입함에 따라 1955~1960년에 1,000명 당 171명이었던 영아 사망률이 1975~1980년에는 1,000명당 121명으로 줄어들었다 (UN, 2016).

국가 주도의 경제발전을 도모하기 위해 각국은 준 국가기업으로 불리는 조직을 만들어 중앙집중적으로 운영하고 전략적 산업을 국유화하였다. 아프리카국가들이 자급자족적 경제를 확립하기 위해 추구했던 관리 경제(managed economy)는 수입품을 대체할 수 있을 정도로 내수 산업을 성장시키는 것이 목적이었다. 이들 산업은 높은 관세 장벽, 과대평가된 통화, 막대한 국고보조금과 같은 보호주의정책의 도움을 받았다. 아프리카 전역에 상당히 많은 준 국가기업이 있었다. 1980년대에 사하라이남 지역에 3,000개 이상의 국영 기업이 있었던 것으로 세계은행은 추정하고 있다. 세계은행 보고서에 포함된 30개국 중 15개국에서 100개 이상의 준 국가기업을 보유하고 있는 것으로 나타났다. 탄자니아는 400개, 세네갈은 188개, 말라위는 101개 (Nellis, 1986, 1-5)였다. 1960년대와 1970년대 초반에는 상품가격이 높게 유지되고 있었고, 동정심이 풍부했던 국제사회는 아프리카 신생 정부를 성의껏 도와주려 하고 있었다. 따라서 아프리카 전체에 걸쳐 국가 주도 경제는 완만히 성장할 수 있었다. 결과적으로 독립 직후 10년간 경제 전망은 긍정적이었다고 볼 수 있다 (글상자 5.2 참조).

중앙집중화된 경제 모델의 핵심을 이루고 있는 준 국가기업은 정치적 목적을 충족시키기 위해 운영되기도 하였다. 고용 창출에 기여하기도 하고 식민지 독립 당시 공약을 실천하기 위해 이들이 나서기도 하였다. 하지만 준 국가기업은 부정적인 결과를 초래하는 판도라의 상자와 유사

글상자 5.2 모리셔스의 성공 스토리

독립 직후 십 수 년간 대륙을 경제적 실패의 원인들(후원주의, 개인적 이익추구 등 — 역자 주)을 극복한 나라들이 있다. 만연해 있던 병폐를 성공적으로 극복한 이례적인 국가들로서 다수 작은 규모의 나라들이며, 작은 섬나라인 모리셔스가 그 한 사례이다. 하지만 초반의 상황은 그리 낙관적이지 못했다. 대륙과 동떨어진 인도양에 위치해 있었고, 설탕 수출에 의존하는 식민지적 경제 유산이 남아 있었다. 하지만 천연자원이 풍족한 것은 아니었다. 미래는 암담해 보여서, 노벨 경제학상 수상자인 미드(James Meade, 1961)는 '평화로운 발전 전망이 어려울 것'이라고 예언하기도 하였다.

하지만 모리셔스는 이러한 위협들을 성공적으로 극복하였고, 중위소득국가로 탈바꿈하였다. 독립 이후 30년간 매년 GDP 성장률은 5% 이상을 기록할 정도였다. 경제적 이득은 일반 국민에게로 돌아갔으며 — 모리셔스의 1인당 국민소득은 가장 높은 수준이다 — 정부는 무상교육과 무상 의료보험 제도를 실시하였다.

어떻게 이러한 일들을 달성할 수 있었을까? 모리셔스는 매우 주의 깊게 경제발전을 도모하였고, 변화하는 환경에 적응하고 진화하고자 하는 의지가 굳건했다. 독립 이후 모리셔스정부는 수출 주도 성장을 신중하게 활용하여 광범위하고 다양한 경제체제를 구축하였고, 이로 인해 국민을 위한 물질적인 편익을 가져온 급속한 경제성장이 가능하였다. 국민을 위한 경제발전의 핵심적인 요소는 모리셔스의 정치체제였다 (제4장 참조). 정치체제는 민주적이고, 투명하며, 재정적으로 신중했으며, 여러 제도들이 독립적으로 견제하며 기능하도록 안배해 주었다. 대륙의 여타 나라들과 비교해 특히 높은 수준의 정치적 안정성을 가지고 있었기에 국제 투자자들의 관심을 끌 수 있었고 결국, 외국인 직접투자(FDI)도 이루어졌다. 정부는 규제보단 생산 활동을 독려했고, 1970년대 유럽경제공동체(EEC)와 설탕 무역과 관련해 유리한

계속

조건에서 무역 계약을 맺게 됨으로 경제적 번영의 첫 단추를 꿰었다. 설탕 무역으로 창출된 수입은 경제 다양성의 기초를 다지는 데 쓰였다. 수출가공지구(Export Processing Zones)를 만들어 경공업과 섬유공업을 육성하였는데, 정부의 보호주의정책과 수출 중심 기업에 대한 인센티브정책 또한 이것을 뒷받침하고 있었다. 1990년대까지 모리셔스는 ICT, 금융 제도, 활력 넘치는 관광산업을 중심으로 서비스 부문을 창출하여 다시 한 번 경제기반을 발전시켰다.

했다. 제4장에서 논의한 바와 같이 중앙집중화된 경제적 권력에 접근할 수 있는 권한은 정치 통제의 후원자-고객 모델(patron-client model)을 유지하기 위해 필수적인 것이었다 (정치적 권력을 유지하기 위해 정권이 후원자들에게 준국가기관의 접근권과 운영권을 배포하는 것과 같은 – 역자 주). 이러한 시스템 하에서 높은 위치의 개인은 부를 빼돌리는 것이 가능하고 정치적 지도자들은 신후원주의(neo-patrimonialism) 관행을 통해 지지자들에게 준 국가기업과 공무원 조직에 한 자리 마련해 줄 수 있었다. 결과적으로 아프리카 전역에서 공적 영역에서 일자리가 급격히 증가하였다. 1960년대 공무원의 수는 매년 평균 7%씩 증가하였고, 그 결과 1970년대까지 봉급생활자의 60%가 정부 관료조직 사람들이었고, 정부 지출의 50%가 인건비로 사용되었다 (Chazan, 1999, 55). 가나와 같은 나라에서는 국영 기업이 전체 일자리의 73.9%를 차지하고 있었다 (Berg, 1981, 41). 국가 관료조직은 매우 빠르게 인원 과잉 상황을 보였고, 비대해진 만큼 비효율적이었으며 정부 재정에 엄청난 손실을 안겼다. 상품 가격이 여전히 높게 유지되고 있을 때는 아프리카정부들이 재정 낭비를 어렵지 않게 조정할 수 있었지만 가격 폭락 이후 가나를 비롯한 수많은 아프리카정부는 심각한 예산 적자를 감내할 수 없게 된다 (Nellis, 1986).

더구나 부를 창출할 여타 다른 기회가 부족했기 때문에, 국가 자체가 개인의 재산 증식을 위한 주요 수단이 되어 갔다. 1960년대 후반 들어 정치적 통제가 느슨해짐에 따라 정치권력 내에서 엘리트들이 개인적 부를 극대화하려는 경향을 보이고 있었다. 일단 정치권력을 상실하면 경제적 기회에 대한 접근도 아울러 차단된다는 것을 잘 알고 있었기 때문이다. 결과적으로 단기적 경제 전망에 따른 정책들이 취해졌다. 지대 추구나 부패한 관행들이 만연하였고, 즉각적인 이득에 눈이 멀어 장기적인 계획을 내팽개쳤다. 수익이 발생했더라도 바로 채무를 갚는 데 쓰이기에 급급했고, 산업정책의 다양성에 투자할 여력은 거의 없었다. 왜 엘리트만 이익을 얻는 경제구조로 변화한 것일까? 1961년 반(反)식민주의 철학자인 파농(Frantz Fanon, 2001, 122)은 독립된 아프리카국가는 새로운, 하지만 부패한 민족주의 엘리트들에 의해 지배될 것이라고 정확히 예언한 바 있다.

이론적으로 수입 대체 운동은 자급자족적 산업 기반을 창출하기 위해서나, 외부 세력에 의해 아프리카국가들의 독립이 흔들리지 않도록 하기 위해 매우 합리적인 모델이라 할 수 있다. 이러한 정책은 '아시아의 호랑이' 사례에서 보다시피 성공적으로 평가받고 있다. 하지만 자급자족적 정책은 상호 연결된 중첩된 문제로 인해 좌초되었다. 첫 번째 원인은 비용이었다. 산업 기반을 창출하는 데 드는 비용은 어마어마했을 뿐만 아니라 그것으로부터 얻는 수익은 그 비용을 상쇄하지도 못했다. 새로운 산업적 과정을 창출하기 위해 소요되는 부품과 기계는 외국에서 수입해야 했고, 생산품의 내수 시장은 매우 적은 편이어서 규모의 경제가 발휘될 수 없었다. 따라서 최종 생산품은 매우 비쌌고 질적으로도 경쟁국의 제품과 비교해 떨어져서 수출 시장에서 생존할 가능성이 낮았다. 투자가 부족했고, 이 프로젝트를 지속하기 위해서 외부 차입금이 필요한 상황에서, 준 국가기업들을 유지하는 데 드는 비용은 점점 늘어만 갔다.

아마도 농업을 무시한 정치적 결정은 경제적 쇠퇴를 촉발시키는데 중요한 영향을 미쳤던 것이 사실이다. 근대적 경제로의 신속한 전환은 과도하게 도시 중심으로 이루어졌고, 그 비용은 농업생산에서 상당 부분 뒷받침된 것이었다. 독립 시기에 81%의 사하라이남 아프리카인들이 농업에 종사하였고, GDP의 48%를 농업이 책임지고 있었다. 따라서 국가수입의 상당 부분을 농업이 차지하고 있었다 (Berg, 1981, 145, 178). 하지만 많은 정치지도자들에게 농업을 포기하는 것은 의식적으로 내린 정치적 결정이었다. 농장일은 퇴행적이라는 인식이 넓게 퍼져 있었고, 근대 경제에 어울리지 않는다고 간주되었다. 농업을 통해 창출된 수익을 건전하게 다른 쪽으로 전용하기 시작했다. 많은 아프리카 지도자들은 농촌 생산자들을 착취하여 산업화 프로젝트를 위한 자금을 마련했고, 세입을 늘리고, 도시 유권자들의 지지를 확보하려 들었다 (Bates, 1981).

식민지 시대의 선물 마케팅 기법을 활용하여, 이들 국영 독점 기업들은 농산물을 고정된 가격에 구매하여 수익이 날 때 팔았다. 더 많은 수익을 창출하기 위해, 농산물의 실제 생산 가격 이하로 수매 가격을 설정하는 일이 다반사로 일어났다. 예를 들어, 1965년 은크루마 정부는 실제 판매가의 37%만 코코아 농장주들에게 지불한 바 있다 (Fieldhouse, 1986, 34). 징벌적 과세가 부과되고 생산물로부터 얻는 수입이 줄어들자, 농장 운영자들은 대량 농업생산에 나설 이유가 없었다. 착취당한 것에 감사하면서(역설적 표현 – 역자 주), 농부들은 국가 통제에서 벗어나려 했고, 대신에 근근이 먹고 사는 소규모 농업으로 삶을 영위하거나, 밀수를 하거나 소비자와 직접 거래하는 비공식적 경제 활동을 선택했다. 세네갈 농부에 대한 연구를 보면 견과류의 '불법적' 수출을 '소작

농의 병폐'라고 묘사한 바 있다 (Schumacher, 1975, 183-185). 전체적으로 아프리카 전반에 퍼져 있던 농업인에 대한 착취로 인해 농업생산물은 극적으로 감소하였고, 동시에 증가하는 인구를 먹이기에 식량은 턱없이 부족했다. 결과적으로 정부는 울며 겨자 먹기로 식량 수입에 나서게 되고, 아이러니하게도 자급자족적 경제는 지체되고 국가 재정은 악화되어갔다. 아프리카는 식량의 순 수출국에서 순 수입국이 된 것이다. 예를 들어, 1970년대 나이지리아는 20억 달러 어치의 식량을 수입하고 있었다 (Meredith, 2006, 281).

탄자니아는 이 같은 아프리카의 추세에 반하는 국가였다. 탄자니아 지도자 니에레레는 효과적인 사회주의 경제를 위해 농업이 기반이 된다고 생각한 인물이었다. 우자마(Ujamaa, 제4장 참조)정책을 통해 그는 생산성을 확대하기 위한 집단 농장을 운영하여 실제로 더 많은 농업생산을 달성한 바 있다. 비록 농촌 공동체가 정부 개입에 저항하면서 실패로 막을 내렸지만, 니에레레는 경제발전을 위해 다른 경로를 추구했다는 점이 평가받고 있다. 더구나 1970년대까지 사회주의적 사상에 영감을 받은 정권이 모잠비크와 에티오피아에서 집권하면서, 그들은 집단 농업을 실험한 바 있지만 제한적인 성공을 거두게 되는데, 그 이유는 비효율성과 중앙에서 설정한 과도한 생산 목표 때문이었다.

경제붕괴의 시작

1970년대에 아프리카는 세계 여느 나라와 비교해도 경제성장률은 완만하고 특별한 문제가 없는 상황이었다. 하지만 그 이후 아프리카에 닥친 일련의 재앙으로 인해 경제적 발전은 훼손되고, 정부 재정은 바닥을

드러나게 된다. 이미 경고 신호는 켜져 있었다. 농업에 대한 폄훼는 계속되었고, 거대 국가의 관료조직을 유지하는 데 비용은 누적적으로 증가하였다. 그 결과 국가 재정은 악화되었고, 세수 부족, 신흥 산업 프로젝트를 유지하고 지원할 자본 부족, 도시 인구 집중 현상으로 제대로 된 행정 서비스를 할 수 있는 능력 부족 현상이 연이어 발생하게 되었다. 세수 감소는 일련의 외부적 충격으로 인해 더욱 악화되었다. 당시 상품가격은 폭락 중이었으며 글로벌 경제질서를 바로잡기 위한 조처들이 행해지고 있었다. 이러한 조처들은 이미 세계에서 불리한 위치에 있던 아프리카의 상황을 더욱 악화시키는 것들이었다.

첫 번째 외부적 이슈는 1968년에서 1974년 사이 사헬 지역에 엄청난 영향을 미친 심각한 가뭄이었다. 지속된 가뭄으로 인해 농업생산과 수출을 통한 수익은 더욱 하락하였고, 식량 수입이 증가하고 가격 폭등이 발생하였다. 1960년대 초반 해마다 곡물 수입은 9%씩 늘어났고, 생산량 급락을 완화하기 위한 국제적 식량원조에 지나치게 기댐으로써 상황은 더욱 악화되었다 (Berg, 1981, 45–49). 식량 부족은 최빈층에게 가장 가혹하게 작용했으며, 잠비아와 같은 국가 정부는 인플레이션 영향을 줄이기 위해 보조금을 지급해야 하기도 했다.

가장 심각한 사건은 1970년대 오일 쇼크였다. '잃어버린 10년'으로 표현되는 이 사건으로 인해 경제적 쇠퇴, 정체가 발생하고 감당할 수 없는 빚이 늘어갔다. 1973년과 1979년 두 번에 걸쳐 발생한 석유수출국기구(OPEC) 원유가격 인상 결정으로 인해, 대부분을 석유를 수입에 의존하는 아프리카는 글로벌 불황의 방아쇠를 당겼다고 할 수 있다. 국제수요는 심각하게 쇠퇴하게 되고 상품가격은 폭락하게 된다. 아프리카의 수출 주도 경제에는 재앙이었다. 1978년에서 1980년 사이 원유 가격이 80% 가량 급등하자 아프리카는 수출로 벌어들인 수익의 23%를 원

유 수입에 지불해야 했고, 이것은 GDP의 6%에 달하는 수준이었다. 아
프리카의 무역 수지(수입 가격과 비교한 수출 수입[revenues])는 1970
년대에 급속히 악화되어 갔고, 광물 수출 국가의 경우 10년 내내 매년
−7.1%의 무역 수지 적자를 기록했다 (Berg, 1981, 18−19). 글로벌 공
급망의 최하층에 자리하고 있었기 때문에 상품 가격이 붕괴되었을 때
아프리카의 경제를 지원해줄만한 여유 자금은 거의 없었다. 대부분의
아프리카 주요국들에게 그것은 재앙이었다. 무리해서 경제를 확장하고
자 했던 국가들은 경제적 붕괴의 벼랑으로 몰렸다. 아프리카 전역의 국
가들은 본질적으로 파산했다.

알제리, 콩고공화국, 이집트, 가봉, 나이지리아 같은 몇몇 나라들만
이 유가 상승으로 이득을 보았을 뿐이다. 나이지리아 경제는 1970년대
에 걸쳐 매년 7.5%씩 GDP 성장률을 보이고 있었고, 1980년에는 250
억 달러의 원유 수출을 기록하기도 했다 (Berg, 1981, 144). 원유로 얻
은 수입(횡재)은 무책임하게 지출되었고, 현실에 안주하게 만들었다. 나
이지리아 정치인들은 많은 돈을 낭비했고, 국내 농업과 산업생산에 눈
을 돌리지 않았다. 예를 들어, 견과류 경작은 거의 이루어지지 않았다.
하지만 원유 가격은 지속적으로 높게 유지되지 않아서, 수익은 감소하
기 시작했다. 풍부한 원유 자원을 가진 국가들은 쇠락하기 시작했고, 그
외 아프리카국가들이 경험했던 여러 문제들이 그대로 나타났다.

유일한 해결책은 국제금융기구에서 대출을 받는 것뿐이었다. 이 기구
들은 당시 돈을 긁어모은 OPEC이 투자하여 자금이 넘쳐나는 조직이었
다. 그러나 일시적인 수입 부족을 메우기 위한 단기적인 해결책처럼 보
였던 것이 곧 지속 불가능한 부채 위기로 확대되었다. 1970년대 내내 아
프리카 경제는 본질적으로 향상될 기미가 보이지 않았다. 물가는 낮게
유지되었고, 중요 사업이나 정책에 지출해야 하는 비용은 높아져만 갔

다. 결과적으로 이전에 대출한 것에 더하여 추가 대출을 받아 국가 재정
을 유지해야 했다. 1차 자원과 불안한 제조업에 기반을 둔 아프리카 경
제의 본질 때문에 가격 폭락은 상환 받을 가능성이 매우 낮다는 것을 의
미했다 (표 5.2 참조). 아프리카국가들은 채무의 악순환에 빠져 있었다.
기존의 채무를 해결하기 위해 새로운 대출을 받아야 하는 상황이었다.

상황을 악화시킨 책임은 아프리카 지도자들과 무책임하게 돈을 빌려
준 국제기구에 있었다. 아프리카 지도자들은 고조되는 위기를 막기 위

표 5.2 주요 아프리카국가들의 채무 금액

	대외 국가 채무 (만 달러)		수출과 서비스 총액 대비 채무액 비율 (%)	
	1970	1982	1970	1982
가나	48,900	111,600	5.0	6.8
기니	31,400	123,000	–	–
나이지리아	48,000	608,500	4.2	9.5
르완다	200	18,900	1.3	3.2
모리타니	2,700	100,100	3.1	11.8
말라위	12,200	69,200	7.1	22.8
모로코	71,100	903,000	7.7	36.8
수단	31,900	509,300	10.7	7.5
에티오피아	16,900	87,500	11.4	9.5
자이르	31,100	408,700	4.4	–
잠비아	62,300	238,100	5.9	17.4
코트디부아르	25,600	486,100	6.8	36.9
탄자니아	24,800	165,900	4.9	5.1
튀니지	54,100	347,200	17.5	15.1

출처: World Bank (1984), *World Development Report*. Oxford University Press. 데이터
재구성.

해 긴축정책을 취하지 않았다. 경제를 통제할 정치적 필요성이 있었고 후원 목적으로 계속 지출해야 했기 때문이다. 모부투 대통령과 같이 많은 지도자들은 대출하면서 상환할 의사가 없었거나 추후 생산될 원자재를 담보로 자금을 빌렸다. 1970년대 나이지리아 쿠데타 정권이 대표적인 예이다. 동시에 주요 국제 채권자들은 이미 과잉 채무가 쌓인 아프리카에 새로운 대출을 해주었다는 점에서 책임에서 벗어날 수 없다. 그들이 대출해준 국가가 실패할 리 없고 그들이 금융적 책임을 다할 것이라고 가정했던 것이다. 대출과 이자 상환은 미래의 경제상황을 전혀 고려하지 않은 채 이루어졌다.

구조조정

1980년대까지 아프리카국가들은 심각한 경제적 어려움을 경험했다. 경제성장은 지체되거나 쇠락했고, 엄청난 대외 부채가 쌓이고 있었으며, 상환해야 할 이자는 늘어만 갔고, 무역불균형은 심화되었고, 국가 수입은 자연스럽게 줄어들고 있었다. 세계은행(World Bank, 1989, 222)에 따르면, 사하라이남 아프리카의 GDP는 극히 저조했으며, 오직 소수 국가만이 긍정적인 성장을 기록했다. 보츠와나, 레소토, 모리셔스 그리고 카메룬만이 매년 5% 이상의 성장률을 달성했고, 모잠비크, 탄자니아, 상투메 프린시페, 토고, 나이지리아는 성장률이 극히 낮은 9개 나라에 속했다. 남아프리카와 같은 지역은 빠른 성장률을 기록한 반면, 이외 지역의 낮은 성장률은 더욱 악화되었다. 나라 간 불균등한 성장의 갭이 더 확장됨으로 (표 5.3 참조) 아프리카는 곤경에 빠졌다.

　유일한 가시적인 해결책은 IMF나 세계은행과 같은 국제금융기구에

표 5.3 세계 각지의 GDP 성장률

지역 (하위와 중위 소득국가)	GDP 연간 성장률(%)	
	1965~1980년	1980~1988년
사하라이남 아프리카	4.8	0.8
동아시아	7.2	8.5
남아시아	3.7	5.1
유럽, 중동, 북아프리카	6.1	–
라틴아메리카와 카리브해 지역	6.0	1.5
평균	6.0	1.5

도움을 요청하는 것이었다. 하지만 불행하게도, 서구의 금융기구들은 레이건(Ronald Reagan)이나 대처(Margaret Thatcher)가 이끄는 이데올로기적으로 보수적인 성향의 신자유주의 시대에 영향을 받고 있었다. 경제적 사망에 이른 아프리카 경제의 원인과 해결책에 대한 서양 특유의 관점이 새로운 경제 정설로 받아들여지게 되었다. 서구의 금융 지원 조건(합의)은 1960년대 국가 중심의 개발 모델을 포기하고 자유시장 경제를 도입하라는 것이었다. 이른바 '워싱턴 컨센서스'는 국가란 비효율적이며, 성장을 방해하고 경제적 의사결정을 내리는 데 적합하지 않다고 간주했다. 성장하기 위해, 국가의 규모를 극적으로 줄여야 한다는 것이 전제된 해결책을 제시한 것이다. 그리고 사회 복지 지출도 줄이고 준 국가기업을 민영화하고 경제는 시장 행위자들에게 개방하라고 주문했다 (글상자 5.3 참조).

금융원조 패키지는 구조조정프로그램(SAPs: Structural Adjustment

글상자 5.3 버그 보고서: 아프리카에서 구조조정의 청사진

"사하라이남 아프리카의 발전 가속화(Accelerated Development in Sub-Saharan Africa)"는 아프리카의 경제 개혁을 위한 신자유주의적 내용을 명문화한 핵심 문서이다. 일반적으로 버그 보고서(The Berg Report, 1981)라고 불린다. 서구적 사고가 중심이 되는 이 세계은행 보고서는 낮은 경제성장률과 부채의 책임이 아프리카정부에 있다고 직설적으로 지적한다. 식민지 유산과 같은 구조적 요인과 환경적 요인을 다소 인정하긴 했지만, '국내의 무능력' 요인을 강조하면서 이러한 요인들은 중요하게 간주하지 않았다 (Berg, 1981, 4). 문제를 바로잡고 수출 주도 성장을 달성하기 위해 3가지 핵심 주제가 선정되었다. (1) 적절한 무역과 환율정책, (2) 공적 영역의 효율성 강화, (3) 진전된 농업정책 (Berg, 1981, 5)이다. 핵심 메시지는 자원의 효율적 활용이었다. 자원의 국내 소비가 아니라 생산에 더 초점을 맞춰야 한다는 것이다. 급격하고 전면적이 개혁이 이루어졌다. 필요한 성장 수준을 달성하기 위해 아프리카정부는 농민들이 생산을 확대할 수 있도록 독려해야 했다. 인플레이션된 통화 가치를 낮추고, 국가 지원을 없애고 관세 장벽을 낮춰서 국제 경쟁자들에게 시장을 개방해야 했다. 공공 부문의 재정 삭감을 명문화하고 국가 독점 기업은 민영화해야 했으며 더 나은 경제 운영에 적극 참여해야 했다. 이러한 정책들의 중요한 목적은 시장 추동적 접근을 통해 정부 독점을 줄이는 것이었다. 하지만 버그 보고서가 감소만 강조한 것은 아니다. 어떤 절에서는 (Berg, 1981, 81-90) 교육과 보건 영역에서 인간개발에 초점을 맞출 필요가 있다고 강조하기도 하였다. 또한 개혁을 달성하기 위해 협력하여 나가는 훈련도 필요함을 강조한 바 있다. 하지만 서비스(공적) 영역에 대한 전면 삭감이 시행되면서 이러한 권고 사항은 도중에 실패하게 되고 대륙 전역의 사회적 지표에 엄청난 영향을 미치게 된다.

Programs)으로 명명되었다. SAPs는 아프리카국가들에 대한 무상 국제 원조가 아니었고 엄격한 경제적 조항이 첨부된 일련의 대출이었다. 시장 자유화, 관세와 무역 장벽 철폐, 재정 긴축, 민영화 등이 나열된 조항들이었다. 아프리카국가들이 규정된 조항에 동의하지 않을 경우 자금은 지원되지 않았다. 지도자들은 제시된 경제 해결책을 벗어나 정치나 사회 문제에 몰두하였기 때문에 부과된 까다로운 조건들은 많은 논란을 낳기도 했다. 결과적으로, 서구는 이제 조건을 달아서 아프리카 경제정책의 전체적인 방향을 바꾸도록 강요하고 있었다. 서구의 가부장주의와 우월감 서사와 결합하여 아프리카국가들의 금융 자율권은 외부 세력에 의해 상실되었다. 신식민주의 여전히 살아있었고, 생생하게 작동하고 있었다.

구조조정프로그램(SAPs) 조항에 대해 아프리카 지도자들 사이에 불만이 폭증했지만, 금융 상황으로 인해 그들은 선택의 여지가 없었다. 아프리카 전역에서 사회주의자, 자본주의자, 원유 수출국 할 것 없이 모두 서구에 도움을 청할 수밖에 없었다. 물론 부과된 조건에 대한 책무의 수준은 달랐다. 처음으로 구조조정안을 받아들인 국가는 1979년 세네갈이었다. 1990년대까지 병든 경제를 지원하기 위해 아프리카 36개국이 241개의 SAP 대출을 받았다 (van de Walle, 2001, 1, 7). 세네갈, 가나, 케냐, 마다가스카르 같은 몇몇 국가들은 다중 대출을 받아야만 했다. 1989년, 세계은행이 SAP 결과의 재평가를 통해 기대 성장율이 달성되지 않았다는 것을 인정한 후, 서구는 더 강력한 간섭을 할 수 있었다. 하지만 시에라리온과 잠비아와 같은 나라에서 개혁을 실행할 의지가 부족하여 프로그램이 실패했을 뿐인 것으로 확인되었다 (World Bank, 1989, 1994 참조). 그러나 여전히 중앙집중화된 경제는 신후원주의를 통해 정치적 통제를 유지하기 위해 작동하고 있었다. 지도자들은 안 그래도 불안한 위치를 위태롭게 할 수 있는 근본적인 변화를 추구하지 않았다. 경제적 변화는 정치적 의지가 필요하다는 사실을 인정한 아프리카 독재자들은 지속적으로 외부로부터 주목받게 되었고, 1989년에 제시된 해결책은 외부에서 요구한 '굿 거버넌스'였다. 이것은 1990년대 초반의 민주화의 흐름과 맞닿아 있었다 (제4장 참조).

SAPs가 아프리카의 경제적 문제를 해결했을까? 결론적인 경제적 판단을 내리기는 어렵지만, 구조조정으로 인하여 아프리카의 정치적, 사회적 분위기는 큰 변화를 겪었고, 그 영향력은 오래 지속되었다.

SAPs를 자화자찬하면서 세계은행(World Bank, 1994)은 다음과 같이 평가한 바 있다. 실행된 프로그램은 아프리카의 성장률을 되돌리는 데 성공했을 뿐 아니라 빈곤문제도 해결하였다. 아프리카 29개국에 대한 조사를 통해 세계은행은 6개 나라(가나, 탄자니아, 감비아, 부르키나파소, 나이지리아, 짐바브웨)가 상당한 이득을 보았으며 GDP 성장률 2%를 기록할 정도로 경제적 성과를 나타내게 되어 '가장 강력하게 재기한 국가'라고 평가한 바 있다. 물론 이러한 성과는 개혁 프로그램을 강력히 고수한 덕분이라고 평가했다 (World Bank, 1994, 1, 57-58). 그들이 자평한 '향상'이라는 헤드라인 이면에는 실패들이 도사리고 있다. 9개의 나라는 소소한 진전이 있었고, 11개국은 경제 수준이 실질적으로 과거로 회귀했다 (World Bank, 1994, 58). 그러나 기대했던 결과와 거리가 있는 이러한 현상들은 성공으로 포장되었다. SAPs와 연계된 경제적, 사회적 문제에 대한 비난의 화살이 아프리카정부로 향했다. 이들은 자유화 프로그램을 완벽하게 수행하는 데 실패한 르완다, 모잠비크, 카메룬과 같은 나라들이었다.

본 보고서에 따르면 전체 조사 대상국 중 1/2 정도 나라에서 구조조정을 통해 1인당 GDP가 증가하였다. 성장과 빈곤 감소는 강한 상관관계를 갖고 있기 때문에 구조조정이 빈곤층의 삶을 더 나아지게 만드는 논리적 이유가 있다. 하지만 구조조정을 실시한 많은 아프리카국가에서 정책집행은 매우 부분적이었고, 있다 하더라도, 경제성장은 회복되지 못했다. 빈곤층은 더 강력한 구조조정으로 인해 혜택을 받은 것으로 보인다 (World Bank, 1994, 163; 원본에 강조).

UN 아프리카경제위원회(UNECA)는 SAP에 대한 대안적인 관점을 내놓은 바 있다. 세계은행의 보고서를 강도 높게 비판한 보고서(UNECA, 1989, iii-iv)에서, 구조조정프로그램(SAPs)이 GDP 성장과 관련 있다는 직접적인 증거도 없고, 세계은행은 '신화적인 낙관적 그림'을 만들어낸 혐의가 있다고 주장하였다. "현재 아프리카의 현 경제 상황을 장밋빛 그림으로 묘사하려는 시도와 구조조정프로그램의 영향을 항상 긍정적이라고 묘사하려는 시도는 상황의 현실을 훼손할 뿐만 아니라 극도로 이기적인 태도이다."

성장이라는 측면에서 구조조정의 경제적 결과는 불확실하다. SAPs가 제대로 작동했는지 아닌지 결정적으로 진술할 수 있는 절대적인 서사는 존재하지 않는다. 몇몇 국가가 성장하면 다른 나라는 정체하거나 심각하게 쇠퇴했다. 이러한 상황이 세계은행 탓인지 완전한 개혁 패키지를 실행하지 못한 아프리카 지도자 탓인지 알 수 없다. 2000년에 제시된 세계은행의 평가(World Bank, 2000, 17)에 따르면, 지난 20년간 아프리카 경제는 전반적으로 하향세를 보이고 있다. 1975~1984년 사이에 매년 GDP가 3.3%씩 증가하였으며 1985~1989년에는 2.5%, 1990~1998년에는 매년 2.3%씩 증가하였다. 인정하건대, 에티오피아, 적도 기니, 우간다와 같은 몇몇 나라들은 잠재적인 향상을 보인 국가라고 할 수 있다. 하지만 대부분의 국가에서 상황은 악화되어 갔다. 지속가능한 긍정적인 발전이 부족하다는 것은 아프리카가 다른 대륙에 비해 뒤처지고 그들을 따라잡기 위해 가능한 한 빨리 진보할 수 없음을 의미한다. SAPs 체제하에서 아프리카의 성장을 가로막은 중요한 요인은 농업 분야의 1차 상품의 생산 승가와 수출에 초점을 맞춘 — 세계은행이 제안한 — 해결책이었다. 하지만 엄청나게 많은 국가들이 수출을 확대하기 시작했고, 결과적으로 공급과잉 현상이 벌어졌다. 세계시장에 과잉 공급됨에 따라 가격 하락이 발생했다. 그 결과 불평등한 세계 시스템은 더욱 공고화되었다. 산업화된 나라에 판매하는 1차 상품은 더욱 저렴해지고, 아프리카 생산자들의 수입은 줄어들었다.

아프리카의 채무 위기를 해결하기 위한 전략으로서 SAPs는 완전히 부적절한 것이었으며 대륙을 빚의 구렁텅이로 더욱 몰아넣었다. 월(van de Walle, 2001, 6)에 따르면 1980년에 아프리카의 대외 채무는 840억 달러에 달했고, 1996년에 2,270억 달러까지 증가하였다. 성공 가능성이 높다고 평가되었던 가나조차 14억 달러에서 42억 달러로 빚이 늘어났다. 2000년대 이후 아프리카국가들은 거대한 채무에 지속적으로 시달리게 되고 GDP의 상당 부분을 빚 갚는 데 쓰고 있다 (World Bank, 2000, 180-182). 1996년에 IMF와 세계은행은 과다채무 빈곤국(HIPC: Heavily Indebted Poor Countries) 구상을 설립하여 감당할 수 없는 채무가 있는 국가를 빚 통합과 감경과 같은 조치를 취하면서 지원하기 시작했다. 동시에 빈곤과의 전쟁을 수행해 나갔다.

SAPs의 '성공' 여부에 관해 의문이 있지만, 그것의 사회적 영향은 현대 아프리카에서 가장 논쟁적인 이슈라고 할 수 있다. 진전된 경제성장을 달성하도록 SAP가 제안했다는 증거는 거의 없으나, 그것으로 인한 광범위한 사회적 변화는 재앙이었다 (사진 5.1 참조). 경제적 독단과 시장에 의해 추동되는 지속적 성장률에 대한 집착은 가장 가난한 아프리카인들에게 물질적 영향을 미쳤으며, SAP는 이러한 현상을 무시했다. UNECA(1989, ii)는 SAPs의 "인적, 사회적 비용은 실제 혹은 의도된 혜택과 균형을 이루지 못하는 것으로 보인다"고 주장한 바 있다. 국가의 역할을 축소하라는 SAPs의 요구로 인해 공적 서비스가 감소하여 실업 수준이 높아졌고, 국제 경쟁으로 인해 국내 일자리가 사라졌을 뿐 아니라 사회 복지를 위한 투자나 지원이 급격히 감소하게 되었다. 국민들은 보건, 교육 등 여타 국가 서비스에 접근하기 위해 돈을 지불해야 할 것으로 보인다. 이미 가난해져 버린 아프리카 시민들은 더 이상 기본적 서비스를 받을 수 없게 되었고 문해율, 기대 수명, 영아 사망률과 같은 사회행복지수는 곤두박질쳤다. 예를 들어, 1984~1997년 동안 20개국의 나라에서 30%의 인구가 빈곤을 겪고 있었다. 차드, 감비아, 시에

▌사진 5.1 구조조정

출처: 앤더슨(Kirk Anderson), www.kirk.co (2018).

라리온, 잠비아와 같은 나라에서 빈곤율을 60%를 상회하였다 (World Bank, 2000, 318). 보건서비스의 퇴보와 아프리카 전역의 HIV/AIDs 창궐이 맞물려 동부와 남부 아프리카에서 다수의 감염자가 발생했다. 공적 서비스 중단으로 가장 피해를 본 이들은 공적 서비스를 이용할(구매할) 여력이 없었던 여성과 아이들이었다. 탈식민주의(post-colonial) 시대가 성공하지 못했다는 극적인 반증 사례라고 할 수 있다. 게다가, 고용 수준이 낮아지고 공적 서비스 제공이 줄어들면서, 사람들의 구매 여력이 줄어들었고, 그 결과 상품에 대한 국내 수요가 감소했고, 비공식적 경제 (중요하지만 종종 경제활동으로 잡히지 않는 아프리카 경제의 구성요소)가 증가하였으며, 광범위한 경제적 불평등을 초래했다.

국가가 핵심적 기능을 발휘하지 못하게 되자, 새로운 현상이 등장하게 된다. 국민들이 외국의 원조에 기대고, 강력한 서구 NGO가 부상하게 된 것이다. 수입 감소에 직면한 많은 아프리카정부들은 어쩔 수 없이 공적개발원조(ODA)에 의존할 수밖에 없었다. 리비아와 라이베리아를 제외하고 대부분의 아프리카국가들이 공적 원조를 받았고, 규모는 필요에 따라 다양했다 (표 5.4 참조). 1995년에 25개국이 GDP 14%에 달하는 금액의 원조를 받은 바 있고, 카보 베르데, 에리트레아, 기니 비사우와 같은 나라는 25%를 상회하는 금액을 받기도 하였다 (World Bank, 2000, 301). 외부원조를 받은 각국 정부는 돈을 기부한 기구나 나라들의 요구에 의존하고 신세를 지게 된 것이다.

나아가 아프리카국가들은 외국으로부터 경제정책을 지시받을 뿐 아니라, 개혁 과정에서 악화되었던 빈곤, 보건, 교육과 같은 이슈에 서구가 개입하고 훈계하려 한다는 것을 알게 되었다. NGO 활동이 급속히 확산되면서 (제7장 참조) 최악의 사회적 문제는 어느 정도 해결될 수 있었으나, 아프리카 전역에서 빈곤에 영향을 미치는 구조적 원인을 해결

표 5.4 주요 아프리카국가 GDP에서 공적 원조가 차지하는 비율 (%)

	1980년	1990년	1992년	1994년	1997년
모잠비크	4.8	40.1	75.1	54.3	28.0
부르키나 파소	12.4	12.1	22	23.5	15.6
부룬디	12.8	23.4	28.7	33.9	12.5
상투메 프린시페	9.1	109.8	125.2	101.1	76.3
이집트	6.1	12.6	8.6	5.2	2.6
잠비아	8.2	14.6	32.5	21.5	15.7
적도 기니	-	46.8	40.3	24.1	4.9
지부티	-	45.8	24.1	26.5	17.3
탄자니아	-	27.8	27.4	23.0	13.6

출처: 세계은행(2000). *African Development Indicators*.

할 수는 없었다. 아프리카에 대한 이미지를 훼손하고 있는 이들은 아마도 마케팅을 통해 경쟁적으로 모금 활동을 벌이는 NGO들일 것이다. 이들은 아프리카의 암울한 상황이 영속화된다고 큰소리로 떠들고 다니고 있으며 따라서 아프리카는 외부 원조가 필요한 나라이며 또다시 구호가 필요한 나라라고 선전하고 있다.

　1990년대 말까지 구조조정은 지속가능한 장기적 성장을 위한 경제적 효과를 발휘하지 못했던 것이 분명했다. 그리고 최악의 부채 위기 또한 해결하지 못했다. 구조조정안의 조항들은 각종 사회발전지표를 악화시켜 아프리카를 수십 년 전 상황으로 되돌려 놓았고 최빈층이 가장 큰 피해를 입었다. 밀레니엄 시대인 2000년대에 이르러 부채 경감 캠페인과 경제적으로 번영하는 아프리카를 만들기 위한 정책이 강조되기 시작했다.

회복의 길?

밀레니엄 이후 아프리카의 경제적 운명이 반전된 것은 한 편의 드라마라고 표현할 수 있다. 아프리카는 번영으로 향하는 길로 유턴했다는 평가가 잇따랐다. 2000년대 내내 아프리카는 (전년 대비) 매년 5.5%의 GDP 인상률을 보이고 있었다 (AfDB, 2011, 253). 아프리카 전역에서 (석유나 철광석 같이 전통적으로 이익이 되는 천연자원과 − 역자 주) 상이한 천연자원을 가진 국가나 다른 경제구조를 가진 국가들이 번성하기 시작했다. 예를 들어, 에티오피아나 모잠비크, 르완다 모두 엄청난 경제적 이득을 획득한 바 있다. 실제로 2003년부터 2011년까지 17개 이상의 아프리카국가들이 연간 GDP 성장률 6%를 초과 달성했다 (AfDB, 2012, 240−241). 1980년대와 1990년대의 상황을 상기해 본다면 놀랄 만한 일이 아닐 수 없다. 아프리카가 낙관주의 서사로 전환되기 시작한 것이다. 아프리카는 급속히 발전하여 향후 10년 혹은 5년 이상 성장률은 상승세를 유지할 것으로 보여 아프리카는 이제 '부상'하고 있다 (Robertson & Okonjo-Iweala, 2012; Rotberg, 2013; IMF, 2014). 2008년 글로벌 경기침체조차도 아프리카의 부상을 막을 수 없었다. 이것은 경제 회복이 단순히 일시적인 현상이 아니라 지속될 수 있다는 징후였다.

　이런 변화를 어떻게 설명해야 할까? 의심할 것 없이 이러한 성장은 높은 상품가격 때문에 가능했다. 특히 원유와 금속 가격의 상승에 힘입은 바가 컸다. 21세기 초반 10년 동안 중국이 원자재를 끊임없이 소비함으로써 가격상승을 주도하였다. 이러한 상황은 분명 긍정적 변화를 가져오긴 했지만 다수의 위험을 내포하고 있기도 했다. 그러나 많은 국내외 요인들이 혁신을 가능케 하는 기반을 제공했기 때문에, 원자재만으로 성장했다고 규정할 수는 없다. 조심스럽긴 하지만, 이러한 상황으

표 5.5 2002~2010년 주요국의 연간 GDP 성장률 추이(%)

	2002	2003	2004	2005	2006	2007	2008	2009	2010
가나	4.5	5.2	5.6	5.9	6.4	6.5	8.4	4.0	7.7
나이지리아	21.3	10.2	10.5	6.5	6.0	6.4	6.0	7.0	7.8
르완다	9.4	2.2	7.4	9.4	9.2	7.6	11.5	6.0	7.2
시에라리온	27.4	9.5	7.4	7.3	7.4	6.4	5.5	3.2	5.0
앙골라	14.5	3.3	11.2	20.6	18.6	22.6	13.8	2.4	3.4
에티오피아	1.6	-2.2	13.6	11.8	10.8	11.5	10.8	8.8	11.4
이집트	3.2	3.2	4.1	4.5	6.8	7.1	7.2	4.7	5.1
적도 기니	20.4	14.4	32.7	8.8	1.3	21.4	10.7	5.7	-0.8
짐바브웨	-5.9	-17.2	-6.9	-2.2	-3.5	-3.7	-17.7	6.0	9.0
케냐	0.5	2.9	5.1	5.9	6.3	7.0	1.5	2.6	5.6
코트디부아르	-1.6	-1.7	1.6	1.8	0.7	1.6	2.3	3.8	2.4
콩고민주공화국(DRC)	3.5	5.8	6.6	7.8	5.6	6.3	6.2	2.8	7.2
탄자니아	7.2	6.9	7.8	7.4	6.7	7.1	7.4	6.0	7.0
아프리카 전체	5.7	5.2	6.1	5.9	6.2	6.5	5.5	3.1	5.0

출처: AfDB (2011), 254-255, and AfDB (2012), 242-243 재구성.

로 인해 대륙이 앞으로 더욱 지속가능한 경제를 유지할 것으로 기대할 수 있다 (글상자 5.4 참조).

아프리카 전역에 해악을 미친 구조조정정책을 옹호할 마음은 전혀 없지만, 자유화 의제의 여러 측면들은 아프리카에서 구조개혁을 가능케 했고, 글로벌 경제의 현상유지 흐름 속에서 아프리카국가들이 혜택을 얻을 수 있도록 하는 원동력이 되었다. 과대평가된 통화로 보호되던 종전 아프리카의 폐쇄된 경제는 보다 '개방된' 시장과 더 나은 국제 연결의 기회를 창출한 새로운 무역 관행으로 대체되었다. 이러한 관행을 통해 아프리카는 크게 혜택을 입은 셈이다. 대체로 국가 주도 개발과 결별하면서(남아프리카처럼 여전히 몇몇 준 국가기업을 보유한 나라는 예외지만), 재정적으로 신뢰할 만한 정책을 수행하고 관리 가능한 수준으로 채무를 줄여나갔고, 인플레이션을 억제했으며, 외환 보유고를 늘려갔다. 이러한 정책들이 결합하여 비즈니스하기 좋은 환경을 조성하게 된 것이다. 예를 들어, 2005년과 2013년 사이에 아프리카의 20개국이 비즈니스 규제 효율에서 가장 개선된 50개국에 선정되었으며, 르완다가 가장 많이 개선된 국가로 나타났다 (AfDB, 2014, 22).

이러한 조처들로 이전에는 정치적 간섭으로 압박받았던 민간 영역이 활성화되었다. 이러한 발전을 통해 고용과 부의 창출 기회가 공공 부문에서 벗어나 새롭게 확장된 민간 부문에서 발생하기 시작했다. 이제 민간 부문이 아프리카 일자리의 90%를 책임지고 있으며, 대륙 투자액의 3분의 2를 창출했다 (ADDB, 2014, 21). 그 결과, 신규 고용과 기존 영역에서 고용 기회가 늘어나면서 점차 빈곤 수준이 감소하기 시작했으며 (아직도 여전히 높은 수준이지만), 아프리카 전역에서 약 3억 5,000만 명의 중산층이 성장하였다. 결과적으로, 중산층은 상품과 서비스의 소비를 통해 국내 생산을 촉진하는 데 도움을 주었다. 이것은 특히 중요한

글상자 5.4   에티오피아의 급속한 경제성장에 대한 평가

2000년대 초반 이후 에티오피아는 극적인 경제 변화를 경험했다. 지난 10년 동안 GDP 성장률 평균이 10%이상이어서 세계에서 가장 빠른 성장을 달성한 국가 중 하나였다. 다수의 애널리스트들은 에티오피아의 성공이 '아프리카의 부상'이라는 서사를 구체화했다고 평가하고 있다. 사실, 에티오피아의 놀랄만한 성공은 원유와 광물 같은 상품 수출에 주로 기대고 있었다. 1990년대 제나위(Meles Zenawi) 전 대통령은 에티오피아를 (민주적 요소가 조용히 잊혀졌지만) 민주적 발전국가로 선언했고, 강력한 중앙집권국가의 지시에 따라 의미 있는 경제 개혁을 실행하였다. 에티오피아 인민혁명민주전선(EPRDF)이 제시한 야심찬 경제적 목표는 2020년까지 에티오피아가 중위 소득국가로 도약하는 것이었다.

성장을 위한 핵심 엔진으로서 성장과 혁신계획(2010~2015년) 같은 5개년 경제 모델을 수립하는 등 정부 주도의 투자가 이루어졌다. 이런 정책 덕분에 에티오피아에서 원유와 금속의 수출 없이도 '기적'이 가능했다. EPRDF가 주도하는 에티오피아정부는 빈곤 감소 등 사회 복지를 위해 전체 지출 중 60% 이상을 썼다. 여기에는 아디스 아바바의 경전철 건설과 같은 인프라 확충, 그랜드 에티오피아 르네상스 댐(Grand Ethiopian Renaissance Dam)과 같은 에너지 프로젝트 수행에 들어가는 지출이 포함된다. 다양한 제조 기반, 서비스 부문 고용 증가(GDP의 46.6%에 상당), 집중적인 상업적 농업 지원(GDP 대비 38.8%)이 계속되면서 이러한 국가 주도의 지출은 증가되었다 (AfDB, 2016, 287). FDI 자금유입 증가(특히 중국으로부터), 제조업과 소매 영역을 타겟으로 한 외부 개발 원조가 이러한 노력에 도움을 주었다.

하지만 에티오피아의 '기적적' 경제성장에는 중대한 문제를 내포하고 있다. 대부분의 성공은 권위주의적 리더십 아래 이루어진 것이어서 정치적 반대와 불만의 목소리를 억압한 것이다. EPRDF는 장기

계속

간의 번영을 달성하기 위한 필수적 조처로서 민주주의가 결핍될 수밖에 없다고 정당화하였다. 나아가 에티오피아는 정부지출을 지속하기 위해 외국의 원조에 매우 크게 의존해야 한다. 한편 가뭄으로 인해 1,000만 명 이상의 사람들이 살기 위해 식량원조에 의존해야 하는 상황에 처해 있다. 이런 상황을 보면 GDP 성장이 최악의 빈곤층을 실제로 줄일 수 있을지 의문이 드는 것이 사실이다. 한편으로 국내의 불평등은 계속 증가하고 있다 (이 장의 마지막 부분 참조).

데, 아프리카의 GDP가 모두 상품이나 서비스 수출을 통해 발생하는 것이 아니라, 내부적으로도 추동된다는 사실을 일깨우기 때문이다. 그러나 중산층의 부는 여전히 주로 상품 수출에 의해 뒷받침되고 있어서 앞으로 이러한 번영은 언제 깨질지 모른다는 점에 주목할 필요가 있다. 아프리카 경제의 다각화가 절실히 필요한 상황이다.

아프리카 지도자들은 경제 상승을 유지하기 위해 서로 협력해야 한다는 점을 잘 알고 있었다. 이 장의 초반에 언급했듯이, 아프리카 경제는 전통적으로 외부 지향적이었다. 결과적으로 대륙 내에서 이루어지는 교역은 거의 없었다. 2013년 대륙 내 교역은 14%에 불과했다. 유럽과 교역이 70%에 이른 것과 비교하면 매우 낮은 수준이다 (UNCTAD, 2015, 3). 2012년에 AU는 2017년까지 대륙자유무역지대(CFTA: Continental Free Trade Area)를 설립하기로 결정한다. 대륙의 상품과 서비스를 거래하는 단일 시장 내에 아프리카국가들을 통합시킨다는 구상이었다. 비록 아직까지 실행되지 않았으나 CFTA는 1960년대 범아프리카주의의 꿈을 실현하고자 하는 시도라고 할 수 있다. CFTA 설립을 위한 첫 단계는 2015년 아프리카의 주요 지역경제공동체인 남아프리카개발공동체

(SADC), 동아프리카공동체(EAC), 동남아프리카공동시장(COMESA)의 세 곳을 하나로 묶은 3자간 자유무역지대(TFTA)의 발표와 함께 시작되었다. 만약 성공한다면, 이러한 대륙 간 무역 협정은 지속적인 경제성장과 역동성에 결정적인 촉매제가 될 수 있다 (제9장 참조).

폭넓은 경제정책의 변화는 1990년대 초반과 2000년대에 다시 한 번 일어난 민주화의 물결과 관련이 있었다. 민주주의적 통치자들이 증가하면서 정부정책은 향상되었다 (하지만 여전히 민주화는 위협받고 있다, 제4장 참조). 대륙 전역의 정부들은 경제를 부양하고 자신의 나라를 중위 소득국가로 만들기 위해 야심찬 전략을 구사하고 있다. 케냐의 비전 2030 프로젝트가 대표적인 예이다. 굿 거버넌스라는 기반을 통해 보다 많은 나라들이 민주적 규범을 고수하게 되었고, 이것은 책임 있는 정치적 지도자가 없었다면 불가능한 일이었다. 민주적 상황이 개선되면서 국제 교역은 융성하게 되었다. 리비아와 아프리카의 뿔 지역(아프리카 대륙에서 뿔 모양으로 튀어나온 소말리아, 에리트레아, 지부티 일대를 일컫는 말 – 역자 주) 예외적이지만, 더 넓은 정치적 안정성으로 인해 갈등과 불안정성이 감소하였다. 대륙에 깃든 평화로 인해 사업의 불확실성이 제거되고 FDI와 ODA가 늘어날 수 있는 조건이 마련되었다. 외부에서 유입된 자금 총액(FDI, ODA와 송금액을 포함하여)은 2015년 2,083억 달러에 달했으며, 2016년에 2,200억 달러 이상으로 상승하게 되면서 (AfDB, 2016, 52-53) 아프리카는 이제 기업이나 국가의 좋은 투자처로 인정받고 있다.

하지만 FDI가 이루어지는 지역은 매우 불균등하게 나타난다. 이집트, 남아프리카, DRC, 모로코, 에티오피아와 같은 소수의 국가만 대부분의 해외투자를 유치하고 있다. 비록 중국이 브라질, 인도와 같은 경제적으로 부상하는 나라와 함께 아프리카의 중요 파트너 역할을 하고 있으나, EU나 미국과 같은 전통적인 파트너는 교역이나 투자를 통해 아프리카 경제발전에 중요한 역할을 하고 있다는 점을 잊어서는 안 된다. 나아가 아프리카 내의 국가들이 투자를 촉진하는 데 영향을 미치고 있음을 인식해야 할 것이다. 특히 남아프리카의 정부와 기업들은 1994년 이후 다양한 영역에서 대륙 전역의 주요 투자자 역할을 해오고 있다 (Louw-Vaudran, 2016).

아프리카국가 경제의 발전을 도왔던 외부 자금유입 중 종종 무시되었던 부분이 이민자들이 고국으로 보내온 돈이었다. 선진국이나 아프리카 이외 지역으로 이민을 떠난 3,260만 명의 아프리카인들이 고국으로 보낸 송금액은 646억 달러에 이른다. 비록 미국과 프랑스, 영국과 같은 나라에서 보내온 송금액이 절반 이상이지만 남아프리카와 같은 나라에서 보내온 송금액도 전체 송금액에서 상당 부분을 차지하고 있다. 몇몇 나라에서 해외 송금은 경제를 지탱하는 중요한 요소라고 할 수 있다. 라이베리아, 감비아, 코모로스, 레소토는 해외 송금액이 GDP의 20%에 달한다. 그러나 송금 흐름은 불안정하여, 서구와 중동의 경제 번영을 전제로 하고 있으며, 송금은 북아프리카와 서아프리카에 편중되어 있어 불균등하게 나타나고 있다 (AfDB, 2015, 2016).

의심할 바 없이 주요한 구조적 변화가 아프리카의 경제적 혁신을 가능하게 했다. 그것은 바로 서구 국가들과 기구들이 아프리카의 빚을 경감해 주었던 정책이었다. 2000년대 초반에서 중반까지 아프리카의 최빈국들이 지속불가능한 부채에서 벗어나 빈곤을 해소할 수 있도록 하는 일련의 조치들이 취해졌다. 이미 부채감축을 감독하기 위해 추진되고 있던 HIPC 이니셔티브는 2000년 유엔 새천년개발목표(MDGs)에 의해 강화되었는데, 2015년까지 빈곤퇴치, 치명적인 질병의 감소, 지속가능한 개발 촉진 등 8개의 야심찬 목표를 달성하기 위해 수립되었다 (UNDP, 2015). 그러나 이러한 구상은 진행은 불규칙하게 진행되었고(모든 목표가 2015년 마감일까지 달성된 것은 아님) 세계 최빈국들이 겪고 있는 명백한 부채 위기로 인해 좌절되었다.

2005년, 빈곤의 역사를 만들다(Make Poverty History)와 같은 조직의 도움으로 빈곤 퇴치 행동을 위한 글로벌 요구(Global Call for Action against Poverty)가 주도하는 시민사회의 목소리는 고조되었다. 이들은 Live8 콘서트를 개최하여 G8국 지도자들이 단호한 결정을 내리도록 로비하기도 하였다. 2005년 스코틀랜드 글렌이글스에서 열린 G8 회의에서, 가장 가난한 나라들 중 많은 나라들이 결코 빚을 갚을 수 없다는 것을 인정하였다. 그리고 단순히 그들을 도와주는 것은 지속적인 경제성장을 저해하는 조치라는 점을 분명히 했다. 따라서 과다채무 빈곤국(HIPC) 구상과 MDGs를 지원하기 위해 당시 블레어(Tony Blair) 영국총리가 G8 지도자들을 독려하여 다자간 채무경감계획(MDRI: Multilateral Debt Relief Initiative)을 설립하여 HIPC를 완수한 국가들이 IMF, 세계은행, 아프리카개발기금에서 100% 채무 탕감을 받을 수 있도록 하였다 (표 5.6 참조). 2018년까지 30개 아프리카국가들이 이러한 과정을

표. 5.6 아프리카국가들과 다자간 채무경감 노력

성공적으로 HIPC/MDRI를 완수한 국가들	자격은 되지만 통과 못한 국가들
CAR, DRC, 가나, 감비아, 기니, 기니 비사우, 니제르, 라이베리아, 르완다, 마다가스카르, 말라위, 말리, 모리타니, 모잠비크, 베냉, 부룬디, 부르키나 파소, 상투메 프린시페, 세네갈, 시에라리온, 에티오피아, 우간다, 잠비아, 차드, 카메룬, 코모로스, 코트디부아르, 콩고공화국, 탄자니아, 토고	에리트레아, 소말리아, 수단

출처: IMF (2017), *HIPC*에서 데이터 재구성.

통과했으며 1,164억 달러에 달하는 빚이 탕감되었다 (IMF, 2018). 가나, 탄자니아, 잠비아의 채무는 75%까지 감소했다 (Oxfam, 2013). 당연히, 채무 탕감을 달성한 아프리카국가들은 그 후에 부채 때문에 이전에는 불가능했던 다양한 개발 및 경제 지출정책을 실행할 수 있었다.

용으로 들어가기: 밀레니엄 이후 중국의 역할

위에서 설명한 변화는 명백히 아프리카의 경제적 부를 향상시키기 위한 중요한 구조적인 단계였지만, 밀접하게 연결된 2가지 요인이 2000년 이후 급속한 성장을 가능케했다. 상품 가격의 상승과 대륙전역에 역동적으로 작용했던 중국의 역할 증대가 근본적인 성장 요인이었다. 중국이 아프리카로 영향력을 급속히 확장한 것은 밀레니엄 전환 이후 극적으로 초강대국의 지위로 부상한 현실과 관련이 있다. 중국의 아프리카 개입은 더 이상 새로운 현상이 아니다. 냉전 시기 중국은 짐바브웨의 짐바브웨 아프리카민족동맹(ZANU: Zimbabwe's Zimbabwe African National Union)과 같은 자유운동과 연계한 바 있으며, 1970년대 타자라(TAZARA) 철도 건설과 같은 인프라 프로젝트에 자금을 지원하여 잠비아 구리 광산과 탄자니아 수도 다르에스살람을 연결하는 데 도움을 주기도 했다. 그러나 아프리카에 대한 새로운 관심은 1990년대에 다시 불붙으면서, 중국은 1999년에 '외부로 진격 전략(Go out strategy)'을 실행하게 된다. 원자재의 안정적인 확보와 국제시장에서 자국 기업의 시장확대를 위해 고안된 전략이었다. 그 결과 알제리에서 남아프리카에 이르는 대륙 전체의 정치경제적 유대가 놀랄 만큼 증가하였다. 현재에도 중국은 아프리카 전역에서 뚜렷하고 역동적인 행위자로 자리매김하고 있다. 수출업자뿐 아니라 사실상 아프리카의 모든 나라가 중국 투자로 인해 이득을 얻고 있다 (사진 5.2 참조). 중국과 대륙 간 전체 무역(도표 5.1 참조)은 기하급수적으로 증가하여, 1999년 64억 달러에서 2014년에는 2,216억 달러 이상에 이를 정도였다. 핵심 교역 당사국은 앙골라, 남아프리카, 수단, 나이지리아, 이집트였다. 같은 시기 아프리카 전

▌ 사진 5.2   에티오피아 남성이 아디스 아바바에서 중국어 간판을 걸고 있다.

출처: Eric Lafforgue/Art in All of Us/Corbis via Getty Images.

도표 5.1 중국과 아프리카의 전체 교역액   (단위: 억 달러)

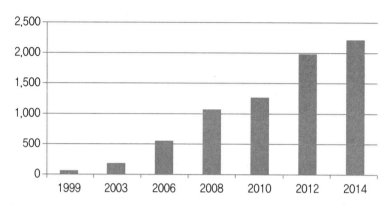

출처: 중국 통계 연감, 2000~2015년에서 데이터 재구성.
www.stats.gov.cn/english/statisticaldata/AnnualData/

체 교역에서 중국이 차지하는 비율은 급속히 증가해 4.4%에서 21%로
껑충 뛰었다. 중국은 아프리카 경제를 호전시키는 데 중요한 역할을 해
왔다. 중국의 확장된 역할과 존재로 인해 흥분하기 쉽다. 하지만 중국의
'아프리카 플랜'은 중국 기업과 재벌에 의해 민간 영역에 집중하는 거래
와 투자일 뿐이다. 아프리카 전체를 아우르는 구상이 아니라는 점을 분
명히 인식하는 것이 중요하다.

중국의 주요 우선순위는 에너지와 원자재 접근성을 강화하여 중국의
국내 성장을 도모하는 것이다. 중국은 전례 없는 교역 기회, 양허 대출,
값싼 인프라 개발 등을 제공하면서 아프리카 주요 상품 수출국과 협력
협약을 맺고 우선 접근권을 확보했다. 앙골라(석유), 적도 기니(석유),
카메룬(목재), 잠비아(구리) 등 아프리카 수출 주도국들에게 2000년대
상품 호황은 매우 유익한 상황으로 작용했다. 수요와 가격이 급상승함
에 따라, 결과적으로 세수가 증가하여 국내 예산 건전성이 개선되었다.
나아가 중국은 미래 에너지 비축량을 확보하려는 시도를 진행해 나갔

다. 수단, 모잠비크, 탄자니아, 우간다와 같은 나라에서 원유 탐사를 확장하기 위한 추진력과 전문 지식을 제공했고, DRC에서 철광석과 금속 채굴에 자금을 대기도 했다.

서방 세계에서 흔히 선전하는 신화는 중국이 끊임없이 원자재에 집중함으로써 '새로운 아프리카 쟁탈전'이 발생한다는 것이다. 왜냐하면 중국은 현재와 미래의 경제 요구를 충족시키기 위해 이들 재화에 독점적으로 접근하려고 하기 때문이다. 중국의 이익과 투자가 아프리카 전역에서 얼마나 광범위하게 퍼져 있는지에 대한 데이터가 있다. 가봉이나 남아프리카와 같은 자원 수출국은 중국의 이익에 핵심적인 국가들이다. 한편 수출에 의존하지 못하는 케냐나 말라위 같은 나라 또한 중국의 이익에 크게 기여하고 있다. 중국이 아프리카 원자재를 구매할 뿐 아니라 그 대가로 상당량의 소비재를 전 대륙에 수출하고 있는 것이다. 메이드 인 차이나 상품들은 대륙 전역의 가게나 시장 어디에서나 볼 수 있다. 화웨이와 같은 전자 기업들은 아프리카에서 강력한 기반을 다지고 있다.

아프리카와 중국의 경제적 상호작용이 이루어지는 핵심적인 영역은 인프라 프로젝트이며, 여기에 어마어마한 투자가 이루어지고 있다. 불안정한 에너지 공급, 적절한 교통망 부족 등 인프라 부족으로 많은 아프리카국가들이 고통을 겪어왔고 그로 인해 경제개발이 지체되었다. 세계은행 보고서(Foster & Briceño-Garmendia, 2009)는 이 대륙의 열악한 인프라가 경제성장을 연간 2%, 생산성을 40% 감소시켰다고 주장했다. 나이지리아와 남아프리카공화국 등 아프리카의 주요 경제국들도 전력난을 겪고 있는데, 이른바 '부하 차단(load shedding, 생산에 필요한 전력이 부족하여 전기가 차단되는 것 – 역자 주)'이 산업 부문에 큰 문제를 야기하고 있다. 세계은행은 아프리카에서 오랫동안 인프라가 구조적으로 부족했다고 인정한 바 있다. 이러한 상황을 개선하는 선도적 역할을 중국이 담당하고 있다. 국가 주도 구상을 바탕으로, 중국은 아프리카에서 금융과 인프라에 투자하는 가장 거대한 글로벌 행위자가 되었다. 투자 및 지원 금액은 134억 달러에 이른다 (Baker & McKenzie, 2015, 15). 아프리카 대륙 전역(수단, 나이지리아, DRC, 에티오피아 등)에서 도로, 철도, 에너지 프로젝트, 통신망을 구축하기 위한 자금 지원 프로젝트가 수립되고 있다. 예를 들어, 통신망 구축에 엄청난 투자가 이루어지고 있어 케냐와 르완다 같은 나라들은 기술적 도약을 경험하고 있다. 인터넷과 모바일 네트워크가 보편화되면서 기술 산업을 시작할 여력이 생겼다. 그리고 이전에 경제적인 이유로 커뮤니케이션 기술에 접근이 불가능했던 이들도 손쉽게 인터넷과 모바일을 이용하게 되었다 (자세한 것은 제10장 참조). 케냐의 M-Pesa와 모잠비크의 M-Kesh가 대표적인 사례인데, 이를 통해 사람들은 전통적인 은행 서비스를 이용하지 않아도 원격에서 간단하고 빠르게 휴대전화를 통해 송금할 수 있게 되었다.

아프리카에 대한 인프라 투자는 당분간 지속될 것으로 보이며, 향후 경제발전에 중요한 요인으로 작용할 것이다. 2015년 12월 요하네스버그에서 열린 중국-아프리카 정상회담에서, 시진핑 주석은 중국-아프리카 개발기금에 100억 달러를 지원하겠다고 공표했다. 그리고 향후 100억 달러를 투자하여 중국-아프리카 산업협력기금을 조성하겠다고 밝힌 바 있다. 이 계획의 목표 중 하나인 산업화에 더욱 집중함으로써 아프리카에 절실히 필요했던 경제 다각화가 촉진될 것으로 예상된다.

중국의 이익은 단순히 자원 접근이나 경제적 인프라 구축에 한정되지 않는다. 에티오피아에 AU 신청사를 짓는다든지 아프리카 전역(베냉, 가봉, 모잠비크)에 축구 경기장을 건설한다든지 하는 여러 프로젝트 영역에 자금을 대고 있다. 인프라와 건설 프로젝트에 집중함으로써 경제적인 목적을 달성할 뿐만 아니라 정치적 자본을 구입할 수 있게 되었다.

중국은 자비심의 발로에서 아프리카에 투자하고 교역하는 것이 절대 아니다. 아프리카의 필요보다 중국의 필요가 우선하는 것이다 (글상자 5.5 참조). 전 세계 투자와 교역에서 중국-아프리카 투자와 교역이 차지하는 비중이 각각 3%, 5% 정도로 상당 부분을 차지하고 있기 때문에 교역 조건은 중국에 더욱 유리한 쪽으로 제시되고 있는 중이다 (Sun, 2014, 2). 결과적으로 중국이 아프리카를 필요로 한 것보다, 경제적 복지를 위해 아프리카는 중국이 더욱 필요한 상황이다.

중국 투자와 교역의 또 다른 중요한 차원은 불간섭 정책이라고 할 수 있다. 중국은 민주화 수준이 낮은 아프리카 정권들에게 매력적인 파트너로 인정받고 있다. 서구의 원조와 대출에 따라붙는 조건과 굿 거버넌스에 대한 요구를 감안하면, 중국은 강력하고 매력적인 대안을 제시하고 있었다고 볼 수 있다. 차드의 데비 대통령과 수단의 알 바시르 대통령과 같은 독재자들에게 중국의 이익은 그들의 권력 기반을 공고히 하고 병든 경제를 성장시킬 수 있는 매우 유용한 카드였다. 예를 들어, 짐바브웨의 전 대통령이었던 무가베는 중국으로부터 대출을 받아 서구의 경제적 제재를 피할 수 있었다.

지속가능한 회복?

아프리카 대륙이 올바른 방향으로 위대한 발걸음을 디뎠다는 것은 의심할 바 없다. 하지만 사방에서 지나칠 정도로 칭찬하는 경제적 '기적'은 심각한 건전성의 문제를 외면하고 있다. 첫 번째로 나타나는 경제 건전성 문제는 대륙 전역에서 성장 수준이 불균등하게 나타난다는 점이다. 전체적으로 대륙의 그림을 그려 보면 동아프리카는 지속적으로 번성하

글상자 5.5 중국의 위협

아프리카에 대한 중국의 영향력을 고려할 때 사실과 픽션을 구분하기 어려울 때가 있다. 아프리카는 중국과 상호작용함으로써 매우 커다란 혜택을 얻었다. 하지만 불평등한 관계가 만들어졌다는 걱정과 비판이 존재하는 것도 사실이다. 사실상 아프리카는 중국에게 중요한 협력 파트너가 아니다. 니제르에서는 중국과 형편없는 거래가 이루어졌다고 정부가 항의한 일이 있었다. 사실상 석유 자원으로부터 자신들이 배제되었다고 주장한 것이다. 중국 정유 노동자들과 기술자들이 투입되어 국가나 일반 시민들이 거의 혜택을 얻지 못하고 있다는 주장이었다. 대략 100만 명의 중국인 노동자들이 아프리카 전역에 살고 있다고 추정된다. 차드에서 중국 정유 회사가 수도 은자메나(N'Djamena) 남부 도랑에 원유를 내다 버리고, 차드 노동자들을 아무 보호 없이 해고한 사실이 밝혀졌다. 이로 인해 차드정부는 중국의 이익이 자국에서 관철되는 것을 봉쇄하게 된다 (*New York Times*, 2013). 2012년 임금과 근로 조건 때문에 파업이 진행되던 와중에 잠비아의 콜롬 탄광(Collum Coal Mine)에서 광산 노동자들이 중국인 감독자를 살해하고 여러 명을 다치게 해서 구금된 적도 있었다. 불평등한 권력관계로 인해 아프리카 시장으로 유입되는 중국 상품의 영향도 심각했다. 국내 산업이 추풍낙엽처럼 쓰러졌고, 결과적으로 많은 이들이 직업을 잃게 되었다. 2000년대 후반에는 남아프리카 섬유 산업이 심각한 해를 입었다. 더구나 2018년 1월에 비대칭적 힘의 역학을 극적으로 보여주는 사건이 발생하였다. 중국이 기밀 자료에 접근하기 위해 AU 본부에서 도청을 시도했다는 주장이 제기된 것이다. 이것은 대륙의 이익을 염두에 둔 동맹국의 행동이 아니었다.

고 있으나 북부와 남부 아프리카는 의미 있는 진전을 이루기 위해 고군분투하고 있는 중이다. 이러한 지역 내에서도 에티오피아 같은 나라들은 인접국을 크게 앞지르고 있다 (나라별 편차가 크다는 뜻 - 역자 주).
분명한 것은 아프리카를 위한 절대적인 경제 스토리는 존재하지 않는다
는 점이다. 1980년대와 다르게 아프리카는 긍정적인 GDP 성장률을 지
속하고 있지만, 평균 성장률은 정체되어 있어서 아프리카 혁신의 지속
가능성과 깊이에 대해 경고음이 울리기 시작하고 있다 (표 5.7).

2012년 이후 아프리카에서는 국제 및 지역적인 요인에 의한 성장률
감소가 진속되고 있다. 앞서 지적했듯이, 중국은 아프리카의 경제 부흥
을 이끈 주요 촉매자 역할을 수행했다. 하지만 중국의 국내 경제성장이

표 5.7 2011~2017년 동안 연간 GDP성장률(%)

	2011	2012	2013	2014	2015	2016	2017
나이지리아	4.9	4.3	5.4	6.2	3.0	3.8	5.0
남아프리카	3.2	2.2	2.2	1.5	1.3	0.7	1.8
리비아	−61.4	92.1	−12.3	−23.5	−6.0	−0.8	3.9
시에라리온	6.0	15.2	20.1	4.6	−21.5	0.2	3.7
앙골라	3.9	5.2	6.8	4.8	3.8	3.3	3.5
에티오피아	11.2	8.6	10.6	10.3	10.2	8.1	7.7
이집트	1.8	2.2	2.1	2.2	4.2	4.3	4.5
적도 기니	7.7	9.5	−12.1	2.3	−10.2	−8.0	−3.4
짐바브웨	11.9	10.6	4.5	3.8	1.5	1.6	3.1
케냐	6.1	4.6	5.7	5.3	5.5	6.0	6.4
코트디부아르	−4.7	10.7	8.7	7.9	8.8	8.6	8.3
콩고민주공화국	6.9	7.2	8.5	9.2	7.7	7.0	8.0
탄자니아	7.9	5.1	7.3	7.0	7.0	7.2	7.2
아프리카 전체	**2.9**	**6.4**	**3.9**	**3.7**	**3.6**	**3.7**	**4.5**

출처: AFDB(2016). 338-339. 데이터 재구성.

상당히 둔화되고 있다. 더구나, 중국의 경제 둔화와 세계 경제의 침체가 맞물려서 부진한 경제성장을 보이고 있으며 원자재 수요가 감소하고 있다. 석유와 철광석, 백금, 그리고 농업생산물의 가격이 폭락함에 따라 수출 의존형 국가인 모리타니와 잠비아 등이 가장 피해를 입었다. 특히 2014년과 2016년 사이에 글로벌 석유 가격이 70% 정도 폭락하자 나이지리아와 적도 기니, 가봉과 같은 산유국들의 피해는 극심했다. 석유 수출로 인한 수입이 정부 예산의 90%에 달하는 앙골라와 남수단은 글로벌 가격 붕괴로 인해 국가 재정에 큰 타격을 받았다. 그로 인해 인플레이션이 증가되었고 외환 보유고는 줄어들었고, 여타 경제적 행동에도 나쁜 영향을 미쳤다.

'기적적 성장'이라는 서사에서 간과한 구조적 결함은 개선되지 않은 채 남아 있던 아프리카 경제의 본질이었다. 원자재 수출에 과도하게 의존하고 있다는 본질 말이다. 놀라운 것은 아프리카 경제가 천연자원에 이전보다 더 의존하고 있다는 점이다. 아프리카는 2000년 이후 주로 수출에 힘입어 성장해왔다. 하지만 대부분의 정부는 정책의 초점을 경제 행위의 다양화에 맞추지 않았다. 에티오피아와 케냐에서 산업화로의 위대한 전환이 일어났고 상대적으로 성공적으로 그 임무를 수행하고 있다. 하지만 아프리카 대부분의 국가에서 이러한 상황은 전개되지 않았다. 다양성이 실현되었다 하더라도 그것은 의미 있는 GDP 성장을 담보하지 못하는 서비스 영역에서 이루어졌다. 놀랍게도 아프리카는 탈산업화를 경험해 왔다. 사실 지속가능한 성장을 위한 기반을 제공하고 고용 창출에 근본적인 것으로서 산업화가 요구되는 시기에 탈산업화가 진행된 것이다. 통계 자료를 살펴보면 2000년 13.2%였던 경제활동 중 제조업이 GDP에 차지하는 비중이 2013년에 10.1%까지 떨어졌다 (UNCTAD, 2016, 356). 실행가능한 산업화정책을 추진하여 향후 미래에 더 많은 경제적 기회를 잡아야 한다는 것이 현재 아프리카의 지도자들에게 긴급하게 요구되는 정책 방향이다 (UNECA, 2016).

최근의 발전은 1970년대를 연상시키는 부분이 있어 걱정스럽다. 상품수출 하락에 따른 국가 수입의 감소는 정부지출의 확대와 해외 대출로 완화하려고 하고 있다. 카메룬, 콩고공화국, 탄자니아와 같은 나라들은 국가 예산을 유지하기 위해 이러한 정책을 수행하고 있다 (IMF, 2016, 4-7). 다시 한 번 강조하지만, 몇몇 나라들의 대외 부채는 증가하고 있으며 2015년 이후 차입 채무 비용이 증가하면서 상황은 악화되었다. 결과적으로 몇몇 나라들은 심각한 재무적 어려움을 겪고 있다. GDP에서 차지하는 채무 비율이라는 조건에서 살펴볼 때 다음의 나라들은 심각한 위기를 겪고 있는 나라로 분류되고 있다. 카보 베르데(91%), 상투메 프린시페(91%), 모잠비크(69.9%), 콩고공화국(52.6%), 앙골라(46.8%) (IMF, 2016, 107). 2015년 가나는 부채가 감당할 수 없이 증가하고 성장이 침체되어 9억 1,800만 달러의 구제 금융을 받기 위해 IMF에 의존할 수밖에 없었다 (IMF, 2015).

2010년 이후 불안정성을 높이는 요인들은 전염병, 환경변화, 정치적 갈등 등이었다. 경제적 성장과 발전에 영향을 미치는 주요 요인들이다. 2013~2016년 기니와 라이베리아, 시에라리온 등 서부 아프리카에서 발생한 에볼라 전염병으로 인해 해당 국가들의 경제활동은 완전히 중단되었다. 이들 세 나라는 철광석, 알루미늄과 같은 상품 수출에 의존하고 있어서, 국제적인 가격하락이 발생하자 크게 타격을 입게 된다. 이후 에볼라 발병은 억제됐지만 (제7장 참조) 완전한 경기회복까지는 다소 시간이 걸릴 것으로 보인다. 예방하기 어려운 환경 요인도 지역 경제에 영향을 미치는 데 한몫했다. 2015~2017년에 남부 아프리카 지역에 심각한 가뭄이 발생하여 말라위, 나미비아, 남아프리카, 잠비아에 악영향을 미쳐 농업생산에 심각한 차질이 빚어지게 되었고, 결국 정부는 비싼 가격에 식량을 수입해야 했다. 부룬디, 리비아, 소말리아, 남수단과 같은 나라에서는 정치적 불안정성과 폭력으로 인해 경제개발과 투자가 제대로 이루어지지 않아 성장은 요원해 보인다.

아프리카정부가 대비해야 할 잠재적인 위기는 이후 10년간 인구증가 문제라고 할 것이다. 로트버그(Rotberg, 2013)와 같은 작가들에게 인구통계학적 변화는 잠재적 젊은 인구가 대륙 전역에서 생산성과 성장을 증진시킬 수 있는 배당금인 셈이다 (대륙이 젊어지면서 젊은 층이 생산과 성장에 활력을 불어넣는 역할을 담당할 것이라는 의미 – 역자 주). 이러한 상황이 실현되려면 더욱 신속하고 지속가능한 성장이 이루어져야 하고 고용 창출에 더 집중해야 한다. 위의 사항들을 감안하면, 증가하는 젊은 층 인구에게 의미 있는 고용 기회를 창출하기 위해 대륙의 지도자들이 신속하고 결단력 있게 움직여야 할 것임을 보여준다. 하지만 고용 창출을 위한 대안적이며 민간 차원의 구상이 아프리카 전역에서 등장해 왔다. 공동체 차원에서 소규모 대출이 이루어졌으며 특히 여성들이 주도하는 사업이었다. 여성은 아프리카에서 전체 기업의 약 48%를 소유하고 있지만, 오랫동안 전통적인 금융에 접근할 수 없어 어려움을 겪어왔다. 이러한 상황을 극복하기 위해 남아프리카와 케냐와 같은 나라에서 변화를 모색하기 위한 집단적 행동에 나서게 된다. 이 지역의 여성 그룹들은 소액금융을 통해 조성된 기금을 이용하게 되었다. 기금 조성 목적은 채권자의 리스크를 제한하고 소규모 사업을 성장시키는 것이었다 (UN, 2009). 결과적으로, 경제적 소외를 극복하기 위한 풀뿌리 전략이 부상하게 된 것이다.

종종 무시되었으나 중요한 질문 하나가 제기된다. 성장률, FDI, 교역이 실제로 일반 시민들에게 혜택을 주었는가라는 질문이다. 가시적인 물질적 혜택이 나타나고 있어 아프리카 전역에서 역동적인 중산층이 등장하고 있다는 통계적 지표에 다들 축하하는 분위기다. 그런데 정말 등장했는가? 아프리카개발은행(AfDB, 2014)의 정의에 따르면 중산층은 하루에 2달러 이상을 버는 사람이다. 이러한 견해는 신뢰하기 어렵다. 만약 당신이 세계 빈곤선(하루에 1.25달러)보다 더 번다면 당신은 중산층이다. 하루에 2달러를 벌어서는 중산층 라이프스타일로서 기대했던 만큼 상품을 구매할 여력은 없으며 경제적 성장은 엄두를 낼 수 없을 것 같다. 결과적으로 아프리카개발은행의 정의는 중산층의 규모를 과대 추정했다고 비판받아 왔다. 지출, 전문적 태도, 라이프 스타일과 같은 요소는 무시한 것이다. 하지만 아프리카 전역에서 중산층이 성장하고 있어서 향후 경제적 번영을 이루는 데 역동적 역할을 할 것으로 기대된다. 하지만 현재 형태로는 그들이 애널리스트와 정치인들이 희망하는 성장을 이끄는 견인차 역할을 할 것으로 보이지 않는다.

마찬가지로 GDP 성장률에 강박적으로 집착하지 말아야 한다. GDP 성장률과 사회적 발전을 연결할 수 있을까? 통계에 따르면 이러한 상관관계는 느슨한 것 같다. 에티오피아나 탄자니아와 같은 나라의 GDP 수준은 매우 인상적이어서 많은 나라들의 부러움의 대상이다. 하지만 GDP 통계는 빈곤 퇴치와 상관관계가 거의 없다. 심지어 IMF(Martinez & Mlachila, 2013, 22)도 이러한 점을 인정한 바 있다. 예를 들어, 사하라이남 아프리카의 1인당 국민총수입(GNI)은 3,339 달러로, 선진국과 비교하면 최저 수준이다. 아마도 가장 놀라운 것은 2000년대 이후 가장 높은 GDP 수준을 유지하는 나라들이 아프리카에서 가장 낮은 GNI를 기록하고 있다는 사실이다. 예를 들어, 코트디부아르, 에티오피아, 케냐, 모잠비크, 르완다, 탄자니아와 같은 나라들은 GDP 등에서 향상된 수치를 보이고 있지만 1인당 GNI는 3,000달러 이하로 최하 수준을 기록하고 있다. 이들과 비교해서, 알제리, 이집트, 세이셸, 남아프리카와 같이 GDP 수준이 둔화되거나 감소하고 있는 나라들의 1인당 GNI는 1만 2,000 달러 이상이다 (UNHDR, 2015, 246-249). 나아가 표 5.8에서 제시되었듯, 아프리카인 중에서 상당한 비율이 국제적 빈곤선 이하 수준에서 살아가고 있다. 그렇다면 생각해 봐야 하는 문제는 인상적인 경제성장이 고용이나 임금 형태로 나타나는 주요 지표에 낙수효과를 발휘하는가 하는 것이다. 통계를 보면 낙수효과는 없는 것 같다. 예를 들어, 2018년 나이지리아에는 전 세계에서 가장 많은 사람들이 극심한 빈곤 상태에 놓여 있었다. 8,690만 명의 사람들이 최빈층인 것으로 추정되고 있다. 부자는 더욱 부자가 되고 빈자는 더욱 빈자가 되는 것이 현실이다. 지니 계수(Gini co-efficient)에 따르면 아프리카 전역의 불평등은

표 5.8 하루 1.25달러 이하로 생활하는 인구 비율 (%)

국가	하루 1.25달러 이하로 생활하는 인구 비율
나이지리아	62.0
라이베리아	83.8
모잠비크	60.7
베냉	51.6
부룬디	81.3
에티오피아	36.8
잠비아	74.3
중앙아프리카공화국	62.8
콩고민주공화국	87.7
탄자니아	43.5

출처: *UN Development Report* (2015)에서 데이터 재구성. http://report.hdr.undp.org/, 228-229.

실제 증가 추세에 있다. 가장 불평등한 10개국 중 6개 국가가 아프리카에 속한다. 따라서 숫자 이면에 가려진 현실을 들여다보면, 우리는 매우 다른 그림을 발견하게 된다. 끈질기게 떨쳐 버리지 못하는 불평등과 빈곤이다.

아프리카는 경제적으로 "부상하고 있다"고 주장하는 게 합당한가? 아프리카가 자신의 운명에 있어서 극적인 부활을 경험하고 있다는 것은 의심할 바 없다. 그리고 많은 나라들이 자신들의 경제를 개선하기 위한 혁신의 과정을 시작해 왔다. 그 결과로 높은 성장률을 기록하여 아프리카에 대한 긍정적 전망은 지속되어 왔다. 이는 높이 평가받아야 마땅하다. 그러나 전 대륙이 상승하고 있다고 단언하는 것은 부분적인 진실만을 제공하고 있다. 일단 좀 더 감춰진 요소들을 면밀하게 검토해 보면, 장밋빛 전망과는 거리가 있다. 아프리카 경제구조는 여전히 위험할 정도로 불균형을 보이고 있으며 원자재에 과도하게 의존할 경우 세계적 추세에 계속 휘둘리게 될 것이다. 아프리카 지도자들은 향후 경제를 다각화해야할 것이다. 그렇지 않으면 현재의 문제는 계속될 것이다. 경제적 재구조화의 필요성과 연결되어, GDP 성장이라는 성과가 일반 국민들에게도 영향을 미칠 수 있고, 그들을 빈곤으로부터 벗어날 수 있게 하는 의식적인 노력이 필요하다. 분명 낙관적 미래가 있으나, 해야 할 일이 여전히 많다.

추가 읽을 거리

아프리카의 탈식민주의 경제 유산에 관한 입문서로 Samir Amin (1973) *Neo-colonialism in West Africa*, Kwame Nkrumah (1965) perspective in *Neo-colonialism: The Last Stage of Imperialism*이 있다. 경제적 위기에 대한 분석을 다룬 문헌으로 Nicolas van de Walle (2001) *African Economies and the Politics of Permanent Crisis, 1979−1999*, Giles Mohan (2000), *Structural Adjustment: Theory, Practice and Impacts*, Thandika Mkandawire and Charles Soludo (1999) *Our Continent, Our Future: African Perspectives on Structural Adjustment*, Gavin Williams (1994) "Why structural adjustment is necessary and why it doesn't work"가 있다. 경제학자들의 견해는 Paul Collier (2008) *The Bottom Billion: Why the Poorest Countries Are Failing and What Can be Done About It*과 Berg (1981) the Berg Report, *Accelerated Development in Southern Africa: An Agenda for Africa*를 포함하여 세계은행 보고서를 참조하면 된다. 데이터 수집과 해석의 문제점 등에 대해 알고 싶다면 Morten Jerven (2015) *Africa: Why Economists Get It Wrong*을 참조하라. 마지막으로 변화하는 경제적 서사에 대한 감각을 기르고 싶다면 Robert Rotberg (2013) *Africa Emerges*, Meine Pieter van Dijk (2009) *The New Presence of China in Africa*, Deborah Brautigam (2009) *The Dragon's Gift: The Real Story of China in Africa*를 볼 것.

제6장

정치적 폭력

대체적으로 외부에서 인식하는 아프리카에 대한 대표적 이미지 중 하나는 폭력과 정치적 갈등, 불안정성으로 고통 받는 대륙일 것이다. 탈냉전 시기에 우리가 목격하게 된 잔인성과 갈등이 증폭되었던 1990년대부터 폭력으로 인한 불안이라는 비관적인 서사는 더욱 강화되었다. 가장 주목할 만한 사례는 국민을 대상으로 폭력적 행위가 가해졌던 르완다와 시에라리온에서 발생하였다. 아프리카 대륙은 독립 이후부터 많은 갈등을 경험해야 했다. 수백만의 사람들이 사망하거나 쫓겨났고, 경제 행위는 제대로 작동할 수 없었고, 인프라를 파괴하거나 사회적 결속을 방해하고 정치적 제도를 훼손시키는 등 엄청나게 파괴적인 양상으로 나타났다. 다양한 형태로 나타난 갈등의 확산으로 인해 식민지 이후 아프리카국가들은 발전과 안정성을 확보할 수 없었다. 예를 들어, 1956년 이후 세계 내전의 1/3이 아프리카에서 발생하게 되면서 미래상황은 절망적인 것처럼 보였고, 아프리카를 보는 외부의 관점은 앞으로 계속 부정적일 것이 분명했다.

하지만 그토록 많은 갈등이 왜 아프리카에서 발생했는지 이해하려는 대부분 시도들은 아프리카를 정확히 묘사하지 못하고 있다. 이러한 설명들은 지나치게 단순하고 단일 인과관계로 설명하고 있기 때문에 구체적이고 종종 지역적 사건을 협소한 태그(꼬리표, 원인 – 역자 주)로 환원하고 있어 복합적인 관계성을 누락하고 있다. 예를 든다면, 갈등을 발생시킨 요인으로 식민주의 유산, 탐욕, 분노, 천연자원, 종교, 민족 중 하나만 논거로 선택하는 경향이 있다. 이 같은 환원주의적 평가의 이면에는 특히 민족과 관련하여, 인종주의적 사고가 자리 잡고 있다. 일반적으로 알려진 오해는 아프리카 사회가 '부족적' 혹은 민족적으로 상이한 집단들로 조합되어 구성되어 있기 때문에 원시적인 민족 간 갈등의 발생가능성이 잠재해 있었다는 것이다. 르완다 집단학살에 대한 초기 보고서를 보면 이러한 정서가 잘 드러나 있다 (Thompson, 2007, 252-53). 나아가 식민주의의 병폐를 갈등의 핵심 요인으로 상정하는 것 또한 문제가 있는 접근이다. 광범위하게 퍼져있으며 오래 지속되어 온 식민주의의 영향력은 절대 과소평가될 수 없다. 하지만 특히 자유화 투쟁과 관련하여 알제리나 모잠비크와 같은 나라에서는 신식민주의를 통해 갈등의 양상을 모두 설명할 수 없다. 폭력에 대한 식민주의적 해석은 유럽의 다양한 식민주의 통치와 탈식민주의 시대의 궤적을 감안한다면 매우 문제 있는 견해이다 (사실, 많은 나라들이 평화로운 상태를 유지하고 있기 때문에). 또한 이러한 주장은 갈등을 야기한 책임에서 아프리카 당사자를 슬그머니 지워 버린다 (제3장과 제4장 참조). 당연히, 위에서 언급한 요인들이 상이한 국가와 특정한 상황에 부분적으로 작용하여 폭력을 야기한다. 매우 중요한 얘기지만 위에서 열거한 것들 중 주요한 원인으로 작용하는 것은 없다. 늘 그렇듯이 현실은 명확하게 설명되지 않는다.

대신에 갈등 발생의 핵심적인 원인으로 지적되는 것은 권력의 유지 및 추구 의지이다. 폭력은 민족적 동원(민족 간 분규 조장 – 역자 주)이나 이데올로기적 친밀성(폭력을 동원한 사회주의 투쟁 – 역자 주)이라는 구실로 포장된 엘리트의 야심을 관철시키기 위한 도구에 불과했다. 부분적으로, 제4장에서 논의한 신후원주의 통치는 폭력을 사용해야 하는 내재적 특징을 갖고 있었다 (폭력이 야기되는 여러 이유가 있다는 것 – 역자 주). 이러한 국가에서 정당성의 감소, 정치적 불안정성과 나약함, 파벌주의가 빈번하게 나타나고, 이러한 상황이 복합적으로 작용할 때 폭력 사용의 욕구는 늘어난다. 독립적으로는 사회적 역동성이 증가할 때 폭력 사용이 증가한다. 예를 들어, 정치체제에서 배제되었을 때 신후원주의 국가에서 폭력이 사용된다. 특정 상황에서 정치적으로 배제된 집단은 반란을 일으킬 조건과 동기를 갖게 된다. 하지만 이러한 저항의 주요 원동력은 본질적으로 정치적인 동기에서 온다고 할 수 있다. 비록 신후원주의가 본질적으로 폭력을 위한 틀을 만들어 놓은 것은 아니지만, 후원 네트워크가 붕괴되면서, 정치적 위기시기에 발생한 불안정성은 갈등 발생 가능성을 극적으로 증가시켰다. 1990년대 초반 민주화시기에 불안이 고조되었다는 점은 대표적인 사례이다 (Reno, 2007). 불안정성의 결과로 나약한 정치체는 승자독식의 아프리카 정치적 지형 내에서 권력을 획득하기 위해 폭력을 사용할 가능성이 높다. 동시에 중앙집권적 권력의 나약함, 바로 그 이유 때문에 비국가 영역이 활성화 될 수 있는 기회가 제공되기도 하였다.

국가 간 갈등(1978~1979년 우간다와 탄자니아 간 전쟁)을 포함하여 여러 상황을 아우르는 정치적 갈등과 폭력의 형태들이 있다. 첫 번째는 국가 기반의 갈등으로서 정부가 군대를 동원하여 자신의 권위에 도전하는 (적어도 1개 이상의) 반대 집단을 대상으로 폭력을 행사하는 경우이다. 예를 들어, 앙골라 내전이 대표적이다 (1975~2002년). 두 번째는 비 국가 무장단체에 의한 갈등이다. 반군 단체, 민병대, 이슬람 성전주의자들은 정부뿐만 아니라 다른 유사한 단체들과도 싸우며 통치 권력이 느슨한 국가들의 변방에서 활동한다 (Cilliers & Schünemann, 2013). 중-동부 아프리카의 신의 저항군(LRA: Lord's Resistance Army)나 소말리아의 알 샤바브(al-Shabaab)가 대표적이다. 세 번째는 — 물론 이외 더 많은 형태가 있다 — 경쟁 선거나 공적 서비스 품질(service delivery)과 관련하여 밀레니엄 전환 이후 다양한 국가 — 이집트, 케냐, 남아프리카 — 에서 발생한 파업과 저항 등이 있다. 1997년부터 대륙 전역에 걸쳐 이러한 정치적 폭력과 갈등이 보고된 모든 사례를 기록하고 지도에 구현해 온 무력충돌 위치 및 사건 데이터 프로젝트(ACLED: Armed Conflict Location and Event Data Project, 2017, 2)에 따르면 폭력과 갈등은 여전히 높은 수준이지만, 전투와 큰 규모의 전쟁이 감소하거나 소강상태를 유지하면서 그 불안의 성격은 변화하고 있다. 정치적 지형 내에서 그들의 위치를 확고히 하기 위해 다양한 전략에 참여하고 있는 다중적이며 공존하고 있는 행위자들이 그들을 대신하고 있다. 어쨌든, 폭력은 정치체제 내의 자신의 지분을 확보하기 위한 엘리트의 핵심 메커니즘으로 남아 있다.

탈식민주의 시대 이후 대륙 전역에서 발생한 폭력의 본질과 형태, 원인은 매우 다양하다는 점을 독자들이 인식할 필요가 있다고 강조하고 있지만 이 장에서는 참고할 수 있는 사례연구의 규모와 범위 때문에 대표적인 몇 가지 주제와 사례만을 검토하는 창구 역할을 할 수밖에 없음을 고백한다. 그리고 평화유지와 갈등 해결을 위한 노력은 제9장에서 다룰 예정이다.

정치적 구조

아프리카 내 무장 갈등은 정치적 이유로 인해 발생했다는 것이 이 장의 일관된 주장이다. 많은 나라에서 민주적 적자(democratic deficit, 표면적 정책, 구상과 달리 실제 민주적 편익은 부족하다는 의미 – 역자 주)가 명백해짐과 동시에, 아프리카 전역에 일반적으로 독재나 신후원주의 통치체제가 정착됨으로써 갈등의 조건이 만들어진 것이다. 신후원주의 통치의 두드러진 특징(제4장)으로 인해 정권은 더욱 분열적이고 편파적 시스템으로 변화되었다. 이러한 시스템은 정치, 경제적 영역에서 배타적인 관행을 전제로 하고 있었다. 비록 이러한 시스템이 본질적으로 무장 폭력을 야기한 것은 아니지만, '정치적 불평등'이 정부정책을 통해 강화되면서 정치적 권리가 박탈된 소외된 그룹들이 갈등을 야기할 가능성이 높아지게 된 것이다 (Raleigh, 2014, 93).

아프리카정부들은 그들의 법적 정당성을 인정받고 일반 국민들에 대한 정치적 권위를 확장하고 국가의 자원을 분배하는 문제를 해결하기 위해 오랫동안 노력해 왔지만, 신후원주의 하에서는 이들 요인 중 어느 하나만이라도 약화되면 불안한 사회 계약이 흔들리기 시작한다. 신후원주의 정권이 사회 내 분열을 조장하고 민주적 대안을 위한 기회를 제한함에 따라, 여러 집단들이 독재적 지도자에 대항하고 변화를 모색하기 위한 메커니즘으로 폭력을 선택하게 되는 것이다. 아프리카 안보연구센터(Africa Centre for Security Studies, 2016)는 아프리카 전역에서 독재적 지배와 정치적 폭력은 강한 상관관계가 있다고 강조했다 (지도 6.1 참조). ACLED(2017, 2-3)에 따르면, "아프리카 전역에서 정부와 시민들은 당시의 정치적 역동성을 반영하는 무질서의 상태에서 살아 왔다." 부룬디, 에티오피아, 모잠비크에서 증가하는 사건들을 보면 폭력이 정치적 도구로 빈번하게 사용되고 있음을 알 수 있다. 리비아, 남수단, 소말리아와 같이 내전이나 반란이 일어나는 곳에는 정치적 갈등이 공통적으로 상존하고 있다. 하지만 명시적으로 위기 상황이 아닌 많은 국가들도 폭력 발생 가능성을 안고 있다. 예를 들어, 가봉, 모로코, 남아프리카에서 선거 과정이나 (공적) 서비스에 대한 접근권에 대한 불만이 고조됨에 따라 폭력을 수반한 저항이 발생하였다. 이어서 정부가 반대파를 강제적으로 진압함으로써 저항은 진정되었다. 결과적으로 국가와 비국가적 정치 엘리트들은 폭력을 사용하여 정치적 역동성에 영향을 미

지도 6.1 아프리카 안보연구센터 2016에서 제시된 독재와 분쟁지도

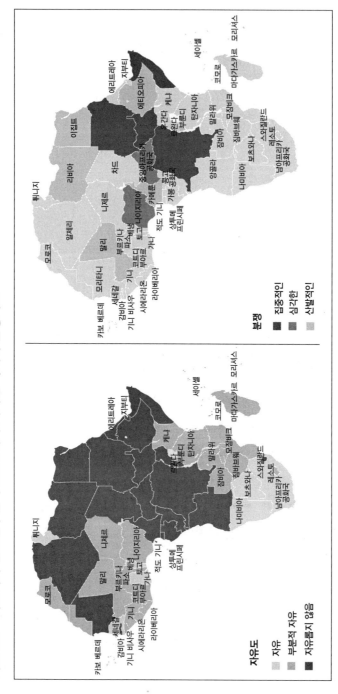

치고 국내 경쟁자들에 비해 그들의 위치를 공고히 할 수 있다는 것을 알게 되었다 (ACLED, 2017, 4). 변화를 위한 대안적 선택지가 없는 상황에서, 폭력은 아프리카의 정치구조에서 잠재적인 무기로 남아 있었다.

일당국가가 시행되거나 배타적인 정책결정이 이루어졌던 식민주의 이후 시대에, 정치적 변화를 달성하기 위한 유일한 방법은 반란이나 군사쿠데타였다 (제4장). 1967~1970년 비아프라(Biafra, 나이지리아 동부지역)에서의 이그보(Igbo) 분리독립 시도에서 보이듯이, 문제 있는 선거 과정, 통치 수단을 포괄적으로 분배하지 못하는 중앙정부의 무능력, 특정 민족 배제 등의 종합적인 상황들이 폭력적 갈등의 조건을 만들었다. 1963년에 톰발바예(Ngarta Tombalbaye) 대통령이 일당국가를 수립하자 차드에서 내전이 발생하였다. 1965년에는 그의 통치에 반대하여 지역 반란을 촉발시켰던 사라(Sara) 민족집단에 여러 배타적인 권력을 허가해 준 사실도 내전 촉발의 한 원인이 되었다. 국가 기능과 권위가 붕괴되면서 반란으로 인해 20년 이상 갈등으로 빠져들었다. 차드는 무장 반란 그룹이 발호하고 폭력적 보복이 난무하고 외국의 개입(특히 1973년 이후 리비아의 개입)에 속수무책인 지역이 되었다.

1990년대에 불안한 경제적, 정치적 균형이 무너지면서, 수많은 갈등들이 아프리카 전역에 나타났다. 많은 아프리카국가들의 내재적 약점이었던 일련의 상호 연결된 위기로 인해 이러한 갈등들은 악화되었다. 냉전 종식과 함께 외부 군사 및 경제적 지원이 감소함에 따라 신후원주의 통치는 이전과는 달리 위협받고 있었다. 신후원주의 정실 인사를 유지하기 위해 필요한 자원이 부족해지는 등 피후원자들의 불만이 높아지면서 엘리트의 통치 정당성이 약화되었다. 제대로 기능하지 못하는 국가기구, 확산된 대중의 불만, 정치적 과정에서 배제된 다수 등의 현실이 신후원주의 정권에 위협을 가하고 있었다 (Chabal & Daloz, 1999, 37). 더구나, 아프리카 게릴라 반란을 연구한 학술연구(Clapham, 1998; Bøås & Dunn, 2007)에 따르면, 반대그룹들이 무장활동을 할 수밖에 없었던 이유는 정치적 기회의 부족으로 인해 좌절했기 때문이다. 그들은 무너져 가는 국가'기구에 대항하여' 분노했던 것이다.

권력을 유지하기 위한 경제적 자원이 없었다면(제5장 참조), 엘리트는 생존하기 위해 폭력에 더욱더 매달렸을 것이다. 하지만 신후원주의 국가의 바로 그런 본질 때문에 중앙집중화된 권력은 나라 전체에 영향력을 발휘하지 못했다. 따라서 주변부에서 반란의 가능성이 증가하게 된 것이다. 사실 사무엘 도(Samuel Doe, 1980~1990년 재임)는 분열되고 불균등하게 나타나는 정치적 정당성, 쇠퇴하는 경제적 기반, 사기가 저하되고 의도적으로 약화된 군대(쿠데타를 피하기 위해)로 인해 국가 구조가 위협받는다는 사실을 인식하고 있었다. 라이베리아에서 테일러(Charles Taylor)가 이끄는 비교적 소규모의 라이베리아 민족애국전선(NPFL: National Patriotic Front of Liberia)이 이러한 상황에서 국가구조를 쉽사리 위협할 수 있었던 것이다. 나아가, 냉전이 붕괴되는 상황에서, 이전 소비에트 연방에서 흘러나온 무기들이 넘쳐나게 되었다. 여기에 무기상들은 아프리카 전역의 신흥 반란단체에 무기를 팔 수 있어서 더없이 행복해 했다. 따라서 많은 나라들이 효과적으로 무장 반란에 대응할 수 없는 시점에서 아프리카 전역의 반란단체들은 그들의 무력 도전을 강화할 수 있게 되었다. 1990년대에, 경제적 붕괴와 정치적 위기(특히 민주화로 전환 과정에서)로 인해 허약한 지도자들, 예를 들어, 라이베리아, 시에라리온, 소말리아, 르완다, 자이르(DRC) 등에서 그들에 대항할 수 있는 갈등의 발판이 마련되었다.

밀레니엄 이후 민주화로의 전환은 대단한 진전을 이루어졌으나 아프리카 전역에서 정치적 본질은 크게 변화하지 않았다. 권력 정당성은 여

전히 부족했고, 자원은 충분치 않았고, 부패는 고쳐지지 않았으며, 정
치 과정에서 많은 이들이 배제되었다. 이러한 현상들은 여전히 광범위
하게 퍼져 있었다. 변화의 속도가 느리다는 것은 정치적 폭력이 몇몇 나
라를 여전히 곤혹스럽게 하고 있음을 의미한다. 국가 간 갈등이나 내전
은 눈에 띄게 감소하였으나, 아프리카 전역에서 폭력은 뚜렷한 현상으
로 나타나고 있음이 분명하다. 여전히 정부와 비국가 행위자들은 정치적
목적을 위해 강요에 의존하고 있었다. 2011년 카다피 축출 이후, 중앙집
중적 권위가 무너지면서 여러 단체들 간 폭력이 만연하게 되었다. 반란
그룹들은 권력의 최상층부를 차지하기 위해 정치적 진공 상태였던 당시
에 무력을 사용하였다. 2018년, 리비아는 국제적으로 인정받은 토브룩
(Tobruk) 정부와 다수의 라이벌 단체(민족구국정부[National Salvation
government])로 구분되었다. 하지만 이들 모두 리비아를 통합하기 위해
충분한 정당성과 권위 그리고 힘이 부족했다. 분열된 리비아의 사회와
정치는 현존하는 폭력을 악화시킬 뿐이었다. 소말리아는 1980년대 후반
부터 폭력과 갈등으로 어려움을 겪어왔다. 2017년 2월 민주적 대통령 선
거가 치러졌음에도 불구하고, 소말리아는 여전히 폭력과 갈등으로 인해
불안한 상태에 있다. UN의 도움을 받은 모가디슈(소말리아 수도 – 역자
주) 정부는 비효율적이고 권위가 부족했다. 소말리아 내의 씨족분열은
여전히 심화되고 있고, 알 샤바브의 근거지가 소말리아에 있었기 때문이
었다. 결과적으로 국가기구나 시민들에 대한 정치적 폭력이 가해졌고,
불안정은 증가하게 되었다.

　하지만 최근 아프리카 전역에서 갈등 추세는 반란군 형태로 나타나기
보다 정치적 목적 달성을 위한 민병대 활용 형태가 두드러지고 있다. 라
레이(Clionadh Raleigh, 2016, 284) 주장에 따르면, 국내외 정치 엘리
트들은 "권력을 위한 경쟁에서 승리하기 위해서, 영토와 자원에 대한 논

란을 가라앉히기 위해서, 지역 권력의 격차를 공고화하기 위해서, 그리고 역사적 불화를 지속하기 위해" 민병대를 사용해 왔다. 약해진 정부가 권력을 유지하는 데 골몰할 때나(CAR의 경우), 선거기간 동안(2010~2011년의 코트디부아르 그리고 2016년의 DRC), 그리고 정치인들이 정치적 이권을 획득하기 위해 다툼을 벌일 때, 민병대가 동원되었다. 정치적 민병대가 증가한 것은 엘리트들 간 이해 충돌이 증가한 것과 관련이 있다. 따라서 민병대가 야기한 폭력은 민족이나 자원배분 그 자체 같은 전통적 요인이 원인이 되어 발생한 것이 아니다. 대신에 상이한 이해관계를 가진 엘리트들이 당대에 우세한 정치체제에 영향을 미치기 위해 이들을 이용하고 이들의 활동을 부추기고 있다. 이러한 민병대 운동의 예로는 무가베와 ZANU-PF의 권력 보전에 일정 부분 역할을 담당했던 짐바브웨의 전쟁 참전용사들이 있으며, 부룬디의 임보네라쿠어(Imbonerakure, 부룬디의 민병대를 일컬음 - 역자 주)는 2016년 국내 선거 소요 당시 극단적인 폭력 양상을 드러난 바 있다.

또 다른 중요한 양상으로, 카메룬, 이집트, 에티오피아, 수단에서 목격할 수 있듯이, 소요사태에 대응하기 위해 민간인에 대한 억압적인 폭력에 의지하려는 대륙 전역의 정부들의 의지가 커지고 있었다. 예를 들어, 2016년, 박빙이었으며 논란이 일었던 선거에 분노한 시민들을 진압하기 위해 봉고(Ali Bongo)는 가봉의 치안 부대를 통원하여 진압하려고 하였다. 하지만 이것으로 인해 거리 시위는 폭력으로 변질되었다. 하지만 가장 심각한 정부의 탄압은 에티오피아에서 발생한 바 있다. 2015년 후반부터 2018년 초 사이 오로미아(Oromia) 지방의 정기적 소요 사태는 논란을 불러일으킨 국가 개발 프로젝트 때문에 발생하였다. EPRDF 정부는 2018년 2월에 비상사태를 선언하고 인터넷 접속을 차단하고 반대파를 탄압하기 위해 폭력 수위를 높여 갔다. 그 결과 1,000명 이상이 사람들이 살해되고 2만 9,000명이 투옥되었다.

아프리카에서 정치적 폭력을 다룰 때, 우리는 폭력의 근본적 원인을 이해해야 하며, 그러기 위해서 통치체제를 자세히 들여다보아야 한다. 엘리트들 간 경쟁, 파벌주의, 약화된 정부 기구, 정치적 권력과 자원에 대한 접근을 확보하기 위한 욕망, 이 같은 근본적 요인들이 폭력이 창궐할 수 있는 조건을 만들었다고 할 수 있다. 기존 정부나 권력의 자리를 노리는 비국가 행위자들이 자신들의 목적을 위해 무력을 사용함에 따라, 폭력은 정치 과정 내에서 중요한 메커니즘이 되었다. 폭력을 사용할 의지가 있고 그럴 수 있는 정치지도자들은 정치적 과정에서 그들의 의지나 영향력을 최대로 행사할 수 있었다.

냉전의 영향

냉전의 서사에서 아프리카는 일반적으로 글로벌 강대국의 경쟁이라는 공적 담론 내에서 무시되었거나 단순한 각주로 다루어 졌다. 그러나 그러한 관점은 해로울 뿐 아니라, 대륙 전체에 걸쳐 냉전이 끼친 순수한 영향을 고의적으로 무시한다. 카푸신스키(Ryszard Kapuscinski, 2003)가 주장했듯이, "아프리카에서 냉전은 현대사에서 가장 어둡고 가장 수치스러운 페이지 중 하나이다." 냉전의 함축적이고 표면적 영향력은 광범위하고 심오하게 나타났다. 폭력적인 측면에서 본다면, 냉전은 앙골라와 에티오피아, 소말리아의 갈등을 폭발시킨 결정적 원인이었다. 아프리카의 냉전은 매우 '뜨거운' 상황이었고, 앙골라와 에티오피아에서 관련 갈등으로 250만 명이 사망한 것으로 추산되고 있다.

아프리카 전역을 휩쓴 1950년대 중반 이후 탈식민주의 시기(제3장과

제4장 참조)는 미국과 소련의 지정학적 긴장이 고조되던 시기와 일치한다. 북반구에서 정치적 군사적 교착 상태가 지속되던 시기에, 아프리카의 독립을 목격하면서, 두 초강대국은 자신의 이데올로기를 이식하고, 새로운 동맹을 구성하고, 전략적 이익 지역을 확보할 수 있다는 전망을 세우게 된다. 두 나라의 라이벌 관계로 인해 글로벌 체스 게임에서 미국과 소련은 음흉한 위치를 차지하게 되었다. 다시 말해, 주요 두 세력들은 급속히 변화하는 아프리카에 대한 영향력을 확대하고 아프리카의 충성을 얻어내기 위해서 경쟁하게 된 것이다. 아프리카에서의 냉전은 천천히 시작되었는데, 북부 아프리카와 중부 아프리카에서 주로 점진적이고 실용적이며 수사적(rhetorical)이고 재정적인 개입 — 이집트에서 아스완 하이댐의 준공에 소련의 재정적 지원 — 을 통해 진행되었다. 부분적으로 억압된 사람들(남아프리카 해방운동)을 원조하고, 서방이 전략적 이익을 얻는 것을 방지하고(소말리아) 국제 사회주의를 촉진하거나(에티오피아와 모잠비크), 그리고 도움을 요청하는 사람들을 위한 실용적인 지원을 할 목적으로(기니와 이집트) 아프리카에 대한 지원이 시작되었다. 사회주의 블록, 특히 소련과 쿠바(중국, 구동독[GDR], 유고슬라비아도 여러 점에서 활발했지만)의 아프리카에 대한 관심은 위와 같은 동기에서 출발했다고 할 수 있다. 전략적 관심(모로코와 남아프리카)으로 인해, '친근한 독재자'를 지원함으로써 사회주의를 이데올로기적으로 봉쇄하고 '온건한' 정치집단을 지원(콩고/자이르)하기 위해, 그리고 경제, 정치적 고려 때문에(케냐) (미국을 비롯한)서구는 아프리카에 대한 지원에 나서게 되었다.

냉전이 보증되지 않은 외부 개입을 촉진시킬 수 있음을 알았지만, 많은 아프리카 지도자들은 활발하게 외국의 지원을 구걸했다. 한편 초강대국들은 아프리카 국내 엘리트들의 협조 없이 그들이 원하는 바를 수행할 수 없는 처지였다. 몇몇의 경우, 자본주의 세계와 사회주의 세계의 분열은 아프리카의 발전과 안보를 위한 무수한 기회를 만들어냈다. 강력한 외부적 후원을 통해 국제적 정당성과 지지 그리고 원조를 얻어낼 수 있었기에 몇몇 아프리카 지도자에게 냉전은 그들의 지배에 엄청난 혜택이었다. 예를 들어, 모부투 대통령은 국제적 긴장을 이용해 자신의 이익을 취하는 데 매우 능숙한 사람이었다. 그는 미국으로부터 엄청난 군사 및 경제적 원조를 받은 바 있다. 그러나 강대국들이 점점 호전적이고 개입주의적 입장을 취하면서 에티오피아나 소말리아 같은 나라들은 그런 운과 훨씬 거리가 멀어졌다 ― 그들의 행동은 정치적 권력을 위한 국지적 전투를 국제 분쟁 그 이상의 규모로 확대하였고, 말할 수 없는 폭력과 파괴를 불러 왔다. 더구나 공공연한 분쟁에 휘말리지 않았던 국가들조차도 냉전의 아프리카 무장화의 그늘을 벗어날 수 없었다. 결과적으로 서구와 동구 강대국들은 엄청난 양의 군수 물품을 보급하게 되었다.

1960년대까지 아프리카의 탈식민지화는 불완전한 상태였다. 특히 남부 아프리카에서 백인 소수 지배체제는 확고부동하게 다수의 지배를 인정하지 않았다. 따라서 무장 해방운동이 그 지역에서 등장하게 된 것이다. 남부 아프리카는 대체로 냉전의 핵심 전장으로 간주되지 않는다. 하지만 소비에트 블록과 쿠바, 중국 그리고 서구가 다양한 방식으로 그곳에서 얽히게 된다. ANC 같은 운동이나 모잠비크 해방전선(FRELIMO), ZANU 모두 사회주의 이데올로기와 조직을 비유하는(상징하는 – 역자 주) 어떤 형태를 채택하게 되는데, 이것은 소련과 미국 양측에서 주목을 끌었다. 다수의 자유운동을 위해, 소비에트 연방은 무기와 훈련, 재정적 원조를 통해 그들의 투쟁을 유지할 수 있게 해주었다 (Shubin, 2008; Graham, 2015). 예를 들어, 모잠비크, 기니 비사우, 로디지아에서 소비에트 연방에서 훈련받은 게릴라 전투원들은 공격을 개시할 수 있는 해방구를 개척할 수 있게 되었는데, 대개 이곳은 백인 소수 국가들의 치안 부대가 방어하던 지역이어서, 미국의 시름은 깊어 갔다 (Westad, 2007, 213). 반란과 반란 진압 전략은 남부 아프리카를 불안정성을 고착화시켰고, 폭력과 불안정의 악순환을 만들었다. 마르크스주의의 해방운동이 서구 자본을 등에 업은 백인 소수체제와 충돌한 것이다. 모잠비크가 1975년 독립을 쟁취했을 때, 짐바브웨 아프리카민족동맹(ZANU)과 아프리카민족회의(ANC)와 같은 게릴라 단체들은 이 나라를 기반으로 로디지아나 남아프리카를 다음 목표로 삼게 된다. 그러기 위해 두 나라에 더 많은 폭력을 조장하였다.

앙골라와 모잠비크와 같은 마르크스주의에 영감을 받은 독립국가는 남부 아프리카의 여타 사회주의 후원운동을 지원하게 된다. 결과적으로 이러한 현상을 남아프리카정부는 선전 도구로 이용하였다 (남아프리카가 사회주의에 함락될 위기이니 도와달라는 의미 – 역자 주). 도덕적으로 파산한 아파르트헤이트를 위해 서구의 지원을 요청한 것이다. 남아프리카는 냉전의 전사이자 전략적으로 중요한 반공산주의 국가임을 자임했다. 1980년대까지, '공산주의의 위협'으로 인해, 남아프리카는 ANC와 남서아프리카 인민기구(SWAPO: South West African People's Organisation)의 군사 거점을 겨냥하면서 종종 그 지역의 통치에 좋지 않은 영향을 미쳤고, 비사법적 살인과 폭격을 자행하였으며, 인접국의 인프라를 파괴하기도 하였다. 사회주의 국가인 모잠비크가 가장 고통 받았다 (Hanlon, 1986). 냉전의 방패가 없었다면 프레토리아(Pretoria, 남아프리카공화국의 행정 수도 – 역자 주)는 그러한 행동을 취할 수 없었을 것이다. 공산주의에 맞선다는 명목으로 서구 열강의 암묵적인 외교적 승인이 있었기에 오랫동안 그러한 행동을 수행할 수 있었다.

'뜨거운' 냉전의 핵심 전장은 1970년대 앙골라, 에티오피아, 소말리

글상자 6.1 콩고의 위기

냉전이 어떻게 국내 불안정과 정치적 경쟁관계를 훨씬 더 광범위하고 치명적인 갈등으로 악화시키고 지속시켰는지 보여주는 중요한 예는 1960년 콩고 위기 때였다. 벨기에가 콩고에서 서둘러 허둥지둥 조직적인 철수를 하는 동안 루뭄바(Patrice Lumumba)는 카리스마 있는 정치인으로 유명해졌다. 이후 그는 총리가 되었는데 그의 라이벌 카사부부(Joseph Kasavubu) 대통령과 불안한 연정을 이끈 바 있다. 하지만 콩고정부의 중앙 권위가 부족하여 카탕가(Katanga)와 남카사이(South Kasai) 같은 자원이 풍부한 지역의 야심찬 정치인들 분리독립을 선언했다. 외세로부터 독립한지 몇 주 지나지 않았을 때였으며 이로 인해 루뭄바 정부는 혼란으로 빠져 들었다. 두 분파를 종식시키는 데 서구와 UN이 도와주기를 주저하면서, 좌절한 루뭄바 정권은 소비에트 연방에 도움을 요청하게 된다. 루뭄바가 동유럽으로 시선으로 돌림으로써 미국은 그가 공산주의자라고 확신하게 되었다. 그리고 아프리카 중부에서 그들의 영향력을 잃게 되지 않을까, 그곳의 광대한 자원을 소련에 넘겨주지 않을까 노심초사하면서 콩고 사태에 개입하기로 한다. 미국은 먼저 카사부부와 육군참모총장 모부투로 하여금 루뭄바에 저항하도록 종용했다. 미국이 카사부부의 권력 장악을 지원한 이후 루뭄바는 바로 체포되었고, 미국과 벨기에의 도움을 받은 카탕가 반군에 의해 처형된다 (De Witte, 2002).

루뭄바의 처형은 위기를 막는 데 도움이 되지 않았다. 다툼을 일삼고 권력에 굶주린 정치인들과 지역 및 인종적 민족주의의 분열적 형태로 인해 콩고는 혼란 속으로 빠져들었다. 콩고는 4개 지역으로 분리되었고, 각 지역은 다양한 외부 세력이 후원하고 있었다. 1964년까지 콩고 동부 지역 반란단체는 중국 공산당 혁명에 영감을 받아 마오쩌둥 전술을 채택하여 중앙정부에 도전하게 되었다. 마오쩌둥(毛澤東)은 곧 콩고의 대부분을 사로잡은 인물이 되었다. 미국은 다시 한

계속

번 개입하여, 막대한 자금 지원과 군사 물류를 통해 친서방 콩고인들을 지원하는데 도움을 주었다. 엄청난 비용을 치러야 하는 치명적인 갈등이 발발한 것이다. 이같이 특별한 냉전 대치 상황은 쿠바의 주목을 끌게 되어, 1965년에 체 게바라(Che Guevara)는 소규모 부대장으로서 심바 반란을 돕기 위해 파견된다. 하지만 반란은 조직화되어 있지도 않았고 일관된 전략도 부족했으며 원격 혁명 성향(혁명이 필요한 외부 국가 – 역자 주)을 띠지 않았다. 여기에 환멸을 느낀 게바라와 쿠바 군대는 철수하게 된다. 콩고에서 미국은 아무렇지 않게 주권국가의 업무에 개입하게 되고, 총리 암살을 도와 모부투가 권력에 부상하도록 도왔다. 모부투는 워싱턴을 위해 유용한 반공산주의 동맹 지도자가 되었다.

아에서 나타났다. 여기서 열강들은 서로와 맞서기 위해 자신들의 조직으로 하여금 대리전을 치르게 했다. 아마도 가장 흥미로운 사례는 1977년 소련의 지원을 받던 소말리아가 에티오피아를 침략했던 사건일 것이다. 에티오피아는 당시로서는 최근에 마르크스-레닌주의 정부를 출범시켜 소련으로부터 원조를 기대하고 있던 터였다. 이 같은 분쟁은 모스크바 입장에서 외교적 딜레마였다. 왜냐하면 소련은 본질적으로 가능하면 많은 냉전 동맹국을 확보하고 싶어 했기 때문이다. 특히, 아프리카의 뿔 지역은 전략적으로 중요한 지역이었다. 다루기 어려운 차이점 때문에 소련은 소말리아를 버리고 에티오피아를 선택하게 된다. 소련 입장에서 에티오피아는 진심으로 마르크스주의를 신봉하고 있는 것으로 보였기 때문이다. 소련의 무기와 쿠바 군대를 지원받아 에티오피아는 소말리아를 손쉽게 격퇴하였다. 하지만 바레(Siad Barre)는 서방의 원조를 얻어내기 위해 극적인 이념적 유턴을 하게 된다. 냉전 동맹의 유동성, 초강

글상자 6.2   앙골라 내전과 냉전 대결

가장 파괴적인 냉전 갈등 중 하나는 앙골라에서 발생했다. 그곳에서 탈식민주의 과정은 3개의 라이벌 집단인 앙골라해방인민운동(MPLA: Popular Movement for the Liberation of Angola), 앙골라민족해방전선(FNLA: National Front for the Liberation of Angola), 앙골라완전독립민족동맹(UNITA: National Union for the Total Independence of Angola) 사이의 폭력적인 내전으로 변질되었다. 이들 조직들은 이념적, 민족적 경계로 나뉘어져 있었으며, 1975년 독립을 준비하는 기간 동안 권력을 차지하기 위해 서로 치열한 투쟁을 벌였다. 각 조직들은 다양한 외부 세력에게 군사적 재정적 원조를 호소했다. FNLA의 지도자였던 로베르토(Holden Roberto)는 자신의 조직을 도와줄 수만 있다면 출신이 어디든 간에 어느 누구의 원조도 마다하지 않겠다고 선언한 바 있다 (Jackson, 1995, 392). 이념적으로 전혀 다른 위치에 있던 여타 해방운동들도 로베르토의 이러한 정서를 공유하고 있었다. 이들 또한 어느 누구를 막론하고 도움을 받을 자세가 되어 있었다 (Westad, 2007, 210-211). 각 조직은 냉전 국가 전역에서 군사, 경제적, 정치적 지원을 이끌어냈다. 미국은 내전 초반에는 FNLA를 지원했으나 나중에 남아프리카 아파르트헤이트와 동맹을 맺고 있던 UNITA를 지원하였다. 한편 MPLA는 소련과 쿠바의 지원에 의해 유지되고 있었다. 이처럼 앙골라에 외세가 개입함에 따라 본래 정치적 권력을 두고 다투는 국지전이었던 것이 공산주의와 서구 민주주의가 충돌하는 양상으로 격상된 것이다.

내전이 격화되면서, 소련으로부터 정교한 무기를 정기적으로 공급받게 된 MPLA가 우위를 점하게 되었다. 결과적으로 미국은 앙골라에서 은밀하게 투자를 늘려 나갔다. 하지만 미국 외교전문가들은 너무 깊이 휘말리지 말 것을 반복적으로 경고하였다 (Davis, 1978; Stockwell, 1979). 1975년 10월, 아파르트헤이트 정권은 국경을 맞

계속

닿은 국가에서 공산주의 정권이 등장하자 근심이 커졌다. 동맹이었던 UNITA의 지지를 받아 전쟁의 조류를 단호하게 바꾸고자 남아프리카는 앙골라를 침략하게 된다. 이것은 미국의 암묵적인 지원 하에 가능한 일이었다 (Graham, 2011). 하지만 라이벌과 그들의 외부 지원국에 의해 패배에 직면한 MPLA는 구원의 손길을 얻게 된다. 쿠바가 수천 명의 군대를 파병하고 수백만 달러어치의 군사 장비를 앙골라에 보낸 것이다. 전쟁의 양상은 MPLA에 유리하게 바뀌어서, 쿠바와 소련의 도움을 받은 이들이 일시적이나마 FNLA와 UNITA 연합 세력을 격퇴할 수 있었다 (Gleijeses, 2002).

한 때 MPLA는 보장된 권력을 갖고 있었다. 소련의 물질적 지원과 수천 명의 쿠바 군대가 이들의 위상을 보장해 주고 있었다. 1981년 레이건 미국 대통령이 선출되고 남아프리카의 공격적인 반공산주의 정책('전면적 전략', Total Strategy)이 추진되면서, 남부 아프리카에서 마르크스주의 국가를 흔들기 위한 노력들이 전개된다. 이들은 UNITA를 지원하여 MPLA에 다시 한 번 도전하게 되었다. 광범위한 외세의 지원을 받아 UNITA는 1980년대 중반까지 앙골라 많은 지역을 점령했고, 앙골라 전역에서 다른 집단들과 혈투를 벌였다. 그 결과 광범위한 파괴적 상황이 벌어졌고, 수백만의 사람들을 빈곤의 나락으로 빠지게 되었다. 가장 악명 높은 전투는 1987~1988년의 쿠이토 쿠아나발(Cuito Cuanavale)로, 엄청난 사상자를 냈다. 결정적인 승자는 없었지만, 교착상태가 지속되면서 국제 협상을 향한 첫걸음을 뗄 수 있었고, 궁극적으로 1991년의 평화 정착으로 나아갈 수 있었다.

대국의 냉소주의, '피후원' 국가('client' state)들의 이념적 충성의 허망함을 보여주는 대표적 사례이다.

민족

민족적 경쟁은 아프리카 전역에서 갈등의 중요한 원인으로 언급되며, 아프리카에서 폭력과 밀접히 연결된 요인으로 널리 알려져 있다. '부족주의'는 비난받아 마땅하다는 주장을 자주 듣게 된다. 마치 그것이 단지 아프리카 갈등에만 내재한 특징이라는 주장이다. 상이한 집단들이 자신의 이해관계에 집착하고, 증오심을 갖거나 또는 '타자'에 대한 두려움이 커질 때, 어느 정도, 폭력은 민족성에 귀속될 수 있다 (Braathen, 2000). 그러나 아프리카 분쟁을 그렇게 가볍게 보는 것은 극단적으로 단순하고 본질적으로 인종차별주의적이다. 만약 민족성이 갈등의 핵심 원인이라면 세계 전역의 민족집단들은 영구적인 전쟁을 치루고 있어야 하지만 그렇지 않다. 여기서 드는 의문점은 민족성이 아프리카 갈등을 설명할 때 왜 그렇게 자주 언급되는가 하는 점이며 다른 요인들은 어떤 것이 있는가 하는 점이다.

민족성은 공유된 인간 정체성의 한 형태로 볼 수 있다. 조상, 역사, 언어, 문화, 종교, 그리고 지역과 같은 식별 요인이 사람들을 함께 묶는 데 사용된다. 따라서 민족성은 생물학적 상태가 아닌 윗세대로부터 전승된 것으로, 특정한 정체성을 확립함으로써 특정한 규범이 행동을 규정하고 규제하는 것으로, 명백히 '타자들'과 관련이 있다 (타자와 자신들을 구분하기 위한 식별지로 작용한다는 것 – 역자 주). 하지만 민족성은 고정된 개념이 아니다. 왜냐하면 사람들은 특정 속성에 동화되거나 거부함으로써 민족집단을 오가기 때문에다. 다시 말하면 사람과 사상은 유동성을 지니고 있기 때문에 민족성은 동질적인 것으로 인식해서는 안 된다. 나아가 아프리카의 '부족들'이라는 개념은 비교적 최근에 유럽 식민주의에 의해 형성된 것이다. 아프리카인이 본질적으로 부족하다고 믿었던 집단은 식민주의자들이었다. 분열과 지배전술을 통해 지배구조를 보다 쉽게 만들 뿐 아니라 계층구조를 확립하기 위한 관료행정의 수단으로 민족성은 유용하게 활용되었다 (제3장 참조). 부족 그룹들의 존재가 확실하지 않은 곳에서, 그들은 단순히 발명된 것이다. 나이지리아의 이그보 혹은 르완다의 투치족과 같은 아프리카인들은 식민지배 집단에게 우호적인 민족집단으로 지정됨으로써 물질적 혜택을 얻을 수 있음을 알고 있었다. 다른 민족들에겐 예속과 배제로 작용하였다. 따라서 민족성은 사회적으로 구성되었고 많은 곳에서 식민주의를 통해 제도화 및 내면화되었다. 식민지 이후 시대에, 새롭게 권력을 부여받은 엘리트들은 권력을 획득하거나 후원을 분배해주기 위한 정치적 동원의 한 형태로 민족성을 이용하였다. 이 같은 정치적 결정으로 인해 배제의 관행이 악화될 가능성이 있었고, 신후원주의 지배와 관련된 분노가 커질 위험이 있었다. 하지만 민족은 아프리카 정치에서 분열적인 힘으로만 작용한 것은 아니었다. 케냐의 케냐타(Jomo Kenyatta)와 같은 지도자는 분열된 집단을 한데 모으는 특별한 기술을 보여준 바 있다. 그러나 현대 아프리카인의 삶에서 민족은 사회적, 정치적 환경의 중요한 부분으로 남아 있다는 것을 인식해야 한다. 따라서 다수의 아프리카 갈등들은 민족적 차원을 내포하고 있다. 예를 들어, 냉전 시기 갈등 때도 앙골라와 짐바브웨의 라이벌 해방운동 단체들은 이념적으로 나뉘었을 뿐 아니라 민족정체성에 따라 구분되었다.

민족은 폭력을 유발하거나 전쟁을 초래하지 않는다는 것을 인식하는 것이 중요하다. 하지만 잠재적 정치 아젠다를 추구하고자 하는 엘리트들에 의해 민족성이 구성, 형성, 동원된다면 그것은 매우 파괴적인 힘으로 작용할 가능성이 있다. 사회적, 경제적 압력이 함께 작용할 때만 민족정체성은 폭력을 위한 필수적 조건을 마련하게 된다. 가령 국가 권력에서 배제된 이들의 분노를 효과적으로 하나로 뭉치게 만드는 정치적 지도자들이 민족성을 조작하고 이용하는 것이다 (Cederman, 2010).

이런 시나리오의 대표적 사례는 2003년 수단에서 발생한 다르푸르(Darfur)전쟁일 것이다. 일견 북수단과 남수단의 기나긴 내전으로 보일 수 있지만, 실상은 '아랍'과 '아프리카인들' 사이 적나라한 민족적 갈등으로 간주할 수 있다. 수단 거주 '아랍인들이' 정부의 배제정책을 통해 아프리카 '흑인'들을 차별하고, 주변화하고 무시한다는 것에 대해 남수단 아프리카 흑인들은 오랫동안 분노해 왔다. 2003년에 수단해방군(Sudan Liberation Army)과 정의평등운동(Justice and Equality Movement)은 카르툼(Khartoum)에서 정부를 상대로 성공적인 반란을 시작했다. 이들은 남수단의 자율성과 권력을 확보하기 위해 투쟁하였다. 이러한 위협에 맞서기 위한 알 바시르(al-Bashir) 정부는 잔자위드(Janjaweed)로 알려진 '아랍' 민병대를 용병으로 기용하여 남수단의 아프리카 흑인들을 진압하고자 하였다. 이들은 대량학살을 자행하고 그 지역 민중을 대상으로 초토화 전술을 구사하였다 (de Waal, 2004). 갈등이 사그러들지 않자, 이러한 전술을 사용한 수단정부는 인종 청소와 집단학살 혐의로 기소되기에 이른다. 국제형사재판소(ICC)는 알 바시르에게 반인륜적 범죄 책임이 있음을 선고하였다.

하지만 이것을 오직 민족적 관점에서 들여다보면 복잡한 정치적 상황을 놓칠 수 있다. 이러한 사태를 야기한 다중적 요인이 있으며 민족문제는 그들 중 하나일 뿐이다 (Flint & de Waal, 2005). 수단에서 엘리트들은 민족정체성에 호소함으로써 자신의 정치적 분노를 굴절시켰다. 이러한 치환은 국내외의 지원을 얻어내기 위한 전략이었다. 1956년 독립 이후, 수단의 권위와 권력은 북부 수도인 카르툼에 집중되어서 엘리트들은 주변부 지역에 관심이 거의 없었다. 역사적으로 볼 때,

독립 이후 불안과 반란을 야기한 행위자들은 중앙 권력에서 주변화된 집단들이었다. 대표적으로 수단인민해방군(SPLA: Sudan People's Liberation Army)은 통치능력이 부족하고 잔인한 중앙정부의 지배력이 덜 미친 지역에서 자신들의 권력을 확장하길 원했다. 나아가 불안정한 신후원주의 통치구조로 인해 엘리트들이 서로 경쟁하게 되었고 결과적으로 갈등의 여지가 발생하고 대안적인 권력 기반들이 마련될 수 있었다 (Prunier, 2005b). 이러한 복합적 상황에 종교적 상황이 더해지게 되어, 기독교인이 대부분이었던 남수단에 이슬람의 전통과 관행이 도입되어 그 지역 주민들은 분노하게 했을 뿐 아니라, 따라야 할 이슬람 교리에 관해 정부의 구조를 지배하는 엘리트들 사이에서도 분열이 일어났다 (El Din, 2007). 더구나 다르푸르 지역은 천연자원에 대한 접근과 통제권을 확보하기 위해 국가적, 지역적 투쟁이 치열하게 벌어지는 곳이었다. 지역적 수준에서 그곳의 수자원과 경작지를 두고 불만과 충돌이 이루어지고 있었다. 한편 이 지역은 지속되는 가뭄과 기후변화로 인해 상황이 점점 악화되는 곳이기도 했다. 잔자위드 민병대는 반란군에 대항하여 협력하는 조건으로 그곳에 대한 통제권을 획득하게 된다 (Faris, 2007). 국가적으로 알 바시르 정부는 이 지역의 석유 자원에 대한 통제권을 지키고자 열망했다. 석유 수출로 인한 수익이 국가 예산의 상당 부분을 차지하고 있기 때문이다. 수단의 사례에서 볼 수 있듯이, 이곳의 전쟁을 민족 간 갈등으로 단순화 하지 말아야 한다. 수단을 갈등으로 밀어 넣은 여러 요인들이 복합적으로 작용한 것으로 인식해야 할 것이다.

글상자 6.3   1994년 르완다에서 집단학살

1994년 4월 6일 르완다 대통령 하브야리마나(Juvénal Habyarimana)
가 탑승한 비행기가 격추되는 사건이 발생한다. 이 사건을 계기로
100일간의 집단학살 (사진 6.1 참조)이 벌어진다. 르완다 후투족은
소수 민족 투치족을 대상으로 한 집단학살이 자행되었으며, 그 결과
50만 명~100만 명이 사망했다 (Mamdani, 2001; Prunier; 2005a).
후투의 국가 선전을 그대로 받아 쓴 국제 미디어는 이 끔찍한 사건
을 "적 투치를 죽이고자" 국민들이 자발적으로 수행한 운동(Prunier,
2005a, 247)이라거나 순전히 이곳의 역사적 긴장의 결과로 발생
한 '순수한 부족 적대감'에 따른 갈등으로 묘사한 바 있다 (*Time
Magazine*, 1994). 민족적 원인 때문에 집단학살이 이루어진 것이 아
니라는 학계의 합의가 있음에도 불구하고, 르완다에서 집단학살은 민
족 간 갈등 때문에 추동되었다는 인식이 일반적으로 퍼져 있다.

▌사진 6.1 키갈리의 공동묘지

출처: PASCAL GUYOT/AFP/Getty Images.

계속

하지만 르완다의 집단학살은 본질적으로 정치적이며, 국가가 주도한 인종청소로 보는 것이 마땅하다. 역사적 라이벌이라고 알려진 두 집단 사이 갈등으로 인해 발생한 것이 아니다. 민족이라는 렌즈로 폭력을 보게 되면 르완다의 집단학살의 주요 원인으로서 정치적 야심과, 더 넓은 사회적 이슈의 근본적인 중요성을 간과하게 된다 (Hintjens, 1999). 사실, 후투 부족국은 상당히 오랫동안 민족적 증오와 긴장이라는 서사를 개발하고 선전해 왔다. 이것을 통해 르완다 인구의 상당수가 인종차별적 편견을 갖게 되었다. 더불어 투치족을 권력에서 배제할 수 있게 되었다 (Uvin, 1997).

후투와 투치는 원래 사회적으로 구분된 민족 개념이다. 애초에 식민지 국가의 목적을 달성하기 위해 그 부분에 민족적 중요성을 부과한 것이다. 사실, 후투와 투치는 많은 공통성을 공유하고 있으며 눈에 띄는 차이는 거의 없다고 할 수 있다. 이들을 식별할 수 있는 표피적 요인은 기껏해야 신장이나 부의 수준 정도였다 (Des Forges, 1999, 32-35). 민족적으로 구분하려는 시도는 식민지 시기에 시작되었다. 벨기에가 소수인 투치족을 권력의 파트너로 인정한 것이다. 1962년 르완다가 독립하였을 때, 벨기에는 동맹 상대를 후투족으로 바꾸어 국가 권력을 넘겨주었다. 벨기에는 포용보다 인종적 배제를 선호한 것이다 (Thompson, 2007, 21). 식민지 통치구조를 넘겨받고 확장하면서, 권력 구조에 대한 그들의 지배를 유지하고자 했던 후투족 엘리트들의 정치적 결정은 식민지 이후 시기에 제도화된 민족적 구분을 심화시키는 데 집중돼 있었다.

1980년대 후반까지 후투족 엘리트들은 기근, 실업, 빈곤과 같은 다면적인 위기에 직면해 있었다. 따라서 민족적 증오는 권력에 절실히 매달렸던 독재정권의 실체를 숨기기 위한 망토가 되었다. 예를 들어, 집단학살 이전 시기는 인구 증가 추세가 더 심화되고 있었고 급격한

계속

사회-경제적 쇠퇴를 경험하던 시기여서, 정부에 대한 광범위한 불만이 팽배하고 있었다. 이러한 상황은 후투 강경파들이 득세할 수 있는 좋은 여건을 만들게 된다. 이들은 위기의 원인을 민족적 문제로 호도하여 공통의 적으로서 투치족을 상정하여 후투 국민들을 규합하려고 하였다.

민족에 따라 구분된 국민이라는 서사는 후투정권의 행위를 정당화하는 데 사용되었고, 르완다정부가 집단학살을 철저히 계획하고 실행하게 만들었다. 일견 '부족적' 갈등으로 보였던 이 사건은 사실 고도로 조직화되고 주의 깊게 만들어진 일련의 정치적 묘책이었으며, 그것을 통해 무너져 가는 정권을 지키고자 하였다. 민족적 증오, 두려움과 같은 담론은 르완다 미디어를 통해 전파되었으나, 미디어는 '타자'에 대항하여 사회적 동원을 이끌어내는 효과적인 수단이었다. 집단학살에 대한 대중적 재현(미디어에 의한 – 역자 주)에도 불구하고, 학살은 단지 투치인들만 대상으로 한 것이 아니었다. 중도 성향의 후투인들도 집단학살 초기 살해된 바 있다는 점을 분명히 인식해야 할 것이다. 상당히 많은 후투 국민들이 그러한 폭력에 가담하지 않았다 (Mueller, 2000; Straus, 2004). 르완다의 집단학살을 진정으로 이해하기 위해서, 우리는 먼저 정치적, 사회적 요인과 부도덕하고 필사적이었던 엘리트의 역할을 들여다보아야 한다. 엘리트들은 민족적 적대감을 만들어 내고 광범위한 폭력을 부추긴 것이다.

종교적 믿음

종교적 믿음과 정체성은 현대 아프리카의 매우 강력하게 작용하며 사회의 모든 수준에 침투해 있다 (Ellis & ter Haar, 1998). 민족과 마찬가지로 종교는 사회적 상호작용과 정체성, 국민 화합에 중요한 역할을 하고 있다 (제7장 참조). 일반적인 영적 차원으로 보면, 종교는 고유한 개인과 집단의 정체성을 형성하고, 사회적 상호작용의 메커니즘을 제공하며 윤리적 행동과 실천의 형태를 각인시키거나 거기에 영향을 미친다. 아프리카 전여에는 많은 종교적 행위와 실천 형데기 존재헌다. 이러한 종교적 형태는 영혼과 조상의 힘에 대한 전통적 믿음에 기반한다는 점에서 공통적이다. 그리고 아프리카 대륙의 자연 환경에 조응하여 약간씩 다른 모습을 하고 있으며, 공식 종교인 이슬람과 기독교 숭배와도 연결되어 있다. 제3장에서 간략히 설명했듯이 641년 이후 전파된 이슬람은 북부와 서부의 많은 지역, 그리고 후에는 동부 지역까지 영향을 미쳤다. 한편 기독교 전파는 19세기부터 시작되었으며 아프리카 남부 지역에 다양한 가톨릭과 프로테스탄티즘이 소개되기도 하였다. 아주 기초적인 수준으로 아프리카를 종교적 믿음의 지도로 그려 본다면 북부에 이슬람, 남부에 기독교로 나눌 수 있다. 일견 아프리카를 구분하는 잠재적 선으로 종교를 들 수 있다. 심지어 나이지리아나 수단과 같은 국가 내에서도 남부 기독교, 북부 이슬람으로 구분되어 있어서 이러한 구분이 갈등의 주요 원인인 것으로 받아들여지기도 하였다. 더구나 최근 알 샤바브 혹은 보코 하람(Boko Haram, 나이지리아의 이슬람계 테러집단 – 역자 주)이 등장하여 사헬 지역에 대한 이슬람 지하드의 침략이 임박한 서부에서도 종교로 인한 갈등 조짐이 보이고 있다.

종교 경전의 중요한 측면은 단일한 '진실' 혹은 길은 존재하지 않는다는 것이다. 이것은 성경이나 코란이 매우 다른 방식으로 해석될 수 있음을 의미한다. 예를 들어, 코란과 샤리아(Shari'a)법(이슬람교도들이 지켜야 할 율법 – 역자 주)은 이슬람교도들이 어떻게 행동하고, 그들의 삶을 살고, 기도해야 하는지를 다루는 다양한 이슈에 대한 지침을 제공한다. 종교적 해석과 숭배의 형태에 다양한 해석(이슬람 내부에서 수니/

시아파로 나뉘는 것처럼)이 나라별로 매우 다양하게 나타난다. 대안적 해석이 가능하다는 것은 여러 분파로 나뉠 수 있음을 의미한다. 지도자가 집단 정체성이나 행위를 규정하고 거기에 영향을 미칠 수 있으며 그것을 이용할 수 있다. 특히 타자와의 관계에 있어서 더욱 그러하다. 예를 들어, 1990년대 알 바시르 정권이 샤리아 율법을 새롭게 해석하여 통치 이념으로 상정함에 따라 수단에서의 갈등(2차)이 촉발된 측면이 있다. 샤리아 율법의 새로운 해석을 통해 라이벌 SPLA를 축출하려 하였다. 국가 권위에 대한 도전은 종교적 반란의 한 범주로 간주한다는 해석이 추가된 것이다 (de Waal & Abdel Salam, 2004, 73). 따라서 특정한 상황에서 종교적 관행은 긴장을 유발하고, 군사적 행위를 촉진하거나 궁극적으로 폭력을 양산하는 데 매우 중요한 역할을 할 수 있다.

하지만 민족과 폭력의 관계 분석에서도 보았듯이, 종교와 폭력이 매우 높은 상관관계가 있다고 단순하게 결론 내려서는 안 된다. 다시 한 번, 우리는 폭력의 원인과 요인들을 확인해야 하고 종교적 믿음은 그들 중 하나라는 것을 명심해야 한다. 종교의 중요성은 아프리카 전역의 엘리트들이 인정해왔다. 정치적 힘이 닿지 않는 지역에서, 종교적인 관행은 유용한 정치적 동원 도구로서 활용될 수 있다. 이 도구를 사용하여 특정 이슈에 대한 대중의 지지를 모으거나, 국가기관과 경쟁 집단에 대한 조치를 취할 수 있다 (Ellis & ter Haar, 1998, 178, 188). 벌어지는 이슈에 대해 총체적이고 복합적으로 이해하는 것이 중요하다. 그리고 종교적 차이는 다수 사례에서 알 수 있듯이 폭력의 주요 요인이 아니다. 하지만 종교적 신념이 폭력을 조장하는 요소가 아니라고 말할 수는 없다. 왜냐하면 헌신은 인간의 행동과 호전성을 촉진하는 중요한 요인이기 때문이다. 예를 들어, 2012년 말리의 대부분을 침략한 이슬람주의자들은 정당성과 권위가 부족한 말리정부를 무너뜨리겠다고 협박한 바 있

다. 말리정부는 프랑스 군대의 개입으로 겨우 살아남을 수 있었다. 서구
로서는 이슬람의 군사적 영향력이 커지는 데 따른 근심이 있었다. 하지
만, 이슬람에 협조한 말리 단체들이 자신들을 폭력적인 이슬람 지하드
라는 서사 속에 자신을 위치시키려고 했으나, 세계적 관점에서 보면 그
들이 어떻게 등장했고, 무엇을 했는지에 대한 맥락을 찾을 수 없다고 다
우드와 라레이는 주장한 바 있다 (Dowd and Raleigh, 2013, 505). 실
제로는, 이슬람과 연합한 세력이 선봉에 서서 특정 지역에서 폭력을 행
사하게 된 데는 몇 가지 이유가 있다. 정치적 엘리트들 간 경쟁이 심화
되고, 특정 지역이 주변화되며, 사회적 불만이 고조됨에 따라 이슬람과
연대하고 폭력을 행사하게 된 것이다.

　종교적 폭력이 주요 요인으로 간주되었던 갈등 상황도 다수 있었다.
예를 들어, 북부 나이지리아에서는 이슬람교도와 기독교도 모두 다수 살
해되는 극단적인 폭력 사태가 빈번하게 발생하고 있다. 폭력행위가 발발
하는 동안, 종교적 연합체들은 그러한 잔혹행위에 중요한 역할을 담당하
고 있었다. 비록 종교가 그러한 행위를 정당화하는 근거가 되었지만, 실
업문제, 정치적 과정에서 배제되는 상황, 종교적 신념을 왜곡하는 지역
엘리트들이 실제 폭력이 발생한 원인이었다. 알제리는 독재통치를 하고
있던 민족해방전선(NLF)은 이슬람구국전선(FIS: Front Islamiqe du
Salut)의 부상으로 심각한 위협을 받게 된다. 이들은 1991년 선거의 1
차 투표에서 엄청난 표를 얻은 바 있다. FIS는 샤리아 율법에 기반한 이
슬람 국가 설립을 요구하고 NLF 정권에 대항하여 지하드를 치르자고 설
득했다. 1992년 1월에 이슬람 율법에 공포심을 느낀 알제리 군부는 선
거를 취소하고 FIS 활동을 금지하고 수천 명의 지지자들을 체포했다. 그
결과로 이슬람에 영감을 받은 투사들이 정권에 대항하여 게릴라 전술에
참여하게 되어 내전이 발발하였다. 파괴적이고 대가가 큰 내전이었다.

시민들을 대량 학살하는 것은 반군들이 점점 많이 구사하는 공포 전술이 되었다. 1999년에 내전이 공식적으로 종식되었을 때 10만 명으로 추산되는 사람들이 죽었다. 저항의 초기 단계에는 분명 종교적 차원이 있었다. 하지만 알제리는 1980년대 이후 사회, 경제적 위기에 시달리고 있었고, NLF 정부의 정당성이 무너짐에 따라 이러한 위기들은 심화되었다. 갈등이 확산되면서 FIS의 폭력에 대한 지지는 사라졌고, 투쟁의 목표는 방탕한 정치, 경제적 권력으로 향하게 되었다. 휴전에도 불구하고, 일부 게릴라 군인들은 이슬람식 전투를 지속했고, 알제리, 말리, 모리타니에 걸쳐 있는 테러조직인 알카에다 이슬람 마그레브 지부가 출현하는 데 중요한 역할을 했다.

최근에 이슬람주의자들의 득세를 막기 위해 군대가 개입한 사례는 이집트에서 발생했다. 무바라크 대통령을 물러나게 한 2011년 이집트혁명 동안 무슬림 형제단은 영향력 있는 위치까지 올라가게 된다. 2012년 무슬림 형제단은 이후 선거에서 정치적 권력을 차지하게 되는데, 무르시가 대통령으로 당선된 것이다. 하지만 그는 재임 기간 동안 헌법에 반하는 행위를 저질렀고 명백하게 이슬람정책을 촉진해 왔다는 비난이 들끓었다. 결국 대규모 공중집회가 열리게 된다. 이집트 정치에서 이슬람정책이 공고화되는 데 두려움을 느낀 군부는 2013년 7월에 무슬림 형제단을 권좌에서 끌어내리기 위한 절차에 착수하게 된다.

대부분의 경우에 정치적, 사회적, 경제적 이슈가 영적인 정당화를 따라 조합될 때(이러한 이슈들이 종교적으로 정당화될 때 – 역자 주), 종교적 차이는 아프리카에서 갈등과 폭력의 중요한 차원(원인)이 된다. 대부분의 경우에 종교는 공통된 신념 아래 집단들을 통합하는 데 도움을 준다. 그리고 현대 아프리카 정치에서 중요한 요인임에 틀림없다. 하지만 정치적 권력으로부터 배제와 같은 특정 불만을 해소하고자 종교적

글상자 6.4   알 샤바브와 소말리아

소말리아의 20년간의 무정부 상태와 혼란 속에서 성공적으로 등장한 이슬람 샤리아 법정의 연합체인 이슬람법원연합(ICU)은 수도 모가디슈를 포함하여 많은 지역에서 정치적 지배권을 얻었다. 그러나 소말리아의 강력한 전투적 이슬람 정부를 두려워한 에티오피아는 2006년 ICU를 전복하고 과도연방정부(TFG: Transitional Federal Government)를 집권시키고자 하였으며, 이를 위해 미국은 소말리아 침공을 권유한 바 있다. 2006년 말에 이르러 ICU는 에티오피아 침략에 직면하여 급속히 해체되면서 상당히 많은 영토를 상실했고, 권위가 많이 추락하였다. ICU가 권력과 권위를 상실하자 급진 알 샤바브가 TFG에 대항하기 위해 이슬람 지하드를 추종하는 선두그룹으로 부상하게 되었다. 알 샤바브는 소말리아 전역에서 노골적으로 국가 권력기구를 겨냥한 게릴라전을 시작했고, 소말리아 남부 지역을 성공적으로 점령할 수 있었다. 소말리아의 폭력사태는 알 샤바브가 2009년 알카에다와 동맹을 약속하고 2007년부터 케냐와 우간다 등 동아프리카 전역에 테러공격을 수출해 왔다는 점에서 더욱 광범위한 글로벌 이슬람 테러 패턴과 연관돼 있다. 가장 악명 높은 테러로, 2013년 나이로비 웨스트게이트 쇼핑몰 테러를 들 수 있는데, 여기서만 67명이 숨졌다. 알 샤바브의 지하드 목표의 힘과 영향력을 저지하기 위해 소말리아에 적극적으로 관여하고 있는 우간다와 케냐의 군대에게 갈등과 폭력의 소용돌이는 보다 중대한 의미가 있었다. 그 지역에 군대를 투입함으로써 갈등의 불씨를 부채질하였으며, 주로 케냐를 목표로 한 일련의 심각한 공격을 야기했다. 주목할 만한 사건으로, 2014년 6월 음페케토니(Mpeketoni)에서 50명의 비(非)무슬림들이 살해당한 사건(Anderson & McKnight, 2015, 24)이나, 2017년 1월에 소말리아의 쿨비요우(Kulbiyow)의 군사 지역에서 57명의 케냐 군인이 살해당한

계속

> 사건(Burke, 2017)이 있다. 알 샤바브는 종교가 가진 통합의 도구를 이용할 줄 알았다. 이들은 케냐와 소말리아에서 정치적 소외가 일상적이고, 사람들이 불만을 표출할 정당한 통로가 부족하고, 빈곤이 만연해 있으며, 경제적 발전은 이루어지지 못한 현실을 잘 알고 있었다. 알 샤바브는 이러한 현실을 무기로 그들의 추종자를 끌어 모은 것이다.

신념을 동원하게 될 때, 반드시 폭력의 조건이 만들어지게 된다. 소말리아나 수단에서, 이슬람 율법의 대안적 적용(국가에 대한 도전은 종교에 대한 도전이다라는 새로운 해석 – 역자 주) 양상이 폭력을 이해하는 데 매우 중요하다. 반면 말리의 경우처럼, 겉으로는 종교갈등의 모습을 하고 있으나 이질적인 그룹들(나중에 믿음으로 통합되지만)의 반란은 사실 정치적이고 경제적 이슈와 관련이 있었다.

천연자원

아프리카에서 벌어지는 갈등의 원인으로서 대표적으로 지적되는 것이 천연자원을 둘러싼 경쟁일 것이다. 〈블러드 다이아몬드(*Blood Diamond*)〉 같은 영화들은 전쟁 중인 민병대가 정치력에 대한 관심이 거의 없거나 전혀 없어 보이는 상황에서 다이아몬드 같은 귀중한 천연자원을 약탈하는 시나리오를 묘사하고 있다. 냉전 이후 상황에서, 많은 갈등들이 '자원' 전쟁이라는 매력적인 개념을 확립했다. 예를 들어, 앙골라에서 MPLA와 UNITA는 유전과 다이아몬드 광산의 통제를 두고 싸웠고, 시에라리온의 혁명연합전선(RUF: Revolutionary United Front)은 다이아몬드 광산을 착취한 바 있다. 한편 M23과 같은 동부 콩고 민병대와 우간다와 르완다를 포함한 인근 국가들은 금, 주석, 탄탈룸, 텅스텐을 포함한 광물들을 두고 싸웠다. 따라서 반란은 이익을 얻을 수 있는 이상적인 기회를 제공하며, "반군은 도적이나 해적과 구별할 수 없다"는 주상이 제기된다 (Grossman, 1999, 269). 이러한 관점은 콜리어와 호플러(Paul Collier and Anke Hoeffler, 2004)가 '탐욕'과 '불만'이라는 용어로 간단하지만 완벽히 설명한 바 있다. 아프리카의 현대적 폭력의 상당 부분은 이러한 설명에서 크게 벗어나지 않는 것으로 보인다. 아프리카에서 자원을 둘러싼 경쟁이 격화되고 있다는 사실은 국제무대에서도 확인된 바 있다. 2003년, 킴벌리 프로세스와 같은 다자간 거래에서 '분쟁 지역 다이아몬드'의 거래를 중단시키기로 결정한 것이다. 한편 2010년에 미국정부는 도드-프랭크 월스트리트 개혁(Dodd-Frank Wall Street Reform)안에 사인한 바 있는데, 여기에는 DRC로부터 수입한 분쟁 지역의 물질을 기업이 공개해야 한다는 세부 조항이 적시되어 있었다. 문서에는 자원이 반란군 집단에 동기를 부여하고, 촉진하고, 지속한다는 정서적 견해가 깃들어 있다 (Keen, 1998). 자원의 풍부함이 갈등의 공통 원인이지만, 식량과 물, 토지와 같은 자원의 부족 또한 갈등이 발생하는 주요 원인을 언급되어 왔다는 것에 주목할 필요가 있다 (제2장 참조). 예를 들어, 다르푸르에서는 방목지를 둘러싼 경쟁이 치열하게 전개되었으며 차드 호수의 물이 급속히 줄어들면서 이곳 수자원을 둘러싼 폭력적 충돌이 발발하게 되었다.

하지만 자원을 핵심적 설명 틀로 사용하는 것은 분쟁의 다차원적인 본질을 협소한 수준으로 환원하여 들여다보는 것이다. 더불어 자원과 자원의 부족을 갈등과 직접적으로 연결된 원인으로 상정하게 된다. 이러한 관점은 경제적 결정주의적 주장에 불과하다. 사실, 이러한 관점을 취함으로써 갈등이라는 방정식에서 정치적 행위자를 지워버리고, 여러 행위자들의 상호 연결된 동기는 무시된다. 자원 그 자체만으로 폭력을 유발되지 않는다. 다이아몬드 매장량이 많은 보츠와나와 같은 국가들은 그들의 자원 기반에 의해 '저주'받거나 폭력에 시달리지 않았다. 만약 '자원의 저주'가 갈등의 핵심 요소라면, 1차 상품을 생산하는 많은 나라들이 반군에 매우 취약했을 것이다. 나아가 현대 아프리카에서는 개념화된 자원과 경쟁을 벌이는 자원 사이에 엄격한 구분이 존재한다. 냉전 시기에 '자원'전쟁이라고 이름 붙인 갈등은 존재하지 않았다. 외부 지원 국가들이 피후원 정권과 반란 그룹에 대한 지원을 중지하게 되자, 자원은 갈등 상황에서 중요성이 더욱 높아졌다. 그러나 결정적으로 이러한 갈등은 여전히 주로 자원에 관한 것이 아니었다. 고부가가치 광물과 석유 매장량은 집단들이 반란을 일으키기 위한 근본적인 동기로 작용하지 않았다. 갈등이 시작되고 나서 자원들은 중요성을 갖게 되었다. 자원을 통제하고, 운영하고 그것으로부터 부당이득을 취함으로써, 정치체제에 대항하여 반란을 유지할 수 있었다.

이 상황의 훌륭한 예는 앙골라에서 발견된다. 1975~1991년 내전은 냉전(미국과 소련 – 역자 주)의 지정학적 우려로 인해 앙골라해방인민운동(MPLA)과 앙골라완전독립민족동맹(UNITA) 사이의 권력 다툼이 격화된 시기였다. 그러나 1992년 선거 이후 전쟁이 재개된 이후 분쟁에서 자원은 두드러지게 부각되었다. MPLA 정부는 연안의 석유를 통해 자금을 조달한 반면, UNITA는 앙골라의 다이아몬드를 확보해야만 반란을 유지할 수 있었다. 1992년 선거 이후, UNITA는 앙골라의 다이아몬드 생산의 60~70%를 장악하게 되었는데, 이들은 글로벌 시장에서 불법 판매를 통해 37억 달러 어치의 수익을 올리게 되었고, 이 자금을 바탕으로 앙골라의 2/3를 차지할 수 있었다고 글로벌 위트니스

(Global Witness, 1998, 3)는 주장한 바 있다. 다이아몬드 판매는 사빔
비(Jonas Savimbi)가 2002년 사망할 때까지 UNITA가 전쟁을 계속할
수 있었던 근본적인 자금줄이었다. 이 전쟁은 '자원전쟁'이 아니라는 점
이 중요하다. 사빔비이 1차적 목적은 앙골라에서 정치적 권력을 확보하
는 것이지 개인적 축재가 아니었다.

　상호 밀접하게 연결된 라이베리아(1989~2003년)와 시에라리온
(1991~2002년)에서 갈등은 노골적인 폭력과 자원 약탈(piracy)과 동의
어가 되었다. 정부의 정통성 저하, 광범위한 부패, 중앙 권위의 하락, 사
회-경제적 문제 증가와 같은 상황이 양국에 공통적으로 나타나자 테일러
의 라이베리아 민족애국전선(NPFL)이나 상코(Foday Sanko)의 혁명연
합전선(RUF)에 의해 주도된 반란이 시작되었다 (Ellis, 1999; Hirsch,
2001). 하지만 NPFL과 RUF가 완전한 정치적 권력을 장악하는 것이 금
지되자, 이러한 갈등은 극단적인 폭력, 소년병의 광범위한 사용, 그리고
중요한 자원의 통제로 특징지어지는 이념적으로 동떨어진 투쟁으로 변
질되었다. 궁극적으로 권력 장악이 주요 목적이었으며, 일단 자원이 있
다는 것이 확인되면, 자원의 활용하는 것이 전쟁을 전개하는 데 결정적
인 요인이 된다. 예를 들어, 테일러의 NPFL은 라이베리아의 다이아몬
드와 금 광산을 확보할 수 있었고, 다국적기업과 협력하여 그것들을 세
계 시장에 판매하게 되어 (Reno, 1998, 94), 그 수익으로 군수품을 구매
할 수 있었다. 한편, 시에라리온에서는, RUF가 다이아몬드 광산을 장악
하게 되어 정부가 수익을 잃으면서, 민간 군사회사인 이그제큐티브 아웃
컴(Executive Outcomes)에 의존하여 자신의 위치를 지켜야 했다. 다이
아몬드 채굴 수익의 지분을 대가로 민간 군사회사의 도움을 '구매'한 것
이다 (Howe, 1998).

　자원 그 자체는 분쟁을 일으키지 않는다는 점을 인식하는 것이 중요

글상자 6.5   콩고민주공화국, 아프리카의 '세계전쟁', 분쟁자원

자이르(DRC) 동부에서 발발한 분쟁은 1996년에서 2003년까지 지속되었는데, 아프리카에서 가장 많은 대가를 치러야 했던 파괴적인 전쟁이었다. 복잡한 정치적, 사회적 요인으로 인해 발생한 이 전쟁은 오늘날 이 지역의 정치적, 경제적, 사회적 구조에 저주로 남아 있다. 이 분쟁으로 600만의 사람들이 사망하였다.

　1990년대 중반까지 모부투 대통령의 정권은 혼란에 빠졌고 냉전 이후 거의 모든 권위가 상실되었다. 모부투의 중앙집중적 권위가 줄어드는 상황을 틈타, 르완다 집단학살의 후투족 가해자들은 DRC 북동부로 도망쳤다 (Cyrus Reed, 1998). 1996년, 르완다와 우간다는 점차 힘을 키워가던 후투 반군을 제거하기 위해 자이르를 침공하게 된다. 이들은 카빌라가 이끄는 콩고-자이르해방 민주세력연합(AFDL: Alliance of Democratic Forces for the Liberation of Congo-Zaire)이라는 반란 집단 연합의 도움을 받게 된다. 르완다의 군사 지원으로, AFDL은 자금과 사기를 모두 잃은 모부투의 군대가 항복함에 따라 자이르를 평정하였다. 1997년에 이르러 그들은 모부투를 성공적으로 몰아내고 그 자리에 카빌라가 앉게 되었다. 하지만 카빌라는 곧 반대파를 모두 숙청하고, 자신을 권좌에 앉게 하는 데 근본적 지지자였던 르완다 인들을 추방해 버린다. 과거 지지자들을 소외시켜 버리자 새로운 정치적 불만이 생겨나고 새로운 반란 그룹들 형성된다. 현재 르완다와 우간다의 지지를 받고 있는 콩고민주연합(RCD: Rally for Congolese Democracy)이 그것이다. 1998년 8월, 르완다의 군부는 콩고에서 투치족을 보호한다는 명목아래 카빌라를 상대로 전쟁을 벌였다. '아프리카 세계전쟁'(Turner, 2007; Prunier, 2009; Reyntjens, 2009)이라고 이름 불리는 분쟁을 국제화하려고 했던 앙골라와 차드, 나미비아, 짐바브웨의 개입이 없었다면 카빌라 정권은 패퇴했을 것이다. 혼란과 정치적 붕괴 와중에 RCD는 콩고의 일부분을 확보할 수 있었고, 후투

계속

족이 지배하던 르완다해방민주세력(FDLR: Democratic Forces for the Liberation of Rwanda)을 포함한 반란단체들은 그들이 원하는 영토를 얻을 수 있었다.

무정부 상태가 확산되고 정치적 해결책이 요원해지자, 다양한 교전 세력들은 DRC의 천연자원 기반을 약탈하는 쪽으로 방향을 틀었다. 반란 민병대와 외국 군인들은 그들이 점령한 지역에서 수백만 달러어치의 자원을 자기 것으로 만들었고, 그것을 통해 분쟁을 지속할 수 있는 자금을 마련하고 개인적 부를 축적해 나갔다. 2002년 유엔은 DRC의 불안정을 은폐하여 자원을 확보하고 그것을 해외에서 불법 거래한 군 및 정치 인사들의 엘리트 네트워크를 확인했다. 폭력을 독점하고 엘리트의 이익에 봉사하는 이러한 무장 단체들은 DRC의 자원을 착취하였다. 이것은 글로벌 다국적기업들과 국제 범죄조직의 완벽한 공모가 없다면 가능하지 않은 일이었다. UN보고서에 따르면, 르완다와 우간다, 짐바브웨의 고위층 인사들이 부당 이득 취득에 연루되어 있었다. 이들은 주로 "광물 채굴을 통해 자기 금융조달(self financing) 전쟁 경제를 구축"했다고 이 보고서에 지적되고 있으며, 짐바브웨의 엘리트들은 "DRC로부터 적어도 50억 달러 정도의 자산을 소유할 수 있었다"고 아울러 보고하고 있다 (UN, 2002, 7). 비록 2006년에 마침내 평화 협정이 체결되어 주요 행위자들이 적대행위를 중단하는 모습을 보였지만, 불안정은 이 지역을 계속해서 파괴시키고 있다. FDLR과 M23과 같은 호전적인 민병대들은 유엔 평화유지군의 존재에도 불구하고 여전히 키부 지역에서 파괴적인 충돌을 벌이고 있다.

콩고의 자원이 전쟁의 조건을 확립하지 않은 것은 분명하지만, 폭력이 확산되면서 그들은 이익을 얻을 수 있는 기회를 제공했다. 해당 지역에서 엘리트들이 권력과 영향력을 가지려는 동기에서 분쟁이 시작되었으나 DRC의 자원은 폭력이 지속될 수 있게 만드는 요인이었고, 한편으로는 소규모 비주류 집단을 부유하게 만들기도 하였다.

하다. 오히려 정치적, 사회적 차원이 이러한 자원들을 이용해 폭력을 조장하고 평화를 제한해 왔던 것이다. 잉글버트와 론(Pierre Englebert and James Ron, 2004, 76)은 이러한 정서를 잘 요약한 바 있다. "아무리 자원들이 유혹적이고, 그것들이 현재의 불안정성과 무장 갈등을 악화시킨다 하더라도, 정치적 맥락이 이미 불안하지 않은 이상 자원 그 자체는 내전을 유발하지 않는 것으로 보인다."

추가 읽을 거리

이 장에서 이미 소개되었고, 아프리카에서 정치적 폭력에 대해 가장 포괄적인 설명을 하고 있는 문헌 중 하나로 Paul Williams (2016) *War and Conflict in Africa*가 있고, 이후로 읽어 볼 것은 William Reno (1998) *Warlord Politics and African States* 그리고 Morten Bøås and Kevin Dunn (2007) *African Guerrillas Raging Against the Machine* 등이 있다. 사례연구로서 Mahmood Mamdani (2001) *When Victims Become Killers: Colonialism, Nativism, and the Genocide in Rwanda*; Alison des Forges (1999) *"Leave None to Tell the Tale" Genocide in Rwanda*; Gerard Prunier (2005a) *The Rwanda Crisis: History of a Genocide*; Stephen Ellis (1999) *The Mask of Anarchy: The Destruction of Liberia and the Religious Dimensions of an African War*; Gerard Prunier (2009) *Africa' World War: Congo, the Rwandan Genocide, and the Making of a Continental Catastrophe*; Filip Reyntjens (2009) *The Great African War: Congo and Regional Geopolitics, 1996–2006*; Odd Arne Westad (2007) *The Global Cold War: Third World Interventions and the Making of Our Times* 등이 있다.

사회운동과
시민사회

아프리카 내에 다양한 대중운동들이 존재하며 이들은 정치적, 경제적, 사회적 변화를 달성하고자 노력하고 있음에도 불구하고, 일반적으로 현대 아프리카를 설명할 때 사회운동과 시민사회 조직은 그다지 관심을 끄는 주제가 아니었다. 아프리카 구조 내에서 무엇이 사회적 운동인가에 대한 합의가 존재하지 않는다는 점 때문에 이들을 완전히 이해하기 어렵다. 간단히 말해, 이들은 배제와 불평등이라는 이슈에 도전하고 저항하기 위해 뭉친 사람들의 비국가적 성격의 집합적 운동이라고 할 수 있다. 이러한 운동은 종종 비공식적이며, 사람들로 하여금 국가에 대항하여 '아래로부터의 행동'을 취하게 함으로써 변화를 성취하고자 한다. 이들은 또한 '시민사회'라고 불리는 공적 공간에서 활동하기도 하는데, 이러한 비국가 행위자들은 특정한 목적을 달성하기 위해 집합적 행위를 할 수 있는 도구를 제공한다. 시민사회 조직은 같은 공적 공간에서 활동하지만 이들의 목적은 공적 서비스를 제공하고 정부에 로비하는 것에 있다는 점에서 사회운동과 성격이 다르다. 따라서 시민사회 조직은 자선단체나 NGO들, 노동조합, 씽크 탱크를 포함하며, 이들은 정부의 간섭으로부터 대개 독립적이지만 몇몇 경우 국가로부터 자금 지원을 받고 있다.

이전 장에서 강조했듯이 탈식민 국가들은 일련의 모순과 문제들을 경험해 왔다. 다수의 아프리카 시민들은 자신의 물질적 조건에 직접적으로 영향을 미치는 요소에 접근할 수 없었다. 가령 정치참여가 제한되었을 뿐 아니라, 경제 활동에서도 배제되었다. 그리고 환경 이슈나 사회적 복지와 서비스에 대한 접근도 제한적이었다. 일당제 국가들과 기업들이 아프리카를 지배했고, 아프리카에 불평등한 권력 관계의 그림자가 드리워졌다. 한편 사회운동과 시민사회 조직의 필요성은 더욱 커지게 되었다. 이들은 대안적 비전을 정교화하고, 한데 모아진 요구를 대변할 수 있는 기회를 제공할 수 있었기 때문이다. 독립 이후 공식적이고 비공식적인 다양한 운동들이 변혁을 도모하기 위해 대륙 전역에서 등장하게 된다. 민족주의 운동, NGO, 교회, 노동조합, 시민사회, 단일 이슈 저항 그룹들은 지역적, 국가적, 국가 간 차원에서 서로 경쟁했고, 당시 그들이 처한 당장의 상황을 개선하기 위해 노력했다 (Larmer, 2010, 252). 부분적으로 이러한 상황 때문에 아프리카에서 사회적 운동을 정확하게 정의하기 어렵다. 사회운동이 발생한 원인과 그들의 요구는 매우 다양하고, 그들이 수행하는 운동 메커니즘 또한 다양하다.

아프리카의 사회운동이 유럽과 라틴아메리카의 경험에 기초하고 그들에게 영향을 받은 보편적인 현상인지, 아프리카의 독특한 움직임인지 파악해야 할 것이다. 아프리카의 사회운동 조직과 상호작용하고 그들에게 영향을 미친다는 점에서 국제적 요인은 매우 중요한 역할을 하고 있다. 인권과 같은 인류의 보편적 이념을 전파하고 조직 및 캠페인 전략을 제공하는 식으로 도움을 주고 있다. 특히 사회운동 자금을 지원해 주고 있다는 점에서 중요한 도움을 받고 있다. 윌리엄스와 영(Williams and Young, 2012), 굴드(Gould, 2005) 등 일부 학자들은 외부 세력이 아프리카 사회운동을 포섭하거나 활용하였다는 점을 지적하면서, 아프리카 사회운동에서 국제 행위자가 차지하는 역할을 강조하였다. 하지만 이러한 관점은 아프리카 내 행위자를 무시할 뿐만 아니라, 사회적, 정치적, 종교적 특징이 혼재된 아프리카 사회운동의 특성을 고려하지 않는다 (Ellis & van Kessel, 2009, 15). 아프리카 사회운동은 그들이 활동하는 특정 맥락과 환경에 의해 형성되고 강요된 것이다 (de Waal &

Ibreck, 2013, 304). 나아가, 문제의 원인에 따라 사회운동의 사회경제적 조합(예를 들어, 재력이나 활동가들의 교육수준)은 매우 다양하게 나타난다. 국가나 국제적 자금과 연계하거나 '의존'하는 수준, 신후원주의 하에서 자율성의 수준, 메시지의 '도달 범위' (앙골라와 시에라리온의 블러드 다이아몬드[Blood diamonds] 사태에 대응한 킴벌리 프로세스는 글로벌 이슈가 되었다), 사회운동 지지자들이 인정하는 정당성 등에 따라 다양하게 나타난다. 따라서 아프리카 사회운동을 들여다 볼 때 이러한 요소들이 반드시 고려되어야 한다.

분명 아프리카 전역에서 사회운동과 시민사회 조직은 장구하고 다양한 역사를 가지고 있다. 하지만 사회운동의 등장과 진화를 이해하는 가장 유용한 방법은 중요한 네 시기별로 나누어 살펴보는 것이다. 이러한 시기 구분은 대륙의 정치적, 경제적, 사회적 발전에 대한 지도를 그리는 것과 같다 (Larmer, 2010; Zeilig et al., 2012). 첫 번째 운동은 제 2차 세계대전 시기(제3장 참조) 반식민지 민족주의가 부상함에 따라 등장하였다. 당시 흩어졌던 세력들은 독립이라는 궁극적인 목적으로 위해 한 곳으로 모이게 되었다. 세네갈의 셍고르와 같은 민족주의 엘리트들은 탈식민화를 지지하는 대중적 여론을 만들기 위해 노동조합이나 교회와 같은 조직을 활용했다. 하지만 독립이 이루어지자, 2막이 펼쳐지게 되어 다수의 민족주의자 지도자들은 1960년대와 1970년대 일당국가체제를 확립하게 된다. 변화를 이끌었던 사회운동은 이제 국가에 대한 위협으로 간주되었다. 따라서 각 정권들은 사회운동계에 새로운 지도자를 영입하거나, 다른 방식으로 그들을 억압했다. 하지만 1970년대와 1980년대 경제적 쇠퇴를 겪고(제5장 참조), 이후 국가개입 금지를 요구했던 구조조정프로그램(SAPs)이 실행되면서 수백만 명의 아프리카인들의 삶에 부정적인 영향을 미쳤다. 여기에 대한 반응으로 NGO를 포함한 새로운 사회적 운동과 시민사회 조직이 등장하게 되었다. 이들은 아프리카 전역의 경제적, 사회적 위기를 극복하기 위해 나서게 된 것이다. 많은 사회운동들이 여전히 아프리카 전역에서 교육이나 의료를 포함한 많은 영역에서 도움의 손길을 내밀고 있다.

  마지막 시기는 보다 오래 지속되었는데, 1990년대 민주주의 운동의 부활을 목표로 한 운동이 활발하게 이루어졌다 (제4장 참조). 이들은 독재자들에게 도전하고 광범위한 정치적, 경제적, 사회적 변화를 모색하고자 하였다. 냉전 이후 상황에서 인권과 민주화라는 전 세계적 이념은 아프리카의 사회운동과 밀접하게 연결되었다. 사회운동은 이러한 이념을 참조하여 그들의 요구를 정교화할 수 있었다. 민주화를 위한 '제3의 물결'이 가진 불완전한 속성이 드러나고, 최근에 아프리카에서 민주적 통치가 축소되고 있는 상황에서 변화를 이루기 위해 국가 권력에 도전하는 개인과 집단의 중요성은 계속 커지고 있다. 2010~2014년 북아프리카 전역에 등장한 사회운동 네트워크(복합적이고 다중적인 이슈에 개입하는)가 좋은 예이다. 아랍의 봄으로 일컬어지는 사회운동은 튀니지와 이집트 리비아의 지도자들을 축출하는 데 일조한 바 있다 (Lafi, 2017).

  마찬가지로 아프리카의 사회운동과 시민사회 발전 양상을 이 장에서 모두 다룰 수 없을 것이다. 아프리카 전체를 조감하기 위해서 넓은 붓으로 가장 두드러진 사회운동 양상을 그려 보고자 한다. 아프리카 전역의 사회적 형태들의 다중성과 시민사회 조직이 수행한 역사적 현대적 활동을 이해하기 위해서 이 장은 아프리카 민족주의, 노동조합, NGO, 특정한 이슈에 대응한 운동, 전통적 권위, 종교기구로 나누어 설명하였다.

아프리카 민족주의

식민지배 시대인 1950년대 아프리카 전역에서 등장한 대중운동은 외세로부터 자유를 요구하는 투쟁이었다 (제3장 참조). 탈식민지화를 이루기 위한 운동의 선두에 민족주의자들이 있었고, 이들은 독립과 자결에 대한 비전을 정교화하고 있었다. 그러나 유럽의 프리즘을 통해 적용된 아프리카 민족주의라는 용어는 사실 오해의 소지가 있다. 근대 아프리카 국가는 아프리카인이 아니라 유럽인에 의해 탄생했고, 다양한 사람들을 — 종종 공통점이라고는 찾아볼 수 없는 사람들 — 한데 모아 인위적으로 구성된 '국가'이다. 식민지 통치는 민족, 언어, 종교적 차이와 라이벌을 만들어냈고, 이것을 통해 정치적 통제를 유지하고자 하였다. 결과적으로 아프리카인들은 그들 자신의 이익을 위해 하위 민족 범주화(sub-national categorisations, 인위적으로 만들어진 민족 범주화 – 역자주)에 적응하고 생활 또는 활용하게 된다 (Ranger, 1983). 따라서 독립이 달성되기 이전에, 아프리카인들은 말라위 인이라든지 세네갈인으로 불리지 않았을 것이다. 그들이 살고 있는 국가 영토를 기준으로 정체성이 부여된 것이 아니라, 집단적 정체성의 한 형태로 민족적 혹은 언어적 결속이 부각되던 시기였다. 결과적으로 이러한 구분은 대륙 전역의 민족주의 운동으로서는 주요한 문제로 인식되었다.

제2차 세계대전 이후 — 식민주의에 대한 투쟁이 더욱 격렬했던 시기 — 에 은크루마나 셍고르처럼 자유의 깃발(다면적이지만 여전히 정의되지 않은 개념이지만) 아래 모인 지도자들과 반제국주의를 위해 모인 연합체들이 반식민지 투쟁의 틀을 만들었다. 하지만 이들의 궁극적 목적은 전통적 의미의 민족주의자가 되는 것이 아니었다. 왜냐하면 일단 유럽 세력이 물러가면, 민족적이거나 문화적으로 '새로운' 대표 국가를 지도에 새로 그려 넣을 의도가 없었기 때문이다. 대신 일단 정치적 독립을 쟁취하게 되면, 근대 국가는 다양성과 차이에 관계없이 식민지 시기 국경을 기준으로 획정될 터였다. 따라서 국민 통합을 호소하는 것은 역사적 현실을 초월한 것이었다 (역사적 맥락과 관계없는 국가 이념이라는 의미 — 역자 주). 분열과 경쟁이 발생할 가능성이 높을 때, 아프리카인들은 국가의 공통 목적을 위해 하위 민족정체성을 받아들여야 했다. 사실, 많은 민족주의 지도자들은 이 같은 내재된 분열의 정치적 위험성을 알고 있었다. 한편 그들은 이러한 현상을 명백하게 '전 근대적' 현상이라고 인식하고 있었다. 예를 들어, 모잠비크의 초대 대통령 마셸 (Samora Machel)은 "국가가 살기 위해서 부족은 없어져야 한다"고 주장한 바 있다. 공통의 유산(물론 특정할 수 없으나)으로 가장하여 지도자들은 아프리카인들의 통합을 호소한 것이다. 그리고 이것을 통해 독립에 따른 국내와 국제적 압박을 극복하고자 하였다. 통합의 감각을 심어 위의 목표를 달성하기 위해서, 초기 민족주의 지도자들은 이념적 메커니즘을 효율적으로 이용하였다. 예를 들어, 가나 대통령이었던 은크루마는 범아프리카주의라는 개념을 추진한 바 있다. 국가 단위에서 벗어나 공유된 대륙의 정체성을 천명한 것이다. 탄자니아의 니에레레는 우자마(제4장 참조)를 통해 국내 통합을 달성하는 데 집중하였고, 잠비아의 카운다는 휴머니즘을 추진한 바 있다.

사회운동을 형성하는 입장에서, 민족주의 지도자들은 반식민주의 투쟁을 확장하는 데 도움을 줄 수 있는 대중 조직을 만들고자 하였다. 도시와 시골을 막론하고 대중 동원을 통해 식민지 정권에 압력을 가해 권력을 약화시킬 수 있음을 이들은 잘 알고 있었다. 한편 이러한 대중 지지는 야심찬 지도자들이 독립 이후에 권력을 확보할 수 있는 기반이 되었다. 통합은 수사적이나 조직적으로 변화를 선동하는 유용한 도구였지만 본질적으로 신화에 불과했다. 이미 확인된 내부 모순을 감안할 때, 민족주의 운동은 자유와 독립이라는 개념에 의해 잠시 단결한, 불만 있는 사람들의 결집이라는 것이 현실이었다. 사실, 아프리카 민족주의라는 수사(rhetoric)는 불편하고, 분리되어 있으며, 느슨하게 연결된 집단들의 통합이라는 현실을 가리는 가림막으로 작용하였다. 민족주의는 다양한 정치적, 민족적, 문화적, 경제적 이해관계를 아우를 수 있는 유용한 이념이었다. 민족주의라는 우산 아래에서 다수의 사회운동과 시민사회 조직들에게, 민족주의는 '독립국가'라는 유럽중심적 개념을 의미하는 것이 아니었다. 그들에게 민족주의는 종종 특정 집단이나 비국가 집단의 이익을 관철시키는 데 유용한 수단이었던 것이었다 (Hodgkin, 1956).

일단 독립이 이루어지면서 국민 통합의 신기루는 급속히 사라지기 시작했으며, 아프리카 민족주의 내부에 심각한 분열이 드러났다. 사회운동과 시민사회 조직(특히 노동조합과 여성단체)의 지지를 활용했으나 부분적으로 그들에게 기대왔던 아프리카의 소수 엘리트들 때문에, 반식민주의라는 통합의 실타래는 자유라는 과실을 둘러싼 갈등과 사회적 분열에 그 자리를 내어 주어야 했다. 민족주의자의 프로젝트가 분열되면서, 학생 연합, 노동조합, 지역 조직은 각자의 요구가 다른 것을 확인하게 되었고, 이로 인해 불안과 저항이 발생하였다. 내부적 모순으로 인해 민족주의 프로젝트는 분열되게 되었고 대신에 아프리카 엘리트들은 자신들의 목적을 위하여 민족적 충성심을 이용하거나 만들어냈으며 지역적 제휴를 모색하였다. 이런 상황에서, 식민지 이후 지도자들은 정치적 통제를 유지하기 위해서 일당제 국가를 세우게 되었으며, 협소한 지지기반에 과도하게 의존하게 되었다 (제4장 참조). 식민지 지배자들은 대중적 변화의 동인이 시민사회라고 여겼기 때문에 이들을 억압하거나 활발한 활동을 막았다. 결국 시민사회는 국가와 역사적으로 연계되지 않았음을 알 수 있다. "민족주의 엘리트들 중 몇몇이 시민사회에 속해 있었지만, 시민사회를 의심스럽게 간주하는 경우도 있었으며, 시민사회는 독립을 이루기 위한 수단이며 독립 후 통제하는 영역으로 간주 되었다" (Young, 1988, 45). 식민지 이후 엘리트들은 국가를 건설하기 위한 수단으로 시민사회운동과 조직들을 끌어안지 않았고 사회 분열의 동인으로 인식했다. 기니와 우간다와 같이 정체성이 다양한 국가에서 '국가 통합'이라는 이념에 힘입어 중앙집권적 일당제 국가가 실행될 수 있었다. 일당제 국가에서 사회 정의, 인권, 여성 해방 혹은 교육 관련 캠페인을 진행했던 사회운동들은 국가의 정치적 필요에 의해 장려되거나 단순히 금지되기도 하였다. 결국, 비국가 행위자들이 활동할 수 있는 공적 공간은 줄어들거나 저개발 되었고, 권위주의적이며 비선출된 정치권력이 탄생하면서 일반 아프리카인들의 이익은 매우 감소하게 된다.

아프리카에서 현대적 사회운동

노동조합

노동조합은 구성원의 이익 — 특히 강력한 정치적, 경제적 힘과 관련하여 — 을 보호하고 증진하기 위해 구성되고 조직화된 노동자 집단이다. 전체 아프리카에서, 노동조합은 노동자의 경제적, 사회적 복지만 추구한 것이 아니었다. 이들은 처음에는 탈식민 시기에, 그 후에는 1990년대부터 민주화 투쟁에서 중요한 역할을 담당하였다. 노동조합의 영향력은 들쑥날쑥했지만 아프리카 사회운동을 이해하는 데 중요한 요소로 고려해야 한다. 식민지 치하 산업 현장에서 노동자들의 행동은 1940년대 들어 보다 분명하게 집단적인 저항의 형태로 나타났다. 당시에 일련의 분규가 발생했고, 1947년 세네갈의 철도파업과 같은 경우 나라 전체의 일상생활을 정지시키기도 했다 (Cooper, 1996b). 아프리카 전역에서 노동조합은 구성원들을 파업에 동원하였고, 식민지 정부에 비협조적 행동으로 일관했다. 이러한 활동으로 인해 식민지 정부에 대항하는 강력한 행위자가 되었고 그들의 활동은 민족주의자의 투쟁 노선과 궤를 같이 하게 된다. 예를 들어, 가나, 케냐, 나이지리아는 모두 물질적, 사회적 이슈에 대한 노동자 시위를 경험한 바 있으며 이러한 시위는 반식민주의 투쟁의 일부분으로 활용되었다. 대부분의 노동조합들은 명백한 정치적 기반을 가지고 운영되지 않았다. 하지만 엄청난 대중적 지지를 확보했다는 사실은 그들이 식민지 주민들의 자기결정권을 요구했다는 사실과 무관하지 않아 보인다. 몇몇 경우 기니의 투레와 같은 지도자들은 노동운동 내에서 그들의 역할을 사용하여 식민지 이후 체제에서 그들의 리더십에 대한 세간의 평가와 위치를 높이려고 하였다. 노동조합의 목적과 민족주의자들의 목적 사이에 분명히 교차점이 존재하여 대륙 전역에 잠정적인 동맹이 생겨났지만, 노조 간부들은 노동자를 동원하여 독립의 메커니즘으로 이용하려는 엘리트들의 권력과 동기에 대해 약간의 의구심을 담은 거부감을 가지고 있었다.

노동조합의 의심은 독립 이후 현실로 나타났다. 독립 후 국가들이 노동조합의 운신의 폭을 심각하게 제한한 것이다. 노동조합의 영향력이 얼마나 대단한지 반식민지 투쟁을 통해 목격했기 때문에, 일당제 국가들은 노동계 지도자들을 정부 장관 자리에 앉히고, '공식적' 노동조합을 만들어 중앙 통제 하에 두거나, 독립 지향의 조직은 간단히 금지해 버렸다. 나이지리아와 같이 강력한 노동자 조직이 국가에 의한 포섭을 거부

하는 경우도 있었으나 예외적인 경우였다. 경제 쇠퇴가 시작되고 IMF
의 구조조정정책이 1980년대 실시(제5장 참조)되면서 불평등과 대량
실업 현상이 심화되었다. 이러한 현상은 '공식적' 노동조합이 실제 노동
자들을 대표할 능력이 없었음을 증명하는 것이었다. 노동조합을 억압하
고 포섭함으로써, 노동자들은 불만과 반대를 표현할 기회를 상실하게
되었고, 깊어지는 긴축 상황에서 가시적인 물질적 변화를 달성할 능력
또한 없게 되었다. 1983년, 튀니지정부는 식량 지원을 중단했고 이로
인해 대중 폭동이 발생한 바 있다. 하지만 국가 승인 노동조합은 이러한
대규모 저항을 지원하지 않았다 (Zghal, 1995). 결과적으로 탈식민지
직후 시기에, 노동조합의 대표성(소속된 노동자들의 생각과 입장을 대
변한다는 – 역자 주)은 심각하게 훼손되었고, 정책결정에 영향을 미치
게 어려웠다.

　　1980년대 경제적 쇠퇴로 인해 권위주의적 정부의 정당성과 힘은 약

글상자 7.1　남아프리카 노동조합회의(COSATU)

반(反)아파르트헤이트 투쟁을 전개하면서, 노동조합은 백인 소수지배
에 대항하는 상징적 존재가 되었다. 남아프리카에서 흑인노조를 합법
화하자는 권고는 1979년 위한 위원회(Wiehahn Commission)에 의
해 처음으로 상정되었고, 이는 억압적인 체제의 테두리 안에서 (전체
노동자들을 대표하여 – 역자 주) 정치적, 경제적 입장과 관심을 표명
하려는 흑인 노동운동을 활성화시켰다. 1985년, 33개 이상의 노동
조합 조직을 대표하는 연방조직으로서 다인종으로 구성된 COSATU
가 설립된다. 이 기구는 공동체의 행동과 노동 관련 정책, 이슈에 대
응하는 핵심 역할을 부여받았다. COSATU의 등장으로 "산업적 관계
나 정치 영역 전반에 걸쳐 새로운 세력이 영향력을 발휘하게 되었다"

계속

(Gerhart, 2010, 87). 1980년대 후반 내내 저항, 보이콧, 파업(1986년 노동절에 150만 명의 사람들이 시위에 참가하였다)을 지속하기 위해서 COSATU는 통합민주전선(UDF:United Democratic Front)과 같은 시민사회 그룹들과 밀접히 연계하여 활동하였다. 이러한 활동이 국제적 제재와 공조하게 되어 남아프리카 경제를 어렵게 만들었다. 많은 COSATU 활동들이 노동자의 권리 — 1987년에 있었던 생활임금 캠페인(Living Wage Campaign)과 같은 — 에 집중하고 있었으나 이러한 활동들도 내재적으로 정치적 이슈와 관련이 있었다. 아파르트헤이트체제는 흑인의 기회를 제한하고 있었기 때문이다.

과도기 동안(1990~1994년) COSATU는 새로운 민주적 제도를 만들기 위한 ANC의 협상팀 일원으로 노동자를 대표하여 참여하게 된다. 많은 노동조합 리더들이 참여하여 노동자의 의견을 대변하였다. 여기에 참여했던 나이두(Jay Naidoo)와 라마포사(Cyril Ramaphosa, 남아프리카 현재 대통령)는 1차 탈아파르트헤이트 시기에 정부에서 활동했으며, '좌파'의 사회경제적 정책인 재건과 발전 프로그램을 채택한 인물이다. 1994년 이후 COSATU는 ANC, 남아프리카 공산당(SACP: South African Communist Party)과 함께 남아프리카를 통치하는 3각 연맹의 공식 일원이었다. 하지만 그들의 경제정책에 대한 영향력은 매우 제한적일 수밖에 없었다. 신자유주의 정책이 도입되어 성장, 고용, 재분배와 같은 정책결정에 주요 행위자가 될 수 없었다. 그리고 음베키(Thabo Mbeki) 정권 때 민간영역에서 실업이 광범위하게 발생했으며, 당시의 정치 구조 속에서 그들의 리더십을 발휘할 여지가 거의 없었다. 한편, 경제가 쇠퇴하고 노동자들은 여전히 불평등한 상황에 놓여 있어서 COSATU와 ANC의 관계는 점점 불편해졌고, 주마(Jacob Zuma)의 독재로 인해 상황은 악화되었다. 2017년 5월, COSATU는 주마의 대통령직에 반대하는 캠페인을 공개적으로 전개하고 ANC의 노동자의 권리에 더 큰 초점을 맞추겠다고 밝히면서 ANC에서 공개적으로 탈퇴했다.

화되었고, 사회적 불만의 목소리는 높아만 갔다. 예를 들어, 말리와 콩
고-브라자빌의 노동조합들은 국가 통제에서 벗어나 독립 기구화될 수
있는 기회를 잡았고, 이러한 상황 속에서 광범위한 사회적 불만을 토
로할 수 있는 전달자 역할을 할 수 있었다. 1990년대 초반에 노동조합
은 민주화 과정에서 최전선에 있었고, 특히 서아프리카에서, 그들의 행
동과 구상은 파업이나 대중 행동을 통해 정치적 아젠다로 작용하였다.
주목할 만한 사례는 잠비아에서 관찰할 수 있는데, 칠루바(Frederick
Chiluba)가 주도한 다당제 민주주의 운동 — 호전적인 노동조합이 지
배하던 잠비아 의회가 개발한 — 카운다 대통령으로 하여금 헌법을 개
정하여 1991년에 선거를 치르게 만들었다. 변화를 일으킨 노동조합의
또 다른 캠페인은 짐바브웨에서 진행된 바 있다. 노동자들의 운동은 무
가베의 독재와 경제적 실책에 대항하는 근본적 무기였다. 이러한 노력
의 결실로 1999년 민주변화동맹(MDC)이 만들어지게 되고, 2002년에
는 노동조합 사무총장이었던 츠방기라이(Morgan Tsvangirai)의 리더
십아래 무가베를 권좌에서 거의 끌어내릴 뻔하기도 하였다. 2008년에
MDC는 권력공유협정을 맺게 되지만 무가베가 전반적인 통제력을 지속
해 나감에 힘과 영향력을 잃게 되었다.

따라서 노동조합은 생명력 있는 사회운동의 근간이며 현재도 역할
을 수행하고 있다고 할 것이다. 그뿐 아니라 노동조합은 권위주의 시대
이후 자유와 민주주의가 어느 정도 실현될 수 있도록 기여하였다. 하지
만 민주화 과정은 전혀 완성되지 않았고, 아프리카에 부정적 영향을 미
치는 글로벌 경제의 불평등은 많은 이들에게 구조적 빈곤에서 벗어나지
못하게 만들고 있다. 아프리카의 노동조합들은 현재의 아프리카가 선
진국이나 신자유주의 이념에 의해 정치적, 경제적으로 지배되고 있음을
깨닫게 되었다. 사회운동은 이전과 비교할 수 없을 정도의 자유와 운신

의 폭을 가질 수 있으나(스와질란드는 예외이다), 아프리카의 정부들은 신자유주의 경제정책을 근본적으로 바꿀 능력이 없었고, 이러한 상황에서 노동조합들이 효과적이고 물질적인 변화를 이뤄내기란 매우 어려운 일이었다 (Zeilig, 2010, 20-21). 세계화는 노동조합의 영향력과 힘에도 분명한 타격을 입혔다. 약한 경제, 불안한 노동 조건, 비공식적 경제 영역의 확대 등의 문제로 인해 일자리는 부족했고 동시에 불안정해졌다 (남아프리카의 경우 2018년에 청년 실업률은 63.5%에 달했다). 결과적으로 노동조합에 가입된 이들은 기존보다 줄었고, 일반적으로 강성 노조 성향도 완화되었다 (OECD, 2016). 그럼에도 불구하고 아프리카 노동조합은 중요한 사회운동으로 남아 있다. 이들은 정치적, 경제적 논란이 있을 때 대안적 목소리를 내기도 했으며, 노동자의 물질적 이익을 보호하기 위한 지속적인 노력을 기울여 왔다. 그리고 권력의 원천으로서 중요한 영역으로 남아 있다.

비정부기구

1980년대 이후 국제적이고 지역적 비정부기구들(NGOs)은 아프리카 전역에서 급속하게 확장되었다. NGO는 정치적, 경제적 발전과 불평등, 인권, 환경 등의 이슈에 개입하고 실제 그 분야에서 활동할 수 있는 강력하고 영향력 있는 시민사회 조직이다. 아프리카에는 다양한 NGO가 존재하며 이들은 크기와 규모 면에서 엄청나게 다양해서 옥스팜(Oxfam)과 국경없는 의사회(MSF: Médecins Sans Frontières)와 같이 순수 국제 조직부터 소규모의 지역 조직들이 활동하고 있다. 이들에 대한 자금 지원은 정부나 개발기구로부터 나오거나, 자선 기부를 통해 이루어진다. HIV/AIDs 인식과 같은 이슈 캠페인이나 인도주의적 구호품 제공과 같은 핵심적 목표가 무엇인가에 따라 자금지원 주체는 다를 수 있다. 마찬가지로 지역적 수준에서 능력을 구축하는 게 목적인지, 외부에서 계획된 프로젝트를 아프리카에서 구현하는 게 목적인지에 따라 국내외 지원 주체가 달라지게 된다 (Jennings, 2013, 323). 아프리카에서의 NGO 활동의 복합성을 제대로 이해하기 위해서 그들의 구조와 운용 그리고 핵심 사업과 관련된 복합적 층위를 확인하는 것이 근본적이다 — 많은 조직들은 각자 다양한 특성을 보이고 있다. 너무 빈번하게도 NGO를 서구의 시각으로 들여다봄으로써, 외부의 행위자가 하향식으로 구상하고 실행하는 것으로서 NGOs를 개념화하게 된다. 이렇게 되면 실제 그들이 활동하는 현지 공동체는 배제된다. 이러한 관점을 취함으로써 시민사회 내에 굳건히 자리하고 있었던 아프리카 조직의 역할과 영향력은 부각되지 않는다. 시민사회를 통해 '아래로부터의 행동'을 가능하게 하였고, 지역의 조건을 바꾸는 데 도움을 주었던 시민들의 참여를 촉진시켜 왔다는 점이 고려되지 않는 것이다. 따라서 확실히 NGO라는 이름표로 각각의 활동과 조직들의 다양성을 보여줄 수는 없지만, 이 간단한 용어는 특정 개발 이슈에 관련된 비국가적이고 비영리적인 행위자들을 의미한다.

아프리카에서 NGO 활동은 최근 현상이라는 게 공통된 인식이다. 하지만 비국가적 기구 — 예를 들면, 교회 집단 — 는 식민지 시기 동안 교육과 건강 수준을 향상시키기 위한 활동을 매우 역동적으로 전개한 바 있다. 특히 영국정부는 아프리카인들의 복지를 위해 자금을 지원하는데 미온적이어서, "대신에 민간의 자발적인 행위자에게 교육을 '아웃소싱' 하였다" (Frankema, 2012, 337). 예를 들어, 케냐에서는 "신앙에 기초한 광대한 NGOs 네트워크가 있었고, 이들은 사회복지 업무를 수행하느라 눈코 뜰 새 없이 바빴다"(Hershey, 2013, 672). 식민지 당국으로부터 독립했음에도 불구하고, 이러한 NGO들은 여전히 제국주의적 프로젝트에 밀접하게 연관되어 있었고, 진정한 사회정의 의식이 아니라 '문명적 사명'과 가부장주의 사고에 기초하여 아프리카 사람들을 대했다. 이러한 경향들 중 일부는 오늘날에도 여전히 전승되고 있음이 명백하다.

국제적 NGO들의 영향력이 급속히 확장되고 증가하기 시작한 것은 1980년대였다. 앞서 언급했다시피 경제적, 정치적으로 쇠퇴함에 따라 악성 부채국이 된 아프리카정부들은 어쩔 수 없이 SAPs를 받아들여야 했고, 이러한 상황 속에서 아프리카국가들은 핵심 복지 기능에서 전체적으로 손을 뗄 수밖에 없었다. 아프리카에서 NGO들의 영향력이 증대되는 경향은 서구의 상황과 그대로 닮아 있다. 현재 서구의 경제적 사고는 이데올로기적 전환이 이루어지고 있다. 서구는 작은 정부를 지향하고 기존의 정부 서비스 영역에 속했던 기능을 비국가기구들이 담당하는 것을 선호하고 있다. 결과적으로 국가의 퇴행은 극빈자를 타격했고, 많은 나라들은 원래 정부의 영역이었던 공적 서비스를 공급하는 기능을 국제 NGO들에 의존할 수밖에 없었다 (Shivji, 2007). NGO들이 아프리카 문제에 있어 두드러진 위치를 차지함에 따라, 자금을 지원하는 국제 행위자들은 개발과 빈곤 감소 프로그램을 수행하기 위해 정부와 직접 대면하기보다 NGO들을 파트너로 선호하였다.

1990년대 널리 퍼진 민주화의 물결로 인해 아프리카 전역에서 NGO의 존재가 부각되었고(제4장 참조), 시민사회 활동의 기회는 더욱 넓어졌다. '굿 거버넌스'라는 아젠다는 신자유주의 프로젝트와 밀접한 관계가 있었고, 따라서 서구 정부와 IMF와 같은 금융기구들은 NGO들이 '자유주의적' 아젠다를 촉진하는 유용한 메커니즘이라고 인식하게 되었다 (Larmer, 2010, 256). NGO들은 공적 서비스를 제공할 뿐 아니라

글상자 7.2 국경없는 의사회(MSF)와 2013~2016년 에볼라 위기

2013년 후반 서아프리카에서 발생한 치명적인 에볼라 바이러스로 인해 라이베리아와 시에라리온, 기니에서 2만 8,000명의 사람들이 감염되었고, 1만 1,310명이 사망하였다 (WHO, 2016b). 에볼라 발생 가능성에 대한 초기의 경고신호를 국내외 행위자들은 무시했다. 빈곤, 정치인들의 무지, 힘없는 정부들, 운영자금은 턱없이 부족하고 우왕좌왕했던 보건 당국 등, 이러한 조건들이 만나 에볼라 바이러스는 해당 지역 전역에 급속히 확산되었다. 이 지역의 위기는 국제적 관심이 필요한 비상사태라고 세계보건기구(WHO, 2014b)가 선포함에 따라 30개 이상의 NGO 그룹들이 바이러스 확산을 억제하고 감염자를 치료하는 데 도움을 주었다.

비아프라(Biafra)전쟁 이후 출범한 MSF는 아프리카 전역에서 광범위한 의료 활동을 벌여 왔고, 에볼라 위기 동안에 인도주의적 지원을 제공한 핵심 NGO였다. 에볼라 확산을 억제하기 위해 국가들끼리 다투고 있을 때, MSF는 격리 장치를 제공하고 긴급 구호를 실시하며, 보건 교육에 힘을 쏟으며, 더 이상의 확산을 막기 위한 전략을 조언하기도 하였다. 한마디로 MSF는 이 지역에서 가장 큰 의료시스템(presence)이었던 셈이다 (사진 7.1). 이러한 목적을 달성하기 위해, 다른 누구의 도움 없이 2014년 MSF의 4,000명의 현지 직원들과 1,300명의 다국적 직원들(이들 중 14명은 사망하였다)이 감염된 시신을 화장하였다. 그리고 백신 테스트의 처치적 시도를 이미 마친, 7만 개의 예방 백신 키트는 에볼라의 확산을 방지하는 데 효과적이었음이 입증되었다 (MSF, 2014). 여타 조직과 정부의 대응과 함께 이들의 다양한 노력으로 인해 에볼라는 억제될 수 있었다. 결과적으로 2016년 1월에 아프리카에서 에볼라는 완전히 퇴치되었다. MSF가 수행한 활동에도 불구하고, 이들은 바이러스에 대한 글로벌 대처가 미

계속

흡하다고 신랄하게 비난하였다. 그리고 긴급한 보건 상황에 대처할 효율적인 국제적 전략이 필요하다고 역설한 바 있다.

▌사진 7.1 라이베리아의 MSF 에볼라 치료 센터

출처: © Louise Gubb/CORBIS SABA/Corbis via Getty Images.

투명성과, 인권, 사회 정의를 지키고 감시하는 존재로 자리매김하고 있었다. 변호 업무가 늘어나면서, 나이지리아와 같은 나라에서 변호사들은 특정 기준이 잘 지켜지는지 감시하는 역할을 맡게 되었다. NGO들은 대부분의 아프리카국가에서 중요한 존재였다. 정확한 숫자를 확인하기 어렵지만 남아프리카에서만 10만 개의 NGO가 활동하고 있는 것으로 추정되고 있다 (Stuart, 2013).

수백만의 사람들을 도와주고 시민사회 활동을 촉진시킨 NGO들의 활동을 폄훼하고 싶은 마음은 없지만, 그 역할과 영향에 대해 비판의 목소리가 있었던 것도 사실이다. 이들 주장의 핵심은 신자유주의와 연계된 NGO들이 부상하였고, 이들이 국가의 공적 역할을 축소시킴으로써 불평등과 빈곤이 고착되었다는 것이다. 의료 부문과 같은 공적 서비스가 '외주화(outsourced)'되고, 국가의 통치력이 훼손되며, 지속가능한 해결책이 제시되기보다 구조적 문제가 고착화되었다. 국제적 원조로는 아프리카의 경제와 사회를 의미 있게 변화시킬 수 없다는 근본적인 비판이 제기되었다. 따라서 NGO들의 활동은 훨씬 뿌리 깊은 문제를 해결하기 위한 미봉책으로 작용할 뿐이고, 근본적인 변화를 원하는 아프리카인들의 욕망은 그들의 활동으로 인해 은폐되었다. 나아가, 외부 자금지원에 과도하게 의존하는 NGO들은 해당 지역의 필요보다 기부자의 이해관계에 보다 민감하게 반응하게 된다. 결과적으로, 해외에서 프로젝트가 기획되고, 실제 프로젝트가 실행되어야 하는 곳의 지역성은 전혀 고려하지 않은 채 NGO들의 활동이 이루어지는 상황이 벌어지게 된다. 한 때 플레이펌프(Playpump)라는 회전목마와 연결된 펌프를 설치하는 국제적 구상이 있었는데, 아이들이 회전목마를 타게 되면 연결된 펌프를 통해 물을 끌어 올리는 메커니즘을 구현하고자 하였다. 이 계획은 그야말로 꿈같은 마케팅처럼 보였고, 제이-지(Jay-Z)와 같은 유명인사의 지지를 받았다. 해외에서 엄청난 자금을 끌어 모았으나, 이 기구는 너무 비쌌고(일반 펌프의 4배), 시골에서 사용하기에 너무 복잡했으며, 놀이 기구를 타야하는 아이들의 노력에 기댈 수밖에 없었고, 무엇보다 해당 지역에서 필요한 만큼 충분한 물을 끌어 올릴 수 없었다.

몇몇 NGO들이 고착화시킨 아프리카에 대한 부정적인 인식은 더욱 위험하고 유해하게 작용한다. 아프리카는 '구호'가 필요한 나라이며 따라서 서구에 다시 의존해야 한다는 공통된 사고가 깃들어 있다. 이러한 사고는 '무능력한 존재'로서 아프리카에 대한 서사를 강화한다. 아프리카 전체에서 활동하고 있는 NGO 숫자를 감안하면 아래의 현실이 이해가 된다. 이들은 아프리카에 대한 대중적 인식을 확보하고 기부를 더 끌어내기 위해 미디어를 통해 매우 피폐해진 아프리카의 현실을 강조한다. 미디어는 영상과 텍스트적 재현을 통해 아이들과 전쟁으로 피폐해진 공동체를 보여준다. 이러한 현실은 현재 아프리카에 분명 존재하지만, 결코 대표적인 모습이 아니다. 아프리카에 대한 스테레오 타입이 어떤 방식으로 강요되어 왔는지 느끼기 위해 영국의 자선단체인 코믹 릴리프(Comic Relief)가 제작한 메시지를 들여다보길 바란다. 이러한 시각과 밀접히 연결된 주제로는 '백인 구세주' 서사가 있다. 서구인들은 학교를 건설하거나 환경 보호를 위해 아프리카에 방문했다는 것이다. 아프리카에 대한 왜곡된 시각을 보여주는 또 다른 예로서 2016년도에 발간된 여배우 루이즈 린톤(Louise Linton)의 책을 들 수 있다. 『콩고의 그림자 속에서(In Congo's Shadow)』라는 그녀의 책은 부정확함과, 인종차별적 가정, 전 근대적 스테레오타입으로 인해 엄청난 분노를 유발하였다. 경우에 따라서 NGO 활동은 매우 의미 있으나, 많은 경우 아프리카에 대한 외부인의 인식을 극복하지 못하고 있으며, 의미 있는 변화를 이끌어내는 데 실패한 것이 사실이다.

최근 들어 NGO는 풍자를 통해 활동의 엄격성에 더욱 만전을 기할 수 있게 되었다. 이러한 풍자는 빈곤에 대한 대안적인 관점과 사고방식을 촉구하는 내용으로 이루어져 있다. 라디에이드(Radi-aid)라는 웹사이트는 최고, 최악의 NGO 캠페인을 선정해 보여주고, "Africa for Norway"와 "who wants to be a volunteer?"와 같은 풍자적 영상물을 게시하고 있다. 인스타그램과 트위터 계정인 구원자 바비(Barbiesavior)에는 백인 인형이 '자원봉사중'이라고 새겨진 옷을 입고 아프리카를 여행하는 그림이 올라온 적도 있었고, 2016년 우간다에서 등장한 영상물 〈N.G.O (Nothing Going On, 아무일도 일어나지 않는다)〉의 태그라인에는 "아프리카에서 당신이 부자가 되고 싶다면, 반란단체나 교회 혹은 N.G.O 를 만들어라"는 문장이 붙어 있다.

단일 이슈 운동들

사회운동과 시민사회 조직에서 살펴보았듯이, 1980년대 후반과 1990 년대 초반의 경제적, 정치적 발전으로 인해 이들은 왕성한 활동을 할 수 있었고, 보다 결정적인 영향력을 발휘할 수 있었다. 상대적으로 자유로 운 공공 영역에서 시민들은 집단행동을 조직화할 수 있었고, 특정 지역 이슈에 대한 영향력을 확대하고자 하였다. 정당성과 권위를 확보하지 못한 정부는 집단의 요구에 대해 분명히 우려하고 있었지만 이들의 불 만을 감시하거나 누그러뜨릴 힘이 없었다. 하지만 아프리카정부는 대개 시민사회를 불신하고 있었고 대표적으로 알제리와 이집트, 탄자니아와 같은 나라들은 통치에 위협이 된다고 판단되는 조직과 운동을 제한하거 나 방해하고자 하였다. 그렇기 때문에 최근에는, 사회적 약자나 소외된 이들의 목소리를 대변하고, 정부가 진정한 변화를 추구할 수 있도록 하 는 단일 이슈 운동의 역할이 더욱 중요해졌다.

1990년대 이후 아프리카 전역에서 지역적, 국제적 대의를 가지고, 다양한 경제적, 사회적 이슈에 개입하고 이것을 성공적으로 이루어낸 운동이 등장하였다. 이러한 운동들은 HIV/AIDs 캠페인부터, 야생동물 보호와 사냥 반대 운동, '블러드 다이아몬드'를 제한하기 위한 킴벌리 프로세스를 포함하는 영역까지 펼쳐져 있다. 아프리카 시민사회는 공 통의 대의 아래 다양하고 분열된 그룹으로 하여금 사람들을 하나로 뭉 치게 만드는 능력을 갖고 있었다. 이러한 본질을 내포한 운동들은 그 기능과 캠페인에 있어서 매우 다른 방식으로 진행되었다. 자금 출처에 따라 국내적 담론이나 국제적 담론을 선택하기도 하고, 옹호해야 하는 대상에 따라, 캠페인에 참여하는 사람이 누구인가에 따라, 메시지의 '도달 범위'가 어디까지인가에 따라, 궁극적으로 영향력이 어느 정도인가에 따라 다양한 양상으로 나타났다. 이러한 형태의 운동들은 대중에게 어필하는 메시지의 성패 여부에 따라 상대적으로 빨리 융성하거나 쇠퇴하였다는 점이 나타나고 있다. 이 장에서는 수천 개의 단일 이슈 운동들의 일부에 대한 정보만을 제공할 것이다. 여기에 포함되지 않은 몇 가지 예는 글로벌 반아파르트헤이트 운동, LGBT 권리를 법제화하고 존중하기 위한 투쟁, HIV/AIDs를 위한 항레트로바이러스제 접근을 위한 치료 활동 캠페인(TAC), 모리타니의 노예제 반대 캠페인, 그리고 2008년 말리에서 벌어진 식량 가격에 대한 대규모 폭동 등이 있다.

평화뿐 아니라 사회적 포괄성과 연계된 사회운동의 훌륭한 사례로서 라이베리아의 여성 조직을 들 수 있다 (제4장 참조). 이들은 라이베리아 내전 종식(2003년)에 도움을 주었을 뿐 아니라, 2005년 최초의 여성 대통령인 설리프(Ellen Johnson Sirleaf) 당선에 결정적인 역할을 하였다. 라이베리아에서 여성 운동은 아래로부터 위로 이루어진 캠페인이었으며, 가능한 한 사회-경제적 계층이나 민족적 다양성을 골고루 반영하여 이들을 대표할 수 있는 사람들이 여기에 참여하였다. 이들은 남성 우월주의에 도전하고 폭력을 근절하기 위해 전쟁 기간 동안 함께 겪은 경험(끔찍한 성폭력 비율과 관련하여)을 활용하였다. 여성단체들은 '성 파업(sex strike)'과 같은 비폭력 캠페인을 진행하거나, 상징적 캠페인으로서 흰색 티셔츠를 입는 등 다양한 전술을 구사한 바 있다. 이들은 전쟁 중인 당사자들이 평화적 협상을 이끌어내는 데 중요한 역할을 하였으며, 분쟁 이후 라이베리아 사회에서 성과 관련된 국가와 대중의 규범을 확립할 수 있도록 여건을 마련하였다. 이 같은 지역 단위 운동들은 국제 조직의 지원을 받아 성공할 수 있었다. 국제 조직들은 행동주의자들 간 대화의 공간을 마련해 주고, 조직적 구조를 구축하는 데 도움을 주었을 뿐 아니라 지금을 비롯한 여러 지원을 제공하였다. 궁극적으로 그 목표에 성공함으로써, 이 여성 운동은 평화와 양성평등의 증진이라는 목표 아래 통합되었다. 그러나 여성운동은 경쟁적인 사상과 이익을 위한 통솔 기구 역할을 하게 됨에 따라 분열되기 시작했다 (다양하고 경쟁하는 이해관계에 따라 여성조직이 분열되었다는 것 − 역자 주) (Fuest, 2009). 이러한 사례들은 단결된 행위가 얼마나 큰 힘을 발휘하는지 보여주는 좋은 사례였지만 단일 이슈 운동의 시간적 한계를 아울러 노출하였다 (특정 이슈가 해결 된 이후 분열되거나, 영향력을 잃는다는 것 − 역자 주).

시민사회와 NGO의 힘을 보여주는 가장 유명한 사례는 킴벌리 프로세스를 실행하도록 만든 '블러드 다이아몬드' 캠페인일 것이다. 블러드 다이아몬드는 앙골라, 시에라리온에서 진행 중이던 전쟁에 자금을 대기 위해 반란단체들이 활용한 다이아몬드에 비유적 표현을 입힌 개념으로서, 1990년대 후반 사람들의 주목을 끈 바 있다. 시에라리온에서, 지역 NGO인 정의와 개발을 위한 네트워크 운동(NMJD: Network Movement for Justice and Development)은 혁명연합전선(RUF)에 의해 전개되고 있는 것으로 추정되는 이념적으로 무의미한 전쟁을 조사하기 위해 국제적 기반의 파트너십 아프리카 캐나다(PAC)와 협력하였다 (제6장 참조). 2000년에 합동 조사단은 국가적 부패, 복잡하게 얽힌 정치인들, 다국적기업과 군벌의 이해관계가 작용하여 불법적 다이아몬드 채굴과 판매가 이루어졌음을 강조한 바 있다. 글로벌 차원에서 이러한 결과가 알려지면서 국제적 조치가 이루어지게 되었으며, 동시에 시에라리온 NMJD 내에서는 다이아몬드 채굴에 대한 정부의 정책에 영향을 줄 수 있는 시민사회 연합을 설립하는 데 많은 노력을 기울였다. 더구나, 아프리카와 국내 NGO가 연대하여 2000년 5월에는 블러드 다이아몬드 이슈를 글로벌 아젠다로 만들게 된다. NGO와, 다이아몬드 채굴기업, 정부가 남아프리카 킴벌리에서 만나 이 문제를 논의한 것을 시작으로 일련의 회의가 이어졌고, 여기서 다자간 해결책이 모색되었다. 하지만 논의에 진척이 없고, 정부는 무반응으로 일관하자, NGO는 미디어의 도움을 받아 당시까지 이루어진 상황을 낱낱이 폭로하는 적나라한 리포트와 기사를 게재하였다. 이러한 리포트와 기사들은 국제 행위자를 당황하게 만들었고, 이들은 블러드 다이아몬드라는 도덕적 이슈에 적극 개입하게 되었다. 결국 UN이 보증한 2003년 킴벌리 프로세스에 당사자들은 사인하게 되었고, 모든 다이아몬드 원석에 대해 원산지 증명을 해야 한다는 데 70개국이 동의하였다. 시에라리온의 사소하고 누구도 주목하지 않았던 이슈는 이제 국제적으로 유명한 쟁점이 되었다. 이것은 특정 이슈를 글로벌 아젠다로 상정할 수 있는 능력을 갖춘 NGO와 제휴한 덕분이었다.

　이러한 예를 통해 단일 이슈 운동이 얼마나 강력한 영향력을 갖고 있는지 알 수 있다. 단일한 요구와 사상 아래 사람들과 조직의 에너지가 한데 모이면서, 여기에 참여한 이들은 지속가능한 변화가 가능하다고 확신하게 되었다. 비록 어떤 캠페인은 명백히 성공하지 못했지만, 아프리카 전역에서 단일 이슈 운동은 교육받은 시민들 사이에서 결실을 맺었다고 할 수 있다. 이들을 통해 여러 권리들이 법적으로 보호받을 수 있었고, 지역 행동주의를 통해 이들은 민주적 규범을 굳건히 할 수 있었으며, 환경 파괴 행위에 대항하여 투쟁하였다. 분명히 단일 이슈 운동은 아프리카 시민사회를 구성하는 중요한 차원이다.

글상자 7.3 콩고민주공화국에서 청년운동

콩고민주공화국(DRC)은 정치적 혼란을 겪을 만큼 겪었으나, 2016년 12월 카빌라 대통령이 권좌에서 물러나지 않겠다고 천명함에 따라 정치적 상황은 더욱 악화되었다. 카빌라의 사퇴 거부 결정, 현 정부의 계속된 실정, M23 반란군에 의한 동부 지방에서 지속되는 폭력(제6장 참조)을 보다 못한 대학생들이 2012년에 청년운동 단체 '루차(Lucha, 변화를 위한 투쟁)'를 결성하였다. 비록 처음엔 초라하게 시작하였으나, 루차는 중요하고 영향력 있는 청년 지향의 사회운동으로 성장하였고, 광범위한 개혁과 사회정의를 요구하고 나섰다. 이들은 정치적 정당이 아니었고(정당화를 추구하지도 않았다), 여러 청년 단체들이 모여 결성한 조직이었다. 여성이 상당한 비율을 차지하고 있었고, 대개 지역적 수준에서 공적 서비스 개선과 교육을 통한 개인 역량 강화 캠페인을 진행하였다. 루차는 대중 동원과 캠페인 활동 과정에서 명백히 비폭력적 자세를 견지했으며 행진이나 연좌 농성과 같은 다양한 방법을 사용하였다. 한편 대륙 전역에서 사람들을 동원하는 방법을 획기적으로 바꿔놓은 소셜 미디어는 이들의 운동이 지지를 얻는 데 매우 중요한 도구였다. 루차의 행동들은 상향식 접근이었고 보다 많은 사람들이 물과 전기를 이용할 수 있게 하는 등의 지역적 차원의 운동에 집중하였으나, 정치적 투명성 제고와 정부 개혁과 같은 국가적 의제를 운동의 목표로 상정하고 있어 앞으로 DRC의 사회적, 물질적 변혁을 이루는 데 기여할 것으로 기대되고 있다.

전통적 권위

현대 아프리카 사회에서 종종 간과되지만 중요한 부분은 전통적인 리더십으로, 지역 단위에서 주민들을 통치하고 그들의 삶에 영향을 지속적으로 영향을 미치고 있다. 비록 사회운동이나 시민사회의 정상적인 정의에 꼭 들어맞는 것은 아니지만, 전통적인 권위는 많은 수의 사람들을 국가 및 지역적 수준에서 한데 모이게 만들고, 서비스와 후원을 제공하며, 그들의 영역 내에서 법과 분쟁을 주관하고, 줄루(Zulu)와 같은 문화적 정체성을 보호하는 능력을 유지해왔다. 탈식민화 과정에서 대부분의 전통적인 지도자들은 민족주의 엘리트들에게 지배적인 권력을 잃었지만, 스와질란드 왕 소부자 2세(Sobhuza II)는 왕권의 절대적 권력을 유지할 수 있었다. 1986년, 그의 아들 음스와티 3세(Mswati III)가 왕위에 올랐고 여전히 군주적 권력을 행사하고 있다. 아프리카 전역에서 전통적인 권위는 단일한 패턴으로 나타나지 않는다. 왜냐하면 현재의 어떤 지도자들은 식민지 이전 조상의 혈통을 이어 받아 당연히 그 지위를 유지하는 반면, 어떤 지도자는 식민통치자들에 의해 인위적으로 그 자리에 앉을 수 있었기 때문이다. 식민통치자들은 간접통치의 수단으로 기존에 존재하지 않았던 족장과 부족을 만들었다 (제3장 참조). 그러므로 전통적인 리더십이라는 용어는 다른 특징의 스펙트럼을 포함하며, 리더십 대부분의 정당성은 과거에서 비롯된다. 그럼에도 불구하고, 이러한 지도자들은 현대 국가 내에서 진화해 나갈 수 있었고, 그들 자신이나 그들의 지지자들을 위해 정치적, 경제적 기회를 만들어가고 있다.

식민지 이후시기에 대부분의 지도자들은 전통적 권위를 매우 전근대적인 것으로 보았다. 탄자니아와 모잠비크와 같은 나라에서는 족장의 권위를 인정하지 않았고, 에야데마 대통령의 토고를 비롯한 나라들은 전통적 지도자들의 지지를 흡수하여 자신들의 권위를 더욱 탄탄하게 하려고 하였으나, 대부분의 나라는 기존 구조를 바꾸지 않은 채 그대로 두었다. 전통적 지도자들은 지역 단위에서 중요한 권력과 영향력을 유지하고 있었으며, 국가가 분열 상태에 이를 때, 정기적으로 국민

모그호 나바(Mogho Naba)로 알려진 부르키나 파소 모시(Mossi)족
의 왕 방고 2세(Baongo II)는 분쟁 조정자로서 명성을 얻은 바 있다.
콩피오레 대통령이 헌법을 개정하여 종신권력을 관철시키려고 시도
한 2015년에, 그는 군사쿠데타 시도를 저지한 바 있었다. 모그호 나
바는 부르키나 파소 사회에서 영향력 있고, 존경받는 권력 중재자로
인정받고 있다. 정치인들은 그에게서 통치의 정당성을 인정받으려고
하며, 갈등의 시대에 왕권은 대화와 타협을 위한 중립적 역할을 담당
하였다. 2014년 정치적 위기가 발생했을 때, 갈등 당사자들의 지도자
들은 대화를 위해 방고 2세와 회동하였다. 이 자리에서 왕은 대화와
소통의 채널로서 역할을 충실히 수행하여, 군부가 정치적 권력에 더
이상 접근할 수 없다는 합의를 도출해 낸 바 있다.

과 정부 사이 중재자 역할을 하고 있었다. 1990년대 전통적 권위를 약
화시키려는 시도가 있었음에도 불구하고 우간다와 가나, 남아프리카의
전통적 지도자의 역할이 부각되면서 아프리카 전역에 이들에 존재가 재
조명되고 있다. 예를 들어, 남아프리카는 줄루 왕 즈웰리티니(Goodwill
Zwelithini)와 같은 전통적 지도자의 역할을 헌법으로 규정하고 있다.
전통적 지도자들은 강력하지만 논란이 있는 사회적 위상을 가지고 있
다. '근대' 대 '전통'이라는 이슈와 관련하여 전통적 권위는 아프리카 사
회에서 여전히 논쟁의 대상이다. 어떤 이들에게 족장은 그들의 주민과
공동체 그리고 문화적 정체성을 대표할 수 있는 최선의 지도자임에 틀
림없다. 이들은 국가와 주민을 연결하는 민주적 중개자 역할을 해왔다.
하지만 동시에 그들은 근대적 통치체제에 맞지 않는 구시대의 유물로
치부될 수도 있다. 어떠한 관점을 취하든 간에, 전통적 권위는 아프리카

정치, 사회적 양상에서 고려해야 하는 중요한 부분이며, 그 인기는 여전하다는 점을 밝혀 두고 싶다. 2016년 36개국 국민들을 대상으로 한 조사를 바탕으로 아프로바로미터(Afrobarometer)는 국가(54%)보다 전통적 리더십과 같은 비공식적기구(61%)를 더 신뢰한다는 결과를 발표한 바 있다.

종교운동

아프리카는 매우 종교적인 대륙으로, 영적 믿음과 실천이 사회적 상호작용과 민족적 정체성, 정치적 권력에 영향을 미치고 있다. 종교적 행위는 이슬람과 기독교와 같은 공식적인 교파를 통해 이루어지거나 영혼, 마술, 존경받는 조상과 밀접하게 연결된 전통적인 믿음의 형식으로 다양하게 나타난다. 이슬람은 아랍인들이 북부와 동부 아프리카, 사헬 지역으로 진출하면서 전파되었으며, 유럽의 선교자들이 이른바 가톨릭과 개신교를 중부와 남부 아프리카에 전파하게 된다 (제3장 참조). 그런데 중요한 점은 북동부 아프리카의 경우 유럽 선교자들에 의해 기독교가 전파된 것이 아니라는 것이다. 이집트와 에티오피아, 에리트레아에서 정통적인 기독교의 전통이 여전히 남아 있는데, 기원전 1세기 성 마가(St Mark) 복음주의자가 이 지역에 최초로 등장하여 기독교를 정착시켰기 때문이다. 전통적 종교와 공식화된 종교는 믿음에 있어 서로 배타적이지 않았다. 이들은 지리적 상황에 따라 시간이 지날수록 놀랍도록 진화했고, 서로 중첩되는 부분이 생겼으며, 혼종성을 띠게 되었다. 아프리카인들은 기독교로 개종했더라도, 유럽 교회의 신학과 영향력보다 독립 아프리카 교파의 특성을 선호하였다. 아프리카 기독교는 영적 주의,

믿음 치료, 음악을 숭배의 중요한 양상으로 받아들였다. 나이지리아의 펜테코스트파(Pentecostal churches, 오순절 교파로서 예언 방언, 병 고침 등의 성령의 역사가 일어날 것이라고 주장하는 기독교의 한 교파 ─ 역자 주) 교회가 부상한 것은 이러한 양상이 일반화되었다는 증거이 기도 하였다. 오순절 교회는 신도들의 요구에 적극적으로 부응한 교파 였다. 마찬가지로 이슬람교는 여러 가지 수정을 거쳤으며, 전통적인 관 습을 종교 행위에 불어넣음으로써 각 나라의 특정한 사회적, 정치적 환 경에 맞게 적응해 왔다. 최근 서아프리카, 특히 세네갈에서 일부 이슬람 교도들이 채택하고 있는 이러한 전통적인 관행을 비난하고 있는데, 세 네갈에서는 점점 더 사회 보수주의적인 살라피스트(Salafist) 운동이 나 타나면서 이슬람의 순수성과, 정통적인 형태를 요구하고 있다.

　기독교와 이슬람교, 토착 신앙이라는 3가지 범주로 아프리카의 종교 적 양상을 모두 설명할 수 없다. 아프리카에는 엄청나게 다양한 종교 분 파와 신앙 형태가 존재한다. 예를 들어, 이슬람만 하더라도 수니파와 시 아파는 라이벌 사이이며, 개신교 안에서도 성공회, 장로회, 침례교를 포 함하여 수많은 교파들이 존재한다. 종교적으로 제휴함으로써 아프리카 의 사회적 네트워크들이 보다 넓은 글로벌 담론 속으로 통합될 수 있으 며 아프리카의 사상과 사람들이 국제적으로 뻗어나갈 수 있게 되었다 (Ellis & ter Haar, 2004). '세계화'를 통해 종교는 사회운동의 핵심적 메커니즘이 되어 번성할 수 있었다. 알카에다 이슬람 마그레브 지부 형 태로 나타난 정치화된 이슬람주의 지역을 벗어나 나이지리아의 기독교 선교사들은 가까운 곳이든 먼 곳이든 설교하러 다닐 수 있었다. 따라서 아프리카에서 종교적 실천과 믿음은 매우 다양하며 지역과 국제적 요인 에 영향을 받고 있다.

　시민사회의 입장에서 종교는 사람들을 동원하고 공동체의 행동을 이 대륙 전역에서 오순절 교회 신도가 급속히 성장하고 확장되는 양상 — 특히 나이지리아와 DRC에서 — 은 아프리카 기독교의 핵심적 현상이며, 이들은 주요한 사회적 세력으로 영향력을 행사하고 있다. 오순절 교회는 미국에 그 뿌리를 두고 있으나 유럽 기독교의 전통적인 교리에서 벗어나 있다. 이들은 카리스마적 숭배에 기반한 믿음 체계와 개인의 자기갱생을 강조하고, 아프리카 토착 종교와 유사한 영적, 믿음 치료를 인정하고 있다. 오순절주의(Pentecostalism)의 핵심 교리 중 하나는 자기 계발(self-enrichment)인데, 이것은 특히 시골의 가난한 이들의 마음을 사로잡았다. 이들에게 교회는 빈곤에서 벗어나 새로운 영성의 삶으로 이끄는 길잡이었다. 오순절 운동은 아프리카에서 통하는 기독교 교파여서, 역동적이고 활력 있는 공동체와 신도들이 생겨날 수 있었다. 한편 이들은 가부장적 규범에 연연하지 않고 여성들이 영적 지도자나 치유자로서 중요한 역할을 할 수 있게 해주었다. 이러한 기반 하에 지어진 교회들은 비즈니스 제국을 닮아갔고, 거대 교회에서 대규모 예배를 하는 등 다양한 수단을 동원하여 신도들을 늘려 갔다. 이들은 뮤지컬, 쌍방향 서비스, 대중적 믿음 치료, 책과 DVD, CD 출간 등 다양한 방법을 동원하였고, 출판, 전자 미디어를 통한 광고를 실시하고 열정적인 선교활동을 벌였다. 아프리카 오순절 교회가 얼마나 확장되고 영향력이 커졌는지 알 수 있는 사례는 'Living Faith Church Worldwide'이다. 종종 '승자의 예배당'이라고도 불리는 이 교회는 오예데포(David Oyedepo) 추기경이 1983년도 설립하였다. 이 교파는 전 세계적 현상이 되었으며 라고스에 5만 명 이상의 신자들을 거느리고 있다.

끌어 낼 수 있는 도덕적 토대를 제공하기 때문에 아프리카 전역에서 강력하고 영향력 있는 세력이라 할 수 있다. 중요하지만 종종 잊고 있었던 종교조직의 역할이 존재한다. 바로 반식민주의 투쟁이다. 1906년 독일의 지배에 대항하기 위한 마지 마지(Maji Maji) 반란이나, 소말리아에서 영국인을 상대로 한 지하드 등에서 그 사례를 찾아볼 수 있다. 탈식민주의 시대에 많은 나라들이 세속주의(리비아나 모리타니, 수단은 대표적 예외 사례이지만) 입장을 취하고 있었으나, 종교기구들은 국가와 모호한 관계를 유지하고 있었다. 어떤 종교기구들은 불만을 표출하기 위해 자신의 위치를 이용하기도 하고 어떤 기구들은 정치적 과정 속으로 포섭되기도 하였다. 예를 들어, 독일 개혁 교회는 남아프리카에서 벌어진 아파르트헤이트의 열렬한 지지자 — 1986년에 생각을 바꾸긴 했지만 — 였으며 르완다의 가톨릭교회는 후투 극단주의자들에 의한 1994년 집단학살에 연루되어 있었다. 하지만 많은 경우, 국가 엘리트에 의해 시민사회의 공간이 폐쇄되었을 때, 종교조직은 불만을 표출할 수 있는 드물지만 직접적 창구가 되었다. 왜냐하면 어떤 국가도 선뜻 종교조직을 억압하려 들지 않았기 때문이다. 몇몇 사례에서 알 수 있듯이 1980년대 정치적 정당성 위기가 고조될 때 기독교와 이슬람 성직자들은 상대적으로 자유를 누리고 있어서 미래를 위한 대안적인 비전을 정교화할 수 있었다. 대표적으로 반다(말라위), 모이(케냐)와 같은 독재자들에 대항했던 종교적 지도자들이 그들이다.

아프리카 대륙에 민주적 규범이 뿌리내림에 따라, 종교운동과 아프리카인들의 삶은 떼려야 뗄 수 없는 관계가 되었다. 이들은 저항 운동을 전개하고, 정책 포럼을 개최하고 정부에 로비하기도 하였으며 무엇보다 핵심적인 사회적 영향력을 발휘하였다. 놀라운 사실은 민주주의 시대에 무슬림과 기독교인 모두 국가 권력을 탐하지 않았다는 것이다. 눈에 띄는 예외는 알제리, 이집트, 수단과 같은 북아프리카국가에서 명백하게 정치화된 형태로 나타난 이슬람 조직을 들 수 있다. 아프리카 사회는 매우 신앙심이 높지만 여전히 주요 지역에서는 종교를 신봉하지 않는다. 따라서 종교조직들은 국가의 총체적 지배에 비판적인 입장을 취하게 된다. 공적 영역에서 더 많은 이들의 지지를 받아 확고한 대표성을 확보하기 위해서는 국가의 지배에 저항할 수밖에 없었던 것이다. 예를 들어, 불어권 서아프리카지역에서 다수의 무슬림들은 민주주의에 대한 강한 지지를 표명해왔다. 왜냐하면 이슬람 사회운동에 의해 뒷받침 되는 종교적 구상은 민주적 국가 구조 하에서 적절히 달성될 수 있기 때문이다 (Villalon, 2013, 141). 대부분의 종교 집단들이 시민사회 참여에 만족하고 있는 동안, 종교적 동기라는 가면을 쓰고 보다 배타적인 목적을 달성하려고 목소리를 높이는 주변부 집단이 최근 등장하고 있다. 기독교도와 무슬림으로 양분된 나이지리아에서 1999년에 치러진 민주선거로 인해 북부 12개 주는 2002년까지 샤리아 율법을 적용하게 되었다. 이것은 그 지역 다수의 요구를 반영한 것으로서, 급증하는 오순절주의의 확산에 대한 우려를 누그러뜨릴 수 있었다 (Soares, 2009). 샤리아 율법이 북부 나이지리아에 광범위하게 적용됨에 따라 이슬람 근본주의자들의 시각이 득세할 수 있었고, 결과적으로 보코 하람이 결성되었다. 이들은 샤리아 율법을 더 엄격하게 실행할 것을 요구했고, 서구 중심적이고 세속적 교육을 반대했다. 나이지리아정부가 보코 하람의 종교적, 사회적 요구를 무시하자, 이들은 점점 과격화되었고, 단순 저항 운동단체에서 2009년에 극단적 지하드 그룹으로 변질되어 이 지역에 큰 피해를 입혔다. 2014년 보코 하람에 의해 276명의 여학생이 납치된 사건이 발생하였으나, 나이지리아정부가 별다른 대응을 내놓지 않자 풀뿌리 저항운동이 일어났고 소녀들을 데려오라(Bring Back Our Girls)라는 태그를 달고 급속히 퍼져나갔다. 이 캠페인은 세계적인 사회운동이 되어, 오바마(Barack Obama)를 포함한 수백만 명의 지지를 끌어 모으게 되었다.

이 장에서 제시한 바와 같이 사회운동과 시민사회 조직은 현대 아프리카에서 중요한 역할을 하고 있으며 일반 시민들의 생각과 요구를 표현할 수 있게 하는 공간을 마련해 준다. 아프리카의 비국가 행위사들은 그들이 구성원을 대표하거나 특정 이슈에 개입함에 있어 이전과 비교할 수 없을 정도의 자유를 누리고 있으나. 정부와 시민사회는 서로 불편한 관계를 유지하고 있다. 시민사회에 대한 단속이 튀니지에서 말라위(중부와 북부 아프리카 전역에서 - 역자 주)에 이르기까지 강화되면서 사회운동이 태동할 수 있는 기회가 줄어들었다. 이러한 현상은 몇몇 나라에서 발생한 민주주의 후퇴 현상과 관련이 있다 (제5장 참조). 그러나 아프리카 전역에 인터넷 이용자가 늘면서(제10장), 특히 페이스북, 왓츠앱, 텔레그램과 같은 소셜 미디어 플랫폼 사용자가 늘어나면서 특정한 대의 아래 사람들을 효과적으로 모으고 통합할 수 있게 되었다. 이러한 도구들은 보다 많은 사람들에게 다가갈 수 있게 하여 연결망을 구축할 수 있어, 국가 제도에 도전하기 위한 대안적 전략으로 사용되고 있다. 사회운동과 시민사회 조직은 많은 국가에서 중요한 세력으로 남아 있다. 이들은 사회적 요구에 무관심한 정부를 상대로 시민들이 캠페인을 진행하거나 저항에 참여하게 할 수 있으며 민주적 문화를 만들고 강화할 기회를 제공한다. 동시에 매우 지역적인 수준에서 기본적 서비스를 종종 제공하면서 사람들의 필요한 부분을 채워주고 있다.

추가 읽을 거리

아프리카 전역의 사회운동의 다양성에 대한 개론적 지식을 제공하는 입문서로서, Stephen Ellis and Ineke van Kessel (2009) *Movers and Shakers: Social Movements in Africa*; Peter Dwyer and Leo Zeilig (2012) *African Struggles Today*가 있으며, N. Lafi가 저술한 "'The Arab Spring' in global perspective: Social movements, changing contexts and political transitions in the Arab world (2010–2014)"를 참조할 것. 그리고 Stefan Berger and Holger Nehring가 저술한 *The History of Social Movements in Global Perspectives* 문헌 속에 A. Eckert (2017) "Social movements in Africa"를 참조하라. 아프리카에서 종교운동에 대한 더 많은 통찰을 얻으려면 Ruth Marshall (2009) *Political Spiritualties: The Pentecostal Revolution in Nigeria*; Louis Brenner (1993) *Muslim Identity and Social Change in Sub-Saharan Africa*가 있다. NGO의 활동과 역할에 대한 연구로는 Ondine Barrow and Michael Jenning's (2001) *The Charitable Impulse: NGOs & Development in East and North-East Africa*; Stephen Ndegwa (1996) *The Two Faces of Civil Society: NGOs and Politics in Africa*가 있으며 마찬가지로 서구의 개발 프로젝트를 신랄하게 비평한 James Ferguson (1994) *Anti-Politics Machine*을 보면 된다.

제8장

대중문화

아프리카와 현지인들의 다양성을 감안하면, 한마디로 아프리카 '문화'라는 개념은 정의하기도 힘들 뿐더러 아프리카를 이해하는 데 그다지 도움이 되지 않는 용어이다. 문화를 명확히 규정하기란 쉽지 않다. '문화'는 특정 현상이나 상황이 가진 다중적 의미와 그 안에 내재한 가치 판단, 정치적 함의나 사회적 규범을 은폐한다. 하지만 이러한 의미와 가치판단, 정치적 함의, 사회적 규범은 공동체별로 다 다르다. 더구나 '고급' 문화와 '대중'문화 사이에 구분이 존재하는데, 전자는 예술과 철학과 같이 엘리트들이 주로 참조하는 '지적 수준이 높은' 범주라고 할 수 있다. 고급문화는 사회의 나머지 부분과 엘리트를 구분하는 도구로 사용되며 후자는 다수 대중이 즐기는 행위와 태도 등을 지칭한다.

이 장의 목적을 명확하게 하고 아프리카 문화적 형태에 대해 적절한 평가를 하기 위해, 문학과 영화, 음악, 스포츠에 집중하고자 한다. 이 장에서 소개된 것 외에 비주얼 아트나, 연극, 텔레비전, 패션과 같이 아프리카 사회와 이주민 사회에 중요한 역할을 하는 물질적인 측면의 문화들이 있으나, 부득이하게 이들을 포함시키지 못했음을 양해 바란다. 몇몇의 문화들을 한정적으로 살펴보더라도 전체 문화적 형태를 큰 그림으로 볼 수 있으며 아프리카 전역에서 진행 중인 대중 사회 행위와 경험들을 주위깊게 살펴볼 수 있을 것으로 생각한다.

이 장에서 선별한 아프리카 문화를 살펴보는 네 가지 영역은 원래 정치적 맥락과 밀접하게 연결되어 있었으며, 투쟁과 저항의 장이자 다양한 공동체들에 의해 재전유(reappropriation, 특정 문화 형태와 실천 양식을 원래 의미에서 벗어나 다른 의미[주로 저항을 위해]로 활용하는

것 – 역자 주)되는 문화적 형태라는 점을 강조하고자 한다. 추가적으로
문화적인 영역으로 여겨질 수 있는 — 이 책에서 다루었던 — 주제들도
아울러 설명하고자 한다. 종교조직(제7장)과 민족정체성(제3, 4장)과
같은 행위 규범이나 집단 규범을 문화적 관점에서 설명할 것이다.

문학

아프리카 문학이 무엇인가를 알기 위해 서점을 둘러보거나 온라인 카탈
로그를 찾아보는 것은 아마도 최악의 선택일 것이다. 거의 예외 없이 출
판사들은 아프리카를 묘사하기 위해서 '단일한 이야기'(Adiche, 2009)
에 의존하고 있기 때문이다. 책 표지를 보면 주제와 국가에 관계없이 아
카시아 나무와 광활한 하늘, 그리고 실루엣이 펼쳐져 있다. 아무런 성찰
없이 만들어진 이러한 스테레오타입은 서구가 인식하는 아프리카에 대
한 이미지를 바꿔놓지 못한다. 무엇보다 중요한 것은 이러한 행태는 아
프리카 문학의 풍성한 역사를 협소한 수준에서 바라보게 만든다는 사실
이다. 사실, 식민주의 비평과 같은 주제에서부터 과학 소설에 이르기까
지, 아프리카 문학은 다양하고 생동감 넘친다. 그리고 대륙은 물론 해
외에서도 아프리카의 문학은 대중문화에서 중요한 역할을 담당하고 있
다. 해외에서 비평가들의 찬사를 받은 작가들이 많았으나, 그들이 인정
받기까지 오랜 시간이 걸렸다. 세계는 아프리카 문학을 인정하는 데 인
색했다. 1901년 처음 제정된 노벨 문학상 수상자 중 아프리카 출신은 5
명에 불과했다. 까뮈(Albert Camus, 알제리, 1957년), 소잉카(Wole
Soyinka, 나이지리아, 1986년), 마푸즈(Naguib Mahfouz, 이집트,
1988년), 고디머(Nadine Gordimer, 남아프리카, 1991년), 쿳시(J.M.

Coetzee, 남아프리카, 2003년)가 아프리카 출신 수상자들이다.

비록 대부분의 사람들이 글로 쓰여진 것만을 최고로 치는 유럽중심적 관점에서 '문학'이라는 용어를 받아들이지만, 입에서 입으로 전해졌거나 노래를 통해 구현되는 '구술 예술' 또한 중요한 문학적 형태로 인정해야 한다. '아프리카 문학'이라는 단일 형태가 명확히 존재하지 않지만, 구술 전통은 아프리카 대륙에서 찾을수 있는 몇 안되는 문화적 공통점들 중 하나이다. 구술문학은 조상, 영혼과 관련된 민간 설화를 요루바어, 스와힐리어, 줄루어로 구현한 것이다. 아프리카를 통틀어, 오랜 역사를 가진 구술 전통은 다수의 공동체가 사회적, 문화적으로 형성되는 데 핵심 역할을 한 바 있다. 공동체 내의 어르신이나 특별히 언어를 잘 구사하는 사람이 그들의 역사와 신화, 조상의 혈통을 구비 전승해주었을 것이다. 이것은 정적인 예술 형태와는 거리가 먼데, 왜냐하면 이야기의 기본이나 도덕이 현대적 현실과 문화적 기준점에 맞게 지속적으로 갱신되기 때문이다 (Joseph, 2001, 331-334). 중요한 점은 아랍과 유럽 언어가 침투하고, 이슬람과 기독교 경전을 통해 문자 문화가 대거 아프리카에 유입되었음에도 불구하고 (제7장 참조) 구술 전통은 사라지지 않았다는 것이다. 실제로 구전 전통은 국가, 공동체, 언어별로 그들만의 고유한 내레이션과 스토리텔링을 가지고 있는 현대 아프리카 사회의 문화적 환경 내에서도 두드러진 위치를 계속 유지하고 있다. 이하 절에서는 아프리카의 구전 예술에 집중하지 않을 것이지만, 구전 작품의 스토리텔링에 내재한 스타일과 테크닉, 주제는 문자 문학에 집중했던 많은 작가들에게 엄청난 영향을 미쳤다는 점을 강조하고 싶다.

현대 아프리카 문학을 어떻게 개념화할 수 있을까? 위대한 나이지리아 소설가 아체베(Chinua Achebe, 1965, 27)는 "아프리카 문학을 간단하고 깔끔하게 정의할 수 없다"고 주장했다. 본 저자는 아프리카 문

학을 한 단위로 보기보다 연계된 단위들의 집합으로 보고자 한다. 중요
한 시기에 아프리카에서 펼쳐진 장면들이 가진 복합성을 간과한 상태에
서 아프리카 문학을 정의하려는 시도는 실패할 것이 분명하다. 아프리
카 문학의 복합성과 차이를 제대로 이해하기 위해서, 그리고 아프리카
에서 발견되는 다양한 문학적 형태들을 구분하기 위해서, 아프리카를
국가와 민족, 특히 언어별로 나누어 살펴볼 필요가 있다. 아프리카에는
요루바어(Yoruba), 호사어(Xhosa), 아프리칸스어(Afrikaans), 기쿠유
어(Gikuyu)와 같은 수천 개의 언어가 있다. 어떤 언어는 특정 지역에서
만 사용되지만 전체 지방에 걸쳐 확장된 언어도 있다. 대부분의 국가에
서 사용하는 '공식적' 언어는 역사적으로 볼 때 외부에서 이식된 언어들
로서 아랍어, 프랑스어, 포르투갈어 그리고 영어가 있다. 작가의 언어적
배경은 작품의 스타일과 형태, 수용자에 영향을 미치게 된다. 결과적으
로 다양한 아프리카 문학은 그들이 쓰여진 언어에 따라 개별적으로 발
전하게 되었다.

아프리카 작가와 탈식민주의 이론가들은 어떤 언어로 작품을 써야 하
는가에 대한 논쟁을 지속해 왔다. 한쪽 편에서는, 진정한 아프리카 작가
라면 식민 모국의 헤게모니적 언어를 거부하고 그들의 언어로 자신을 표
현해야 한다고 주장하였다. 이러한 입장은 파농의 『검은 피부, 하얀 가
면(*Black Skin, White Masks*)』(1967)과 케냐 소설가인 티옹오(Ngũgĩ
wa Thiong'o)의 『마음속의 탈식민화: 아프리카 문학에서 언어의 정
치학(*Decolonising the Mind: The Politics of Language in African
Literature*)』(1986)에 잘 드러나 있다. 각자의 저서에서 파농과 티옹오
는 아프리카인들이 헤게모니적 언어를 사용함으로써 제국주의자들의 시
각을 영속화하고 강화한다고 주장하였다. 나아가 신식민주의자의 압력
을 극복하지 못하고 자신의 살아 있는 경험을 유럽중심 시각에 종속시킨

다고 주장하기도 하였다. 티옹오는 문화적 제국주의를 극복하고 작가를 둘러싼 환경을 생생하게 표현하기 위해 기쿠유어로만 집필하기로 결정하였다. 이러한 결정이 반영된 대표적 작품이 *Matigari ma Njirũũngi*(1986)이다. 나이지리아 작가 왈리(Obiajunwa Wali) 또한 이러한 입장을 받아들여 다음과 같은 의견을 피력한 바 있다. 식민지배 국가의 언어를 사용하는 것은 엘리트주의에 불과하며 정상 교육을 받은 이들만 그러한 작품의 혜택을 볼 수 있어서 결과적으로 대다수 아프리카인들의 문학 접근성을 박탈한다는 것이다. 나아가, 소잉카와 같은 작가를 비판하면서 왈리(Wali, 1962, 4)는 "이러한 작가들과 그들을 키운 서구 문학계가 아프리카 언어로 진정한 문학작품이 쓰여져야 한다는 것을 인정하지 않는 한, 그들은 막다른 길목에 다다를 수밖에 없다"고 주장하였다. 즉, "문학적 불임, 창의성의 부재 그리고 결국은 좌절에 이르게 될 것이다"라고 경고했다. 식민지 의식을 내면화함에 따라 헤게모니적 언어로 작품 활동을 한 작가들은 진정성 있는 아프리카인이 아니라는 의미일까?

대안적인 관점을 주장하는 입장은 제국주의 언어를 완전히 거부할 게 아니라 이용해야 한다고 주장한다. 아프리카 작가들이 헤게모니 언어 사용의 위험성을 충분히 인지하면서도 창의적으로 저술활동을 할 수 있다는 입장이다. 프랑스어나 영어를 사용함으로써 '아프리카의 실재'를 전 세계 독자들에게 소개할 수 있다. 결과적으로 이그보어나 스와힐리어가 이전에 해내지 못했던 아프리카 대륙에 대한 이해와 지식 증진에 기여할 수 있다. 보다 중요한 점은 언어적 전유를 통해서 아프리카 작가들이 완전한 탈식민화를 달성하기 위한 체제 전복적인 역할을 할 수 있다는 것이다. 즉, 그들의 수용자(독자)에게서 반향을 일으키면서 헤게모니 문화에 도전할 수 있게 된다. 아체베(Achebe, 1965, 29-30)에 따르면 아프리카 작가들은 일단 보편적이지만 작가의 독특한 경험을 전달할 수 있으며 시대변화에 민감한 영문 작품을 만들어야 한다고 주장한다. "이러한 작품들은 선대의 작가와 작품들과 완전히 교감하면서, 당대의 새로운 아프리카 상황에 맞게 변경될 수 있어야 한다." 상황이 변했다고 말하려는 것이 아니다. 이러한 이론적 진영의 비평가들은 탈식민지 과정은 정치적 독립 이후에도 여전히 진행 중이라는 것을 명확히 인식하고 있었다. 따라서 이들은 언어의 재전유를 통해 대안적 어젠다를 추구하고, 식민주의 헤게모니의 실체를 폭로할 수 있다고 생각한 것이다. 이러한 문학적 경향은 혼종적이고 비관습적인 글쓰기로 나타났다. 식민지 배자들의 언어를 차용하고 거기에 도전하며, 바꾸어 말하기를 수행함으로써 아프리카의 문학을 명확히 비서구적인 것으로 만들었다. 위에서 제시한 논쟁에 분명한 해답이 있을까? 전혀 그렇지 않다. 아프리카 작가들은 진정성, 표현, 목소리, 마케팅 가능성 등 자신의 작품에 영향을 미칠 수 있는 요소들이 빚어내는 딜레마를 철학적으로 풀어내느라 노력하고 있다.

전반적으로 언어적이고 문화적인 식민주의 유산에 기초한 아프리카 문학은 세 가지 갈래(school)로 — 영어권, 프랑스어권, 마그레브권 문학 — 나뉜다. 그러나 북아프리카 작가들은 프랑스어, 아랍어, 베르베르어를 조합하여 사용하는 것에 훨씬 더 익숙하기 때문에 대륙의 다른 지역보다 문학 양식에 혼종 현상이 보다 뚜렷하게 나타난다. 다수의 알제리 작가들은 주로 프랑스어를 사용하였으나 부제드라(Rachid Boudjedra)와 야신(Kateb Yacine)은 언어적 경계를 넘나들며 작품 활동을 한 바 있으며, 튀니지와 모로코, 리비아 등지의 라레지(Waciny Laredj), 자프자프(Mohamed Zafzaf), 그리고 알 코니(Ibrahim al-Koni)와 같은 작가들은 아랍어 작품을 많이 저술하였다.

아프리카 작가들이 집중하는 단일한 주제는 없었지만, 식민지 시대와 탈식민지 상황 및 오늘날까지, 작가들은 정치적, 사회적, 문화적 무기로서 그들이 가진 펜의 힘을 이용해 왔다. 세 가지 지배적인 문학적 전통에서 발견되는 중요한 유사점이 있다. 아프리카 작가들은 대안적인 서사를 제시하고, 비유럽적 관점을 견지하기 위해서 뚜렷한 아프리카만의 '목소리'를 작품 속에 담으려고 노력했다. 아프리카 문학에서 발견되는 핵심 주제는 외부의 개입에서 벗어나 특정한 역사와 문화를 재창조하는 것과 관련이 있다. 제국에 대한 비판, 지속되고 광범위하게 퍼져 있는 식민주의 유산, 아프리카 행위자와 경험에 대한 새로운 강조, 탈식민지 국가의 몰락, 사회적 불평등, 상이한 문화와 종교 간 상호작용 등의 주제를 다루고 있다. 이러한 주제들은 협소한 '리얼리즘'에서 벗어난 서사 스타일과 만나서 위대한 실험적 성취를 이루어 내게 된다. 마술과 초현실주의, 초자연주의 주제를 다루는 상상적 스토리텔링 기법을 사용한다는 점에서 라틴아메리카나 아시아의 탈식민주의 시대 작가들과 유사하다고 할 것이다. 따라서 문학은 저항의 장소이며, 정치, 사회적으로 개입할 수 있는 대중문화 수단이라고 할 수 있다. 남아프리카의 라 구마(Alex La Guma)와 같은 많은 작가들이 강제로 추방당하고, 알제리의 다우트(Tahar Djaout)와 나이지리아 사로위와(Ken Saro-Wiwa)처럼 극단적으로는 살해당하는 상황이 발생하는 것을 보면 정부와 각종 조직들이 문학과 작가들의 영향력을 얼마나 두려워했는지, 그리고 문학이 그들에게 얼마나 영향력을 미쳤는지 알 수 있다. 여기서 아프리카 문학을 전체적으로 요약할 수는 없으나 중요한 경향과 작가는 아래에 논의해 보겠다.

유럽 작가들이 아프리카에 대해 저술한 초기 글을 보면 아프리카 대륙과 사람들을 대체로 부정적으로 스테레오 타입화하고 있다. 소설가 콘래드의 『어둠의 심연(*Heart of Darkness*)』(1902)과 헤거드(Rider Haggard)의 『솔로몬 왕의 보물(*King Solomon's Mines*)』(1885)이 대표적인 소설이다. 전 세계 독자들의 관심을 끈 아프리카 작가들은 그리 많지 않다. 선구적인 작품 『샤카(Chaka)』(1925)를 발표한 레소토의 작가 토마스 모폴로(Thomas Mofolo)는 뒤늦게 세계적인 작가로 인정받은 바 있다. 이 소설은 영어로 번역되어 출간되었으며, 주요 내용은 줄루족의 전설적 지도자와 그의 정복 전쟁을 다루었다 (제3장 참조). 하지만 식민정부는 제대로 된 교육의 기회를 제공해 주지 않았기 때문에 ─ 적어도 서구의 기준에 부합하는 ─ 문학작품을 쓸 수 있는 이들은 거의 없었다. 유럽인들의 체계적 무관심과 인종차별주의적 인식이 결합하여 대부분의 아프리카 작가들은 유럽 문학 공동체에서 대체로 무시되기 일쑤였다. 그러므로 초기 아프리카 작가들에게 중요한 목적은 이 불균형을 바로잡는 것이었다. 하지만 이러한 목적을 달성할 수 있도록 그들의 작업을 지원해줄 출판사가 부족한 실정이었다. 1962년에 아프리카 작가 시리즈가 출간되면서 아프리카 작가를 지원할 첫 번째 구상이 실현되었다. 하이네만(Heinemann)이 출판한 아프리카 시리즈는 아체베, 티웅오, 비코(Steve Biko), 아타 아이두(Ama Ata Aidoo)와 같은 아프리카 작가의 세계 진출을 위한 교두보를 마련해 준 것이다. 하지만 나라마다 출판사의 수는 제각각이어서 특정 지역의 문학 작품을 의도적으로 외면하는 경우도 발생한다.

네그리튀드(Negritude, 흑색주의 혹은 흑인의 긍지 ─ 역자 주)운동은 1930년대 불어권 아프리카 문학계에 등장한 반식민지 문학 세력이었다. 네그리튀드운동은 프랑스 제국 전역에서 활동하던 흑인 작가들이 결성한 단체로서, 식민지 지배의 현실을 깨닫고, 동화나 '문명화'라는 유럽중심적 개념을 거부하였다. 이들은 '흑인다움(Blackness)'을 찬양하기 위한 철학적이고 문학적인 대안 운동을 모색하였다. 또한 이들은 아프리카 전체에서 공유된 고유한 문화적 정체성을 모색하고자 노력하였다. 물론 이러한 운동들은 범아프리카주의자들에게서 많은 영향을 받았다 (제9장 참조). 네그리튀드운동의 주요 지지자는 추후 대통령에 오른 세네갈 대통령 셍고르(Leopold Senghor)였다. 『그림자의 노래(*Chants d'ombre*)』(1945)와 『흑인과 마다가스카르의 새로운 시 모음(*Anthologie de la nouvelle poésie nègre et malgache*)』(1948)과 같은 작품에서, 그는 아프리카 역사를 찬양하고 유럽의 지배와 문화적 강제에서 벗어난 전통적인 삶을 찬미한 바 있다. 하지만 네그리튀드운동은 비현실적이고 이상화된 아프리카의 과거를 그려내고 있었다는 점에서 문제가 있었다. 프랑스어권 작가들은 식민주의의 영향을 비판함과 동시에 네그리튀드운동 작가들이 재현한 '상상된' 아프리카 역사에 대해서도 비판적 입장을 견지했다. 이러한 입장을 취한 대표적인 작가인 말리의 우올로구엠(Yambo Ouologuem)은 『폭력의 의무(*Le devoir de violence*)』(1968)에서 아프리카 민족주의를 신랄하게 비판한 바 있다. 네그리튀드를 거부한 또 다른 작가는 폭넓은 호평을 받고 있는 세네갈 작가이자 영화 제작자인 셈베네(Ousmane Sembene)였다. 『신의 작은 숲(*Les bouts de bois de Dieu*)』(1960)이란 소설에서 1947년 다카르 파업 시기에 프랑스 식민주의에 대항한 세네갈과 말리 사람들의 모습을 보여주었다. 그는 후에 유명한 소설(영화로도 제작)『저주(*Xala*)』(1973)를 출간하여 독립의 꿈이 사라져 버린 시대의 탈식민지 시대 엘리트의 부패와 세네갈에 만연한 사회적 불공정을 비판하였다.

마찬가지로 영어권 전통의 작가들도 식민주의와 정치적 엘리트의 행위를 비판하는 데 집중하였고, 당대 아프리카를 둘러싼 주제와 현실을 전면에 내세웠다. 이러한 주제의식을 가진 초기 작가였던 남아프리카의 플라체(Sol Plaatje)의 소설 『무디(*Mhudi*)』(1930)는 유럽중심적인 관점에서 탈피하여 남아프리카의 역사를 재해석하였다. 식민주의가 점차 붕괴

되어 감에 따라 『모든 것이 무너져 내리다(*Things Fall Apart*)』(1958)
의 저자인 아체베와 같은 작가들은 영국 식민주의의 등장으로 인해 발생
한 전통의 충돌을 묘사하였다. 한편 이들은 영어로 집필함으로써 언어
적 저유 전략을 구사하였다. 케냐의 소설가 티옹오 또한 『한 톨의 밀알
(*A Grain of Wheat*)』(1967)이라는 대표작을 통해서 식민주의를 재평
가한 바 있다. 이 소설은 마우마우 반란과 독립이 시작되던 시기를 배경
으로 하고 있다. 나이지리아 작가인 소잉카와 투투올라(Amos Tutuola,
Palm-Wine Drunkard, 1953 참조), 가나의 아타 아이두(Ama Ata
Aidoo, *Our Sister Killjoy*, 1977 참조) 등 영향력 있던 초기 영어권 작
가들은 유럽 식민주의와 탈식민지시대 그들의 영향력에 대해 비판적이
었다. 아울러 아프리카와 외부 정복 세력 간의 상호관계와 아프리카와 서
구 사이의 문화적 긴장을 다루는 작품을 다수 선보였다.

　현대 아프리카 문학은 아프리카 스타일은 물론 비(非)아프리카 스타
일을 받아들이고, 이들에게 영향을 받았다. 이러한 과정을 통해 아프리
카 문학은 지속적으로 번성하고 있는 중이다. 다양한 언어와 장르(로맨
스에서 과학 소설까지 모든 장르의 작품이 나오고 있다)의 작품들 속에
서 작가들은 사회적, 정치적, 문화적 주제들을 그 안에 담고 있다. 주제
나 문화·언어적 유산이라는 측면에서 아프리카적 공통점이 있으나, 알
제리와 세네갈, 남아프리카와 같은 국가들은 그 외의 국가들보다 문자
적 전통이 우세하게 나타났다. 한편, 포르나(Aminatta Forna, 시에
라리온), 마방쿠(Alain Mabanckou, 콩고공화국), 멘기스테(Maaza
Mengiste, 에티오피아), 뷰커스(Lauren Beukes, 남아프리카)와 같은
탁월한 작가들이 현대 아프리카 문학영역에서 활동 중이다. 이들은 환
경 파괴, 지역과 국제적 수준에서 발생하는 사회적 불평등, HIV/AIDs,
세대와 문화 갈등, 이주 등의 민감한 이슈를 문학을 통해 재현하였다.

글상자 8.1 여성과 문학

전통적으로 보수적인 아프리카 사회에서 여성은 식민주의와 가부장
제라는 이중의 억압에 시달려야 했다. 하지만 여성들이 문학적 영역
에서 두각을 나타냄에 따라, 대륙 전역의 여성들은 문학을 통해 문화
적 목소리를 높일 수 있게 되었다. 여성 작가들은 위에서 언급된 식민
지 지배와 서구의 문화적 가치와 같은 담론을 비판할 수 있었고, 아
프리카 사회와 일상에 예속된 자신들의 처해진 상황들을 중점적으
로 묘사함으로 남성 중심 가부장제와 전통 문화, 종교적 관행으로 인
해 그들이 겪어야 했던 경험들을 낱낱이 드러낸 바 있다. 마리아마 바
(Mariama Bâ, 세네갈)과 드제바(Assia Djebar, 알제리)는 그들의 작
품을 통해 여성의 목소리를 대변한 저명한 페미니스트 작가였다. 최
근에는 아디치에(Chimamanda Adichie)와 같은 젊은 작가들이 아프
리카 문학을 글로벌 무대에 올려 놓을 수 있는 대표적 작가로 인정받
고 있다. 아디치는 『보라색 히비스커스(*Purple Hibiscus*)』(2003)라
는 작품을 통해 여성의 삶과 현실을 재조명해왔다. 따라서 아프리카
문학은 사회적 정의를 옹호하고, 대륙 전역의 여성들이 수행할 대안
적인 역할을 제시하는 중요한 문화적 도구였다.

아프리카 문학은 예언적 성격을 띠고 있으며 대중문화에 영향력을 발휘
하고 있다.

영화

아프리카에 영화가 소개된 것은 20세기 초반이다. 식민지 당국은 아프
리카인들을 '문명화'시키고 서구의 특정한 문화적 메시지를 전파하기

위해 영화를 활용하였다. 1930년대 국내 영화산업이 번성한 이집트는
예외적이지만, 아프리카 영화는 독립 이후에도 제대로 발전하지 못했
고, 유럽과 북미 영화가 아프리카 영화시장을 휩쓸었다. 관객들이 볼 수
있는 대부분의 영화는 대개 아프리카와 상관없는 주제(미국 서부극)를
다루고 있었고, 아프리카를 묘사한다 하더라도 현실과 동떨어진 상상과
서사가 난무했다. 영화에는 식민주의 헤게모니가 깊이 자리하고 있었기
때문이다. 서구의 지배를 정당화하거나 외부인의 눈으로 아프리카를 묘
사하는 영화가 대부분이었다. 예를 들어, 서구에서 찬사를 받은 영화인,
〈아프리카 여왕(African Queen)〉 (1951)을 보면 매우 부정적인 방식
으로 아프리카를 영상화하고 있다 (Shaka, 2004).

1960년대 독립을 즈음하여 아프리카 영화가 등장하게 되었다. 영화
제작자들은 정치적, 사회적, 문화적 저항의 형태로서 영화를 활용하기
시작했고, 아프리카를 위한 새로운 서사를 구축하고자 하였다. 그 결과
아프리카 사람들과 현실을 제대로 재현한 영화들이 중심무대를 차지할
수 있게 되었다. 이러한 영화들은 지역의 경험과 이야기를 재현하여 진
정성을 보여주고 있다. 관객들은 자신들이 처한 환경을 반영하는 주제,
테마, 언어, 상황 속으로 자연스럽게 몰입할 수 있었다. 더구나 영화는
아프리카인의 관점에서, 대중문화의 형식을 통해 역사를 새로 쓰고, 새
로운 역사에 대해 말해줄 수 있는 중요한 기회가 되었다. 또한 유럽인의
시각에서 전달된 불균형적이고 인종차별적 과거를 바로잡을 수 있는 유
용한 도구가 될 수 있었다. 이러한 목적을 가지고, 아프리카 감독들은
식민지 지배와 그 유산과 같은 주제 — 이외에도 신식민주의의 잔재와
영향, 전통과 근대성의 문제, 탈식민지화가 낳은 결과 등 — 를 다루면
서, 사회적 정의(혹은 불공정)와 같은 중요한 주제를 다루었다. 사실, 문
화적 주제를 설명할 수 있는 능력이 아프리카 영화제작에 있어 중요하

게 여겨졌다. 그 중 하나가 아프리카 사회에서 여성의 역할과 지위를 표현하는 것이었다. 영화는 가부장적 관행과 같은 성규범에 의문을 제기하거나 폭로해 왔다. 이것은 강력한 지도자 역할로 여성을 캐스팅하거나 침묵하고 억압받는 이들의 목소리를 들려줌으로써 가능한 일이었다. 대표적 영화로는 서아프리카 전역에서 온 여성들이 그들의 일상적인 경험에 대한 개인적인 이야기를 들려주는 〈눈을 크게 뜬 여인들(*Femmes aux yeux ouverts*)〉(1994)와 여성 할례의 관행을 다룬 부르키나 파소를 배경으로 한 〈물라데(*Moolaadé*)〉(2004)가 있다.

　독립 초기에 아프리카 감독들은 서구의 영화 규범을 거부하는 한편, 위에서 제시한 주제와 테마를 꾸준히 다루기 위해 새로운 영화제작 양식을 확립하고자 하였다. 이 시기에 무게감 있는 영화는 기존 서아프리카의 프랑스 점령 지역에서 처음 등장하였다. 변화의 열렬한 옹호자였던 셈베네(세네갈), 파예(Safi Faye, 세네갈), 간다(Oumarou Ganda, 니제르)가 대표적 감독들이다. 셈베네는 아프리카 영화 발전에 기여한 중요한 인물이다. 그의 첫 번째 영화 〈흑인 소녀(*La noire de* …)〉(1966)는 인종, 정체성, 식민지 유산과 같은 이슈를 프랑스에 살고 있는 어린 세네갈 여성의 경험을 통해 보여주었다. 아프리카인이 만들어 세계적으로 찬사를 받은 최초의 영화라는 점에서 돌파구 역할을 한 셈이다. 하지만 대부분의 아프리카 영화들은 고집스럽게 지역 내에 머물고 있고, 국경 밖을 진출하지 못하고 있다.

　대륙 최대의 영화산업 규모를 가진 나이지리아는 일명 '놀리우드(Nollywood)'라고 불려진다. 1990년대 초반, 나이지리아 사람들은 자신의 삶과 경험이 그대로 투영된 영화를 원했다. 따라서 홈 비디오 카메라를 사용하여 수백 편의 저예산/소량 생산의 영화들이 만들어져 테이프 형식으로 판매되었다. 이 시기 인기 있는 소재는 마법, 민족적 충성,

세대 간의 긴장, 전통과 현대성에 대한 투쟁 등의 주제들로서 혁신적인 촬영 기술에 더해 관객에게 공감되는 소재들의 영화들은 높은 인기를 누렸다. 저예산 형식과 현지에서 인기 있는 스토리에 초점을 맞춘 놀리우드 스타일의 영화들은 수많은 스핀오프들을 낳았고, 제작자나 감독들은 특정 관객층을 만족시킬 수 있는 창의적인 소재를 발굴하는 데 많은 노력을 기울였다.

문학계의 논쟁과 유사하게, 아프리카 영화감독들도 언어와 재현의 문제를 두고 고심 중이었다. 차드의 하룬(Mahamat Saleh Haroun)과 같은 감독은 아랍어, 프랑스어를 영화 속에 섞어 사용하기도 했는데, 이렇게 함으로써 일상생활에서 사람들이 어떻게 생활하고 서로 상호작용하는지에 대한 현실적인 묘사가 가능했다. 하지만, 비록 많은 최근 영화들이 아프리칸스어(영화 *Skoonheid* 참조)와 스와힐리어(영화 *Nairobi Half Life* 참조)를 사용하여 서사의 기반으로 삼고 있지만, 대본의 핵심적 부분에서 식민 모국의 언어를 지속적으로 등장시키고 있다. 비록 부제를 다는 것(영어 외의 언어로)이 외국어 영화의 추세이지만, 어떤 언어를 선택하는가에 따라 관객의 규모와 배포 수준 — 지역에 국한되든 다른 지역으로 진출하든 — 이 달라지는 것이 사실이다. 예를 들어, 2014년 영화 〈팀북투(*Timbuktu*)〉 — 이슬람의 북부 말리 침략을 강렬하게 묘사하였다 — 는 주요 언어로 타마쉑어(Tamasheq), 밤바라어(Bambara), 아랍어를 사용하여 대성공을 거두어 수많은 상을 수상하고 세계적인 인정을 받았다.

아프리카 감독들의 주요 도전 중 하나는 전 세계적으로 영향력을 발휘하는 기존 국제 영화제작 네트워크 속에서 새로운 스타일의 영화를 만들어 내는 것이었다. 남아메리카에서 시작된 이른바 제3영화라는 글로벌 운동을 아프리카 영화인들이 적극 받아들여 헤게모니적이고 자본주의적 규범에 도전하고 소외된 이들의 목소리를 영화 속에 담으려고 노력하였다. 하지만 이러한 영화 제작의 철학적 토대가 만들어진 지 수십 년이 지났으나 영화계 내에서 재현 투쟁은 여전히 계속되고 있다. 남아프리카 전 대통령이었던 음베키(Thabo Mbeki, 2001)는 아프리카인들은 영화, 텔레비전, 인터넷, 여타 매스 미디어를 통해 우리 사회에 침투해 들어오는 "문화 제국주의의 힘에 압도당하는 것을 피해야 하며 …

글상자 8.2 우스만 셈베네, 아프리카 영화의 '아버지'

아프리카 영화를 대중화시킨 셈베네 감독의 작품과 예술적 비전은 새로운 테크닉을 개척하였으며, 후대의 영화인들에게 영향을 미쳤다. 그는 프랑스어로 된 소설을 쓰기도 했으나, 이것을 곧 엘리트주의임을 깨닫고, 월로프(Wolof)어를 구사하는 캐릭터가 등장하는 영화 제작에 몰두하게 된다. 셈베네는 세네갈인들의 삶의 대표적인 모습을 보여주려고 노력했기 때문에, 그가 가장 먼저 염두에 두는 관객은 세네갈인이었고, 그의 작품 내내 그래왔다. 셈베네의 작품은 매우 정치적이었고, 사회, 정치적 행위와 접목돼 있었다. 따라서 그는 가부장제, 식민지 유산, 종교와 같은 주제를 주로 다루었다. 불공정이 발생하는 곳이면 어디든, 특권으로 인한 불공정을 남용하려는 이가 누구든, 그는 영화에서 그것들을 비판하고 폭로하고자 하였다. 셈베네는 탈식민주의 시대의 엘리트를 비판한 〈저주(*Xala*)〉 (1975)와 같은 영화에서 현상유지정책에 강력히 도전한 바 있으며, 영화 〈티아로예 부대(*Camp de Thiaroye*)〉 (1988)에서 제2차 세계대전 당시 세네갈 군인에 대한 '잊혀진' 이야기를 다루면서 식민주의의 위선을 비난하였다. 그의 삶이 이루어낸 성취는 〈셈베네!(*Sembene!*)〉 (2015) — 그의 영화와 철학에 대한 탁월한 입문 영상 — 라는 다큐멘터리 영화로 기록되어 찬사를 받았다.

우리는 문학과 영화의 생산과 공유를 통해 가치 시스템을 개발해야 하고 … 지배 문화와 구분하여 정확하게 우리를 묘사할 수 있어야 한다"고 역설한 바 있다. 사실 서구에서 제작된 아프리카를 다룬 영화들이 많이 쏟아져 나왔지만, 이야기의 중심인물은 늘 백인이었다는 사실은 문제가 있었다. 대표적인 예로 〈우리가 꿈꾸는 기적: 인빅터스(Invictus)〉 (2009), 〈블러드 다이아몬드(Blood Diamond)〉 (2007), 〈라스트 킹(The Last King of Scotland)〉 (2006), 그리고 〈슈팅 독스(Shooting Dogs)〉 (2005)이 있다. 주목할 만한 예외적인 영화도 있는데 〈비스트 오브 노 네이션(Beasts of No Nation)〉 (2015)과 〈자유에의 먼 도정(Long Walk to Freedom)〉 (2013)을 들 수 있다. 영화사들은 종말 이후의 세상이나 도시 붕괴를 묘사할 때 아프리카 전역, 특히 대도시(요하네스버그)에서 로케이션 촬영하는 경향이 많아지고 있다. 이러한 경향 또한 아프리카에 대한 왜곡된 인상을 심어주기 마련이다. 대표적인 영화로 〈저지 드레드(Dredd)〉 (2012), 〈어벤져스: 에이지 오브 울트론(Avengers: Age of Ultron)〉 (2015), 그리고 〈채피(Chappie)〉 (2015)와 같은 영화가 있다.

아프리카에서 제작된 훌륭한 작품들 — Soleil Ô (1967), 〈갱스터 초치(Tsotsi)〉 (2005), 〈다라트(Daratt)〉 (2006), 〈나이로비 아이들(Nairobi Half-Life)〉 (2012), 그리고 〈포 코너스(Four Corners)〉 (2013) — 이 많이 있으나, 대개 아프리카 관객들은 토착 스튜디오 영화보다 여전히 할리우드나, 이전 식민지 세력, 인도 발리우드 영화와 사고, 문화적 규범에 지속적으로 노출되어 있다. 이러한 현상은 부분적으로 관객의 선택 때문에 발생한다. 영화를 감상하려할 때 외국 영화를 선호하는 경향이 마음속에 깊이 자리하고 있기 때문이며, 영화를 직접 제작하는 것보다 해외에서 수입하는 비용이 더 저렴하고 효과적이기 때문이다. 특이하게도 현지 시장을 점유하고 있는 비아프리카 영화로는, 디아스포라를 다루지 않는 인도 발리우드 영화가 북부 나이지리아에서 인기를 얻고 있다. 오리지널 발리우드 영화가 인기 있는 이유는 가족의 가치와 보수적인 사회 규범을 다루고 있기 때문인 것으로 보인다. 이들 영화는 또한 서구 관객을 주요 타겟으로 하지 않고 이슬람 관객의 취향에 맞추어 제작되었다는 점도 아프리카에서 인기를 얻은 요인으로 지적할 수 있다. 어쨌든, 글로벌 영화사들이 자금 흐름을 쥐고 있으며 유통망을 장악하고 있고, 프로모션 기회를 독점하고 있어서, 아프리카 감독들이 관객을 끌어 모을 기회를 잡기란 매우 어려운 실정이다. 아프리카 영화는 기껏해야 극히 제한된 기간 동안만 스크린에 걸릴 뿐이다. 아프리카 영화 제작과 대륙 전역의 영화 네트워크를 촉진하기 위해서 범아프리카 영화 페스티벌 FESPACO가 1969년 이래 부르키나 파소에서 개최되었다. 이 행사에는 아프리카에서 아프리카인에 의해 제작된 영화만 상영되며, 새로운 배우와 스토리들을 아프리카 관객들에게 소개하는 중요한 자리가 되고 있다.

영화 배급과 관련하여 아프리카 사회는 전 세계 다른 나라들과 다른 방식으로 영화를 소비하고 있다. 아프리카 전역에 영화관이 있지만, 지방 공동체에서 영화 인프라는 부족한 것이 현실이며, 티켓 값은 일반인이 감당하기 어려울 정도로 비싼 편이다. 따라서 아프리카인의 영화 감상 경험은 다음의 2가지 유형으로 나눌 수 있다. 첫 번째는 (실내나 실외에서) 착석한 상태에서 설치된 스크린을 통해 영화를 감상하는 경우이며, 두 번째는 비공식적 상황으로서, 작은 가게나 바에 모여 영화를 보는 경우이다. 아프리카인의 영화에 대한 열망은 높으나, 아프리카의 작은 공동체 수준의 관객들이 영화에 접근하려면 획기적인 방법을 취해야만 한다. 기술이 이러한 혁신을 주도하고 있으며, 시청 행태의 변화가 아울러 진행되고 있다. 모바일과 인터넷 연결 기기 사용이 늘어남에 따라 보다 많은 사람들이 이전보다 스트리밍을 통해 영화를 감상하거나, 공유할 수 있게 되었고, 심지어 자신의 영화를 제작할 수도 있게 되었다.

보다 많은 영화가 만들어지고 배급됨에 따라 아프리카 영화는 지속적으로 성장하고 있으며, 영상 기술의 발달과 세계인의 관심에 힘입어 이러한 성장세는 가속화될 전망이다. 전 세계에서 열리는 영화제를 통해 아프리카 감독들의 영화들은 그 작품성과 혁신성을 인정받고 있다. 그들의 새롭고 낯선 이야기가 세계 영화인들과 관객에게 각광받고 있는 것이다. 많은 영화들이 식민지 유산이나 사회 정의를 포함한 이슈들을 비판적으로 다루고 있다. 한편 그러한 영화들은 외국인 혐오증, 폭력, 아파르트헤이트를 다룬 영화 〈디스트릭트 9(District 9)〉(2009)과 같이 다양하게 시선을 잡아끄는 스토리로 무장하고 있다. 마블사의 〈블랙팬서(Black Panther)〉(2018)는 아프리카를 긍정적이고 미래지향적으로 묘사하고 있어서 아프리카에 대한 스테레오 타입에 도전하고 전복하려는 시도를 보여 주었다. 따라서 영화는 아프리카에서 중요한 대중문화의 한 차원이라고 할 수 있다. 영화는 관객에게 오락을 제공할 뿐 아니라, 사회적 규범을 의문시하고 스테레오 타입에 도전하는 감독의 의도를 전달하는 역할을 하고 있다.

음악

영화와 문학과 마찬가지로, 대륙 전역의 음악 또한 서로 연계되어 있으며 매우 다양한 형태로 나타난다. 아프리카 음악은 문화적, 사회적, 정치적 연대를 위해 중요한 역할을 하고 있으며 그 안에 다양한 스타일과 소리가 내재되어있다. 공동체들은 그들의 음악을 통해 그들 고유의 표현과 소리의 형태를 발전시켜 왔다. '아프리카 음악'이라고 말할 수 있는 명백한 특성이 여러 지역에서 발견되지만, 음악적 스타일은 그 과정과 기능, 그리고 음악가가 사회에서 어떤 역할을 담당하고 있는지에 따라 다르다는 점을 인정하는 것은 중요하다. 분명 기억해야 할 것은 음악은 강력하고 역동적인 문화적 형식이며, 민족과 지역의 경계를 넘나든다는 점이다. 한편 서로 다른 문화들이 메시지를 공유하여, 표현할 수 있게 해주는 도구이다 (Collins & Richards, 1989, 36-7).

아프리카 전통음악은 대륙의 구전 전통과 밀접히 연결되어 있다. 이런 노래들은 사회적 역사와 조상의 업적을 전달하고 문화적 동질감을 형성하는 도구로 사용되었다. 전통적 아프리카 스타일의 다양한 형태를 구분하여 평가할 뚜렷한 기준이 없지만 구분해본다면 다음과 같다. 북부 아프리카와 아프리카의 뿔 지역의 음악은 아랍 쪽에서 많은 영감을 얻었고, 사하라이남 지역의 경우 보다 복잡하고 다층위적 리듬의 공통적 특징을 갖고 있는 즉흥성과 관객 참여가 자유롭게 인정되는 보다 개방적 음악이라고 할 수 있다.

서구의 많은 이들은 전통적인 음악을 아프리카 음악의 전부인양 생각하지만 그것은 잘못된 생각이다. 현재의 음악형태는 아프리카 전역에서 고정되어 있지 않고, '전통적인' 상태에서 머물러 있는 것이 아니다. 대신에 스타일, 리듬, 소리 등에서 높은 수준의 혼종성을 보이고 있는데, 전 세계의 음악 트렌드를 접목하고, 흡수하고, 재전유하는 노력이 활발하게 이루어지고 있기 때문이다. 이러한 경향은 종종 해당 지역의 사회적, 정치적 환경에 영향 받기도 하였다 (Lazarus, 1999, 199). 예를 들어, 아프리카의 대륙의 소리라고 불릴만한 음악은 1950년대 등장한 콩고식 룸바였으며, 아프리카식 쿠바 음악을 편곡한 것이었다. 이 음악은 친숙한 '아프리카' 리듬과 유사하고 유럽 음악과는 두드러진 차이가 있어서 인기를 끌었다. 이러한 스타일의 음악은 매우 빠른 비트가 특징인 수쿠(soukous, 혹은 ndombolo)로 발전하였고, 탄자니아를 비롯한 몇 몇 나라에서 인기를 끌었다. 모부투 대통령은 자이르 문화를 확산하고자 콩고 밴드의 투어 공연을 적극 권장하면서 인기는 더 확산될 수 있었다 (Biddle & Knights, 2007, 40-3). 1960년대와 1970년대에, 아프리카 내 많은 음악인들이 미국계 아프리카 재즈와 펑크 음악에 영향을 받았으 나 최근에는 세계 각국으로 퍼져 나간 미국의 랩이나 힙합을 편곡하거나 재해석하는 경향이 지배적이다. 이들은 드리에맨스캡(Driemanskap)처 럼 호사어(Xhosa)를 사용하거나, 사르코디에(Sarkodie)와 같이 트위어 (Twi)를 사용하여 미국의 그것과 구분된 아프리카의 음악 형식을 구축 하고자 하였다. 이후 아파르트헤이트가 몰락한 1990년대 중반에 만도 자와 졸라와 같은 아티스트들이 개척한 크와이토(Kwaito)라고 알려진 하우스 뮤직이 등장하여 인기를 끌었다. 최근에는 스포엑 만삼보(Spoek Mathambo)와 DJ 무자바(Mujava)와 같은 뮤지션이 이끄는 아프리카 일렉트로 뮤직이 대세로 등장하고 있다. 대륙 전역에서 종교조직들이 부활하고 성당이나, 교회 등에서 음악이 공연되면서, 종교는 아프리카 인들의 문화자본에 기여하였다. 어쨌든, '아프리카 음악'이라고 하는 단 일한 형태는 존재하지 않으며 전통과 현대 스타일이 한데 섞이면서 동시 에 '지역성'과 '국제성'이 어우러져 현대 아프리카 음악 형성하고 있다.

아프리카 뮤지션들은 문화적 거품 속에서 그들의 음악을 하거나 만 들어 온 것이 아니다. 오락의 다양한 형태들이 국제화되면서 해외의 음 악 애호가들은 다소 경멸적인 용어지만, '월드 뮤직'을 선호하였기에 아 프리카 음악이 성장할 수 있었다 (아프리카 음악이 내실없는 거품 예술 이 아니라 세계인들의 인정을 받았다는 의미 - 역자 주). 대단히 성공 한 다수의 뮤지션들이 세계 음악 시장에 아프리카 음악을 발매하고 있다. 아프로비트로 인기를 끈 펠라 쿠티(Fela Kuti)를 비롯하여 살리프 케이타(Salif Keita), 휴 마세켈라(Hugh Masekela), 프란시스 베베이 (Francis Bebey), 바바툰데 올라툰지(Babatunde Olatunji), 유수 은두르(Youssou N'dour), 미리엄 마케바(Miriam Makeba) 등이 대표적 뮤지션이다. 선구적이었으며, 현대 음악의 아이콘이라 불릴 만한 이들의 뒤를 이어, 송고이 블루스(Songhoy Blues), 아마두와 마리암(Amadou & Mariam), 티나리웬(Tinariwen), 레이디스미스 블랙(Ladysmith Black), 맘바조(Mambazo) (폴 사이먼의 '우아한 대지' 앨범에 실려 세계적 주목을 받았다), 로키아 트라오레(Rokia Traoré), 바티다(Batida) 등은 세계적으로 인정받은 아티스트가 되었다. 하지만 대부분의 아프리카 음악은 현지에서 생산되고 소비된다. 그리고 현대 아프리카 도시 어디를 가도 아프리카 음악을 들을 수 있어서 일상생활의 배경이라 할 만하다. 라디오와 텔레비전을 통해 혹은 거리에서 … 들리는 음악들은 문화적 정체성을 공유하는 '상상의 공동체'를 형성하게 된다 (Biddle & Knights, 2007, 42).

민족주의 지도자나 식민지 시대 이후의 엘리트들은 음악의 강력한 정치적, 문화적 역할을 잘 알고 있었으며 이 점을 놓치지 않고, 음악을 이용하여 대중의 지지를 이끌어내고, 특정한 가치를 전달하고, 여론을 형성하려고 노력하였다. 민족주의 엘리트들이 음악을 포섭한 대표적 사례는 모부투 대통령의 정책을 통해 알 수 있다. 민족별, 지역별로 분열된 상황을 극복하고 뚜렷한 자이르 문화를 확립하기 위해 모부투는 음악을 활용하는 정책을 통하여 자신의 독재를 공고히 하고자 하였다. 자이르에서 인기 있는 음악은 국가 권력 기구에서 활용한 연주곡이었는데, 이것을 통해 정치적 정당성을 강화, 유지하고자 하였으며, 자이르 '사운드'를 보다 세계적으로 알리고자 하였다. 국가의 후원을 받은 뮤지션들

글상자 8.3   입문용 아프리카 음악 플레이리스트

아프리카의 음악 스타일이나 뮤지션들에 대해 단순히 기술하는 것보다 독자들이 독특한 음악을 발견하게끔 하는 것이 아프리카 음악을 이해하는 데 효율적일 것이라고 생각한다. 이 장에서 언급된 대륙의 다양한 음악적 전통의 맛을 독자에게 선사하기 위해서, 과거와 최신 음악을 몇 곡 소개하고자 한다. 아마도 몇몇 곡을 감상하다 보면 왜 이런 곡들이 대륙을 넘어 해외에 소개되지 않았을까 하는 의구심이 들 것이다.

Amadou & Mariam (말리) – Ce n'st pas bon

Rachid Taha (알제리) – Barra Barra

Mulatu Astatke (에티오피아) – Yekermo Sew

Miriam Makeba (남아프리카) – Pata Pata

Fela Kuti (나이지리아) – Zombie

Franco & l'OK Jazz (자이르/콩고민주공화국) – Mambu ma miondo

DJ Mujava (남아프리카) – Township Funk

Diabel Cissokho (세네갈) – Boumoulendem

Tinariwen (말리/알제리) – Tenere Taqqim Tossam

Batida (앙골라/포르투갈) – Bazuka (Quem me Rusgou?)

Songhoy Blues (말리) – Soubour

Mikael Seifu (에티오피아) – How to Save a Life

훨씬 더 많은 아프리카 음악을 감상하려면 아래의 웹 주소를 방문하면 된다. https://open.spotify.com/user/mattgraham/playlist/3lU4V0gqPMdkK22KDo8EuT

은 모부투를 찬양했고, 노골적으로 지배 체계를 옹호하였다. 전설적인 룸바곡 '킹' 프랑코가 대표적인 음악이다 (White, 2008). 또 다른 예는 부르키나 파소의 혁명적 대통령 상카라(Thomas Sankara)에게서 찾아볼 수 있다. 본인이 열정적인 기타리스트이기도 한 그는 짧은 재임 기간 (1983~1987년) 동안 뮤지션들이 정치적 메시지를 전파할 수 있도록 지원하였다.

　정치지도자들은 음악의 힘을 잘 알고 있었으나, 동시에 음악을 두려워하기도 하였다. 사실 음악은 지배 엘리트와 지속되는 사회적 불평등에 저항하고 비판하는 데 초점을 맞추기도 하기 때문이다. 남아프리카에서 반아파르트헤이트 투쟁이 벌어졌을 때 음악은 인종적 정의를 위한 투쟁에서 매우 중요한 역할을 하였다(걸작 다큐인 *Amandla! A Revolution in Four-Part Harmony* 참조). 시위자들은 반아파르트헤이트 시위에서 군중을 단결시키기 위해 저항 음악을 활용하기도 하였으며, 압제로부터 자유를 요구하거나 아프리카민족회의(ANC)의 게릴라 병력들을 몰아내고 자유를 되찾기 위해 음악을 동기의 수단으로 사용하였다. 국제적인 차원에서도 음악을 통한 저항도 이루어졌다. 미리암 마케바(Miriam Makeba), 브렌다 파시(Brenda Fassie), 조니 클레그(Johnny Clegg)와 같은 스타들은 자신의 음악을 활용하여 아프리카에서 벌어지는 투쟁을 해외 사람들도 인식할 수 있도록 하였다. 나이지리아 뮤지션 펠라 쿠티(Fela Kuti)는 지배 계급을 노래로 비판한 인물이었다. 1977년 발매된 좀비(Zombie)라는 앨범은 폭넓은 찬사를 받았으며 그는 이 앨범을 통해 부패한 군사 정부를 공격한 바 있다. 이후 쿠티는 "적어도 아프리카에서는 음악은 즐거움을 위해 존재할 수 없다. 음악은 혁명을 위해 존재해야 한다. 음악은 무기다"라고 주장한 바 있다. 2011년 세네갈에서는 음악과 정치가 뒤엉킨 현상이 나타나기도 했다. 세네갈에 Y'en a Marre (신물이 났다라는 의미) 청년운동이 젊은 힙합 아티스트를 중심으로 일어났고, 이들은 정치적 불공정과 사회적 불평등에 저항했다. 케르 기(Keur

Gui)와 같은 세네갈 뮤지션들의 인기와 영향력으로 인해 불만에 찬 젊은이들을 정치로 동원할 수 있었고, 결국, 2012년 선거에서 와드(Abdoulaye Wade) 대통령 — 논란 속에서 재선거에 출마했지만 — 을 끌어내리게 되었다.

말리 2/3를 점령한 이슬람 지하드 운동단체 (제6장 참조) 2012년에 '사탄'의 음악을 사적, 공적 공간 가릴 것 없이 금지한다고 발표했을 때 아마도 음악 애호가들은 끔찍한 충격에 빠졌을 것이다. 말리와 같은 나라에서 음악은 문화적, 사회적 구조에 깊이 스며들어 있었고, 알라 파르카 투레(Ali Farka Touré), 투마니 디아바테(Toumani Diabaté), 로키아 트라오레(Rokia Traoré), 티나리웬(Tinariwen)과 우무 상가레(Oumou Sangaré)와 같은 세계적으로 널리 알려진 아티스트가 말리 출신임을 감안하면, 이러한 극단적인 종교적 결정은 매우 충격적이었다. 허가받지 않은 종교 음악은 금지되었고, 뮤지션들은 추방당했으며 악기는 공공연히 파괴되어 전통적인 삶의 방식이 산산조각났다. 프랑스와 말리 군대가 개입하여 다시 자유를 되찾게 되면서 금지 조치는 2013년도 초에 해제되었다. 그로 인해 말리인들은 다양한 형태의 음악을 고향에서든 해외에서든 즐길 수 있게 되었다. 음악이 아프리카인의 문화적 삶에 얼마나 중요한지 보여주는 사례라고 할 수 있다 (Morgan, 2013).

스포츠

아프리카 전역에서, 스포츠는 많은 사람들의 삶에서 중요한 사회, 문화적 역할을 하고 있다. 축구는 단언컨대 레저 활동에서나 관중 이벤트로서나(비록 대부분 TV를 통해 간접 경험하지만) 가장 인기 있는 종목이자 취미라 할 수 있다. 지역별로 인기 있는 스포츠를 살펴보면, 동아프리카는 장거리 육상이 널리 퍼져 있으며, 럭비(유니온과 7s, 럭비 양대리그 – 역자 주)와 크리켓은 남아프리카나 케냐와 같은 과거 영국 식민지였던 지역에서 실제 경기가 이루어지고 있다.

아프리카 선수가 세계무대를 지배하는 스포츠는 장거리 달리기 영역일 것이다. 세계에서 가장 유명한 장거리 육상 선수들은 케냐, 에티오피아, 우간다 출신이다. 케냐에서 육상은 엄청나게 인기 있는 스포츠라 할 수 있다. 육상선수들이 세계를 제패함에 따라 케냐의 세계적 위상도 덩달아 높아졌기 때문이다. 젊은이들은 전문적인 스카우트와 훈련 시스템을 가진 육상이라는 스포츠에 끌리고, 최고 선수들의 국제적 위상을 부러워하며, 세계 각지의 대회에 참가함으로써 얻는 경제적 소득에도 관심이 많다. 마라톤이나 올림픽 기록을 잠깐만 봐도 동아프리카 선수들이 장거리 육상을 거의 완벽히 지배하고 있음을 알 수 있다 (사진 8.1 참조). 예를 들어, 2003년 이후부터 런던 마라톤이 열린 2017년까지 모든 남자 마라톤 경기의 우승은 케냐 출신 선수(12번), 에티오피아 출신 선수들(3번)이 양분하고 있었다. 여성 마라톤의 경우 2010년 이후 케냐 선수(6번)와 에티오피아 선수(2번)가 매년 타이틀을 독식하고 있다. 이 글을 쓰고 있는 당시, 케냐 남녀 선수들은 모두 세계 기록을 보유하고 있었으며, 2017년 나이키가 주최한 2시간대 돌파 이벤트(the Nike Breaking2 event)에서 킵초게(Eliud Kipchoge)는 2시간 25초로 가장 빨리 결승 테이프를 끊었다.

아프리카에서 축구는 누구나 쉽게 즐길 수 있고 접근성이 높은 스포츠로서 어디서나 할 수 있다는 장점을 가지고 있다. 따라서 도시든 외진 시골 공동체든 많은 이들이 축구를 즐기고 있다. 축구는 유럽 식민지 시대에 들어 왔고, 초기에는 항구나 도시 중심부에서 유럽 정착민, 상인,

▌사진 8.1   케냐 육상선수 루스 쳅은게티치(가운데)가 2017년 11월 12일에 열린 이스탄불 여성 마라톤 대회에서 1위로 들어오고 있다.

출처: Muhammed Enes Yildirim/Anadolu Agency/Getty Images.

군인들이 즐기던 스포츠였다. 이후 선교사나 식민지 관료에 의해 급속히 보급되었다. 이들은 축구를 제국주의와 문명화 프로젝트를 확산시키기 위한 수단으로 활용한 것이다. 21세기 들어 아프리카 공동체들은 축구를 더 많이 받아들였고, 축구의 역할을 다시 생각하게 되었다. 계급과 민족, 종교적 정체성에 따라 공유된 네트워크와 유대, 문화적 연결 역할을 축구 클럽이 담당하게 되었다. 아프리카에서 역사가 오래된 클럽들은 Hearts of Oak (가나, 1911년), Espérance Sportive de Tunis (튀니지, 1919년), Orlando Pirates (남아프리카, 1937년) 등이 대표적이며 대규모 도시(아크라와 소웨토)가 건설되면서 등장했다.

축구는 공동체 스포츠이기도 하지만 축구장 안에서 그들은 반식민지 저항과 민족적 자부심을 표현하였다. 1930년대까지 몇몇 아프리카 민족주의자들은 식민주의 지배에 도전하기 위해 사람들을 동원하는 도구로서 축구를 활용하기 시작했다. 가장 유명한 사례로, 1958년 망명 NLF 해방운동으로 결성된 알제리의 혁명적인 팀은 반식민지 정치와 축구가 결합하여 탄생하였다. 이들은 투어 경기를 치루면서 대 프랑스 투쟁을 '국제여론화'하는 상징적 도구 역할을 하였으며, 꽤 성공을 거두었다 (제3장 참조). 독립 이후 정치지도자들은 '국가정체성', 소속감이라는 꽤 까다로운 이슈를 해결할 수 있는 손쉬운 수단으로서 축구만한 것이 없음을 알게 되었다. 독립 이후 국가 정체성을 강화하기 위해 아프리카 전역에서 새로운 국가를 대표하는 경기장이 건설되었는데, 경기장의 이름을 독립 투쟁 시대 영웅을 기려 그의 이름을 따서 짓는 것이 유행이었다. 그 경기장 연고팀은 세계무대에 '새로운' 나라를 대표하고 상징하게 되었다.

이집트와 에티오피아, 수단, 남아프리카공화국이 나서서 1957년에 아프리카축구연맹(CAF: Confédération Africaine de Football)을 결성하게 되었고, 축구 국가 대항전 및 클럽 대항전을 개최하고자 하였다. CAF는 회원국 안에 북부 아프리카국가가 포함된 범아프리카조직(대륙을 개념화하는 문제에 대해서 제1장 참조)이었으며, 특정 국가가 독립하게 되었을 때 회원국으로 받아들이면서 — 최근 가입한 잔지바르는 주권국가가 아님에도 불구하고 2017년에 가입이 승인되었다 — 그 규모를 확장해 나갔다. 첫 번째 아프리카 네이션스 컵(AFCON)은 1957년 개최되었는데, 정치와 스포츠의 불편한 동거를 극명하게 보여준 사례였다. 남아프리카는 다인종으로 구성된 팀을 내보내려고 하지 않았고, 다른 세 나라는 공개적으로 아파르트헤이트를 비난하고 나섰고, 남아프리카 팀의 참가를 금지시켰다. 이러한 결정이 시초가 되어 반아파르트헤이트 투쟁의 일환으로 모든 남아프리카 스포츠 팀들의 참가가 보이콧되거나 유보되었다. 남아프리카의 강세 종목이었던 럭비와 크리켓 또한 참가가 금지되거나 제한되었다는 점에서 심각한 타격을 입혔다고 볼 수 있다. AFCON 설립 이후 본선 주요 경쟁자들은 북부와 서부 아프리카 국가였으며 이집트는 7회 우승 경력을 보유하고 있다.

축구 그 자체는 세계적으로 모든 사람들에게 사랑 받는 스포츠로 인정받길 원하지만, 이전 식민지 세력들이 국제 경기를 조직하고 개최할 때 불평등한 측면은 여전히 작용하고 있었다. 이들은 대놓고 인종주의와 우월감을 드러내곤 했다. 1934년에 이집트는 월드컵에 첫 진출했으나, 1970년까지 아프리카는 월드컵 티켓이 배정되는 대륙으로 국제축구연맹(FIFA)으로부터 인정받지 못했다. 1966년 아프리카축구연맹 회원국들은 항의의 의미로 영국 월드컵을 보이콧하였고, FIFA의 태도 변화를 이끌어냈다. 1970년부터 아프리카에 배정된 월드컵 티켓은 늘어났고, 현재는 5개의 티켓이 아프리카에 배정되어 있다. 아프리카 대륙의 첫 월드컵이 2010년 남아프리카에서 개최되었다. 여기서 가나는 8강전에서 아깝게 탈락하였다.

수백만의 아프리카인들이 스포츠를 즐기고 참여하는 것이 비해 아프리카 전역에서 국내 축구는 경제적 세계화로 인해 상대적으로 빈약한 상태에 머물러 있다. 1980년대 후반, 규제가 없는 위성 TV가 등장하여 유럽 축구 클럽은 점점 상업화되었다. 두둑한 자금을 바탕으로 축구 클럽들은 세계 최고의 선수들을 사들였고, 최고의 팀과 가장 인기 있는 리그가 형성되었다. 유럽 축구가 수준이 더 높다는 인식은 유럽 리그를 전세계에 방송하는 TV 방송국에 의해 확산되었다. 디지털 TV 방송국들은 맨체스터 유나이티드(Manchester United)나 AC 밀란(AC Milan), 바르셀로나(Barcelona)와 같이 이름만 들으면 누구나 알 수 있는 명문 축구 클럽 경기를 실시간으로 아프리카 전역에 중계하고 있다. 아프리카

글상자 8.4   축구와 아프리카의 디아스포라

유럽 국가대표팀들의 두드러진 특징은 선수 구성이 민족별로 다양하다는 점이다. 그 중 아프리카 혈통을 가진 선수들이 상당히 많다. 이는 과거 식민지배 권력들이 그들의 식민지와 만들어 온 유산의 영향이며(예를 들어, 동화정책, 제3장 참조), 그 결과, 아프리카인들은 유럽 각국으로 이주하게 되고 고향에서 벗어난 곳에 영구적으로 정착하게 되었다. 이러한 양상이 유럽 국가대표의 다민족 구성을 만들었다고 할 수 있다 (제9장). 유로 2016에 참가한 국가들 중 반 이상이 적어도 1명의 아프리카 혈통의 선수를 보유하고 있었고, 프랑스와 벨기에 포르투갈의 경우 매우 많은 아프리카 혈통 선수들을 경기에 출전시켰다. 대표적인 아프리카 출신 선수로서 1960년대 포르투갈 국가대표팀에서 활약한 에우제비오(Eusébio)를 꼽을 수 있다. 그는 축구 역사에서 가장 위대한 선수로 평가받고 있다. 에우제비오는 모잠비크에서 태어났으나 당시 그의 고국은 벨기에령에 속해 있었기 때문에, 그는 포르투갈 대표팀을 선택하게 된다. 포르투갈과 포르투갈이 지배했던 이전 식민지 국가는 오늘날에도 관계를 이어오고 있다. 카르발류(William Carvalho, 앙골라), 나니(Nani, 카보 베르데), 페레이라(Danilo Pereira, 기니 비사우)는 모두 아프리카 혈통이다. 하지만 디아스포라로 인해 아프리카 몇몇 나라들의 국가대표 팀은 훌륭한 선수들을 소집할 수 있는 혜택을 얻었다. 2018년 러시아 월드컵 때 아프리카 5개국이 디아스포라 공동체로부터 선발된 선수를 대표팀에 차출할 수 있었다. 모로코 대표팀의 경우 전체 23명 선수 중 17명이 해외 이주민 출신이어서, 선수단 내에서 의사소통하기 위해 아랍어, 프랑스어, 영어를 모두 사용해야 했던 것으로 알려졌다.

프랑스는 이전 식민지 지역과 복잡한 관계를 맺고 있으며, 문화적 정체성과 '출신(Origin)'에 대한 논쟁이 공개적으로 이루어지고 있다. 이러한 논쟁의 주요 대상은 대표팀 구성과 관련된 것이다. 1998년 월

계속

드컵 우승팀(흑인, 백인, 아랍인으로 이루어진)이자 2018년 월드컵 챔피언을 차지한 프랑스는 진정한 다문화 국가대표 팀이라고 할 수 있으며, 이러한 성과를 얻을 수 있었던 것은 아프리카 배경의 선수들을 한데 모을 수 있었기 때문인 것으로 보인다. 프랑스 최고의 선수들은 아버지 쪽이 아프리카 혈통이었는데, 지네딘 지단(알제리), 패트릭 비에라(세네갈), 은골로 캉테(말리), 카림 벤제마(알제리)가 대표적인 선수이다. 프랑스 대표팀의 성공에도 불구하고, 아프리카 출신의 선수를 받아들여야 한다는 의견과 프랑스의 국가 정체성을 지키기 위해 자국 선수를 더 많이 써야 한다는 의견 사이에 논란이 계속되고 있다. 여기에는 백인 선수가 대표팀에 충분히 뽑히지 않는다는 극우적인 비난도 포함되어 있다. 2011년 프랑스 축구 협회가 마련한 대표팀 할당 차출안에는 이중 국적자의 대표팀 선발을 제한하는 내용을 담고 있었다. 하지만 젊은 이중국적 선수들은 아프리카나 북아프리카 국가대표로 뛰는 것을 선호하고 있는 것으로 보인다. 알제리 대표팀 23명 중 16명이 프랑스 태생이라는 사실이 바로 좋은 사례이다.

국내 리그와 비교하면 유럽 리그의 수준은 매우 높다. 많은 사람들이 해외 클럽을 동경하게 되며, TV, 최근에는 인터넷과 소셜 미디어를 통해 유럽 축구를 접하면서 유럽무대 진출의 꿈을 실현하려고 노력하고 있다. 아프리카 어느 곳을 여행하든, 유럽 클럽팀의 레플리카 셔츠가 곳곳에 전시되어 있는 것을 볼 수 있다. 심지어 아프리카에서 가장 도시화된 곳에서도 사람들은 자신이 선호하는 팀이나 리그에 대해 모르는 것이 없을 정도이다. 유럽 축구에 대한 열정과 문화적 중요성을 보여주는 대표적 사례가 있다, 2017년 6월 가나의 한 교회에서 잉글리시 프리미어 리그 우승팀인 첼시를 기념하기 위한 예배를 열었는데, 공교롭게도 집전 목사가 아스날 팀 서포터였다.

한편 넓은 지지 기반을 바탕으로 매우 성공한 클럽들도 많이 있다. 대표적으로 Al Ahly and Zamalek(이집트), Espérance de Tunis(튀니지), TP Mazembe(DRC), Kaizer Chiefs and Orlando Pirates(남아프리카) 클럽팀들이 대표적이다. 하지만 국내 축구 관중은 줄어들고 있는데, 라이벌 간 경기가 아닐 경우 관중은 매우 적다. 남아프리카의 프리미어 축구 리그에서 소웨토(Soweto) 더비가 있는 날에는 9만 명의 팬이 운집하지만 일반 경기 평균 관중수는 6,520명에 불과하다. 팬들이 자국 리그에서 고개를 돌리면서 경제적 성공을 원하는 아프리카 선수들이 대거 해외 클럽으로 진출하고 있는 상황이다. 조지 웨아(라이베리아), 사무엘 에투(카메룬), 디디에 드로그바(코트디부아르)와 같은 아프리카 선수들은 유럽 리그로 이적하면서 세계적 슈퍼스타가 되었고, 그 외에도 아프리카 리그에서 활약하던 수천 명의 선수들이 세계로 진출하고 있다. 유럽 클럽들은 싸고 재능 있는 선수를 확보할 수 있기 때문에 아프리카 선수들의 이적을 도울 수 있는 방법을 모색하였다. 개별, 공동 훈련 아카데미를 대륙 전역에 만들어 젊은 선수를 육성하였던 것이다. 예를 들어, 가나의 서아프리카 축구 아카데미 스포츠클럽은 네덜란드 페예노르트(Feynoord) 팀이 만들었으며, 아약스 케이프 타운은 암스테르담을 연고지로 한 팀의 이름을 따서 만들어진 아카데미로 아약스 구단이 지분을 가지고 있다.

아프리카 축구의 이러한 발전 양상에는 불안한 본질이 도사리고 있다. 바로 명백한 신식민주의라는 사실이다. 경제적 불평등의 글로벌 패턴이 축구에 고스란히 재연되고 있다. 유럽의 주요 팀들이 나머지 팀들을 희생해서 번성하게 되면, 아프리카 축구 선수들을 '자원'으로 간주하게 되며 이들을 수입하여 해외의 경제적 실체들에게 혜택을 주려고 하고 있는 것이다. 제공받는 잠재적인 경제적 이익에 이끌려, 에이전트와 클럽들에 의해 이용되는 젊은 선수들이 많이 있다. 아프리카 최고 선수들이 이적하여 세계에 자신의 재능을 보여줄 기회를 얻게 되지만, 이것으로 인해 아프리가 국내 경기는 감소하고, 클럽의 경쟁력이 낮아지고, 경기장으로 관중을 다시 끌어 모으기 어렵게 되었다. 결국 탁월한 경기의 형태로서 아프리카인들이 유럽 축구를 문화적으로 수용하는 것은 세계화의 역설이다 (이 절은 아프리카 축구에 관해 최고의 연구를 수행한 알레지[Alegi, 2010]의 연구에 기반을 두고 있다). 이러한 경향에서 더나아가, 최근에 아프리카 전역에서 비아프리카 출신 지도자들이 많아지고 있다. 각국 축구연맹은 지속적으로 자국의 팀을 유럽 지도자에게 맡기고 있다. 2018년을 기준으로 보면 56개국 중 20개국이 유럽인 코치를 두고 있다고 CAF가 확인한 바 있다. 더구나 2017년에, CAF는 대표적인 국가 간 토너먼트 대회인 AFCON 일정을 변경하기에 이른다. 주로 1월에 열렸던 대회를 주요 유럽 클럽팀의 압박으로 인해 6월로 연기한 것이다. 유럽 클럽들은 대회 기간 동안 아프리카 출신의 스타플레이어들이 전력에서 빠지는 것을 우려했기 때문이다.

이 장에서는 문화가 대륙 전체에 걸쳐 각각 어떤 양상으로 나타났는지 설명하고자 하였다. 문화는 표현의 도구를 제공하고, 사회적 정체성을 형성하며, 구성원의 응집력을 강화시키는 활기차고 생생한 현장이다. 물론 문화 자체에도 정치적 개입과 저항이 존재했다. 수백만 명의 사람들이 매일매일 상호작용하는 대중문화 행위를 외부 관찰자들은 종종 무시하지만, 대중문화는 일상생활에서 중요한 역할을 하고 있다. 문학과 음악과 같은 문화적 행위는 정치적 속성을 내재하고 있어서, 식민지 시대 유산과, 신식민주의의 영향 그리고 사회적 불평등에 저항하기 위한 형식이며, 아프리카 사회에 지속적으로 영향을 미치고 있다. 정치에 관여할 기회가 줄어들거나 억압당할 때, 문화는 사람들이 저항할 수 있는 주요한 기회를 제공하게 된다.

추가 읽을 거리

아프리카 전역에서 영화의 역할과 영향을 다룬 문헌은 Femi Shaka (2004) *Modernity and the African Cinema*이 있으며 최근 서적으로 Winston Mano, Barbara Knorpp, and Añulika Agina (2017) *African Film Cultures*이 있다. 아프리카 스타일과 주제 및 전통에 대한 감을 잡으려면 이 장에서 소개한 아프리카 문학 작가의 작품을 읽어 보길 권한다. 아프리카 음악을 더 알아보려면 Eric Charry (2012) *HipHop Africa: New African Music in a Globalizing World*; Bob White (2008) *Rumba Rules: The Politics of Dance Music in Mobutu's Zaire*; Andy Morgan (2013) *Music, Culture and Conflict in Mali*를 참조하면 된다. 아프리카 축구와 관련하여 반드시 읽어야 할 문헌으로 Peter Alegi (2010) *African Soccerscapes*; Paul Darby (2002) *Africa, Football and FIFA: Politics, Colonialism and Resistance*가 있다.

민족국가를
넘어선 아프리카

이 장에서는 아프리카의 정치적, 역사적 궤적을 검증할 때 종종 간과 되었던 현대 아프리카를 구성하는 주요한 요소들에 대해 살펴보 고자 한다. 민족국가로의 통합은 아프리카의 정치적 사고나 조직에 있어 근본적인 개념이었다. 1963년 아프리카통일기구(OAU: Organization of African Unity)는 식민지 시대 국경을 공식적으로 인정하였고 자연 스럽게 각국의 민족주의 지도자들은 기존에 획정된 지리적 공간 안에서 새로운 국가와 정체성을 형성할 수 있게 되었다. 이것은 아프리카의 정 치적, 사회적 발전에 매우 중요한 시작이었던 반면, 범아프리카주의나 디아스포라 공동체와 같은 외부적인 영향력이 필연적으로 '아프리카'에 대한 인식과 개념을 형성하는 데 중요한 역할을 했다는 점 역시 주위깊 게 살펴 보아야한다. 결과적으로 이러한 철학은 정치적 지도자들이 대 륙을 바라보는 관점에 영향을 미치고, 아프리카 통합 네트워크와 기구 를 구축하기 위한 후속적 노력의 토대가 된다. 실제로 범아프리카 원리 에 기초한 아프리카 통합의 형태를 모색하는 이러한 노력은 대륙 전역 에서 이루어져, 화합의 순간을 만들기도 하고 때에 따라선 심각한 분열 도 빚어내곤 했다.

먼저 범아프리카주의 사상의 발전과정을 살펴보고, 이러한 사상이 정 치적 의사결정에 어떠한 영향을 끼쳤는지와 OAU나 아프리카연합(AU: African Union)와 같은 기구를 통해 정치적 경제적, 문화적 통합을 이루 려는 노력은 어떠한 것이 있었는지 알아보겠다. 범아프리카주의가 정치 적, 경제적 통합을 달성하는 데 평화유지 활동과 더불어 아프리카 대륙 기구들과 지역경제공동체(RECs: Regional Economic Communities)

들이 지역 내 안전과 안정에 어떻게 기여해왔는지 추적할 것이다. 이 장에서는 또한 아프리카의 디아스포라를 살펴보고 그것이 어떻게 형성되었고, 아프리카에 어떠한 영향을 미쳤으며, 아프리카에 어떻게 작동하였는지 살펴보면서, 이러한 디아스포라 공동체들이 앞으로 아프리카에 미칠 잠재력을 검증해 볼 것이다. 마지막 절에서는 인구 이동에 대한 좀 더 미묘한 그림을 그리기 위해 서구적인 고정관념을 넘어 서서 이주를 다룰 것이다. 주로 아프리카 전역에 미친 이주의 영향과, 이주 영향력에 대해 대륙과 국제기구가 어떻게 이해하고 반응했는지 설명하고자 하였다.

범아프리카주의

현대 아프리카에서 가장 오래되고 모호한 이념적 개념 중 하나가 범아프리카주의일 것이다. 한편 이 사상은 20세기 초반 철학적, 정치적 지지자를 끌어 모은 영향력 있는 이론적 생각이라고 할 수 있다. 레검(Colin Legum, 1965, 14)에 따르면 범아프리카주의는 "본질적으로 사상과 감정의 운동이다. 어떨 때는 통합을 가져 오지만, 가끔은 테제와 안티테제 수준(이론상의 찬성과 반대 - 역자 주)에 머물러 있을 뿐이다." 범아프리카주의를 정의하기 어려운 것은 이 개념이 유동적 이데올로기이기 때문이다. 아프리카 사람들과 그 후손들의 열망을 충족시키기 위해 시대에 걸쳐 진화하고 다르게 의미부여가 된 것이 범아프리카주의라고 할 수 있다. 그리고 변화하는 정치적 환경에 따라 범아프리카주의의 새로운 버전이 등장하기도 했다. 아무튼 핵심적으로, 범아프리카주의는 아프리카가 공유한 인종차별주의와, 억압, 소외, (신)식민주의 경험은 통합과 연대, 집단적 행동을 통해 극복할 수 있다는 점을 인식시키는 데 중점을 두고 있다.

　범아프리카 운동은 북미와 카리브해 연안 아프리카 디아스포라 사회에서 원류를 찾을 수 있다. 여기서 아프리카계 지식인들은 그들의 경험을 분명히 표현하고자 하였으며, 아프리카의 존엄과 자유를 달성하기 위해 통합된 글로벌 인종의식(아프리카계 흑인의 인종의식 - 역자 주)을 구축하고자 하였다. 공통의 유산과 역사에 기반한 연대와 통합의 비전은 각각의 지역적 차원보다는 대륙적 차원에서 개념화되었다. 하지만 새로운 민족주의 지도자들이 범아프리카적 교리를 어떻게 효과적으로 실행할 것인가를 두고 논쟁을 시작하면서 아이러니하게도 아프리카의 분열이 강조되었다. 범아프리카주의의 초기 개념화를 추진한 디아스포라 공동체 주요 지도자들인 트리니다드의 변호사 실베스터-윌리엄스(Henry Sylvester-Williams)와 미국인 뒤 부아(W. E. B. Du Bois)는 범아프리카주의 컨퍼런스를 개최한 바 있다. 1900년 런던에서 열린 첫 번째 회의에서 지지자들은 인종차별주의의 종식을 요구했고, 식민주의를 비판했으며, 흑인들에게 정치적 권리를 달라고 주장하였다. 범아프리카주의를 뒷받침하는 핵심적 사상은 1950년대까지 서서히 발전했으나, 여기에는 디아스포라 사회에서 추진한 구상이 많이 담겨있었다. 1945년 영국 맨체스터에서 열린 다섯 번째 범아프리카의회에 들어서서야 범아프리카주의 사상은 아프리카 주도적 접근으로 선회하였고, 식민주의를 극복하고 자결권을 달성하기 위해 대륙 모두가 협력하고 통합할 것을 요구했다. 실천 교리에 변화가 생긴 것은 젊고 급진적이고 군 출신 아프리카 민족주의자들이 의회에 참석했기 때문이다. 여기에는 이후 대통령이 된 반다(말라위), 은크루마(가나), 케냐타(케냐)가 포함되어 있었다.

　제2차 세계대전 이후 반식민주의 투쟁이 고조되어 갈 무렵, 범아프리카주의는 1950년대와 1960년대 초반에 걸쳐 아프리카 민족주의자들에 대한 영향력을 늘려 갔다. 한편 민족주의자들은 자유화의 요구를 보다 강화하기 위해 범아프리카주의의 핵심 강령인 통합과 연대의 개념을 활용하게 되었다 (제3장 참조). 범아프리카주의자인 은크루마의 리더십 아래 1957년 독립한 가나의 사례에 영향을 받아, 대륙 통합을 외치는 요구가 고조되었고, 이들은 궁극적으로 아프리카합중국(United States of Africa)을 설립하고자 하였다. 1958~1961년 사이에 은크루마는 통합된 범아프리카 대륙에 대한 그의 열망을 여타 지도자들에게 설명하고 납득시키기 위한 행동에 나섰다. 예를 들어, 제1회 아프리카 독립국가 회의가 1958년에 개최되어 이집트, 리비아, 튀니지, 모로코, 수단, 에티오피아, 라이베리아, 가나 등 8개국이 참석하였다 (범아프리카 주의는 대륙을 인위적으로 구분하는 것을 인정하지 않았고, 아랍과 이슬람 국가들도 아프리카에 포함되었다는 점에 주목). 그리고 짧게 유지된 아프리카국가연합(Union of African States)으로 알려진 동맹이 가나와 기니, 이후 말리에 의하여 조직된 적 있다 (1958~1963년). 하지만 대륙의 통합을 전제로 한 범아프리카주의의 이론적 야심이 정치적 현실과는 괴리가 있었던 시기였다. 많은 지도자들은 수사적으로는 범아프리카 통합의 원칙을 고수했고, 신식민주의 발호를 막고, 아프리카 내 경쟁자의 등장을 저지하고, 대륙의 '분열(balkanisation)'을 방지하기 위해 집단적 연대의 필요성을 인식하고 있었다. 하지만 은크루마가 옹호한 범아프리카 비전은 대륙 전역에 존재하는 민족, 종교, 문화적 차이를 간과하였을 뿐 아니라, 탈식민지 이후 영향력을 확장하고 있는 영토를 중심으로 하는 민족주의를 무시하고 있었다. 의심할 여지없이 범아프리카주의는 정치적, 문화적 공명(resonance)이 있었다. 어렵게 독립한 민족주의 지도자들 중 극히 소수만이 은크루마의 개인적 야망과 자기 확장 의지를 인정하여 권력을 포기할 준비가 되어 있었을 뿐이었다.

하지만 실행하는 데 어려움이 있었음에도 불구하고 범아프리카 비전은 1960년대에 완전히 사라진 것은 아니었다. OAU는 다양한 분야(성공의 수준이 다양한)에서 아프리카 통합과 공동 행동을 위한 견인차 역할을 하였다. 이들은 주로 백인 소수지배에서 벗어난 완전한 아프리카의 자유를 달성하려고 하였다. 1990년대 탈냉전 시대에 접어들면서 등장한 새로운 아프리카 지도자 세대들은 아프리카의 미래에 대해 이전과 다른 꿈을 꾸고 있었다. 이 같은 새로운 물결은 음베키(남아프리카), 오바산조(나이지리아), 부테플리카(Abdelaziz Bouteflika, 알제리)가 주도하였는데, 이들은 '아프리카 르네상스'를 부르짖으면서 범아프리카주의라는 수사적으로 강력한 사상을 분명히 언급한 바 있다 (Vale & Maseko, 1998). 젊은 지도자들은 아프리카 르네상스를 통해서 활기찬 아프리카를 내세우고 서구에서 아프리카에 대한 부정적 인식을 불식시키는 노력을 기울이고, 외세의 간섭을 극복하고, 아프리카의 문제를 해결하기 위해 통합을 모색하였다. 1999년에 누구도 예상치 못하게 카다피 대령이 OAU의 개혁 논쟁에서 은크루마의 범아프리카 사상의 계승자로 등장하면서, 아프리카합중국 형성을 위해 대륙의 연대를 주장하였다. 그의 주장은 AU(2002년에 설립)의 최종 방향을 결정하는 데 영향을 미치지 못했으나, 그는 범아프리카 사상을 몇몇 의제를 통해 관철하고자 하였다. 아프리카 단일 통화를 만들고, 군사력을 지속적으로 유지하는 것 등이 주요 의제였는데, 2005년, 2007년, 2009년에 매우 격렬한 논쟁이 촉발된 사안이었다. 2011년 카다피 축출이후 아프리카합중국이라는 개념은 카다피의 개인적 야망을 우려했던 아프리카 지도자들 사이에서 고려되지 않았다.

범아프리카주의라는 꿈은 오늘날에도 정치적으로 유효하며, 아프리카의 부흥을 확산시키기 위한 AU의 계획을 뒷받침하는 영향력 있고, 강력한 개념이라고 할 수 있다. 악의적이고 달갑지 않은 외부 세력의 개입을 줄이고 경제적 소외에서 벗어나기 위해 집단적 통합을 통해 더 큰 힘을 길러야 한다는 필요성을 아프리카국가들은 너무나도 잘 알고 있었다. (통합된) '단일한 목소리'는 유엔과 세계은행과 같은 기구에서 국제적으로 캠페인하는 데 유용하고, 결과적으로 그들의 목소리가 더 많이 인정받고, 그들의 미래를 결정하는 문제에 있어 아프리카국가들이 더 많이 참여할 수 있다는 기회가 만들어진다는 것 때문에 추진 될 수 있었다. 바로 이러한 목표를 지지하며 강화하기 위하여 AU 위원회는 '어젠다 2063'(2015)이라는 장기 계획을 마련하였다. 이 계획은 범아프리카주의라는 역사적 맥락에 기반하여 보다 확대된 정치, 경제적 통합을 이루고자 하였다. 사실, 이 어젠다에서 다음과 같이 분명한 주장을 하고 있다. "2063년이 되면 아프리카합중국 설립자들의 꿈과 비전이 실현되었다는 사실을 깨닫게 될 것이다. … 아프리카의 정치적 연합은 통합 과정의 최정점에서 이루어질 것이며, 이전에 사람들 간 자유 왕래가 이루어지고, 대륙적 기구가 설립되고, 완전한 경제 통합이 이루어질 것이다" 진술을 다음과 같이 이어진다. "범아프리카주의의 가치와 이상은 대륙은 물론 대륙을 넘어선 그 어디에서도 실현될 것이다. 아프리카 사람들의 통합과 후손들의 통합이라는 목적은 달성될 것이다"(AU, 2015, 11, 15). 2016년, 범아프리카를 위한 상징적 첫발을 내딛게 되었는데, 카가메(르완다) 대통령과 데비(Idriss Deby, 차드) 대통령은 대륙 전역에 무비자 여행을 할 수 있는 범아프리카 여권을 선보인 바 있다.

AU의 이러한 구상은 긍정적으로 받아들여지고 있지만, 범아프리카주의를 현대적 형태로 제도화하기엔 내재적 문제가 산적해 있다. 통합을 가로막는 핵심적이고 지속되는 문제는 국가 주권이었다. 정치적 지도자들은 수십 년 동안 범아프리카주의의 이데올로기적 필요성을 인정하고 옹호해 왔지만, 대륙 기구에 지배권을 넘겨야 한다는 요구에 직면했을 때는, 우선순위로서 국가를 선택했다. 정치적 엘리트들은 민족주의자들의 반대를 우려하여 더 공고한 대륙의 정치적 통합 요구에 비협조적 태도로 일관했다. 범아프리카주의에서 제안한 것들을 달성하기 위해서 정치적 마인드의 대전환이 필요할 것으로 보인다.

범아프리카 이데올로기와 그것의 실행을 가로막는 또 다른 주요 장애물은 문화적, 민족적 다양성이라고 할 것이다. 대륙 내에 다양한 국가나 공동체는 지리적 맥락을 제외하고 공통점은 거의 존재하지 않는다. 2010년 월드컵에서 가나가 역사상 최고 성적을 기록한 이후 '팀 아프리카'라는 문화적 연대의 형식이 생겨나게 되었으나, 이러한 현상은 규범이 아니라 특정한 이벤트에 불과하였다. 예를 들어, 2008년 이후 남아프리카에서 범아프리카 연대라는 수사가 훼손되는 사건이 발생하였다. 대륙 전역에서 이주해온 아프리카인들에 대한 심각한 외국인 혐오 폭력이 발생한 것이다. 우리가 고려해야 할 의문점은, 엘리트가 주도하고 상명하달식 개념인 범아프리카주의가 일반 시민들의 경험과 삶에서 얼마나 동떨어져 있는가 하는 것이다. 결국, 범아프리카주의 비전은 콩고민주공화국(DRC)이나 중앙아프리카공화국(CAR), 소말리아와 같은 국가에서 발생한 내부 문제를 해결하지 않는 한 성공할 희망이 없어 보인다. 사실, 국가의 통합을 추구하기보다, 아프리카 전역에서 분리독립을 요구하는 지역이 많아지고 있기 때문이다. 카메룬에서 영어 사용자들이 자치구를 요구하고 있으며 앙골라로부터 독립을 요구하는 카빈다 소수민족 지구가 있으며, 비아프라(나이지리아 서쪽 지구 - 역자 주)도 나이지리아로부터 자치권을 얻고 싶어 한다. 이러한 국가들의 정치인들은 범아프리카주의라는 거대 비전에 눈을 돌릴 겨를이 없고, 그들에겐 해결해야 할 국내 문제가 산적해 있다.

하지만 아프리카에서 인종주의와 억압을 없애고, 예속에서 벗어나기 위한 중요하고도 영향력 있는 철학으로서 범아프리카주의의 중요성은 인정되어야 한다. 연대와 집단적 행동을 통해 아프리카국가들은 경제성장과 환경변화와 같은 대륙의 중요한 이슈에 대해 힘을 합칠 필요가 있다. 이제 국제 공동체들이 아프리카를 무심히 대하고 있는 상태에서 이러한 연대와 협력은 긍정적인 결과를 낳을 수 있을 것으로 보인다. 범아프리카주의를 이론적 개념화를 넘어 실천하려는 노력들은 정치적 야심과 국가 통치권, 문화적 차이라는 장애물을 만나 좌절되었지만 숭고한 이상을 달성하기 위해 일관되게 달려 온 것 역시 사실이다.

대륙적, 지역적 통합

아프리카의 통합과 연합 의식을 도모하자는 논의는 1960년대 초반 신생 독립국들 사이에 진행된 범아프리카적 논쟁에서 시작되었다 (van Walraven, 1999). 가장 기본적인 수준에서 아프리카의 국제적인 이익을 보호하고 촉진할 수 있는 기구의 필요성에 대해서 모두가 동의하였지만, 그 형태와 기본 원칙에 관해서는 이견이 도출되었다. 당시 정치적 논쟁을 들여다보면, 미래 통합을 위한 대안적 비전의 방향성에 관한 의구심과 긴장감이 있었다. 신속하게 모두를 아우르는 정치 연합에 기반한 진정한 대륙 통합이라는 은크루마의 이상적 개념은 인기가 없었다. 사실, 아프리카 통합이라는 모험은 범아프리카주의를 실제 적용하는 문제와 그 프로젝트의 소유권 다툼 때문에 삐걱거릴 운명이었다.

아프리카합중국이라는 은크루마의 제안에 대해 1960년 12월 프랑스 식민지였던 12개국이 가장 먼저 반기를 들었다. 브라자빌 그룹으로 알려진 이들 국가는 보다 강한 정치적 연합에 반대하였다. 이러한 보수적 입장에 대응하기 위해, 가나와 말리, 이집트가 이끄는 급진적 국가들은 1961년 1월 카사브랑카 그룹을 소집하여 완전한 통합으로 신속한 전환을 요구하였다. 이는 말로만 범아프리카주의를 지지했던 지도자들 사이에서 인기가 없었다. 왜냐하면 대부분의 국가들은 어렵게 쟁취한 국가주권을 지키고, 국내 이슈에 외부의 개입을 차단하고자 하였기 때문이다. 여기에 반응하여 라이베리아, 나이지리아, 세네갈, 튀니지가 참여한 몬로비아 그룹(Monrovia Group)이 만들어지게 되었다. 이들은 은크루마의 범아프리카주의 비전을 바탕으로 만들어진 대륙 통합 프로젝트를 저지하고자 하였으며, 느슨한 동맹 형식의 협력을 제안하였다. 결과적으로 집단 통합의 의식이 생겨나기보다, 대륙 내에서 영토적 연맹, 알제리 내전, 콩고 위기와 같은 심각한 수준의 분열이 생기게 되었다.

하지만 1960년대 초반 들어 정치적 지도자들은 아프리카를 대표할 메커니즘을 찾을 필요가 있음을 깨달았다. 아울러 대륙을 피폐하게 만든 식민주의와 신식민주의, 인종주의 그리고 글로벌 경제에서 소외되는 현실에 맞서 싸워야 한다는 결의를 다졌다. 1963년에 들어, OAU 설립을 이끌었던 셀라시에(Haile Selassie) 에티오피아 국왕이 중개하여 마침내 협상 자리가 마련되었다. 여기서 제시된 협상안은 몬로비아 그룹이 선호하는 점진적 통합 안을 그대로 반영한 것이었다. 당시 만들어진 OAU헌장(1963)에 따르면 연대와 통합을 촉진한다고 규정되어 있으며, 아울러 주권과 영토적 독립을 보장하며, 식민주의를 척결하고 국제적 협력을 추진한다고 명시되어 있다. OAU는 아프리카를 아랍국가(사하라이북 국가 - 역자 주)들과 마다가스카르와 같은 도서 국가를 포함한 전체적 지리 공간으로서 아프리카를 개념화하였고, 여기에 32개국이 서명하였다. 현존하는 국경을 인정하고, 국내에서 일어난 일에 대해 개입하지 않는다는 원칙이 핵심적 조항으로 들어가면서 은크루마의 범아프리카 이상과 단절하게 되었다.

식민지 시대 구성된 아프리카의 영토 구획을 받아들임으로써 국가가 최고의 중요성을 가지게 되었으며, 콩고와 비아프라, 서사하라, 소말리아 등지의 분리독립주의자와 영토 회복주의자들이 주장하던 자결주의 원칙은 그 정당성이 무엇이든 간에 거부되었다. 그뿐 아니라, OAU의 비간섭 조항은 횡포를 일삼는 독재적 통치자들이 다른 아프리카 지도자들의 비난을 신경 쓰지 않고 마음대로 권력을 휘두를 수 있는 근거가 되기도 하였다. 이 기구에 대한 대중적 이미지는 스스로에게 봉사하는 '독재자 클럽'이었다. 그러나 OAU가 지리적 현실을 반영하여 아프리카 지도를 다시 그려야 했는가 하는 점은 논란의 여지가 있다. 만약 그렇게 했다면, OAU는 몇몇 나라들이 직면했던 매우 까다로운 내부 문제를 해결해 줄 수 있었을 것이다. 가령 콩고에서 두드러지게 나타났던 민족 간 갈등을 해결해 줄 수 있었을 것이며 에리트레아는 1993년보다 훨씬 전에 에티오피아로부터 독립할 수 있었을 것이다. 식민지 시대 국경을 유지한 것에 대해 굳이 변명을 하자면, 당시는 정치적 독립을 달성한 직후였으며, 콩고에서 명백하게 나타난 신식민주의(1960~1963년)가 대륙 전체에 퍼지는 것을 막고자 서둘러 국경을 획정할 필요가 있었다는 점이다. OAU의 확실한 목표는 국가 간 평화와 통합을 유지하는 것이지 갈등을 악화시키는 것이 아니었다. 아프리카의 식민지 잔재는 분명히 결함이 있었으나 — 그 유산은 오늘날에도 여전히 감지되고 있다 (제4장과 제5장 참조) — , OAU가 모두의 요구에 부응하여 평화롭고 질서정연하게 대륙 내 경계를 새로 획정할 수 있을 것 같지는 않았다. 국가가 불완전한 시대에, 적대적인 세계에 둘러싸인 상황에서 OAU는 범아프리카주의라는 꿈을 비록 불완전한 모습일지라도 대륙 연합이라는 모습으로 타협한 것이다.

39년간 OAU의 역사는 제도적 실패, 자금 부족, 그리고 아프리카가 당면한 가장 중요한 문제를 결단력 있게 해결하지 못하는 무능력으로 점

글상자 9.1   모로코와 서사하라

1976년 스페인이 서사하가 지배권을 내놓자 영토는 모로코와 모리타니로 나뉘게 되었다. 사하라아랍민주공화국(SADR)을 선포한 서사하라 해방운동인 폴리사리오(POLISARIO) 전선의 요구에도 불구하고 모로코는 그 지역을 군사적으로 점령하고 자신의 영토임을 주장하였다. 1980년대 초반까지 모로코가 게릴라식 저항을 진압할 수 있었으나, 폴리사리오의 광범위한 외교적 노력으로 인해 상당수의 아프리카국가들이 SADR을 주권국가로 인정하게 되었다. 1982년, OAU가 SADR을 회원국으로 받아들이면서 기존 회원국들 사이에 분열이 야기되었다. 왜냐하면 이러한 결정은 모로코를 식민주의 국가로 인정하는 것과 다름없기 때문이었다. 폴리사리오를 포용한 데 반발하여 모로코는 1984년에 OAU에서 탈퇴하였고, 서사하라에서 패권을 강화하기 시작했다. 폴리사리오와 범아프리카 연대를 모색하고 갈등을 중재하려는 OAU의 노력은 영토에 어떠한 외부적 간섭도 인정하지 않았던 모로코에 의해 가로막히게 되었다. 하지만 SADR 내의 (독립을 위한 논의와 노력의 – 역자 주) 진전은 없는 채로, 완전한 독립을 이루겠다는 희망은 벽에 가로막히게 된다. 모로코가 AU에 다시 회원국으로 가입하게 된 것이다. 33년간 회원국 가입을 거부하던 AU가 모로코의 정치, 경제적 힘을 인정하여 다시 회원국으로 끌어들인 것이다. 이러한 결정은 서사하라에서 특정 국가의 점령을 인정하고, SADR의 자결에 대한 요구를 무시하는 꼴이었다. 많은 아프리카국가들이 SADR을 여전히 식민지 지배 하에 독립국가로 인정했기 때문에 이것은 논란이 될 수 있었다.

철되어 있었다고 분석할 수 있다. 비록 OAU가 실패했다고 볼 수 있지만, 제한적인 성공을 거둔 경우도 있었다. OAU는 식민주의나 아파르트헤이트에 대한 투쟁을 지속시켜 나감에 있어 대륙의 합의를 이끌어냈고, 그로 인해 분열된 국가들이 '단일한 목소리'를 낼 수 있도록 만들었다. 예를 들어, 아프리카해방위원회(African Liberation Committee)를 만들어 앙골라해방인민운동(MPLA), 모잠비크해방전선(FRELIMO), 아프리카민족회의(ANC)를 포함하여 남아프리카 전역의 해방운동을 상징적으로 지원하거나 이따금 자금 지원을 해왔다. 그리고 경제적 자결과 발전을 위한 어젠다를 채택한 라고스 계획(Lagos Plan of Action)과 같은 정책을 통해 보다 공고한 경제 연합체를 구축하려고 노력하기도 하였다. 후속적 정책으로 아프리카경제공동체(AEC: African Economic Community) (OAU, 1991) 설립을 목표로 아부자협약(Abuja Treaty)을 맺은 바 있다. 이러한 소소한 발걸음 ─ 범위나 영향력은 제한적이지만 ─ 을 통해 지역경제통합 구상이 확장될 수 있는 기반이 마련되었다.

하지만 대부분의 활동에서 OAU는 진정한 통합의식을 구축하지 못하였고, 평범한 모든 사람들의 이익을 위한 행동을 취하지 않았기 때문에 비효율적 기구였다고 볼 수 있다. OAU는 타협의 산물로 탄생했기 때문에 아프리카 지도자들은 이 기구에 헌신하지 않았고, 통합이라고 불리는 수사적 요구보다 국가이익을 중요시하였다. OAU는 정치적 엘리트들이 집단행동과 역량강화를 위한 웅장한 비전을 발표할 수 있는 국제적 무대를 마련해 주었지만, OAU가 실체로서 이들의 약속을 이행할 의지가 없다는 것을 알고 있었기 때문에 자신의 발언에 책임지지 않아도 되었다. 결국은 정치적 의지가 부족하고 만성적인 자금 부족으로 인해 정책 아이디어는 폐기처분될 수밖에 없었다. OAU는 비개입 정책으로 인해 갈등 중재나 평화유지 활동에 나서지 못하였고, 앙골라와 차드, 라이베리아의 분쟁상황 속에서도 방관자로 남을 수밖에 없었다. 나아가 이디 아민과 보카사로 대표되는 취약한 통치와 독재적 경향을 OAU는 제대로 감시하지도 않았고, 쿠데타는 일반적인 정치 과정으로 인정하고 있었다 (제4장 참조). 통합이라고 부를 만한 것은 아프리카 지도자들끼리 서로 비판하지 않겠다고 암묵적으로 합의한 것 정도일 것이다. 1990년 중반까지 OAU는 타성에 젖어 탈냉전 세계에 대응할 수 없었고, 르완다, 소말리아, 시에라리온, DRC에서 증가하는 폭력에도 속수무책이었다.

이 장의 초반에서 언급했듯이, 음베키를 위시한 근대화된 지도자들은 OAU와 범아프리카에 대한 열망을 아프리카 부흥이라는 담론 아래 재활성화하기 위해 개혁 과정에 착수하였다. 결과적으로 2002년에 출범한 AU는 대륙 연합을 위한 새로운 비전을 제시하고, 더 높은 수준의 정치, 경제적 통합을 약속한 바 있다. 그리고 보다 개입주의적 접근을 추구하여 굿 거버넌스와 민주주의, 그리고 평화를 확보하고자 하였다. 이러한 계획을 뒷받침하기 위해 AU는 EU의 모델을 부분적으로 채택하여 강력한 제도 위원회를 만들어 정책을 구상하고 실행하였다. 아프리카 개발을 위한 신파트너십(NEPAD: New Partnership for Africa's Development)을 출범시켜 경제성장을 도모하려 하였고, 아프리카상호감독제도(APRM: African Peer Review Mechanism)를 설립하여 굿 거버넌스와 관련된 이슈를 평가하고자 하였으며, 평화안보위원회(PSC: Peace and Security Council)를 만들어 분쟁해결을 위한 지원에 나서기도 하였다 (표 9.1). 이 같은 광범위한 개혁의 핵심적 목표는 공유된 발전 구상과 더 강화된 자립 능력을 바탕으로 아프리카의 세계적 위상을 전략적으로 높이고자 하는 것이었다.

AU 내에서 제도화된 전략적 사고에 변화가 생겼다. 통치권이 더 이상 독재적 지도자를 보호해주지 못하게 된 것이다. 아프리카연합 헌법

표 9.1 AU와 EU의 기능 비교

AU	EU
국가나 정부수반 정상회의	유럽이사회(정부/국가수반으로 이루어진)와 집행위원회 회장
외교부장관 회의	EU 이사회(council)
AU 집행위원회(commission)	EU 집행위원회(commission)
범아프리카의회	유럽의회
아프리카재판소	유럽재판소

(Constitutive Act, 2000)에 '전범, 집단학살, 반인도적 범죄 등 중대한 상황이 발생하면 의회의 결정에 따라 회원국에 개입할 수 있는 아프리카연합의 권리'가 명시되어 있다. 더구나 PSC 조건을 넣어 회원국내에 평화를 위협하는 상황을 발생하면 중재할 권한을 부여하였다. 따라서 AU는 아프리카 전역에서 활동하는 행동주의자들의 평화유지 역할을 지지하면서 집단행동을 주도하는 데 성공했다. 한편 민주적 대안을 선호하며 어떤 군사쿠데타도 단호히 거부하였다. 예를 들어, 부르키나 파소(2015년), 이집트와 CAR(2013년), 말리와 기니 비사우(2012년), 마다가스카르(2009년)와 같은 국가에서 쿠데타가 발생했을 때, 군부가 민간에 권력을 넘겨줄 때까지 회원자격을 정지함으로써 AU는 쿠데타에 지속적으로 저항해 왔다. 비민주적인 행위가 고착화되려할 때 AU가 단호하게 행동할 것이라는 사인을 보낸 것이다.

평화유지는 AU가 주도하려고 하는 핵심적 영역이다. 이것을 통해 대륙의 개혁을 추진하여 인식 가능한 변화를 확보할 수 있기 때문이다(Williams, 2007). 비록 AU의 분쟁 조정과 해결 노력은 코모로에서 소말리아까지 다양한 상황에서 복합적으로 나타났지만, OAU 시절과 비교하면 개입하려는 의지에 광범위한 이론적 전환이 이루어졌다. 폭력적 분쟁이 지속적으로 발생(제6장 참조)함에 따라 평화와 굿 거버넌스, 경제적 발전이 여전히 방해받고 있다. 아프리카 부흥의 차원에서, AU와 아프리카 8개 지역경제공동체는 정치적 폭력에 대한 아프리카식 해결책을 모색해왔다. 단독으로 혹은 유엔과 협력하여, 아프리카 평화유지군은 DRC, CAR, 말리와 같은 불안정성이 지속된 지역은 물론, 부룬디(2003년), 수단(2004년), 다르푸르(2007년), 소말리아(2007년)에서도 분쟁에 개입한 바 있다. 하지만 교전 당사국들이 협상을 거부하는 태도를 취하고, AU는 정치적 해결책을 강제할 수 없는 상황이어서 평화유지 업무는 극한 직업이 되었다. 예를 들어, 다르푸르에서 작전 실패로 AU 평화유지군 중 상당수가 사망했고, 말리와 같은 곳에서는 프랑스 군대가 이슬람의 침략을 막아내는 역할을 맡아야 했다. 나아가 안보 이슈에 대한 접근은 일관되지 못하고 선택적이었다. AU는 짐바브웨(2000~2008년), 부룬디(2015~2016년), 콩고공화국(2015~2016년)과 같은 나라에서 발생한 정치적 위기에 제대로 대응하지 못했다. 사실, 효과적인 개입은 하위 지역경제공동체가 주도하였다. 서아프리카경제공동체(ECOWAS: Economic Community of West African States)의 개입 사례에서 두드러지게 나타났는데, 이 기구는 라이베리아와 코트디부아르에 군사적 개입을 해왔고, 가장 최근에는 감비아 사태에도 개입하였다.

대륙의 평화와 굿 거버넌스를 모색하는 것 외에도, 경제적 통합이 선행되어야 아프리카의 안정성이 높아지고 더 나은 발전이 이루어질 것이라는 점을 AU는 오래전부터 잘 알고 있었다. 지리적 열악함, 식민주의의 잔재, 취약한 인프라, 국제사회에서 소외된 위상(제5장 참조) 등의 문제로 아프리카는 경제적으로 고전해 왔다. 게다가 아프리카 대부분의 국가는 경제 규모가 여전히 작은 수준이다. 이러한 상황을 극복할

글상자 9.2 서아프리카경제공동체(ECOWAS)와 하위 지역 평화유지 활동

아프리카의 뿔 지역과 콩고민주공화국(DRC)과 같은 '골치 아픈 지역'은 여전히 정치적 폭력이 많이 발생함에 따라, 아프리카 전역에서 분쟁을 줄이고 관리하는 것이 AU의 최우선적 과제라고 할 수 있다 (제6장 참조). 하지만 예산 문제와 군대를 동원하는 데 오랜 시간이 걸림에 따라 평화유지 작전은 AU-기증자 파트너십(AU-donor partnerships) (Williams & Boutellis, 2014)이나 하위 지역의 지역경제공동체에 의존할 수밖에 없었다. 예를 들어, 2017년에 유엔(2017a)은 아프리카 전역에서 8개의 평화유지 임무를 수행한 바 있는데, 애초에 AU가 개입했던 상황이었다.

하위 지역의 평화유지와 분쟁 조정에 성공적으로 개입한 주목할 만한 지역경제공동체는 ECOWAS이다. 1990년 라이베리아 내전에 대응하기 위해 만들어진 ECOWAS 모니터링 그룹(ECOMOG)은 분쟁과 취약한 통치가 정기적으로 발생한 서아프리카에서 평화를 확보하기 위한 노력을 주도하였다. 이러한 ECOWAS의 항구적인 안보 조직은 지역 불안에 대응하여 역동적이고 개입주의적 접근을 취해왔고, 결과적으로 ECOMOG는 라이베리아와 시에라리온, 기니 비사우, 코트디부아르에 평화유지 임무를 전개했다. 이러한 임무의 성공 여부에 대해 몇몇 논란이 있지만 (Gberie, 2003; Obi, 2009), 과거의 경험에서 비춰볼 때, 안보문제에 관해 지역이 연대해야 할 의무가 있음을 평화유지 활동이 보여주고 있다. 한편, 평화유지와 분쟁예방, 굿 거버넌스가 서아프리카에 필요하다는 것을 공식적으로 보여주었다. 2017년 ECOWAS는 감비아 정부의 반헌법적 행위를 저지하고 자메(Yahya Jammeh) 대통령의 재집권을 막기 위해 군사적 개입을 경고한 바 있다. ECOMOG의 원칙이 제도화하여 나타난 대표적 사례라고 할 수 있다. 자금 조달과, 권한, 그리고 정부 간 합의에 관한 몇몇 문제가 있긴

계속

하지만, 평화와 굿 거버넌스가 지역발전에 얼마나 긍정적으로 기여하는 지 ECOWAS 회원국들이 보여줌으로써 아프리카의 안보 메커니즘은 지속적으로 진화하고 있다. ECOWAS는 니제르(2009년)와 코트디부아르(2010년) 쿠데타를 맹비난하고, 필요하다면 군사개입을 통해 평화를 유지하는 등 단호한 저지 수단을 동원하였다.

수 있는 가장 중요한 처방은 지역 연합을 구축하는 것이었다. 아부자협약과 같은 초기 구상에 근거하여, AU의 '어젠다 2063'(Agenda 2063)은 보다 광범위한 아프리카의 통합을 실현하는 데 지역경제공동체가 중요한 메커니즘으로 작용할 것으로 보았다. 범아프리카주의를 위한 목표들이 달성된다면, 점진적으로 발전한 지역경제공동체는 아프리카를 성공으로 이끄는 가장 중요한 기구가 될 것으로 보인다. AU는 8개의 지역경제공동체(사진 9.1 참조)를 인정한 바 있는데, 이들은 경제적 통합 작업에 개입할 뿐만 아니라 소말리아에 있는 동아프리카 정부간 개발기구(IGAD: Intergovernmental Authority on Development)처럼 지역의 평화를 유지하는 데 기여하고 있다.

장기적 경제성장과 자급자족적 경제를 달성해야 한다는 관점에서 보면, 전체 아프리카의 교역 양상은 이러한 목표를 달성하는 데 방해 요소로 작용했다고 볼 수 있다. 많은 아프리카국가들은 독립 이후에도 식민지 시대에서 이어받은 경제구조를 그대로 유지하고 있었다. 원자재 생산에 과도하게 의존하고 있었고, 인프라 네트워크는 대륙 내의 교역이 아니라 해외 수출 시장을 염두에 두고 건설되었다 (제5장 참조). 아프리카국가 간 교역은 대륙 총 수출의 14%에 불과하다는 사실에서 분명히 알 수 있다 (UNECA, 2015). 경제적 소외가 반복되는 악순환을 끊어내고, 지역 간 상호연결성을 강화하기 위해서, AU는 8개 지역경제공동체

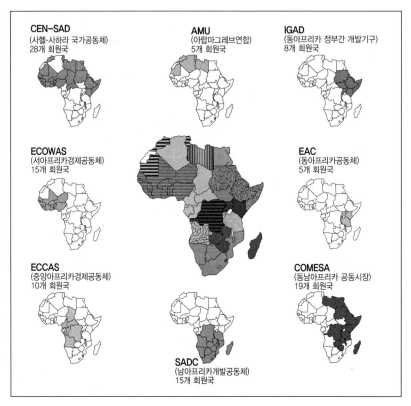

┃ 사진 9.1 아프리카의 지역경제공동체(RECs)

출처: Matthew Graham (2018) Diplomatic Bluebook 2015. (*Ministry of Foreign Affairs
   of Japan*). (www.mofa.go.jp/policy/other/bluebook/2015/html/chapter2/c020701.
   html) 데이터 재구성.

를 기반하는 공동체에 관심을 갖게된다. 이들 지역공동체들은 국제 경
쟁력을 제고하고, 인프라 네트워크를 향상시키며, 궁극적으로는 대륙
내 자유무역지구를 마련할 수 있는 구성요소가 될 터였다. 2015년 3개
의 REC-COMESA, EAC, SADC-TFTA(3자간 자유무역지대)가 설립
협정에 서명함으로써 의미있는 첫 걸음이 시작되었다. 경제성장 기회
를 최대화하고 통합을 증진하기 위해 6억 명 이상의 사람들을 아우르는

자유무역지대를 설립하는 것이 이 협정의 주요 목표였다. 하지만 정치적 고려가 개입하면서 대륙이나 지역적 수준의 응집과 통합을 달성하는 데 어려움이 발생하였다. 예를 들어, TFTA는 아직 구체화되지 않았으며, 비준동의안 처리 시한인 2017년까지 대상국들 모두 서명하지 않았다. 지역경제공동체(REC)에 가입한 회원국들은 경제발전 수준이 다양하고, 그들은 종종 SADC 내의 남아프리카와 같은 한 두 국가에 의해 지배되는 경향이 있었다. 힘 있는 나라들은 지역의 이익보다 자국의 이익을 우선시한다는 점에서 문제가 있었다. 게다가 사진 9.1에서 알 수 있듯이, 통합에서 대단히 중요한 응집력과 표준화 수준이 부족하다는 점에서 .아프리카 통합은 지연되고 있다. 25개국은 2개의 지역경제공동체에 속하며, 17개국은 3개의 지역경제공동체에 가입되어 있다. 각국별로 규제가 상충하고, 우선순위와 관점이 다르기 때문에 통합을 위한 노력이 진전되지 못하고 오히려 방해받게 되었다.

아프리카를 위한 AU의 새로운 비전의 중심에 아프리카 개발을 위한 신파트너십(NEPAD)이 있다. 2001년 10월에 채택된 범아프리카 전략인 NEPAD는 아프리카에 대한 세계의 경제적, 정치적 신뢰를 구축하기 위해 구상되었다. 정치적 개혁과 함께 지속가능한 성장과 발전 프로젝트를 통해 NEPAD는 '아프리카의 세기'를 시작하고자 하였다 (NEPAD, 2001 참조). APRM(2003)과 같은 구상은 굿 거버넌스에 대한 의무를 제도화하였고, 국제적으로 금융과 정치적 지원을 얻어내고자 하였다. 이론적으로 이러한 정책은 인상적이지만 현실은 달랐다. NEPAD는 서구의 지원(기부)에 의존하고 있기 때문에, 아프리카의 주변화된 경제적 위상을 실제로 변화시키지 못했다. NEPAD는 시장 자유화, 자유무역, 자유민주주의에 기반한 워싱턴 컨센서스의 한 부분일 뿐이었다. NEPAD는 (국가에) 개입할 수 있는 조건을 변화시키지 못했으며 현상 유지 상태를 강화하였다 (Graham, 2015, 195). 사실, 원조 받는 당사자로서 아프리카의 위상은 계속 유지되었고, 국제기구 입장에서는 그들이 비용을 부담하기 때문에 여러 조건들을 마음대로 부과할 수 있었다. 2016년 AU의 예산을 보면, 회원국들이 40%의 자금을 담당하고 나머지는 기부로 충당하고 있는 현실(SAFLII, 2015)을 감안하면 의존 정도가 얼마나 심각한지 알 수 있다. 많은 AU 회원국들이 각자 할당된 운영자금을 내지 않고 있는 상황은 서구 의존도가 얼마나 심한지 보여주는 방증이다. 그나마 운영자금의 대부분은 남아프리카, 이집트, 나이지리아, 알제리처럼 이 기구의 활동을 방해하려는 국가들이 충당하고 있다. 비록 AU가 아프리카의 평화유지에 어느 정도 성공했지만, 운영자금은 전적으로 UN에서 지원하였다. 아프리카 지도자들은 AU의 미래를 위해서 외부 의존 수준을 줄여야 한다는 데 동의하고 있었다. 예를 들어, 2016년에, 평화유지 운영자금을 마련하기 위해 수입품에 0.2%의 관세를 부과하는 안을 제출한 바 있다. 한편, 아프리카의 투명성과 정치적 발전을 위해 출범한 아프리카상호감독제도(APRM)의 미래는 다소 불투명한 것이 사실이다. 참가 국가 수가 좀처럼 늘지 않고 있으며, 감시 행위도 철저하지 못한 상태이다. 자발적으로 APRM에 참여할 수 있다는 점은 또한 아프리카 대통령들이 쉽게 참여를 거절할 수 있다는 것을 의미하기도 했다.

아프리카는 오래전부터 정치, 경제적 통합을 추구해왔다. 1960년대 초반 이후로 통합을 이루려는 일련의 노력들이 있었다. AU의 후원 아래, 아프리카는 협력과 통합, 경제적 개발, 굿 거버넌스, 그리고 평화를 구축하기 위한 거대한 발걸음을 내딛고 있다. AU와 지역경제공동체가 취한 긍정적 조치들은 여러 곳에서 관찰할 수 있다. 예를 들어, 이들은 쿠데타를 비난하고 평화유지를 위한 역동적인 개입을 해오고 있다. 이들은 주로 범지역적인 차원의 분쟁에 주로 개입하였다. 나아가 현재 진행 중인 경제 통합은 지속되는 몇몇 문제를 극복하기 위해 필수적이다. 경제 통합을 통해 앞으로 굿 거버넌스를 강화하고 더 나은 발전을 모색할 수 있을 것으로 보인다.

하지만 범아프리카주의라는 목적을 달성하기 위해 AU가 가야 할 길은 아직 멀다. 가장 먼저 재정적으로 외부 기부자에게 지나치게 의존하지 말아야 한다. 이것이 담보되지 않으면 진정한 독립성을 유지할 수 없다. 재정 독립은 조직의 미래를 위해, 넓게 보면 아프리카 대륙을 위해 매우 중요하다. 개혁의 필요성이 증가함에 따라 외부 의존은 점차 감소하는 추세이다. 굿 거버넌스, 인권, 민주주의라는 측면에서 AU는 OAU의 의미 있는 발전을 이끌었으나, 여전히 위와 같은 목적을 실제적으로 달성할 수 있을지 우려가 있는 것도 사실이다. 예를 들어, 2002년 이후로 AU 의장은 회원국 대표가 돌아가면서 맡게 되는데 2015년에는 무가베가 의장이었고, 2011년에는 테오도로 오비앙, 2009년에는 카다피가 의장을 맡은 바 있다. 이들은 모두 민주적 지도자라고 할 수 없다. 인권과 관련하여, 국제형사재판소(ICC: International Criminal Court)의 결정에 대해 회원국 간 이견이 있었다. 가령, 케냐 대통령 케냐타를 인종적 폭력을 조장한 혐의로 기소(이후 취하되었지만)한 사건이나 수단 대통령 알 바시르를 집단학살 혐의로 국제 체포 영장을 발부한 사건이 논란을 일으켰다. 남아프리카를 포함한 몇몇 나라들은 이러한 국제형사재판소의 법적 조치를 자신들이 주도하였다고 공공연히 떠벌리고 다녔다. 2017년에, AU는 국제형사재판소의 편향성 때문에 탈퇴하려는 회원국에 으름장을 놓았고, 나이지리아와 세네갈의 불만으로 만장일치가 되지는 않았으나 대부분의 나라들이 AU의 요구(ICC 가입 유지)를 지지하였다 (HRW, 2017). 하지만 이러한 과정에서 아프리카 대륙은 여전히 권위주의 지도자들을 보호하려 한다는 기존의 인식을 불식시키지 못했다. 아프리카 통합을 가로막는 마지막 요소는 국내 정치적 문제이다. 많은 지도자들과 정치인들은 정치적 책임을 다하려는 의지가 부족하고, 통치권을 순순히 내려놓을 의향이 없어 보인다. AU는 대륙의 통합을 구축하기 위해 긍정적인 발전이 이루어지도록 독려해왔다. 하지만 지도자들이 말만 하고 행동하지 않는 한 범아프리카주의라는 꿈은 영원히 이루어지지 않을 것이다.

AU와 지역경제공동체의 활동 외에도, 글로벌 정치에서 아프리카의 영향력이 늘어나고 있다. 기후변화와 같은 전 세계가 관련된 이슈에 대해 동등한 발언권을 가지게 되었음(제10장)은 물론 개별 국가들도 다자간 기구에서 중요한 역할을 맡고 있다. 냉전 종식 이후, 아프리카 외교관과 대표자들은 대륙의 관점이 전 세계의 어젠다가 될 수 있게 하겠다고 호언장담한 바 있다. 예를 들어, UN 사무총장(1997~2006년)이었던 코피 아난(Kofi Annan)은 새천년개발목표(MDG) (제5장)를 출범시켜 아프리카국가들의 물질적 조건을 개선하려고 노력한 바 있다. 라이베리아 대통령 서리프는 데이빗 캐머런(영국), 유도요노(인도네시아) 뒤를 이어 2030 지속가능한 개발 목표(SDGs) 의장으로 임명된 바 있다. 서리프가 이러한 책임을 맡으면서, *The Common African Position* (2014a)에서 윤곽이 잡힌 AU의 관점을 UN의 새로운 어젠다와 결합할 수 있게 되었다. 몇 가지 예만으로도 아프리카의 국제적 위상이 향상되고 있다는 것을 알 수 있다.

하지만 아프리카가 식민지 지배하에 있던 시기에 UN과 세계은행이 출범하였기 때문에, 아프리카는 국제적으로 주요 금융 및 정치세력이 될 수 없었다. 서구 세력이 지배하는 기구들은 대개 개혁되지 않았고, 따라서 기존의 사고와 행위는 현재도 여전히 지속되고 있다. 이러한 이유 때문에 AU는 UN, 특히 안전보장이사회의 폭넓은 개혁이 필요함을 알리고 있다. 예를 들어, AU는 확대된 안전보장이사회에 거부권을 행사할 수 있는 상임이사국을 2자리 추가해야 한다고 주장하였다. 이것은 물론 아프리카의 이익을 보장하기 위해서였다. 아프리카국가들은 국제사회에서 영향력을 높여가고 있으나, 국제사회의 경제, 정치체제가 현 수준을 유지한다면 앞으로 잠재적 영향력은 제한적일 것으로 보인다.

아프리카 디아스포라

아프리카 디아스포라는 대륙 밖에서 거주하는 아프리카 후손들로서 공통의 기원을 가지며 아프리카와 문화적 동질성을 공유하는 사람들이라고 알려져 있다. 아프리카 디아스포라라는 말은 종종 전체 그룹의 사람들을 묘사하는 데 사용되지만, 그것은 아프리카 후손들의 경험, 사고방식, 그리고 현실을 묘사하는 데 있어서 고정적이거나 동질적이지 않기 때문에 논쟁의 여지가 있는 용어다. 세계 곳곳에 엄청나게 많은 아프리카 디아스포라가 있는데, 특히 북미와 라틴아메리카, 카리브해 지역, 유럽에 집중적으로 분포해 있다. 하지만 이들이 정착한 곳의 환경은 유사하지 않고 제각각이었다. 예를 들어, 아랍과 대서양 노예무역 시기에 강제 징용된 수백만의 아프리카인들은 인종차별을 당했고, 노예 상태에 놓여 있었으며, 소외당한 공통의 경험이 있었으며, 이러한 경험은 이들이 나중에 하나로 뭉치게 만들었다. 그리고 이러한 경험을 통해 아프리카에 기원을 둔 흑인들만의 정체성이 만들어지게 되었고, 그들의 정체성이 세계 곳곳에 알려지게 되었다. 아프리카 출신이라는 공통점에 근거하여 공동체를 만들고 그들의 경험을 정치화하려는 움직임이 디아스포라 내 흑인 지식인 사이에서 주로 나타났다는 것은 놀랄 만한 일은 아니다. 디아스포라를 구성한 또 다른 집단은 독립 이후 아프리카에서 자발적으로 이주한 사람들로 구성되어 있다. 이들은 고용과 교육 기회를 찾아서 이주했거나, 열악한 통치 환경이나 전쟁이라는 사회 경제적 요인 때문에 도망치듯 아프리카 이외 국가에 정착한 것이다. 퓨 연구센터(Pew Research Centre, 2017)에 따르면 1970년에 8만 명에 불과했던 미국 거주 아프리카 이주민은 210만 명까지 증가했다.

우리는 맥락, 역사적 시간이라는 틀, 관점에 따라 아프리카를 다르게 인식하게 된다. 그리고 그러한 인식은 시대를 걸쳐 진화하고 변화해왔다 (제1장 참조). 이와 같은 점을 근본적으로 염두에 두고 아프리카 디아스포라를 정의하려 할 때 발생하는 문제가 있다. 각국에 퍼져 있는 이주민들은 서로 상이한 경험을 갖고 있고, 아프리카에 대해서도 동일하게 개념화되지 않는다는 점을 감안하면 아프리카 디아스포라는 매우 유동적인 의미가 된다. 아프리카 디아스포라 주요 지역 중 하나는 북미와 라틴아메리카, 카리브해 지역이다 (표 9.2 참조). 이 지역의 이주민들은 역사적으로 아프리카에서 쫓겨난 사람들과 그 후손으로 이루어져 있는데 이들은 노예 상황을 경험했고, 통합의 시각으로 아프리카를 바라보는 집단이라고 할 수 있다. 공유된 역사와 문화를 옹호하는 이들과 관련해 핵심적 논란이 제기되었다. 이들이 아프리카를 떠날 당시 지리적 경계가 획정되어 있지 않았고, 따라서 이들은 특정한 국가에 속하지 않는다는 논란이 그것이다 (제3장 참조). 이들은 아프리카의 지리적 경계에 따라 그 출신이 정해진 것이 아니고, 시간이 지나면서 민족적 혈통(19세기 이전에 사회 형성의 주요 근거였던)을 확인하기도 어려워졌다. 따라서 상상된 문화와 역사 그리고 정체성에 근거한 초국적이고 역사적으로 형성된 서사를 이주민 후손들이 받아들이게 되었다. 그 결과 이들은 독특한 흑인 디스포라적 정체성 — '아프리카'에 있는 조상의 유산을 공

유하고 있는 — 을 표명하게 되었다. 따라서 아프리카 디아스포라적 정
체성은 근대의 국경과 역사, 문화를 초월할 수밖에 없었다 (Patterson
& Kelley, 2000, 15). 역사적 관점에서 볼 때, 아프리카 디아스포라는
신화화된 개념이지만 정치적 동기에서 만들어졌고, 결과적으로 아프리
카에서 이탈된 집단들이 그들의 목소리를 낼 수 있게 해주었다.

두 번째 아프리카 디아스포라 유형은 독립 이후 아프리카를 떠난 1,
2세대들로서, 이들은 사회-경제적 이유 때문에 이러한 선택을 하였다.
하지만 이들은 떠나기 전에 국가라는 확실한 지리적 연고를 가지고 있
었다. 이러한 집단은 분명히 아프리카 디아스포라의 한 부분이고, 개인
적 정체성과 아프리카와 상호관계를 입증할 수 있는 뚜렷한 국적을 가
지고 있었다. 예를 들어, 이들은 아프리카에 남아 있는 이들과 여전히
가족으로 맺어져 있고, 그 나라의 휴일 규정을 지키고, 고국에 송금하는

표 9.2 세계 주요국의 아프리카 디아스포라(역사적으로 그리고 현대적)

국가	인구(만 명)
브라질	5,600
미국	4,700
아이티	870
콜롬비아	500
프랑스	390
자메이카	280
베네수엘라	260
영국	220
도미니카공화국	210
쿠바	130

등 출신 국가와 관계를 지속하고 있다 (제5장 참조).

디아스포라의 두 양상을 통합하기 위해 젤레자(Paul Zeleza, 2008, 7)는 다음과 같이 주장한 바 있다. "디아스포라는 실제 혹은 상상된 계보와 지리(문화적, 인종적, 민족적, 국가적, 대륙적, 초국가적)에서 탄생한 복합적인 사회 문화 공동체로서, 여기서 계보와 지리는 그들이 원래 소속되었거나 이탈한 아프리카 지역이거나, 상상을 통해 재창조된 것이다." 한편 버틀러(Kim Butler, 2000, 17)는 "디아스포라를 개념화할 때, 다중적 정체성의 현실과 시간이 지남에 따라 변화한 디아스포라의 양상을 고려해야 한다"고 주장한 바 있다. 그들은 각기 다른 경험을 하고 대륙을 보는 인식 또한 달라서, 아프리카 디아스포라는 다중적 성격을 가지고 있다. 따라서 절대 단일한 구성체로 볼 수 없다는 것을 유념해야 한다.

실제 아프리카 디아스포라를 구성하는 것이 무엇인지에 대한 오랜 논쟁이 있었고, AU(2005)는 다음과 같이 정의하였다. "아프리카 디아스포라는 대륙 밖에서 살고 있는 아프리카에 기원을 둔 사람들로서, 시민권과 국적에 상관없이 아프리카 대륙의 발전과 아프리카 통합을 이루는 데 기꺼이 헌신하고자 하는 이들로 구성된다." 아프리카 디아스포라의 복합성을 감안하면, AU의 정의는 그들의 조상이 노예 상태로 대륙으로부터 이탈한 경우나 자발적으로 이주한 경우를 모두 아우르기에 충분하다. 한편 디아스포라의 역사와 기원과 같은 이슈를 설명할 수 있고, 공유된 이해관계나, 가치, 문화를 정의 안에 끌어안을 수 있다. 범아프리카주의 정신에 입각하여 AU의 정의는 아프리카에 살 수 없는 이들이라 하더라도 디아스포라의 한 부분으로 인정해야 한다고 강조하고 있다.

최근 수십 년간 아프리카 디아스포라가 가진 능력들은 정치적 엘리트들 사이에서 관심을 끌었다. 이들이 가진 잠재적 금융, 사회적 자본을 동원하여 아프리카를 부흥시킬 수 있다고 판단한 것이다. 전 대륙적 차원에서, AU는 디아스포라를 참여시키고 활용하고자 하였으며, 이것을 통해 AU의 조직의 위상을 높이고, 그들이 다양한 기술적 영역에서 행위자로 활약하게 하고자 하였다. AU 설립 직후, 개정된 헌법(AU, 2003, 2) 제3조에 다음과 같이 구체적으로 규정하였다. "아프리카 대륙과 아프리카연합을 구축하는 데 중요한 부분으로서 아프리카 디아스포라의 참여를 유도하고 독려해야 한다" 디아스포라의 정치적 가치를 깨닫게 됨에 따라, AU는 '아프리카 디아스포라'를 소위 대륙의 '6번째 지역(북부, 서부, 동부, 중앙, 남부에 더하여)으로 인정하게 되었고, 그들을 정치적, 사회적, 경제적으로 끌어들이려고 노력하게 되었다. 보다 광범위한 '아프리카 르네상스'의 일부로서 상호발전해야 하며, 집단적 행동을 통해 통합할 수 있는 조직이 있어야 한다는 점은 AU의 디아스포라 개념에 포함된 전제였다. 디아스포라 구성원들이 AU의 기능에 보다 많이 참여하고 개입해야 한다는 이론적 언급은 있었으나, 말처럼 쉽게 진행되지는 않았다. 하지만 2012년에, 더 큰 협력이라는 꿈을 실현하기 위한 노력이 진행되었다. 첫 번째 미래의 어젠다를 제시하기 위한 글로벌 아프리카 디아스포라 정상회의가 열린 것이다. 마지막 날 선언(AU, 2012)에서 아프리카와 대륙 간 지속가능한 경제적, 사회적 파트너십을 만들기 위한 기본 틀이 발표되었다. 여기에는 범아프리카의 연대와 지속적인 정부 간 협력을 강화하고 대화를 해나가기 위한 내용이 포함되었다. 정상회의 구상이 추진력을 얻을 수 있도록 AU (2012, 10-11)는 5개의 레거시 프로젝트를 기획한 바 있다. 아프리카 디아스포라 기술 데이터베이스, 아프리카 디아스포라 자원 봉사단, 아프리카 디아스포라 투자 기금, 디아스포라 개발시장, 아프리카 송금기구 등이 그것이다.

　이러한 구상을 뒷받침하기 위해, AU는 시민과 디아스포라 이사회

(Citizens and Diaspora Directorate)를 출범시켰다. 이를 통해 정부와 시민사회, 디아스포라 사이의 파트너십을 증진하고자 하였으며 각각의 행위자들은 AU 조직에 참여가 보장되었고, 대표성도 인정받을 수 있었다. 경제, 사회, 문화 위원회(AU, 2014b)에 디아스포라 대표자들이 참여하게 되어 AU 내의 논의와 의사결정 내용을 알리는 역할을 담당하였고, 라틴아메리카와 유럽과 같은 각 지역 위원회도 만들어졌다. 하지만 정치적 의지에도 불구하고 실질적인 개선의 조짐은 보이지 않았다. 특히 레거시 프로젝트는 지지부진하였다. 예를 들어, 2016년 AU 연감에는 '레거시 프로젝트'의 실행 현황에 대한 내용이 빠져 있었다. 더구나 AU는 이 같은 위대한 구상을 실현하기 위해 필요한 자금을 대지 못하는 상황이었고, 의사결정에서 아프리카 디아스포라의 역할은 상징적 수준에 그치고 있었다. 한편 실제 디아스포라의 이해관계와 관점을 대변하는 이들이 누구인가에 대한 문제도 제기되었다. 마지막으로, 개별 국가들과 그 국가 출신 디아스포라의 이해관계도 범아프리카적 협력을 더디게 만들었다. 개별 국가들은 사회, 경제적 원조를 해달라고 자국 출신 디아스포라에게 매달렸고, 실제로 해외 이주민들은 AU보다 고향의 이해관계를 더 중시하였다. 아프리카의 '고향'과 직접 연결될 수 있게 되자, 디아스포라 공동체는 자신의 정체성을 범아프리카적 수준에서 상정하기보다 특정한 영토에 근거한 것으로 개념화하게 된 것이다.

대륙 전역의 정부들 입장에서, 현대 아프리카 디아스포라는 사회, 정치적 원조를 해줄 수 있는 잠재적으로 풍부한 가능성을 가진 집단이다. 외국에서 거주하게 된 기간은 다양하고, 고국을 지원하려는 마음의 크기 또한 다르겠지만, 많은 이들이 궁극적으로 고향으로 돌아오고 싶어한다는 점을 인식해야 한다. 아프리카 디아스포라가 기여하는 부분 중 가장 중요하지만 저평가된 것이 본국에 송금하는 금액일 것이다 (제5장 참조). 이들이 이주하게 된 이면에는 경제적 기회를 찾고자 하는 열망이 도사리고 있었다 (따라서 이주한 곳에서 획득한 부의 일부를 기꺼이 본국의 가족이나, 공동체를 위해 송금하고자 하였다 - 역자 주). 지역적 차원에서, 해외로 이주한 소말리아나 짐바브웨인들이 송금한 돈으로 갖고 생계를 꾸리거나, 교육 및 의료비용을 충당할 수 있었고, 국가적으로 보면, 송금된 돈은 경제성장 프로젝트를 지원할 수 있는 투자금으로 사용되는 경향이 있었다. 직접적 금융 지원 외에도, 해외에서 교육받고 안정된 직업을 가진 이들은 기술 영역에서 기술과 지식을 전수해주는 역할을 맡기도 하였다. 다시 말해 고국에서 상대적으로 저개발 되었던 인적 자원 분야에 도움을 주고 있었다. 나아가, 디아스포라 기구들은 자신이 이주한 국가와 본국과의 네트워크를 만들고 추진하면서, 중요한 시민사회 역할도 아울러 떠맡고 있다. 그들이 거주하는 나라에 압력을 가해서 아프리카가 보다 진지하게 여러 이슈들을 처리하게 만들 수 있는 힘이 디아스포라에게 있었다. 하지만 디아스포라 파트너십의 성공 여부는 프로젝트를 실행하기 위한 자금 확보에 달려 있었다. 그리고 다양한 이해관계 집단들이 많이 '참여'할수록, 디아스포라 공동체와 고향 간 커뮤니케이션 채널이 풍부할수록 파트너십은 성공할 가능성이 높다고 할 수 있다. 마지막으로 아프리카 디아스포라는 '희망 없는' 대륙이라는 '이야기'를 불식시킬 수 있는 독특한 위치(글로벌 차원에서)에 있다 (제1장 참조). 이들은 대안적인 서사(특히 소셜 미디어를 통해)를 생산하여 아프리카에 대한 국제적인 편견과 선입견을 불식시키고 있다.

AU와 몇몇 아프리카정부들은 디아스포라의 환심을 사려했던 반면, 비민주국이나 권위적 수단으로 권력을 유지하려 했던 에리트레아나 토고 같은 나라의 정치 엘리트들은 그들의 정치적 권위에 이들이 도전할 수 있다고 판단하였다. 사회적 네트워크와 여러 자원들에 접근 가능하

글상자 9.3   디아스포라와 감비아에서 정치적 행동주의

자메(Yahya Jammeh) 대통령의 지극히 개인적인 독재통치하에서, 감비아는 1994년 이후 10여 년간 일당통치를 경험해야 했고, 인권유린이 발생했으며, 빈곤율은 늘어갔다. 그리고 이러한 상황에서 불만을 품은 수천 명의 감비아 인들은 합법적, 불법적으로 유럽과 북미로 이주하게 되었다. 작은 나라치고 감비아는 아프리카 밖에 거주하는 인구 비율이 매우 높은 나라이다. 자메의 통치가 더 억압적으로 변하자, 디아스포라 공동체들은 2016년 선거를 앞두고 여러 영역에 개입하게 되었다. 이들은 인권 유린에 초점을 맞추어, 집중적인 온라인 활동을 진행하였고, 세계 각지의 감비아인들이 운동에 동참할 것을 설득하였으며, 감비아 국내 저항을 위한 자금을 모금하기도 하였다. 이러한 행동은 감비아 내에서 정권에 대한 압박으로 작용했고, 정치적 반대 목소리를 고조시켜 결과적으로 자메 대통령을 권좌에서 끌어 내렸다. 그는 끝까지 권력에 집착하였으나 바로우(Adama Barrow)에 의해 2017년 1월에 축출되었다.

다는 점을 활용하여, 디아스포라는 권위주의적 체제에 대항하여 사람들을 동원하고, 특정 가치를 옹호하며 민주적 캠페인을 진행할 수 있는 강력하고 영향력 있는 세력이 되었다. 그리고 소셜 미디어와 인터넷 기술의 발달 덕분에 이들의 영향력이 확산될 수 있었다. 디아스포라의 정치적 행위와 정부의 민주화 사이에 직접적인 상관관계는 없지만, 이들의 행위는 특정 국가의 국내 정치적 문제를 '국제화'하도록 하였으며, 반대 그룹이 지속적으로 지지받을 수 있도록 도와주었다.

이주

세계 역사를 통틀어 이주는 오래 지속된 현상으로서, 문화와 정체성, 국적을 형성하는 주요 요인이었다. 사실, 아프리카의 역사는 지리적 공간을 가로질러 사람들이 움직이거나(제3장 참조), 영토 경계를 넘어서서 진출함(디아스포라)에 따라 형성되었다. 하지만 밀레니엄 이후, 전 세계적으로 이전과는 비교할 수 없을 정도로 이동성이 증가하고 있다. 많은 사람들이 다른 나라로 이주하기도 하고 강제 추방되고 있는 것이다 (UNHCR, 2017). 가장 최근의 공식 통계에 의하면 2억 5,700만 명이 세계 곳곳으로 이주한 것으로 나타났다 (UN, 2018). 사람들은 자의든 타의든 수많은 요인 때문에 이주해야 했고, 그 중 대부분은 취업, 교육, 빈곤, 기후변화, 전쟁, 취약한 통치, 폭력 때문에 이주할 수밖에 없었다. 사람들이 이주하게 된 원인에 대해 간단하게 설명할 수 없다. 따라서 이 현상은 강제적 이동과 자발적 이동이라는 틀에서 복합적이고 다면적인 경향으로 이해해야 한다.

최근 아프리카 이주를 바라보는 서구의 시각은 히스테리에 가깝다. 이러한 이슈를 서구 미디어에서 보게 된다면, 보도나 기사내용이 거의 대부분 종말론적인 용어로 뒤덮여 있는 것을 알게 될 것이다. 신문의 헤드라인을 보면, 수백만 명의 사람들이 유럽으로 향하고 있다고 비명을 질러대고 있고, TV 영상 속에는 스페인 세우타 철조망을 넘으려는 사람들, 낡은 보트로 지중해를 건너려는 사람들 — 그 와중에 수천 명이 익사하였다 — 을 보여주고 있다. 이러한 보도는 빈곤과, 분쟁, 절망 속에서 신음하는 '희망 없는 대륙'이라는 스테레오 타입을 강화할 뿐이다. 서부와 동부 아프리카 지역 출신 수십만 명의 사람들이 유럽으로 탈출하기 위해 매우 위험한 여정을 감행하고 있는 것은 분명한 사실이다. 하지만 대부분의 주류 정치와 미디어 서사들은 대륙에서 발생하는 이주 패턴의 실상을 정확하게 반영하지 못하고 있다 (표 9.3).

아프리카 전역의 이주 측면을 제대로 설명하기에 앞서, 인구 이동의 서로 다른 형태를 구분하는 것이 필요하다. 서구의 지배적인 담론은 '이주민'와 '난민'이라는 용어를 구분 없이 혼용하고 있다. 하지만 이 두 용어는 완전히 다른 의미와 함의를 지니며, 정부의 책임 소재에 따라 구분되어야 한다 (UNHCR, 2016). 유엔에 따르면 난민들은 굶주림, 정치적 박해, 폭력 등의 요인에 의해 발생하며, 국내에 거주하기에는 너무 위험한 상황 때문에 거주지 거주지를 떠나는 사람들을 말한다. 망명을 원하는 난민에게는 국제법이 정한 일정한 권리가 주어지며, 이를 수용하는 국가는 이들을 보호할 책임이 있다. 반면에, 또 다른 이주자들은 어떤 즉각적인 위험 때문에 강제로 이주한 것이 아니라, 종종 고용, 교육 기회 또는 사회적 이유 등의 복잡한 이유 때문에 선택에 의해 이주를 하게 된 사람들이라고 할 수 있다. 중요한 것은, 이 집단의 사람들은 특

표 9.3 아프리카 이주민의 목적지

아프리카 이주민 수(만)	목적지
1,640	아프리카
410	아시아
920	유럽
10	라틴아메리카
230	북미
50	오세아니아
3,260	**전체**

출처: UN이 발간한 Department of Economic and Social Affairs, Population Division (2016, 1), International Migration Report 2015. 데이터 재구성.

정 국가의 이민법을 통해 정착을 위한 법적 권리를 신청해야 한다는 것이다. 알아야 할 또 다른 용어는 '혼합 이주'의 개념이다. 국제이주기구(International Organization for Migration)와 지역혼합 이주 사무국(Regional Mixed Migration Secretariat)과 같은 몇몇 기관들은 난민, 망명 신청자, 경제 이주자, 그리고 국내 실향민과 같은 '다른' 이주민들을 포함한 모든 다양한 형태의 인구 이동을 설명하기 위해 이 용어를 사용한다.

하지만 아프리카 인구 이동에 관한 대중의 담론은 의도적으로 왜곡되었고, 이후 정치적 어젠다와 외국인 혐오 어젠다에 맞추어 특정한 방식으로 재구성되었다. 난민이나 강제 이주민이라는 용어는 더 이상 사용되지 않고, '불법적 이주민', '실패한 망명자'로서 이들을 규정하게 되었다. 이러한 과정에서 이들은 범죄자 취급을 받게 되고, 진정한 도움이 필요한 이들을 외면한 국가의 책임 또한 면제된다. 유럽으로 위험한 여정을 감행하는 이들은 자신의 통제 밖 상황들로 인해 쫓겨나거나('pushed'), 경제적 문제로 인해 이주를 선택('pulled')한 것이다. 이주의 양상을 특정하여 범주화하는 것은 매우 어려운 일일 뿐더러, 단일한 차원으로 이들의 이주 양상을 협소하게 제한하는 것 또한 오해의 소지가 있으며, 위험한 시도이다. 아프리카에 대한 '단일한 이야기'를 피하기 위해서, 대규모 이주의 원인이 무엇인지 살펴보기 위해 간단하고 단일한 원인에 천착해서는 안 된다. 이주라는 단어를 언급할 때, 언어 선택에 주의를 기울여야 하는데, 자칫하면 의도하지 않게 아프리카에 대한 특정 어젠다나 관점을 강화할 수 있기 때문이다.

2011년 아랍의 봄 이후 '이주 위기'가 시작되면서, 유럽의 관점에서 각색된 아프리카 이주민에 대한 이야기가 여기저기 떠돌았다. 아프리카인들이 전적으로 유럽으로만 이주하려 한다는 것이다. 하지만 현실에

서 완전히 동떨어진 이야기일 뿐이다. 사실, 이동인구 중 압도적인 다수
는 아프리카 내에 남아 있었고, 대륙을 떠나는 데만 집중하지 않았다.
UN(2016)의 발표에 따르면 아프리카에 살고 있는 대부분의 국제 이주
자들(전체 이주자의 87%)은 동일한 지역의 다른 나라에서 건너온 이들
이었다. 더구나, 아프리카를 떠나기로 선택한 이들은 모두 문서에 기
록되어 있는데, 여기에 따르면 이들은 유럽뿐 아니라 북미, 걸프 지역
국가로 이주한 것으로 나타났다 (Bakewell & De Haas, 2007). 또한
IMF 리포트(Gonzalez-Garcia et al., 2016)에 따르면 대륙을 떠나 아
프리카 디아스포라를 형성하는 이들 중 90%가 경제적 이유로 이주를
선택한 이들이었다. 아프리카인이 가장 많이 이주한 국가는 북미 국가,
남아프리카, 나이지리아, 에티오피아 순으로 나타났다. 흥미로운 점은
이들이 모두 그 대륙 내에서는 선진국이라는 점이다. 따라서 사회-경제
적 개발 수준이 낮아서 해외 이주가 증가하는 것이 아니라 오히려 그 수
준이 높아지면서 추가적인 이주가 이어질 것으로 보인다 (Flahaux &
De Haas, 2016, 15-17). 카보 베르데와 모리셔스와 같이 작은 나라들
은 아프리카인의 추가적인 이주를 언급할 때 반드시 거명되어야 할 국
가들이다. 왜냐하면 이들 나라 출신 해외 이주민의 수는 적지만, 전체
인구 대비 해외 거주 인구 비율은 가장 높기 때문이다.

　아프리카인의 이주가 전 세계적 '예외' 현상이 아니라는 점을 인식
해야 할 것이다. 방대한 규모의 사람들이 가족과 일터, 학교를 떠나 자
발적으로 해외로 떠나고 있다 (Flahaux & De Haas, 2016, 2). 주변
국보다 경제적으로 좀 더 발전된 주요 '허브 국가'들은 이주자들 — 특
히 지리적으로 인접한 국가의 — 을 많이 받아들이고 있다. 코트디부
아르(230만), 남아프리카(200만), 나이지리아(90만)는 아프리카 이주
민들을 가장 많이 받아들인 상위 3개국이다 (Gonzalez-Garcia et al.,

2016). 예를 들어, 경제 대국으로서 남아프리카가 갖는 위상 덕분에 일자리와 교육을 위해서 이 나라로 이주한 아프리카인들이 많으며, 남아프리카로 이주한 전체 인구 중 아프리카인들이 차지하는 비중은 75%에 이른다. 남아프리카에 인접한 국가인 짐바브웨, 모잠비크, 레소토, 말라위, 스와질란드, 나미비아는 남아프리카로 이주민을 '보낸' 상위 10개국에 속한다 (Meny-Gibert & Chiumia, 2016). 아프리카인의 이러한 '정상적인' 이주 패턴이 인구 이동의 지배적인 양상이다. 따라서 대륙의 전반적인 상황에 대한 깊이 있는 이해를 위해서 이러한 이주 패턴을 인식할 필요가 있다.

이처럼 익숙한 이주의 형태는 잘 정착되어 있는 반면, 아프리카에서 어쩔 수 없이 이탈한 이주민들과 관련하여 심각하고 급박한 문제가 전개되고 있다. 2016년에 '난민'이나 '난민과 같은 상황에 처해 있는' 아프리카인들은 550만 명에 이르고 있으며 그 중 510만 명은 사하라이남 지역 사람들이다 (UNHCR, 2017, 14-20, 64). 이러한 위기의 진앙지는 심각한 정치적 폭력이 발생한 수단이나 남수단, 소말리아와 같은 나라들이 위치한 동아프리카나 아프리카의 뿔 지역이었다. 그리고 분쟁으로 야기된 인재라고 칭할 만한 범지역적 기근으로 인해 320만 명의 난민들이 고향을 떠나야 했다. 나아가 콩고민주공화국(DRC)이나 중앙아프리카공화국(CAR), 부룬디에서 발생한 분쟁으로 인해 140만 명의 난민이 추가로 발생하였다. 2017년 말, 최다 난민 발생국 10곳 중 7곳이 아프리카국가였다. 난민 중 압도적인 다수는 인접국을 너머 다른 나라로 진출할 자원이나 능력을 갖추지 못했다는 점에 주목할 필요가 있다. 결과적으로 난민들을 지원하는 역할을 상대적으로 저개발된 나라들이 떠맡게 되었다. 하지만 이들은 대규모 이주민의 유입에 대처할 수단을 갖지 못한 상태였다. 2017년에, 우간다는 120만 명의 난민과 망명 신청자들을 받아들였고, 그 중 95만 명은 전쟁으로 흩어진 남수단인들이었다 (UN, 2017b). 이후 우간다는 세계에서 가장 큰(최소 27만 명을 수용할 수 있는) 난민 캠프 중 하나인 비디 비디(Bidi, Bidi)를 건설한 바 있다. 상황에 대처할 인프라나 자원을 효율적으로 분배하기 위해 카메룬과 차드, DRC, 에티오피아, 케냐, 수단, 우간다와 같은 국가들이 골고루 난민을 수용했고, 그 숫자는 490만 명에 이르렀으며, 전 세계 난민 인구의 28%에 달하는 수준이었다 (UNHCR, 2017, 20).

난민 외에도, 국내 실향민(IDP: Internally Displaced Population)이 아프리카 전체에 많이 분포해 있다. 이들은 정치적 폭력, 분쟁, 인권침해로 인해 어쩔 수 없이 고국을 떠난 사람들로 1,250만 명에 이른다. 이들은 불안전한 상황과 위기가 계속됨에 따라 여러 번 이주해야 했다. 중앙아프리카에서 신의 저항군(Lord's Resistance Army)이 나타나거나, 나이지리아에서 이슬람 집단 보코 하람이 득세하고, DRC 동부에서 M23 반군이 등장하는 경우가 대표적인 예라고 할 수 있다. 상당히 많은 IDP들이 발생한 곳은 DRC, 수단, 나이지리아이며, 220만 명의 사람들이 다른 나라로 이주하였으며, 남수단과 소말리아에서는 160만 명의 이주민이 발생하였다 (UNHCR, 2017, 36-37). 이러한 나라에서 대규모 주민 이탈이 발생함에 따라 이주민 수용 국가는 거대한 국내 문제에 직면하게 되었다. 어쩔 수 없이 이주해온 이들은 사실상 가진 것이 없었기 때문에 이주민을 수용한 국가로서는 적절한 도움과 거처 및 의료 서비스를 제공하기 위해 고군분투했다.

강제되거나 자발적인 이주의 근본원인은 무엇이고 그 영향은 무엇일까? 대다수의 아프리카인들이 대륙 내 다른 나라로 이주했던 이유는 취업과 교육을 통해 '보다 나은 삶'을 영위하고자 했기 때문이다. 카이로나 라고스, 요하네스버그와 같은 주요 도시들은 그곳에서 거주하도록 법적으로 허가된 교육 받은 이주민들에게 매력적인 곳이었다. 이러한 도시들은 경제적으로 다양화되어 기술적으로 집중된 모습을 띠게 됨에 따라 이주민들의 관심을 더 끌게 되었다. 아프리카의 국경은 느슨하게 지켜지고 있어 비숙련 노동자들이 채굴 산업(예를 들어, 남아프리카 탄광)에서 일자리를 찾거나 지하경제(비공식)에서 무역업자가 되기 위해 '불법적'으로 이동할 수 있었다. 이 같은 자발적 이주의 두 측면은 무역 네트워크를 개발하고 기술이전을 용이하게 한다는 점에서 긍정적이라고 할 수 있다. 물론 이러한 과정을 통해 자국으로 송금은 더욱 용이해 진다. 하지만 저개발 국가에서 의사와 같은 숙련된 전문가들의 '두뇌 유출'이 악화될 수 있고, 이주한 지역의 고용율이 떨어질 경우 이주 집단을 희생양으로 삼을 가능성이 있다. 사회경제적 동기를 가진 이주민들은 대부분 인근 국가에 진출하고 있고, 자신들과 유사한 언어와 문화적 유산을 가진 국가를 주로 선호하고 있다는 점을 다시 한 번 강조하고 싶다. 강제된 이주는 인권 유린, 정치적 폭력, 기후변화와 같은 요인들이 상호 연결되어 발생했다. 이러한 상황은 이주민들에게 끔찍한 트라우마로 작용하였고, 이주민들은 고국에서 당장의 상황을 개선할 수 있는 물질적 자원을 얻을 수 없었다. 또한 고국에서는 장기적 안정과 학교 교육, 고용 기회가 보장될 기미가 보이지 않아 이주민 가족들은 불확실한 미래를 안고 살아야 했다. 고통을 줄이고 대륙 전역에 있는 난민 수를 줄이기 위해서 AU와 UN과 같은 기구들이 나서서 갈등을 중재하고, 폭력을 종식시킬 정치적 해결책을 모색하는 국제적 조치를 취해야 할 것이다.

2011년 이후 아프리카인들의 이주에 대해 서구 국제 공동체가 취한 조치로 인해 변칙적 방법을 동원해 유럽으로 들어가려는 이들이 늘어났다. 많은 이들이 사하라와 지중해를 거쳐 유럽으로 가기 위해 밀입국 업자들에게 돈을 지불하는 상황이다. 아프리카 전체 이주인구를 감안하면 상대적으로 적긴 하지만, 이러한 변칙적인 이동은 급증하고 있다. 이러한 양상은 2011년 카다피 축출과 이후 리비아에서 법과 질서가 붕괴된 상황과 밀접하게 연관되어 있다. 리비아에서 통치력이 닿지 않는 지역이 발생하자 밀입국자들과 경제적 이주자들이 북쪽으로 밀려들게 된 것이다. 결과적으로 두 가지 현상이 발생하게 되었다. 서부와 동부 아프리카에서 사하라를 가로질러 리비아까지 비교적 수월하게 이동할 수 있는 루트가 마련되었고, 니제르 등지의 사헬 지역에서 활동하는 밀입국 업자들이 번성하게 되었다. 하지만 EU가 사태 해결에 고심하고 있는 가운데, 남부 유럽에 밀려든 수십만의 이주민들에 대해 대중적이고 정치적 반발이 있었다. 대규모 이주민들이 유럽으로 들어오는 것을 방지할 책임을 북부 아프리카국가나 경유 국가인 수단과 니제르와 같은 나라들에 지우는 것이 정치적 해결책으로 제시되었다. EU(2016년)는 강력한 국경 통제 조치를 수행하고, 추방된 이주민을 수용한 '파트너' 국가들에게 막대한 '개발' 자금(뇌물이 더 정확한 표현이겠지만) 지원을 약속한 바 있다. EU(2016)가 발표한 지표에 따르면, 2016년 협상 타결 이후 6개월간 이러한 노력은 효과가 있었다. 니제르를 거쳐 밀입국을 시도하는 사람들이 5월에 7만 명에서 11월에 1,500명으로 줄어든 것이다. 하지만 이러한 계획은 여러 결점을 내포하고 있다. EU는 에리트레아나 수단과 같은 권위주의 정부에 자금을 지원하였고, 리비아정부는 이주민과 해안 국경을 통제할 여력이 없었다. 또한 니제르의 아가데즈(Agadez)와 같은 국경 마을은 계산기를 두드려 봤을 때 밀입국 사업으로 인한 이득이 더 크기 때문에 EU의 계획에 동참하지 않을 것이기 때문이다.

자발적 이동 그리고 강제된 이동을 포함하여 아프리카 전체에 다양한 이주 형태가 존재한다. 대부분의 이주는 아프리카 내에서 이루어지고,

사람들은 취업과 같은 '일반적' 목적 때문에 이주하고 있다. 하지만 강제적으로 이탈된 이들이 유럽으로 유입되고, '변칙적인 이주' 상황이 생기면서 이러한 양상은 드러나지 않고 가려져 왔다. 아프리카 이주민들이 유입됨에 따라 유럽국가가 영향을 받은 것은 사실이지만 이러한 이주 양상이 전부인 양 호도되고 있는 것도 현실이다. 따라서 아프리카에서 이주 패턴의 다양성을 이해하기 위해서, 단일한 관측에 매몰되지 말아야 한다.

추가 읽을 거리

국민국가를 넘어선 아프리카를 다룬 문헌으로, Christopher Clapham (1996) *Africa and the International System: The Politics of State Survival*가 있고, 이후 Ulf Engel and Manuel João Ramos (2013) *African Dynamics in a Multipolar World*를 참조하면 된다. 아프리카 디아스포라를 자세하게 다룬 문헌은 Patrick Manning (2010) *The African Diaspora: A History Through Culture*와 Isidore Okpewho, Carole Boyce Davies, and Ali Mazrui (2001) *The African Diaspora: African Origins and New World Identities*. 그리고 Darlene Hine (2009) *Black Europe and the African Diaspora*를 참조하면 된다. 아프리카인의 이주 원인과 패턴에 대한 더 많은 정보를 얻으려면 Abdoulaye Kane and Todd Leedy (2013) *African Migrations: Patterns and Perspectives*와 Alessandro Triulzi and Robert McKenzie (2013) *Long Journeys: African Migrants on the Road*를 살펴보면 된다.

아프리카의 미래

아프리카의 미래는 어떻게 될 것인가? 민주주의와 굿 거버넌스가 정착되고, 경제성장이 지속됨에 따라 여기저기서 예고한 바와 같이 '아프리카의 부상'을 다루는 기사와 논문들이 쏟아져 나올 것인가? 아프리카를 '희망 없는', 절망적인 대륙으로 묘사했던 비관주의 서사는 고쳐 쓰이게 될까? 아니면, 완강한 독재자들과 해결되기 어려운 정치적 폭력, 그리고 경제적 침체로 인해 낙관주의적 희망은 짓밟히게 될까? 이 책에서 보여 주었듯이, 두 서술은 모두 진실의 조각들을 가지고 있으며, 특정한 나라들은 상호모순된 경향의 모든 특성을 드러내고 있다. 크고 다양한 대륙인 아프리카는 다중적이고 우연적이며 모순되는 현실의 현장임에 틀림없다. 폭력과 평화, 민주주의와 권위주의, 성장과 퇴보, 국내 권력과 외부 세력 등이 공존하고 있다. 하지만 거대 서사는 현실을 충분히 반영하지 못한 — 복합성은 전혀 설명하지 못한 — 채 아프리카에 대한 이미지를 강화하고 선전하고 있다. 따라서 이 책에서 아프리카의 미래는 긍정적일 수도, 부정적일 수도 있다는 점을 강조하고 싶다. 현대 아프리카의 정치적, 경제적, 사회적 궤적을 따라가다 보면 급속하고 역동적인 변화가 있음을 알 수 있다. 이러한 변화는 '진보' 혹은 '퇴보'의 양상으로 나타났다. 따라서 아프리카의 미래에 대해 단정적으로 언급하는 것은 현명하지 않은 일이다.

역사적 발전과 유산, 정치적 실험과 그 진화, 분쟁과 폭력, 문화 사회적 조직 내에서 인적 혁신과 같은 매우 다양하고 폭넓은 영역을 이 책에서 다룬 바 있다. 이 장에서는 정치적, 경제적, 사회적 방향과 본질적으로 연관 있고, 아프리카의 미래를 긍정적이거나 부정적으로 만들 수 있

373

는 잠재적인 요소 3가지를 제시하고자 하였다. 세 가지 주제 중 하나는 휴대전화로 대표되는 테크놀로지 도입과 정보의 확산이며, 두 번째는 대륙 전역의 거주 조건에 영향을 미치는 기후변화이며, 세 번째 주제는 대륙 내에 가시적인 발전을 가져올 수 있는 교육의 역할을 들 수 있다. 이러한 과제를 직접 해결하고, 관행적이고 여전히 진행되고 있는 외부의 개입을 극복하기 위해, 아프리카 정치인과 시민사회가 직접 나서서 이 문제를 해결하려는 의지를 보여야 할 것이다.

테크놀로지

수백만 명의 사람들의 정치적, 사회적, 경제적 삶의 모습을 긍정적으로 변화시킬 수 있는 잠재력을 가진 가장 중요한 도구로서 휴대전화 기술을 들 수 있다. 모바일 기기는 급속히 확산되어 이용자들이 420만 명에 달하고 있으며 (GSMA, 2017), 이들은 특히 SMS나 왓츠앱(WhatsApp) 등을 통해 지리적 공간의 한계를 넘어 서로 연결되어 있다. 결과적으로 이를 통해 사회적 포용(social inclusion)의 새로운 형태가 만들어지게 되었으며, 대안적 경제적 기회를 추진할 수 있게 되었고, 정치권력 역학에 변화가 생겼다. 유엔개발프로그램(UNDP, 2012) 보고서에 따르면 '세계 각국의 인간개발 노력을 확대할 수 있게 하는 보건, 교육, 농업, 고용, 위기 예방, 환경 등과 같은 영역에서 빈곤 감소적 개발(pro-poor development)이 활성화되는 데 휴대전화가 기여하게 될 것'이라고 전망하였다. 예를 들어, (심각한 장벽이 있긴 하지만) 다음과 같은 가능성이 높아지고 있다. E-자원을 활용한 교육은 값비싼 물리적 인프라가 필요 없어서, 디지털 수단을 통해 학생들의 성취도를 높일 수 있게 해주

며, 원격 진단과 치료 그리고 처치 프로그램을 통해 의료 서비스는 향상
될 것이다.

취약한 유선 전화망과 같이 물리적 인프라의 부족으로 어려움을 겪
었던 아프리카는 모바일 데이터와 인터넷 연결을 도입함으로써 기술적
'도약'을 경험하게 되었다. 모바일 신호가 뚜렷해지고, 4G 전파가 대륙
전역을 커버하면서 많은 이들이 모바일 기기를 사용할 수 있게 되었다.
아무도 손대지 않은 잠재적 시장이라는 점에 매력을 느낀 IT 회사들은
아프리카 고객들의 필요에 맞춰 상품을 생산하게 되면서, 적절한 가격
의 휴대 기기가 출시되었다. 예를 들어, 화웨이는 100달러 미만 가격의
안드로이드폰을 출시하였고, MTN 나이지리아는 50달러 이하 기기를
내놓으면서 많은 아프리카인들이 모바일 커뮤니케이션에 접근할 수 있
다. 아프리카에서 사용하는 대부분의 휴대전화는 통화와 SMS에 국한
된 서비스만 제공하고 있었다. 하지만 2010년 이후 스마트폰이 등장하
면서 2020년에는 550만 명 이상의 사람들이 이 기기를 사용할 것으로
보인다.

휴대전화는 기술적 '도약'의 시작점이 되고 있다. 결과적으로, 왓츠앱
과 페이스북, 트위터 같은 소셜 미디어 플랫폼 사용자가 급증하였고, 은
행 업무와 정치적 행동주의와 같은 영역에서 새로운 커뮤니케이션 형태
로 인해 혁명적 변화가 일어났다. 정보 기술은 대륙을 빠르게 변화시켰
고, 창의와 혁신, 역동성을 심어주어 아프리카가 앞으로 빠르게 발전할
수 있는 기회를 제공했다.

모바일 테크놀로지 사용이 늘어남에 따라 아프리카 전체의 성장과
경제발전 잠재력도 엄청나게 증가하였다. 쉽게 접근할 수 있는 커뮤니
케이션 네트워크가 이러한 잠재력을 뒷받침하고 있으며, 이것과 관련
된 통신 사업자나 휴대기기 생산업자가 등장하면서 성장과 발전 잠재력

은 더욱 커졌다. 모바일 기술과 서비스로 인한 경제적 활동은 아직 걸음
마 수준이지만, 2015년에 모바일 경제는 "아프리카 GDP의 6.7%를 차
지하고 있었고, 경제적 가치는 1,500억 달러에 이르고 있다" (GSMA,
2016). 지역적 수준에서 살펴보면, 모바일 테크놀로지는 이미 아프리카
최빈국이나 주변화된 사람들에게 경제적인 측면에서 혁신적 잠재력을
발휘하고 있다. 핵심적인 사례로서 비즈니스 거래를 들 수 있는데, 요즘
에는 인터넷보다 주로 SMS를 통해 간단한 비즈니스 거래를 위한 커뮤
니케이션을 하고 있다. 모바일 테크놀로지는 농업인들에게 사용도가 높
은데, 시장의 실시간 정보와 가격 등락 데이터를 제공받는 서비스를 활
용하고 있다. 지방 농업인들은 그들의 상품을 시장에서 팔기 위해 취약
하지만 비싼 교통 인프라를 이용해서 먼 거리로 나가야 했지만, SMS
를 통해 얻은 정보를 바탕으로 이들은 효율적인 비즈니스 선택을 할 수
있게 되었다 (Acker & Mbiti, 2010). 곡물 가격에 대한 정보를 제공하
는 SMS를 활용한 생계형 농부들의 경우 수익이 29% 가량 증가하였다
(Acker & Mbiti, 2010, 218). 이처럼 기본 정보만으로도 시골 공동체
들은 그들을 둘러싼 시장에 대한 많은 정보를 얻을 수 있게 되었고, 생
산 가격의 상승으로 인하여 이들의 빈곤 수준이 감소하고, 삶은 더 나아
지게 되었다.

하지만 경제 영역에서 혁명적 변화를 이룬 기술적 솔루션은 모바일
자금거래 플랫폼이라고 할 수 있다. 2012년 당시, 23%의 아프리카 사
람들만이 정식 금융기관의 계좌를 개설하였다. 물론 이 비율에 포함된
대부분의 계좌는 남부 아프리카인들이 개설한 것이다. 결과적으로 아
프리카 대다수 사회는 공식 경제시스템에서 배제된 상태에 머물렀다
(AfDB, 2013). 모바일 폰의 보급이 늘어남에 따라 은행 지점이나 ATM
을 찾아다닐 필요 없이 기술적 솔루션의 도움을 받아 송금, 지불, 저축

을 손쉽게 하게 된 것이다. 소비자 친화적이고 필요지향적인 플랫폼이 개발되어 수백만 명의 사람들이 금융 서비스에 접근하고 그것을 이용할 수 있게 되었다. 단지 휴대전화와 SMS 코드만 필요할 뿐이었다. 소비자들은 모바일 은행 계좌를 만들고, 특정 업자에게 약간의 수수료만 지불하면 상품과 서비스에 대한 금융 거래를 할 수 있다. 이제 아프리카에서는 SMS로 쉽고 빠르게 상품 대금을 지불하고 택시 요금을(서구에서 우버가 개념화되기 전이었다) 낼 수도 있다. 모바일 자금 거래시스템은 접근성과 포용(inclusivity)이라는 기본적인 문제를 해결할 수 있는 실용적이고 혁신적인 수단이었다. 모바일 테크놀로지는 아프리카 전역에 엄청난 사회-경제적 혜택을 선사하였고, 아프리카는 모바일 자금 거래 기술에 있어서 세계를 주도하고 있다.

　모바일 테크놀로지, 특히 인터넷, 에 힘입은 경제적 잠재력으로 인해 일련의 '기술 허브(Tech Hub)'가 등장하게 되었는데, 정부와 시민사회

글상자 10.1 M-Pesa

모바일 자금 거래의 선구자는 케냐의 M-Pesa라고 할 수 있다. 2007년 사파리콤(Safaricom)은 M-Pesa(Swahili for money, 스와힐리어로 돈이라는 뜻)를 출시하게 되자, 이용자들은 고유의 SMS 코드를 통해 암호화된 절차를 통해 저축, 인출, 이체 등의 은행 업무를 간편하게 볼 수 있었다. 물리적으로 존재하는 은행 인프라가 부족하였기 때문에 대부분의 케냐인들은 공식적 경제 영역에 접근할 수 없었다. 이러한 문제를 해결하기 위해 사파리콤은 기존의 키오스크와 주유소, 상점을 중심으로 12만개의 M-Pesa 가맹점을 확보하고 휴대전화 기반 신용거래시스템(Airtime Credit)을 운용하여 이용자들은 손쉽게

계속

돈을 인출할 수 있게 되었다 (사진 10.1). 이러한 기술은 사용하기 편하고 직관적이며 매우 효율적이었다. M-pesa가 케냐 사회 전반에 엄청난 영향을 미쳤다고 해도 무방할 것이다. 등장한 지 10년이 지난 2016년 당시 케냐 전체 가구의 96%에서 적어도 1명 이상이 유비쿼터스화된 모바일 화폐를 사용하고 있다 (Suri & Jack, 2016). 유사한 모바일 뱅킹 플랫폼들이 이후 대륙 전체에 확산되었다. 에티살랏(Etisalat)이 시작한 나이지리아의 GT이지세이버(GTEasySavers), 짐바브웨에서 에코넷(Econet)의 에코캐시(EcoCash)가 등장한 것이다. 모바일 금융 거래시스템은 그 플랫폼들을 운영하는 나라에 심대한 영향을 미쳐왔다. 케냐에서 장기간 이루어진 연구에 따르면 M-Pesa로 인해 19만 4,000가구가 빈곤에서 벗어났고, 여성들이 선택할 수 있는 직업이 늘어났으며 (Suri & Jack, 2016), 금융회복이 가능했고 통장 잔고는 늘게 되었다. 이렇게 짧은 시간에 기술이 개입하여 기존의 경제적 행위와 관행을 변화시켰다는 사실은 놀랄 만한 일이다.

사진 10.1 M-Pesa

출처: Trevor Snapp/Bloomberg via Getty Images.

가 자금을 지원한 케냐의 '실리콘 사바나(Silicon Savannah)'가 대표적 사례이다 (표 10.1). 이러한 허브는 다양한 아프리카국가에서 기술 산업을 활성화하기 위해 출범하였으며, 창의적인 기업가를 불러 모으고, 창의적이고 혁신적인 아이디어를 촉진하고, 사업 시작을 도와주고, 앞으로 고용 창출에 기여할 것으로 보인다 (Addesina et al., 2016). 라고스와 요하네스버그와 같은 아프리카 주요 도시에 310개 이상의 허브가 있지만, 지리적으로 한쪽에 편중되어 있다. 허브 대부분은 남아프리카, 케냐, 나이지리아, 이집트, 가나 등 5개국에 모여 있다 (CMAS, 2016). 테크놀로지의 중요성을 깨달은 몇몇 나라들은 ICT 인프라를 도입하고 발전시키는 데 투자를 계속하고 있다. 대표적인 국가가 르완다인데, 카가메 대통령은 "인터넷은 물과 전기처럼 공중에게 필수적인 공공재"라고 선언한 바 있다 (Ben-Ari, 2014). 이후 르완다는 인터넷을 통한 보건과 교육 환경을 개선하겠다는 후속 구상을 내놓기도 하였다. 아프리카 전역에서 모바일 기기를 가진 이들이 많아지고, 지역 문제에 대해 대안적인 해결책을 모색하려는 움직임이 늘어나면서, 기술 집중적 비즈니스가 빠르게 부상하게 되었다. 종교 서비스, 실시간 주식투자, 의료 상담 등 거의 모든 영역을 다루는 애플리케이션이 존재한다. 테크놀로지 비즈니스를 통해 창출된 자금은 경제성장에 기여하고 인적 자본 및 기술을 발전시키며, 많은 아프리카국가들의 공적 서비스를 개선하게 될 것이다 (World Bank, 2016a). 표면적으로 보면, 아프리카의 경제적 변화는 '아프리카의 부상'이라는 서사에 힘을 실어 줄 것이다.

모바일 테크놀로지가 대륙 전역의 일반 시민들에게 미치는 잠재적인 정치적 영향력은 매우 놀라운 것이었다. 2011년 아랍의 봄에서 소셜 미디어의 역할에서 증명되었듯, 휴대전화는 정치적 동원에 중요한 수단으로 간주되고 있으며, 굿 거버넌스, 부패, 폭력과 같은 정보를 널리 퍼뜨

표 10.1 아프리카에서 국가별 인터넷 보급률

국가	보급률(%)	인터넷 이용자(만 명)
케냐	81.8	3,964
모리셔스	62.7	83
남아프리카	51.6	2,858
나이지리아	48.8	9,539
이집트	36.5	3,480
카메룬	20.0	490
지부티	16.5	15
에티오피아	11.1	1,153
토고	7.1	54
시에라리온	4.6	31
기니 비사우	4.3	8
니제르	2.0	43
에리트레아	1.3	7

출처: 인터넷 세계 통계(Internet World Stats) 자료 재구성, www.internetworldstats.com/stats1.htm

려서 정치 엘리트들이 그것에 책임을 지도록 강제하고 있다. 휴대전화의 확산을 통해, 기존에 국영 미디어의 정보 독점은 깨지게 되었고, 엘리트들의 불법 행위를 손쉽게 감시하고 비판할 수 있게 되었을 뿐더러, 훨씬 더 많은 수용자들에게 그들의 비리를 알릴 수 있었고, 대안적인 뉴스를 제공하기도 하였다. 예를 들어, 짐바브웨 선거에서 휴대전화 카메라로 개별 투표장의 투표 결과를 찍어서 중앙 개표 사무소에 있는 운동가에게 전달하여 이전 ZANU-PF가 행했던 노골적인 투표 조작과 부정투표를 방지할 수 있었다. 테크놀로지가 추동하는 정치적 행동주의의 또 다른 훌륭한 예로서 우샤히디(*Ushahidi*, 목격)라는 오픈 소스 지오태깅(사진이나 비디오 등을 이용한 다양한 미디어에 지리적 위치를 알 수 있는 메타데이터를 추가하는 것 – 역자 주) 플랫폼이 있다. 2008년 케냐 선거의 여파로 만들어진 이 플랫폼을 통해 구글 지도상에 투표 부정과 인종 폭력이 발생한 지역이 어딘지 표시하고 알릴 수 있는 기능을 한다. 케냐인들이 지역적으로 발생한 폭력 사건에 대해 문자나 이메일을 보내면 이 플랫폼에서 이것을 기록하고 수집 분석하여 케냐 전체에서 벌어진 소요 사태에 대해 전체 사회에 공유하게 된다. 이 소프트웨어는 미국이나, 칠레, 러시아 등지로 수출되어 재난 구호 활동 등에 사용되고 있기도 하다. 테크놀로지 행동주의는 이집트에서도 중요한 영향을 미친 바 있는데, '허래스맵(HarassMap, 추행위치신고 소프트웨어 – 역자 주)'을 사용하여 이집트 여성들은 성희롱을 당했을 때 즉각 보고할 수 있었다. 이 어플은 가해자에 대한 집단행동을 독려하고, 성에 기반한 폭력이 종식될 수 있도록 하는 촉진제 역할을 하였다.

지속적으로 성장하고 있는 아프리카 젊은 인구들 사이에서 소셜 미디어 사용이 늘어나면서, 다양한 형태의 행동주의가 등장했으며, 더 많은 사람들이 특정 사안에서 결집하게 되고, 그들의 정치적 인식이 높아졌다. 북아프리카 전역에서 2011년 시위대는 페이스북과 트위터를 효과적으로 활용하여 독재정권에 대항하는 거리 시위를 조정하고 지휘했으며, 남아프리카에서는 #RhodesMustFall 캠페인(2015~2016년)을 통해 전국 대학생들이 고등 교육의 탈식민화를 요구하는 집단 시위를 조직하였다.

모바일 테크놀로지가 촉진시킨 변화는 칭찬받아 마땅하지만 아프리카의 문제를 해결하는 데 그것이 만병통치약이 될 수는 없다. 이러한 발전은 대륙 전체에서 나타나거나 확산되지 않고 있으며, 심지어 국가 내에서도 이러한 불균등 양상이 발견된다. 테크놀로지는 사회경제적 격차를 줄이기도 하지만, 그것을 가진 자와 못가진 자 사이의 차이를 더 심화시킬 수도 있다. 예를 들어, 새로운 디지털 인프라가 만들어지면, 저렴한 가격에 공급되지 않을 것이다. 나아가 정부와 모바일 회사들은 벽촌 공동체에 무선망을 우선적으로 보급하려고 하지 않을 것이다. 따라서 도시 지역과 비교할 때, 벽촌 지역은 새로운 디지털 인프라의 혜택을 받지 못하게 될 것으로 보인다. 2009년에 아프리카에 해저 통신 케이블이 설치됨에 따라 해안국들만 빠른 속도의 인터넷을 사용할 수 있었다는 점에서 대륙 내 국가들 간 테크놀로지 수용에도 명백한 차이가 있었다. 내륙국의 경우 인터넷 단말 설비까지 지리적으로 너무 멀기 때문에 디지털 혜택을 얻기 위해서 힘겨운 노력을 기울여야 할 것으로 보인다 (World Bank, 2016a, 212).

사실, 주마(Juma, 2017)가 주장한 바와 같이, 모바일 혁명이라는 낙관주의는 잘못된 것일 수도 있다. 왜냐하면 근대 경제는 산업화 전략과 충분한 인프라 투자 없이는 달성될 수 없기 때문이다. 비록 모바일 테크놀로지가 유선통신망과 같은 인프라 측면에서 '선도적 도약 (leapfrogging)'을 할 수 있도록 만들었지만, 아프리카국가들은 산업발전 과정을 '건너뜀(Leap)' 수 없다. 많은 나라에서 경험하고 있는 에너지 공급 부족 현상을 보면, 주마의 주장에 귀 기울일 수밖에 없다. 모바일 테크놀로지를 촉진하기 위해 안정적인 에너지 공급이 필수적인데, 아직도 수백만의 사람들은 전력공급망의 혜택을 보지 못하고 있다. 예를 들면, 앙골라 국민의 32%, 부룬디는 7%, 남수단의 경우 4.5%만이 전력공급을 받고 있다 (World Bank, 2017). 시민들에게 안정적이고 포괄적으로 전력이 공급되지 않는 한 아프리카의 디지털 경제는 실현되지 않을 것이다. 테크놀로지 산업에 종사하는 이들은 그 서비스를 제공받는 이들과 비교해 고도로 숙련되어 있고, 교육 수준이 높다는 점에 주목할 필요가 있다. 서비스는 늘어가고 있으나 관련 직업 종사자들은 늘어나지 않는 불일치 현상이 발생하고 있어 앞으로 아프리카 디지털 경제는 가야 할 길이 멀다고 할 수 있다. 더구나 2020년까지 아프리카 인구의 60%는 인터넷에 접근하지 못할 것으로 보인다. 라틴아메리카와 아시아 인터넷 사용 인구가 급증하고 있는 것을 감안하면 이러한 상황은 사회경제적 발전에 거대한 장애물로 작용할 것이다. 기기의 가격(일당이 1.5달러인 사람에게 50달러는 비싼 것)과 안정적인 데이터와 인터넷 패키지 비용과 관련된 이슈도 모바일 경제발전의 발목을 잡을 수 있다. 이들 가격과 비용이 크게 떨어지지 않는 한 아프리카인들은 모바일 테크놀로지를 보편적으로 경험하지 못할 것이다. 마지막으로, 아마존과 페이스북과 같은 큰 국제 회사들이 아프리카 시장에 진출하기 시작했는데, 이것은 지역적 혁신에 걸림돌이 될 수 있다. 모바일 테크놀로지의 혁신적인 힘을 주장하는 거대 서사들은 아프리카에서 이들 서비스의 소비로 인해 지역 경제가 활성화되는지 혹은 다국적기업이 이익을 가져가는지에 대한 설명은 하지 않는다는 점을 인식해야 할 것이다.

테크놀로지가 가진 정치적 잠재력은 대단하다. 하지만 그것만으로 독재권력을 내쫓을 수 없다. 권위주의 체제들 역시 테크놀로지의 힘을 잘 알고 있어서 모바일 테크놀로지 사용 제한에 나서고 있다. 우간다, 차드, 부룬디, 콩고 브라자빌과 같이 선거와 관련해 논쟁이 있었던 국가나, 카메룬과 에티오피아에서처럼 시민 소요가 있었던 국가의 정부는 소셜 미디어를 통한 정보의 확산과 대중의 시위 동원을 막기 위해 인터넷을 폐쇄하였다. 나아가, 남아프리카나 에티오피아, 나이지리아, 앙골라, 짐바브웨를 포함한 아프리카 전체에서 시민들의 온라인 상 자유를 제한하는 법률을 제정하여 정부가 개개인의 소셜 미디어의 신상을 검열

할 수 있도록 하였다. 이집트나 모잠비크, 잠비아와 같은 나라에서 활동가들과 야당 정치인들이 주로 집권 엘리트들을 상대로 '명예훼손'이나 '혐오' 발언을 했다는 이유로 체포되었다.

　모바일 테크놀로지의 긍정적 측면은 분명하다. 그리고 이들이 수백만 명의 사람들에게 가져다준 변화를 인정해야 할 것이다. 위에서 요약해서 제시한 기회를 잡은 이들은 빠르게 발전할 수 있었고, 중요하고도 긍정적인 성장을 이룰 수 있었다. 하지만 '아프리카의 부상'을 주창하는 이들이 묘사하듯이 전체를 아우르는 변혁이라는 용어는 보다 냉철하고 현실적인 관점에서 볼 때 표현의 수준을 낮춰야 할 것으로 보인다. 테크놀로지가 가져다주는 사회경제적이고 정치적 혜택은 보편적이지 않고, 애초에 기대했던 만큼 그 파급력이 크지 않기 때문이다.

기후변화

기후변화로 야기되는 심각한 문제는 아프리카의 현실이 되었다. 지리적 상황 때문에 이러한 환경변화는 더 악화될 것으로 보인다. 아프리카의 기온 상승은 글로벌 평균보다 1.5배 빠르고, 강우량은 점차 줄거나 강우 양상은 불규칙해졌으며 해수면이 상승하고 있으며, 기후변화는 이러한 상황을 더욱 가속화시킬 것이다 (IPCC, 2014). 지난 몇 년 동안, 동부와 남부 아프리카에 심각한 가뭄이 있었고, 서부 아프리카에는 대규모 홍수가 발생하였으며, 사헬 지역에서 급속한 사막화가 진행되고 있다. 기후변화 취약성 지수(Climate Change Vulnerability Index, 2016)에 따르면 아프리카는 기후변화에 가장 취약한 지역으로 분류되었고, 최고위기 국가 중 4/5가 아프리카국가(27개 국)일 정도이다. 기후변화로 인해 2020년이 되면, 7,500만~2억 5,000만 명의 사람들이 물이 부족하거나 물이 아예 없는 곳에 살아야 한다. 또한 기후변화로 인해 농업생산량과 경작 가능한 토지가 줄어들게 되고, 식량과 물을 제 때 공급받기 어려워질 것이다. 결과적으로 일상의 삶과 경제적 역동성과 정치적 안정성에 부정적인 영향을 미치게 될 것이다. 아프리카의 이러한 사회-경제적 구조가 기후변화로 인해 위기에 처해 있다.

기후변화는 평균 기온, 예상 강우량과 같은 '정상적'이고 장기간의 환경에 영향을 미치는 날씨 패턴의 심각한 변화 — 홍수와 같은 주요 환경 재난이 늘어나는 현상 포함 — 를 지칭한다. 기후변화는 새로운 현상이 아니다. 인간의 행위나, 강우의 불규칙한 특성(너무 적거나 너무 많은)으로 인해 지구 온도가 지난 세기 동안 계속 높아졌고, 그 영향은 심대하며, 여전히 지속되고 있다. 예를 들어, 동아프리카에서 발생한 장기간의 가뭄으로 인해 1,300만의 사람들이 굶어 죽을 위기에 처하기도 했다 (Oxfam, 2017). 아프리카로서는 시간이 절대적으로 중요하다 (time is of the essence, 기후변화로 인한 전 세계적 조치는 이미 취해지고 있고 앞으로 더 강화될 것이지만 아프리카는 대처할 시간적 여유가 부족하다는 의미 – 역자 주). 아프리카는 글로벌 온실가스 배출량의 3.8%만 차지할 정도로 기후변화에 미미한 영향을 미쳤다고 볼 수 있지만, 앞으로 그 피해는 감내해야 할 것이다 (Africa Progress Report, 2015). 아프리카와 세계의 나머지 국가의 온실가스 배출량을 비교하자면, 미국 소비자들이 한 달간 사용하는 전기로 탄자니아 인들은 8년을 생활할 수 있다 (Africa Progress Report, 2015, 41).

환경변화로 야기되는 심각한 상황을 온몸으로 체험하고 있는 이들은 수백만의 농업 종사자일 것이다. 제5장에서 논의한 바와 같이, 전체 고용 인구 중 65%가 농업에 종사하고 있고, 소를 방목할 목초지가 필요한 목축업자는 5,000만 명으로 추산될 정도로 아프리카는 농업 영역에 지나치게 의존하고 있다 (World Bank, 2016b, 24). 이들의 삶은 전례 없는 상황에 놓이게 되었다. 기후변화는 아프리카 여러 지역에서 안 그래도 최악인 가뭄이나 유사 가뭄 상황을 악화시켰다. 비가 내리지 않으면 경작이 불가능하고 소를 키울 충분한 목초지가 부족하게 되어 결과적으로 기근이 발생한다 (IPCC, 2014). 그 외 지역에서도, 높은 기온으로 인해 수분이 빠르게 증발하고 토양에 수분 함량이 줄어들면서 농업생산량이 심각하게 감소하게 된다. 과잉 경작되고 스트레스가 증가한 토양에 낡은 농사 관행을 유지하는 가운데 기후변화가 찾아오게 되니, 토양 침식과 사막화가 더욱 가속화되었다. 게다가 취약한 에너지 인프라 탓에, 많은 사람들이 안정적인 전기 공급을 받지 못하고 있다. 사람들은 어쩔 수 없이 나무를 베어 연료로 사용하고 있으며, 이것으로 인해 위태로운 생태계가 더욱 악화되고 있다.

UN 식량농업기구(FAO: Food and Agriculture Organization)는 2030년까지 경작 가능한 토양의 2/3가 사라지고 사막화될 것이라고 추정하고 있을 정도로 상황은 심각하다. 2050년까지 글로벌 기온이 섭씨 2도만 올라도 위에서 언급한 상황은 현실이 될 것이다. 긴급한 조치가 취해지지 않는다면, 생태계와 인간 생존에 재앙에 가까운 결과가 초래될 것이다. 인간은 가난과 영양실조 및 배고픔, 사망인구 증가, 정치적 불안정성이 지배하는 공간에서 살게 될 것이며 (예를 들어, 다르푸르처럼, 제6장 참조) 어쩔 수 없이 그곳을 떠나는 이주민들이 발생하게 될 것이다.

시골뿐 아니라 성장 중인 도시 또한 기후변화로 인해 영향을 받고 있다. 더반(남아프리카), 아비장(코트디부아르), 다르에스살람(탄자니아)과 같은 거대 해안 도시들은 침식과 해수면 상승, 범람원의 인구 과밀 등으로 인해 홍수에 취약하다. 나아가 아프리카 도시들은 시골 지역에서 농업생산물을 충분히 공급받지 못할 뿐 아니라, 식수 부족에도 시달리게 될 것이다. 강우량 감소와 가뭄으로 인해 안정적이고 정기적으로 물을 공급할 수 있는 지역이 감소하고 있다. 2018년 초 댐들이 보유하고 있는 물의 양으로 100일도 버틸 수 없게 되자, 케이프타운은 비상사태를 선언한 바 있다. 이 도시는 물 공급이 완전 차단되는 '데이 제로(Day Zero)'에 급속히 다가가고 있다. 이집트, 수단, 에티오피아가 그랜드 에티오피아 르네상스댐의 건설을 둘러싼 외교적 분쟁에 휩싸이면서, 물에 대한 접근권을 확보하는 문제는 동아프리카에서 범지역적으로 중요한 사안이 되었다. 이집트와 수단은 나일강으로부터 흘러 들어오는 물이 줄어들 것을 염려하였다. 이 물은 산업 행위와 농업에 영향을 미치고, 식수로 활용되기 때문이다. 잊지 말아야 할 곳은 세이셸이나 모리셔스와 같은 작은 도서 국가들인데, 이들은 해수면 상승으로 인한 범람에 취약하기 때문이다.

환경에 대한 전망은 내내 암울해 보일지 모르지만, 미래를 조심스럽게 낙관하게 만드는 몇몇 발전 양상들이 있다. 대륙 차원에서 중요한 이슈에 관해 아프리카국가들이 협력하지 못했던 다양한 원인들에 대해 제9장에서 살펴보았다. 하지만 심각한 환경 위협으로 인해 아프리카 지도자들은 2015년 파리 기후정상회담에서 국경을 초월하여 연합체로써 협력하였다. 아프리카국가들은 협상을 통해 대륙의 합의를 이끌어냈을 뿐만 아니라, 세계 여러 나라들이 야심찬 제안을 받아들이도록 하는 데 힘을 보탰다. 글로벌 기온을 현 수준에서 2도 정도 올리는 수준으로 유지하고 환경변화에 대응하고 대처하기 위한 국제 금융지원 계획을 제시한 파리조약 (UN, 2015)에 아프리카의 이해관계도 명시되어 있다. 하지만 2017년 미국 트럼프(Donald Trump) 대통령이 파리기후협약에서 탈퇴하겠다고 선언하면서, 환경 프로젝트를 달성하기 위해 필요한 금융지원이 제대로 이루어질지 의문이다.

　범 대륙적으로 재생에너지에 기반한 녹색 경제가 등장하고 있다는 점에서 긍정적 발전 잠재력을 엿볼 수 있다. 이것을 통해 원자재에 대한 과도한 경제 의존을 줄일 수 있을 것으로 보인다. 그리고 화석 연료로 인해 야기되는 공해를 줄이고, 전력공급을 제대로 받지 못했던 이들에게 친환경 에너지를 제공할 수 있고, 새로운 고용 창출의 기회를 마련할 수 있을 것이다. 이미 많은 나라들이 수력발전 설비를 가동하고 있으며, 태양열이나 풍력발전같이 활용 가능한 청정에너지 자원은 아프리카에 많이 있다. 예를 들어, 아프리카는 태양열 발전을 통해 1,100GW의 전력을 생산할 수 있는 것으로 추정되며, 이 정도 전력은 아프리카 전체 요구량을 훨씬 상회하는 수준이다 (Mo Ibrahim Foundation, 2017, 230). 아프리카국가들은 이러한 기술들이 갖는 잠재력을 높이 평가하기 시작했고, 재생에너지에 대한 투자를 늘려 가기 시작했다. 모로코는 와

글상자 10.2　위대한 녹색 장벽

기후변화와 사막화를 완화하고 다소 늦추기 위해 도입된 혁신적인 구상이 이른바 '위대한 녹색 장벽(The great green wall)'이다. 국제적 기금을 지원 받아 2007년 시작된 야심찬 프로젝트는 세네갈에서 지부티까지 사헬 지역에 8,000km 길이의 숲과 채소밭을 심는 것을 목표로 하고 있다. 아프리카 토착종 나무를 심고 '벽'을 관리함으로써, 사하라 사막의 침범을 막고, 지역을 재생하며, 자연 생태계를 복원할 수 있으며, 고용이 늘어나고 그 곳에서 생계를 꾸려 나가는 인구가 늘어나게 될 것이다. 녹색 장벽은 훈련과, 환경, 교육, 고용 등을 통해 달성할 수 있는 장기적 비전이며, 기후변화와 그와 관련된 기근, 가뭄, 불안정성과 같은 문제를 해결하려는 노력의 일환이었다.

르자자테(Ouarzazate) 태양광 설비를 갖추고 있으며, 케냐는 투르카나(Turkana) 호수에 365개의 터빈이 돌아가는 아프리카에서 가장 큰 풍력발전 설비를 보유하고 있다. 만약 정치인들이 전략적이고 장기적 안목을 가졌다면 에너지를 수입하는 처지에서 벗어나, 아프리카국가들은 태양광 패널이나 풍력 터빈 부품 생산 과정에 투자를 하여 고용을 창출하고 경쟁력 있는 기술을 확보할 수 있었을 것이다. 하지만 요구되는 테크놀로지와 인프라를 갖추기 위해 투입해야 할 초기 투자비용은 엄청나다. 바람과 같은 재생에너지 자원을 활용할 수 있는 잠재력은 나라마다 그 수준이 다르다. 따라서 앞으로 녹색에너지 붐을 최대화하기 위해 아프리카 전역에서 협력과 파트너십이 전제되어야 할 것이다.

이 절에서 설명한 바와 같이, 글로벌 차원의 대처가 즉각적으로 이루어지지 않는다면 기후변화로 인해 환경 피해는 막심할 것이며 인류가 겪게 될 고통은 이루 말로 다할 수 없을 것이다. 기후변화를 방치하면, 기근, 농업생산량 저하, 빈곤, 대규모 이주 현상이 아프리카 전체에서 발생할 가능성이 높다. 한정된 자원에 접근하고 그것을 확보하려는 갈등이 일어날 것이 뻔하기 때문이다. 하지만 최악의 시나리오를 피할 수 있는 전략적 조치가 실행된다면, 아프리카국가들은 일자리와 에너지 영역에서 녹색 혁명을 통해 혜택을 얻을 수 있을 것으로 전망된다.

교육

아프리카 대륙이 향후 경제, 정치, 사회적 잠재력을 발휘하기 위해서 양질의 교육을 제공하고 그것에 손쉽게 접근할 수 있도록 하는 것이 중요하다. 교육은 고용, 빈곤 감소, 보건, 민주주의 수준 등 여러 사회적 지표를 향상시키는 중요한 기반이라는 점에서 그 혜택은 분명하다 할 것이다 (Harber, 2017). 이 책에서 논의한 굿 거버넌스나 경제적 성장, 기술적 '혁명' 등은 아프리카가 열망하는 모든 것이다. 하지만 수백만의 젊은이들이 양질의 교육을 받지 못하고 있는 상태에서 이러한 열망은 결코 달성될 수 없다. 교육과 기술에 광범위하고 전략적인 투자를 시행하고자 하는 정치적 결단이 당장 필요하며, 그렇지 않을 경우 아프리카는 교육 분야에 있어 세계 어느 지역보다 계속 뒤처지게 될 것이고, 팽창하고 있는 아프리카 젊은이들은 세계화시대에 소외된 채 남아 있게 될 것이다. 젊은 세대에게 적절히 준비된 교육 기회가 계속 박탈된다면, 아프리카 전체가 함께 빈곤에서 벗어날 것으로 보이지 않는다.

　UN이 교육을 인간의 기본 권리로 간주한다는 점을 감안할 때, 대륙 전역 젊은이들의 교육 성취도는 처참할 정도이다. 기본적인 통계만 봐도, 아프리카 성인(15세 이상) 중 읽고 쓸 줄 아는 인구의 비율은 64.3%로 나타나 (UNDP, 2016, 233), 세계에서 가장 낮은 수준이다. 하지만 이러한 수치는 양극단에 위치한 국가의 문해율을 명확하게 반영하지 못한다 (양 극단 점수가 지나치게 높아서 평균이 현상을 정확하게 반영하지 못한다는 의미 – 역자 주). 모리셔스나 세이셸, 남아프리카와 같은 경우는 읽고 쓰는 성인의 비율은 90%가 넘고, 다음으로 보츠와나, 튀니지, 짐바브웨는 80%에 이른다. 가장 낮은 비율을 보인 국가는 니제르가 20%, 부르키나 파소, 기니, 말리가 40% 아래 수준을 보이고 있다. 15년간(2000~2015년) 교육 관련 데이터를 검증한 유네스코(UNESCO 2015, 231-233)의 모든개발지표에 교육이 기여하는(Education for All Development Index) 조사결과에 따르면 전 세계 최저 20개 국 중 16개 국가가 아프리카에 속하고 있었으며, 그나마 아프리카국가 중 가장 높은 순위를 기록한 나라는 모리셔스(55위)였으며, 사하라이남 지역

국가 중 가장 높은 순위는 가나(89위)로 나타났다.

아프리카에서 교육 성취도가 낮은 이유는 초등, 중등, 3차 교육 과정에 등록하는 학생들이 현저히 낮은 현실에서 찾아볼 수 있다 (표 10.2). 하지만 무엇보다, 등록률을 높이기 위한 지난 몇 십 년간 지속적인 노력이 있었다는 점에 주목해야 할 것이다. 아프리카정부들은 초등학교 등록 아동 수를 높이기 위해 노력한 바 있으며 그 결과 1999년에 59% 등록률이 2012년에 79%로 상승하였다 (UNESCO, 2015, 6). 하지만 사하라이남 지역 아동의 21%(3,400만 명)는 여전히 초등학교에 입학도 하지 못한 상황이며 이러한 비율은 세계에서 가장 높다. 게다가 상당히 많은 아이들이 초등학교를 다 마치지 못하고 있으며, 그 비율은 41.7%에 달하고 있다 (UNDP, 2016, 232-233), 에티오피아(63.4%), 모잠비크(69.3%), 우간다(75.2%)와 같은 나라들의 경우 학업 중단 학생들 숫자는 경고 수준에 이르고 있다. 더 높은 교육 과정에 등록한 학생수는 더 급격히 줄어들게 된다. 2차 교육과정에서 43%, 3차 교육과정에 등록한 학생들은 8%에 불과하다 (UNDP, 2016, 232-233). 간단히 말하면 아프리카인의 절반 이상이 2차 교육을 받지 못하거나 향후 고용을 위해 필요하거나 가난에서 어느 정도 벗어나기 위한 기술을 습득하지 못하는 현실에 처해 있다.

핵심적 질문은 무엇이 아프리카에서 양질의 교육에 대한 접근을 가로막고 있는가 하는 것이다. 아프리카 교육 관한 통계는 다중적 변수를 감안하지 못하고 있으며 읽고 쓰는 능력이나 교육 성취도에 관한 데이터는 전적으로 믿어서는 안 된다. 하버(Clive Harber, 2017)가 주장한 바와 같이, "교육에 대한 접근 수준과 마찬가지로 교육으로 인한 결과 또한 불평등(계층별로 - 역자 주)하게 나타나며, 이러한 현상은 제공되는 교육의 질 측면에서도 똑같이 나타난다" 식민지 시대 교육(혹은 부족)

표 10.2 교육 성취도

국가	읽고 쓸 줄 아는 성인 비율 (15세 이상, %)	최소 2차 교육과정을 수료한 인구(25세 이상, %)
남아프리카	94.3	74.9
모리셔스	90.6	59.7
보츠와나	88.5	85.9
알제리	80.2	34.9
케냐	78.0	32.0
이집트	75.2	61.4
잠비아	63.4	51.8
모잠비크	58.8	5.2
감비아	55.5	31.9
모리타니	52.1	17.3
말리	38.7	11.5
베냉	38.4	23.3
기니	30.4	확인 안 됨
니제르	19.1	6.1

출처: UNDP, 2016, 230-233 데이터 재구성.

때문에 이러한 역사적 불평등이 지속되었고, 아프리카정부들은 독립 당시에 교육을 정상화시키기 위해 노력하여 초기 어느 정도 발전을 이루었다. 하지만 1980년대 경제위기가 시작되면서 구조조정 차원에서 교육 예산은 급격히 삭감되었다. 나아가, 아프리카 전체 교육시스템은 이전 식민지 운영 국가들의 영향력에서 벗어나지 못하고 있다. 여전히 식민 모국의 언어로 강의하고 있으며, 이 언어는 학생과 교사들에겐 제2, 제3외국어로 자리할 터였다. 아프리카에서 교육 관련 지표가 낮게 나타나는 이유를 찾기 위해서 역사적이고 현대적인 사회경제적 및 정치적 요소를 반드시 고려해야 할 것이다.

한 가지 중요한 요인은 가난이다. 부의 성장과 교육 참여율의 상승은 직접적 상관관계가 있다 (UNESCO, 2012, 13). 예를 들어, 빈곤한 가정은 학비를 댈 수 없고, 교복과 같은 부가적 비용을 감당하기 힘들어서 그들의 아이들을 학교에 보낼 수 없다. 더 가난한 가정의 경우 생계를 유지하기 위해 아이들을 직업 현장으로 보낼 수밖에 없어서, 아이들은 학교 출석을 할 수 없거나 낮은 출석률을 보일 수밖에 없다. 카메룬, 말라위, 세네갈과 같은 나라에서 상당수 아이들이 노동 현장으로 내몰리고 있다. 예를 들어, 2011년 12세에서 14세의 카메룬 아이들 70%가 생계를 위해 노동하고 있다. 나아가, 지리적 위치로 인해 교육 접근성이 취약한 경우가 많으며, 도시와 비교해 시골 공동체들은 현저히 낮은 교육 성취도를 보이고 있어, 이들이 통계 결과에서 과다대표(overrepresented, 시골 공동체의 낮은 교육 성취도가 강조되어 전반적인 교육 성취도가 제대로 반영되지 못한다는 것 – 역자 주)되고 있다. 시골 공동체는 근처 학교까지 거리가 매우 멀고, 그나마 학교는 낙후된 설비를 갖추고 있다. 말리에서는, 2차 교육 과정 저학년의 출석률에 있어 도시와 시골 아이들 사이에 30% 차이가 있다 (UNESCO, 2015, 117). 마지막 사회경제적 이슈는 젠더이다. 가부장적 사회에서 여자아이들은 학교에 출석해서 공부를 하기보다 집안일을 돕는 관행이 일상화되어 있다. 결과적으로 여성들의 문맹률이 훨씬 높게 나타난다. 이러한 현상을 극명하게 보여주는 기사가 있다 (*The Economist*, 2011a). 독립을 앞둔 해였던 2011년 남수단에서, 읽고 쓸 줄 아는 여자 아이들보다 출산 중 사망하는 여자 아이들이 더 많았다.

또 다른 핵심적 요인은 교육에 투자할 정치적 의지와 능력이다. 물

론 이 또한 아프리카 전역에서 차이를 보이고 있다. 어떤 나라에서 교육
에 최우선적으로 예산을 배정하고 있다. 가령, 나미비아와 스와질란드
의 교육 예산은 GDP의 8% 이상을 차지한다. 하지만 교육 예산이 가장
낮은 기니 비사우나, 남수단, DRC는 2% 이하 수준이다 (UNDP, 2016,
232-233). 다른 나라들은 무상교육을 실시함으로서 보편적 초등 교육
을 실시하려고 노력해 왔다. 가나와 케냐, 모잠비크, 탄자니아가 대표적
나라이다. 이러한 조치는 교육 접근성을 확대하는 데 있어 중요한 첫 걸
음일 수 있으나, 이것만으로 교육성과를 향상시키기는 어렵다. 사람들
이 학교로 등교하게 만드는 일은 훌륭한 정책이다. 하지만 충분한 교수
자원과 학습 시설이 뒷받침되지 않는다면 — 예를 들어, 차드, 코트디
부아르, 적도 기니, 마다가스카르, 니제르에 있는 학교의 60%는 화장실
이 없다 (UIS, 2012, 6) — 교육의 질은 나빠질 것이고 궁극적으로 학생
들의 성취도에도 부정적 영향을 미칠 것이다. 각 급 학교의 요구를 충족
시킬 만한 자원과 인프라가 지원되지 않자, 학급 인원은 과밀해졌다. 학
급 당 평균 인원은 국가마다 천차만별로 나타났다. 차드(68명), 콩고공
화국(69명), 말리(57명)는 학급 평균 학생이 50명 이상인 반면, 카보 베
르데(28명)는 국제 평균에 근접한 수준이다. 아프리카의 취학 연령 인구
가 2010년 4억 4,400만 명에서 2020년 5억 5,200만 명으로 증가할 것
으로 예상됨에 따라 (UNESCO, 2012, 12), 정책입안자들은 절박한 딜
레마를 안고 있다. 학급은 과밀해지고, 시설은 낙후성을 면치 못하면서,
교사는 학생들에게 이해나, 독립적인 사고에 중점을 둔 강의를 할 수 없
고, 암기 위주 교육에 집중하게 하게 된다. 아프리카에서 가장 부유한
국가인 남아프리카조차 교육 예산 및 지출과 관련하여 문제를 노정한 바
있다. 림포포(Limpopo) 교과서 스캔들(2012~2013년)에서 극명하게
알 수 있듯, 정치적 관리 실패로 인해 학생들이 필수적 자원을 지급받지

못하는 상황이 발생한 것이다. 마지막으로 교사의 질 문제를 지적할 수 있다. 많은 교사들이 어려운 환경 속에서 존경받을 만한 직무를 수행하고 있다. 하지만 대부분 아프리카국가에서 3차 교육(대학)을 수료한 학생들의 비율은 10% 미만이며, 글로벌 평균 35% (UNDP, 2016)와 비교하면 매우 낮은 수준이다. 이러한 상황 속에서 대학을 졸업한 사람들이 박봉의 교사직에 지원할 리 만무하다. 결과적으로 학교 입장에서는 숙련되지 않고, 제대로 교육받지 않은 교사들을 채용할 수밖에 없어서, 교육의 질이 획기적으로 바뀔 것이라고 기대하기 어렵다.

가난, 인프라, 사회적 태도, 자원, 자금과 정치적 의지가 상호 연결되어 아프리카국가들은 지식과, 이해, 기술의 관점에서 상대적으로 낙후된 상태에 있다. 경제적, 정치적 발전을 이룬 세계 모든 국가들은 교육적 성취를 향상시키기 위해 집중해왔다. 대륙 전체적으로 보면 아프리카는 수준 높은 학업 이수자를 배출하는 데 새로운 초점을 맞춰야 할 것이다. 아프리카 학생들 대부분이 초등학교 무상 교육을 받을 수 있으나, 앞으로 중등 교육 과정으로 무상교육을 지원하고 이후 3차 교육(대학)까지 확대할 필요가 있다. 이러한 노력을 통해 초, 중등 학생들의 학업 성취도가 더 높아질 것으로 기대한다. 그리고 학급 인원을 줄이고 교육 시설을 늘리는 등 자원과 인프라 투자를 늘려서, 긍정적인 학습 환경을 만들어 학생들이 공부하고 싶은 마음이 들도록 해야 할 것이다 (사진 10.2). 테크놀로지를 활용하여 교육을 지원함(교과서 등)으로써 교육 접근성을 향상시킬 수 있으나, 국가든 민간 차원이든 대규모 투자금이 소요되고, 장기간의 전략적 계획이 필요한 일이다. 마지막으로 교사의 능력과 그들에게 지급되는 보수 수준 또한 강의 수준을 향상시킬 수 있는 중요한 영역이다. 특히, 보수 수준은 더 많은 예비 교사를 학교로 불러들일 수 있기 때문에 중요 고려 사항이라 할 수 있다. 다른 중요한 이

┃ 사진 10.2   초등학교에서 공부하는 세네갈 아이들

출처: SEYLLOU/AFP/Getty Images.

슈가 있을 수 있지만, 여기서 제시한 이슈들은 어쨌든 교육 수준을 향상
시킬 노력이 필요하며, 그것을 통해 미래에 아프리카의 잠재적 가능성
이 실현되어야 한다는 점을 강력히 시사 한다고 할 수 있다.

책을 마치며

요약하자면, 이 책은 긍정적, 부정적 측면을 모두 살펴보면서, 현대 아
프리카에서 전개되는 다양한 차원을 강조하고자 하였다. 단일한 '아프
리카 이야기'는 존재하지 않는다는 사실이 명확하기 때문에 다양성이라
는 근본적 인식을 갖는 것이 중요하다. 아프리카 55개국은 고유한 역사
가 있고, 현대의 발전 양상도 모두 다르기 때문이다. 하지만 대륙의 다
양성에도 불구하고 유사성을 보이는 다수의 유형이 있음을 확인할 수

있었다. 물론 설명의 편의와 효율적인 비교가 가능하기 때문에 이처럼 유형을 구분하게 되었음을 밝힌다. 언뜻 보기에 모순적 이야기 같지만, 앞에서 설명했듯이, 아프리카 전체에 다중적(중첩적, 공유하는 - 역자 주) 경험과 현실이 존재한다. 나아가 이 책은 과거와 현재가 교차되는 양상을 강조하였고, 지난 세기 동안 내, 외부적 힘에 의해 아프리카가 경험해야 했던 중요한 변화도 아울러 중점적으로 살펴보았다. 이러한 변화는 현대 아프리카 전체에 명백하게 각인되어 있다. 이러한 발전 과정은 아프리카의 다양하고, 갈등하며, 불확실한 미래에 계속 영향을 미칠 것이다. 현대 아프리카를 소개하는 이 책을 통해 독자들이 앞으로 풍부하고 흥미로운 서사를 발견하는 데 도움이 되었으면 한다. 그리고 이 책이 흥미롭고, 역동적이고, 복잡하지만 환영할 만한 대륙인 아프리카에 대한 후속 연구를 위한 교두보가 되었으면 하는 바람이다.

아프리카로 가는 길

문맹, 미지, 암흑과 같은 부정적인 단어들이 먼저 떠오르던 아프리카는
자원의 보고 혹은 잠재적인 발전가능성이 높은 희망의 대륙으로 거듭나
고 있다. 하지만 아프리카는 경제적으로 여타 다른 대륙에 비해 낙후된
상태이다. 비교적 정치적으로 안정적이고, 경제력이 있는 10여 개국을
제외한 많은 국가의 국민들이 극도의 불안정과 빈곤 때문에 매우 어려
운 나날을 살아가고 있다.

아프리카의 정치적 불안정은 경제성장의 주요 장애요인이었다. 아프
리카대륙의 여러 국가에서는 아직도 쿠데타에 기반한 권위주의 정부가
존재하며 신후원주의를 바탕으로 장기집권과 부정부패로 국민들의 신
뢰 역시 얻지 못한 국가들 역시 존재한다. 또한 아프리카 곳곳에서 민
족, 종교, 그리고 자원 등과 연관된 테러와 분쟁(권력을 추구하는 정치
엘리트의 동원에 의하여 발생하는 경우가 대다수이며)과 이로 인한 난
민, 전염병, 기후문제 등 여러 가지 문제가 함께 복합되어 많은 지역 국
가들에서 정치적 안정을 이루지 못하고 있는 것이 현실이다.

사실 아프리카는 자원이나 1차 생산물의 수출국으로만 간주되어 왔
고, 투자시장으로서 매력적인 곳이 아니었다. 그러나 최근 대내외적인

새로운 변화의 흐름이 형성되면서 국제사회로부터 시장 포화가 이루어지지 않아 투자 대비 수익 회수 비율이 높은, 즉 '블루오션'으로 인식되고 있다. 이러한 변화의 밑바탕에는 아프리카 대륙의 정치적 민주화와 함께 ICT기반의 산업사회 변화에 따른 경제적 성장, 개혁, 개방화, 시장통합, 대외경제관계 확대 등이 자리 잡고 있다. 이를 반영하듯 장기간에 걸쳐 침체 상태를 면치 못했던 아프리카의 경제성장률이 1990년대 중반 이후 괄목할 만한 성장세를 이어가고 있다. 하지만 아프리카 경제성장은 여전히 탈산업적 영역에 힘입은 바 크다는 점에서 우려스러운 측면이 있다.

이처럼 낙후된 경제구조를 극복하고 빈곤에서 벗어나 역동적 경제성장을 이룩하기에는 최근의 산업발전 과정이 충분하지 않다. 하지만 대부분의 아프리카국가들이 과거의 정책적 실패를 인정하고 지속적인 산업 다각화와 선진화 및 경제개발을 위해 노력하고 있다는 점을 감안하면, 아프리카도 안정적인 성장궤도에 진입할 수 있다는 새로운 가능성을 보여주고 있다. 2020년 7월부터 시행이 예상되는 아프리카자유무역협정(AfCTA: Africa Free Trade Agreement)[1]는 이러한 현상을 가속할 것으로 예상된다.[2]

물론 아프리카국가들 중 경제협력개발기구(OECD)에 가입한 선진국으로 분류된 국가들은 없다. 반면 아프리카 전 대륙이 전적으로 가난한 국가들로만 구성되어 있는 것 또한 아니며 GDP 수준도 국가별로 다양하게 나타난다. 제2차 세계대전 후 전 세계적 민족해방운동의 영향으로 대부분의 아프리카국가들이 독립을[3] 하게 되면서 아프리카 경제는 대체적으로 두 가지 영역에 주로 의존하고 있었다. 값싼 농작물과 산업생산을 위한 비가공 원료를 유럽에 수출하는 주력하였다. 독립 시기에 아프리카는 차, 커피, 견과류, 면화 등의 세계 주요 수출국이었고 원유와 다이아몬드, 구리 등 광물 수출을 통해 경제적 기반이 유지되는 상황이었다. 결과적으로 아프리카 경제의 기반은 1차 원료 물질에 의존하고 있어서 경제적 다각화가 이루어지지 않았다. 하지만 독립 직후 10여 년간 경제 수준은 완만한 상승세여서 많은 아프리카국가들이 조금씩 변모할 수 있을 정도였다.

아프리카국가들의 식민지배의 유산은 독립 이후 아프리카 경제가 발전하는 데 걸림돌로 작용하였다. 유럽 식민지배 국가들은 아프리카를 자원 수탈의 영토로 인식하였기 때문에 자원개발 이외의 산업 다각화는 관심 밖의 일이었다. 결과적으로 1차 생산에 지나치게 의존하게 됨에 따라 국제적 수요와 등락을 거듭하는 수확량에 경제가 휘둘리게 되었다. 1차 생산물은 가격 변동성에 매우 취약했기 때문이다. 더구나 식민지 권력은 원산지 생산시설을 만들지도 않았고, 기술적 과정이나 지식을 이전시켜주지도 않았을 뿐더러 아프리카가 자급자족할 수 있는 경제 기반 환경과 시스템도 만들어 놓지 않았다. 대신에 외국으로부터 제조된 값비싼 상품을 아프리카로 하여금 수입하게 만들었다. 선진국에 유리한 무역조건의 내재적 불균형이 나타난 것이다. 그 결과 아프리카의 신생독립국들이 기대했던 획기적인 경제성장은 이루어지지 않았고, 이러한 점에서 그들에게는 지난 시간이 실망과 좌절의 시기로 남게 되었다. 이렇게 독립과 함께 산업화의 진전이 이루어져 가난에서 벗어날 것으로 생각했던 아프리카 사람들은 독립 이후에도 여전히 경제적 후진성에서 벗어나지 못하는 것에 대해 큰 실망을 하였다.

처음 아프리카국가들이 독립을 달성할 시기에 정치지도자들은 국민들에게 그들도 유럽 식민지배 국가들을 따라잡을 수 있다는 믿음을 전파하였다. 1960년에서 1980년까지 많은 신생 독립 아프리카국가들은 노동착취와 식민지 수탈경제 등으로 인한 그들의 낙후된 생활수준을 끌어올리기 위해 야심찬 국가발전계획을 수립하고 추진하고자 했다.

　이렇게 만들어진 국가발전 프로젝트는 우선적으로 신생국가 국민들의 삶의 질을 끌어올리는 경제개발을 목표로 하였다. 이를 위해 식민종주국으로부터 수입해야 했던 섬유, 신발 등 경공업 제품들과 중공업 제품들을 직접 생산함으로써 수입에 사용되는 외화를 절약하고자 했다. 이 같은 수입대체 전략은 수익에 비해 비용이 너무 크고, 내수 시장에서 규모의 경제를 기대할 수 없었기 때문에 어려움을 겪게 된다.

　21세기가 되어 이제 아프리카는 새로운 발전모델을 제시하고 있다. 제국주의 침탈로 신음하던 식민지 시대를 지나 새로운 시선과 발전을 담보하는 신흥지역으로 탈바꿈하고 있는 것이다. 아프리카의 많은 나라들이 도시를 중심으로 한 발전모델을 구상하고 있는 것이다. 통상적으로 도시화는 생산요소의 집적화, 규모의 경제, 거래비용 절감 및 생산성 향상, 국내외 투자 유치, 기술흡수 등을 통해 산업화의 기반을 만들어냄으로써 국부를 창출하고 경제발전을 견인한다. 이렇게 도시화는 산업화와 경제발전의 산실이라고 할 수 있는데, 한국과 중국 등 아시아 국가들이 압축고속성장을 달성했던 것도 상당한 정도의 도시발전이 있었기에 가능했던 것이었다.

　그러나 아프리카 도시에서는 이러한 발전의 동력을 찾아보기 어려우며 오히려 '새로운 형태의 빈곤'이 만들어지는 공간이었다. 아프리카의 도시화는 제반 물적·제도적 인프라 기반이 뒷받침되지 않은 상태에서 인구의 급팽창만이 지속되고 있어 '빈곤의 도시화', 또는 '빈곤의 지리적 집중화'가 심화되고 있는 것이다. 그럼에도 불구하고 아프리카 도시화에 주목하는 이유는 도시가 가장 많은 경제적 가치를 만들어내는 지리적 공간으로, 국가경제성장의 발전소(powerhouse) 역할을 담당하기 때문이다. 오늘날 전 세계 GDP의 80%는 도시에서 창출되고 있다는 점이 이를 뒷받침하고 있다. 현재까지 아프리카의 도시화는 공업화 또는 산업화와는 무관하게 진행되어온 것이 사실이지만, 이제 아프리카국가들은 도시개발을 적극적으로 시행하고 있다.

12억 5,000만 명 아프리카 인구[4] 중 도시인구는 높은 출산율과 농촌으로부터의 인구유입이 함께 맞물리면서 빠르게 팽창하고 있는데, 도시인구 비중이 2030년에는 50%, 2050년에는 60%에 달할 것으로 전망되고 있다. 아프리카에서 도시인구가 가파르게 증가하고 있는 가운데 농촌인구도 계속해서 증가하는 것처럼 아프리카에서의 도시화는 농촌인구의 감소를 의미하지는 않는다. 이러한 특징은 다른 지역의 도시화와 크게 대비되는 점이라고 할 수 있다. 아프리카 도시인구는 중소도시를 중심으로 빠르게 증가하고 있는데, 통계에 따르면 50만 명 이하의 중견도시에 거주하는 인구가 도시 전체 인구의 70% 이상을 차지하고 있다고도 한다. 오는 2030년까지 아프리카가 전 세계에서 가장 빠른 도시인구 증가율을 보일 것으로 전망되는 것도 이러한 이유에 기인한 것이다. 그뿐 아니라 글로벌 컨설팅 그룹 맥킨지(McKinsey)는 2034년 아프리카의 노동가능 인구는 인도와 중국을 추월하고 가장 젊은 대륙으로 부상할 것으로 예측하고 있다.

아프리카 주요 도시에서는 이동통신, 금융, 부동산, 서비스 산업이 발전하고 있다. 나이지리아 최대 상업도시인 라고스의 소비계층 인구는 2025년에 620만 명에 이를 것으로 전망되고 있다. 무엇보다도 전체 아프리카 인구 중 20~30%를 차지하며 점점 증가추세에 있는 연 수입 4만에서 5만 달러인 중산층(Black Diamond)이 눈여겨 소비계층이다. 전체적으로 의식주에 대한 지출비중이 높지만, 이들의 소비성향으로 인해 가구, 가전제품, 모바일기기등은 물론 레저, 건강식품, 인스턴트식품, 의료서비스, 다양한 형태의 배달서비스 등 선택적 소비가 지속적으로 증가하고 있는 추세이다. 전통시장이 여전히 강세이지만 도시화와 더불어 현대적 복합 대형 쇼핑몰들이 늘어나는 현상에 주목해야 한다.

이러한 환경변화를 고려하여 아프리카국가들은 지속가능한 도시개발을 국가발전전략의 핵심으로 다루고 있는데, 도시개발정책 정비, 물적 및 제도적 인프라 확충, 신도시 개발, 도시생산기반 구축 등을 주요 골자로 하고 있다. 도시는 가장 많은 인구가 밀집해 있고, 또한 가장 많은 경제적 가치를 만들어낼 수 있는 공간으로 도시개발은 국가발전과 직결되는데, 현재 아프리카국가 차원의 종합적인 도시개발 청사진을 마련한 상태이다.

아프리카는 식민지배의 경험, 독립, 민주화 과정 등의 정치적 궤적을 밟아왔고, 급속한 경제, 사회, 문화의 변화를 경험하고 있다는 점과 집단의 정체성을 강조하는 문화는 우리나라와 역사적, 현대적인 공유 접점이 풍부한 편이다. 강조하자면 공공외교의 축인 연성권력(soft power)적 접근이 상호용이하다는 장점을 가지고 있다는 것이다. 이러한 점을 감안한다면 우리나라와 아프리카는 앞으로 서로 우호를 증진하고, 협력하고 결과적으로 상호발전할 수 있는 기회가 무궁무진한 관계라고 할 수 있다.

최근에 아프리카에서 휴대전화와 전자제품 그리고 K-팝, K-드라마를 비롯하여 뷰티, 관광, 한식 등의 상품과 서비스가 인기를 얻고 있다. K-팝이야 세계적 추세라 하지만, "빨리 가려면 혼자가고, 멀리가려면 함께 가라", "우리가 없으면 내가 없다" 등 아프리카 속담에서 나타나듯이 공동체와 가족을 중시하는 그들의 문화와 절제된 사랑 그리고 가족과 집단중심의 문화를 표방하는 우리나라 사극과 드라마가 아프리카인들에게도 인기있다는 점에 주목해야한다. 우리나라와 아프리카는 경제적일 뿐아니라 정서적으로도 문화적으로도 더욱 가까워지고 있다.

지금까지의 원조나 구제와 같은 시혜적인 차원의 교류에서 벗어나 보다 상생의 협력관계를 모색해야 한다. 우리 입장에서 볼때도, 경제적으로 아프리카 대륙이 갖고 있는 소비시장으로서의 잠재력과 장기적으로 생산기지로서의 활용 가능성이 매우 크며, 정치적으로는 향후 우리의 공공외교와 국제개발협력외교 및 통일외교의 중요한 지원세력이 될 수 있기 때문이다.

이러한 견지에서 아프리카의 개발수요와 우리나라의 능력을 감안하여 중점협력 분야를 제안하고, 분야별 협력방안을 아래에 요약해 보았다.

농업부문에서는 아프리카의 농업개발 여건과 우리나라의 공급능력 또는 지원역량 등을 감안하면, 기술협력이나 역량배양 지원 그리고 스마트 파밍(smart farming)에 초점을 맞추는 것이 바람직하다. 아프리카의 농업발전은 단순히 원조자금만으로 해결될 수 없다는 그동안의 경험을 고려했을 때 자생적으로 농업발전을 주도할 수 있도록 기술적인 역량을 키워주는 것이 더 합리적이라 판단된다.

그에 더해 농산물 가공기술의 전수와 투자가 필요할 것으로 판단되는데 현재 아프리카 대부분의 국가들은 가공시설이 부족하여 농산물을 원료 형태로 수출하고 부가가치가 높은 가공 농산품은 수입에 의존한다. 따라서 고용창출, 농가소득 및 수출증대로 이러질 농산물 가공훈련 센터나 복합 가공단지 등을 조성하여 농가공산업 육성에 대한 지원이 필요하며, 그와 더불어 유통시장에 적극적 참여가 요구된다.

특히, 우리나라는 중국과 아시아·북미 등의 현지화 전략 성공사례에 기반하여 아프리카 소매유통시장에 진입하는데 유리할 것으로 평가된다. 지금까지 아프리카에 현지 물류거점이 존재하지는 않고 있다. 아프리카 자유무역협정 체결로 더욱 확대될 시장의 가치사슬에 중심이 될 거점지역을 선택하는것이 방안이다. 거점지역을 기반으로 한국과 현지 상품의 공동물류센터를 설치운영하여 현재 남아프리카와 나이지리아 기업이 거의 독점하고 있는 광범위한 소매유통망에 진출할 전략적 방안을 검토할 필요가 있다.

소규모 관개시설 건설을 통한 인프라 지원도 계속 확대할 필요가 있다. 아프리카 농업은 빗물에 전적으로 의존하는 형태로 가뭄에 취약한데, 농업생산의 안정성을 확보하기 위해서는 지속적으로 물을 공급할 수 있는 안정적인 설비구축이 필요하다. 그렇지 않은 상황에서 우수한 개량종자나 새로운 농법 등의 도입은 큰 의미가 없을 것이다.

아프리카의 환경과 우리나라 지원역량 고려하면 저렴한 비용으로 지원할 수 있는 미량관개(micro irrigation) 방법으로 접근하는 것이 효과적일 것이다. 이를 위해서는 아프리카의 해당지역 환경에 대한 정밀한 과학적 진단이 전제되어야 한다. 어느 지역에서는 호수나 하천 등 수자원이 풍부하여 관개시설 설치를 통해 물을 효율적으로 이용할 수 있는 반면, 다른 지역에서는 전통적인 관개시설 확충이 비경제적이거나 타당성이 크게 떨어지기 때문이다. 협력대상국과의 공동협업을 통해 충분한 데이터를 확보한다면 이러한 형태의 기술지원으로 아프리카 지역 내 농업환경을 상당부분 개선할 수 있을 것으로 판단된다.

환경 분야에서는 환경관리 역량 지원 협력을 고려해 볼 수 있다. 아프리카 대륙의 대부분의 국가들은 환경문제에 대한 인식 수준이 낮고, 환경관리 역량 또한 심각하게 부족한 것이 현실이다. 이런 환경을 고려 정책 및 제도 정비, 환경조직 정비, 기술전수 등과 같은 소프트웨어적 역량강화 지원과 장비지원이 병행되어야 할 것이다. 현재 국내 환경 관련 부처에서는 연수생 초청사업 등 우리의 환경정책 경험과 기술을 전수하는 인적자원개발 사업을 실시해오고 있는데, 환경문제가 빈곤에 미치는 포괄적 성격과 이해하고 이를 확대해나갈 필요가 있다.

더불어 우물개발 및 상수도 공급 등 식수개발사업도 확대할 필요가 있다. 아프리카에서는 오염된 식수를 그대로 마셔야 하는 상황이 다반사이고 이 때문에 각종 수인성 질병에 그대로 노출되어 있다. 우리나라는 그동안 마을 공동우물개발, 수자원개발 마스터플랜(M/P) 수립 지원, 수질 모니터링 등 개발협력 사업을 전개해왔으며 나름대로 적지 않은 성과를 거두었다. 앞으로는 이들 사업 이외에도 상수도 공급 등 개발협력의 사업 범위를 확대할 필요가 있다.

아프리카에서는 가까운 곳에서 깨끗하고 풍부한 우물물이나 하천수를 얻기가 어렵게 때문에 먼 곳에 있는 물을 다량으로 공급할 수 있는 상수도가 필요하다. 특히 도시 또는 그 주변 지역으로 인구 유입이 가속화되면서 대규모 밀집지역이 빠르게 생겨나는데, 이 지역 주민들에게 물을 공급하기 위해서는 상수망의 확충이 절대적으로 필요한 상황이다.

이와 더불어 오폐수 및 폐기물 처리 지원도 절대적으로 중요하다. 아프리카는 도시화가 빠르게 진행되면서 인구밀집 지역을 중심으로 오폐수와 폐기물이 넘쳐나고 있으나, 하수 처리시설과 폐기물 처리시설이 절대적으로 부족하여 하천으로 방류하거나 길거리 등에 그대로 방치하고 있다. 따라서 사람들은 오염된 물을 식수로 사용할 수밖에 없는데 이것이 보건과 건강에 직접적인 위협이 되고 있다.

인구의 도시집중화 현상이 가속화되면서 폐기물도 급증하는데, 아프리카 대부분의 국가들은 이를 처리할 능력이 없어 여러 전염병이 창궐하고 있다. 그동안 우리나라는 동남아시아, 중국, 중동 등 여러 나라에서 오폐수 및 폐기물 처리사업을 실시한 경험이 있다. 이런 분야에 대한 기술협력과 동시에 이 분야 시장진출을 검토해 볼 수도 있을 것이다.

환경 분야와 더불어 관광자원개발의 적극적 참여이다. 아프리카 각국은 자원국이든 비자원국이든 천혜의 자연조건을 가지고 있어 외화유치와 함께 다방면의 산업을 활성화할 수 있는 관광정책에 심여를 기울이고 있다. 관광산업은 건설, 인프라, 지역 제조업 및 소비재 시장 등 다양한 산업경제를 활성화하며 거시경제적으로는 외화수입 및 국내 소비시장을 활성화 효과를 가지고 있다고 평가되고 있다. 아프리카 자유무역협정 시행과 더불어 상대적으로 제조업 분야가 취약해 성장에 불안감을 느끼는 나라까지도 선택할 수 있는 정책이다. 우리의 관광자원개발 경험, 특히 지방자치 후 '지역경제 살리기' 모델을 토대로 관광자원 상업화를 위한 관광인프라 건설을 포함한 관광자원개발과 마케팅 그리고 운영자문 등이 진출이 가능한 부분이다.

다음으로 아프리카의 경제성장에서 가장 장애요인이 인프라 부문이다. 아프리카의 인프라 여건은 워낙 낙후되어 빈곤문제와 직결된다. 인프라는 '지속가능한 성장'을 위한 필수 전제조건으로 생산 및 물류비용을 절감시켜 경제 및 사회발전에 기여하지만, 아프리카에서는 이것을 기대하기 어려운 것이 현실이다. 아프리카 인구의 40% 정도가 사는 내륙국가(15개국)에서 인프라 문제는 더욱 심각하며 몇몇 지역은 도시인구의 증가에도 불구하고 개발동력을 상당부분 상실한 상태라고 평가받고 있다.

아프리카 각국 정부는 인프라 개발에 총력을 기울이고 있으나, 열악한 재정사정으로 여의치 않은 상황이다. 도시화에 따른 주택, 오피스, 쇼핑센터 등 생활인프라 건설에 대한 요구 뿐 아니라 사회간접자원 인프라 건설은 더욱 요원하다. 이에 민자사업 유치에 사활을 걸지만, 투자회수 기간이 비교적 짧고 투자 수익률이 상대적으로 높은 통신 분야 이외에는 그 실적이 미미하다. 사실 도로, 철도, 항만, 공항 등 운송부문과 전력 인프라는 사업 성격상 투자 회수기간이 길고 사업 리스크도 높기 때문에 외국자본 유치가 용이하지 않다. 게다가 일부 국가를 제외하고는 국가신용등급이 극히 낮기 때문에 국제금융시장에서의 자금조달도 용이하지 않다. 아프리카의 이러한 현실에서 국내 수출신용기관(ECA)의 단독 지원은 기대하기 어렵다. 따라서 아프리카 인프라 사업에서 경험과 노하우, 그리고 정보력을 축적한 다자개발은행(MDB)이나 양자개발금융기관(DFI) 등과의 협조융자(Co-financing) 방식으로 자금 지원을 확대해나갈 필요가 있다.

최근 중국의 일대일로 정책에 따라 대형 인프라 분야에 대한 중국의 투자가 늘어나고 있는 것도 현실이지만, 이는 중국의 이해관계가 걸린 자원확보와 항만과 철도 등에 자원 운송망에 집중되어 있는 상황이고 해당 지역발전의 필수적인 에너지망 구축 등의 분야는 아직 미진하다.

아프리카는 발전량 부족도 문제이지만, 송전망 등 전력 인프라도 절대적으로 부족하여 전력이 안정적으로 공급되지 못하고 있다. 우리나라는 그동안 탄자니아, 가나, 에티오피아 등의 전력망 사업에 EDCF 자금을 지원한 경험이 있다. 따라서 발전소 플랜트 사업 등과 연계한다면 아프리카국가들과 우리나라 모두가 이익을 얻는 협력이 가능할 것이다.

마지막은 이 책의 원저자 역시 가장 중요하게 강조했던 인적자원개발 지원 분야인데 이것은 경제성장과 빈곤퇴치 및 정치문화 개선을 위해 필요한 핵심요소라 할 것이다. 한 국가가 지속가능하고 포괄적인 성장을 이루기 위해서는 노동력의 양적 확대뿐만 아니라 질적 향상 또한 필수이다. 교육을 통해 인재를 양성하고 불합리한 전통과 단절된 문화기반을 갖춘 세대가 늘어난다면 아프리카의 미래는 분명이 개선될 수 있을 것이다.

지금까지 유사한 사례에 대한 우리나라의 직업교육훈련 협력은 주로 직업훈련원을 지어주고 기자재를 제공하는 하드웨어 중심의 지원이 주였다. 그러나 실제로 아프리카의 지속가능하고 참여적인 경제성장을 위해서는 민간부문의 수요에 맞춤화된 기술 인력을 양성해야 하고 이들이 적절한 일자리로 이동할 수 있도록 실제적인 협력을 강화하여야 할 것이다. 직업교육훈련으로 양성된 인력이 노동시장에서 성공적으로 일자리를 얻을 수 있도록 정확한 수요 파악과 이에 기반한 훈련 프로그램 운영 및 취업서비스가 필요한 것이다. 이에 더해 대학 간 파트너십 구축을 통한 고등교육 역량 강화에도 역점을 둘 필요가 있다. 아프리카국가별 우수대학을 거점대학으로 선정하고 우리나라 대학과 파트너십을 구축하여 고등교육을 강화함과 동시에 농업, 과학기술, ICT, 환경 등 핵심 분야에 대한 공동연구를 추진하는 방안을 고려할 수 있을 것이다.

대학 간 파트너십 구축은 아프리카 고등교육기관의 역량강화 측면에서뿐만 아니라 우리나라 아프리카 지역 경제협력 사업의 지역전문성과 체계성, 지속가능성을 제고하는 데도 기여할 수 있을 것이다. 한국의 전문가 파견과 자문을 통한 기존 지원이 갖는 지역 전문성의 한계를 현지 대학과 연계하여 보완할 수도 있을 것이다.

이상과 같이 농업, 유통, 환경, 관광, 인프라, 인적자원개발 각각에 대해 제시한 세부 중점협력 분야별 사업도 프로젝트식 지원뿐 아니라 각 부분을 연계, 조합하여 프로그램 방식 등으로 충분히 접근할 수 있다. 예를 들어, 상하수도 분야에서 KSP 차원의 관련 부처 대상 정책컨설팅을 바탕으로 상하수도 관리 마스터플랜을 수립하고, 이를 기반으로 수출입은행 EDCF 자금을 활용하여 상하수도 개발 차관사업을 추진하며 KOICA 무상자금을 활용하여 수원기관의 조직 및 인적 역량강화를 위한 기술협력을 추진할 수 있을 것이다. 그 외로 선별적으로 시행하고 있는 민관합작투자사업(PPP)의 확대 방안을 모색할 필요도 있다. 민관합작투자사업의 확대는 국내기업의 아프리카 진출에 디딤돌이 될 수 있을 것이다.

일본의 경우의 경우를 간단히 살펴보자. 2010년 이후 중국의 아프리카시장 지배력이 강화되고 유럽·인도 등과의 경쟁이 심화되면서 일본상사들은 새로운 아프리카 진출전략구상을 하면서 정부지원의 확대와 더불어 외국기업들과의 제휴 및 인수를 통해 경쟁력을 강화하고 있다. 특히, 외국계 기업으로는 프랑스 기업을 가장 선호하는데 이는 일본상사들이 취약한 불어권 국가에 거점을 구축하기 위함이다. 사업 다각화 측면에서도 기존 자원개발과 플랜트 중심에서 금융, IT, 쇼핑센터 운영 등 으로 확대하고 있다.

불과 얼마 전까지만 해도 우리에게 아프리카는 거의 모든 측면에서 비중 있게 다루어지지 않았고, 그 결과 개발원조를 포함한 경제협력 규모는 미약할 수밖에 없었다. 물론 아프리카는 내전 등으로 정정이 극히 불안했을 뿐만 아니라 경제적으로도 협력 파트너로서의 면모를 갖추지 못했다. 그런데 2000년대 초반 이후 아프리카가 정치적 안정과 자원개발 잠재력 등이 결부되면서 21세기 새로운 협력 파트너로 급부상하는 가운데, 우리나라는 글로벌 리더십을 강조하며 아프리카에 대한 원조를 획기적으로 늘려가고 있다.

아프리카에 대한 우리의 개발원조는 2006년의 '아프리카 개발을 위한 한국의 이니셔티브'를 계기로 급속히 늘어났다. 중요한 것은 이러한 원조의 양적 확대 못지않게 질적 확대와 경제협력의 상호이익 증대를 통한 내실화일 것이다.

경제적, 사회적, 문화적 협력의 내실화를 최대한으로 발휘하기 위해서는 협력 분야에서도 '선택'과 '집중'이 필요한데, 이는 제한된 자원의 효율적 활용은 물론 해당 국가의 산업발전에 실질적으로 기여하는 효과적인 방법이기도 하다. 특정 분야에 대한 집중지원 방식은 해당 국가의 장기적 개발계획에 의거한 체계적인 지원이 가능하므로 사업의 효율화를 기할 수 있다. 이를 위해서는 우리의 공급 능력 또는 비교우위 분야를 파악하고, 이들 가운데 상대국에 가장 절실히 필요한 협력 분야가 무엇인지를 발굴하는 작업이 선행되어야 한다.

아프리카 개발협력 방안에 관한 기존의 실적과 제안이 없는 것은 아니지만, 이들 대부분은 큰 틀에서 몇 가지 추진 방향만을 제시하고 분야별 협력방안에 대한 논의는 충분하게 이루어지지 않았다.

이 번역서는 바로 이러한 배경과 문제인식에서 출발하였다. 이 책은 서구사회에서 이해하는 아프리카의 모습이 아닌 아프리카인이 말하고자 하는 아프리카의 본모습을 독자들에게 제공하고자 하였다.

✻ 주

1) 주요목표는 '기업인과 투자자의 자유로운 이동으로 상품과 서비스에 대한 단일대륙시장 창출', '지역경제공동체를 가로질러 아프리카대륙내부에서의 무역확장', '아프리카 대륙의 경쟁력 강화 및 경제혁신지원'으로 구성되어 있다.
2) 아프리카연합(AU)은 2022년까지 90%의 상품에 대한 관세를 철폐하여 아프리카대륙 내 무역을 53% 이상 증가시킨다는 계획이다. 국제통화기금(IMF)도 AfCFTA에서 상품에 대한 관세가 철폐된다면, 2040년까지 역내 무역 규모가 15~25% 증가할 것으로 경제전망보고서에 기술하고 있다. 정식으로 발효되면서 아프리카는 12억 5,000만명의 인구를 토대로 미국 달러로 2조 2,000억 달러에서 3조 4,000억 달러 사이의 시장을 창출할 것으로 예상되고 있다.
3) 1945년 제2차 세계대전이 끝나자 식민지 해방의 바람은 반둥회의를 계기로 아프리카까지 이어졌다. 일명 AA(아시아·아프리카)회의라고도 하는 이 국제회의는 인도네시아·스리랑카·미얀마·인도·파키스탄 5개국의 발의로 인도네시아 반둥에서 1955년 4월 18일 개막했다. 아시아와 아프리카의 29개국 대표단이 참여해 식민주의 종식을 촉구하고 비동맹그룹 결성을 선언했다. 그 여파로 1956년 아프리카 북부 수단·튀니지·모로코가 독립한 데 이어 1957년 가나가 해방했다. 반둥회의 이전에 독립한 아프리카국가는 에티오피아와 함께 라이베리아(1847년)·이집트(1922년)·남아프리카공화국(1931년)·리비아(1951년) 5개국에 지나지 않았다. 1960년은 '아프리카의 해'로 불린다. 카메룬(1.1)을 시작으로 토고(4.27), 마다가스카르(6.26), 콩고민주공화국(6.30), 소말리아(7.1), 베냉(8.1), 니제르(8.3), 부르키나파소(8.5), 코트디부아르(8.7), 차드(8.11), 중앙아프리카공화국(8.13), 콩고공화국(8.15), 가봉(8.17), 세네갈(8.20), 말리(9.22), 나이지리아(10.1), 모리

타니(11.28)가 차례로 식민지에서 벗어났다. 기니(1958년), 시에라리온·탄자니아(1961년), 알제리·브룬디·르완다·우간다(1962년), 케냐(1963년), 말라위·잠비아(1964년), 감비아(1965년), 레소토·보츠와나(1966년) 등이 잇따라 독립을 선언했다. 1990년대 들어서는 나미비아(1990년)와 에리트레아(1993년)가 독립국 대열에 합류했으며 2011년 남수단이 맨 마지막으로 분리독립했다.

4) UN보고서에 따르면 아프리카 인구는 2050년은 25억 명, 2100년에는 44억 6,000민 명을 예상하고 있다.

참고문헌

Achebe, C. (1965), 'English and the African writer', *Transition*, 18, pp. 27–30.

ACLED (2017), *Conflict Trends (no. 55). Real-time Analysis of African Political Violence*, February 2017, https://reliefweb.int/sites/reliefweb.int/files/resources/ACLED_Conflict-Trends-Report-No.55-February-2017-pdf.pdf (accessed 13 August 2018).

Adams, W., Goudie, A. & Orme, A. (eds) (1999), *The Physical Geography of Africa* (Oxford: Oxford University Press).

Adesina, O. et al. (eds) (2016), *Innovation Africa: Emerging Hubs of Excellence* (Bingley: Emerald Group Publishing).

Adibe, J. (2009), *Who is an African? Identity, Citizenship and the Making of the Africa-Nation* (London: Adonis & Abbey Publishers).

Adichie, C. (2009), *The danger of a single story, TED Talk*, https://www.ted.com/talks/chimamanda_adichie_the_danger_of_a_single_story (accessed 13 August 2018).

AfDB (2011), *African economic outlook 2011: Africa and its emerging partners*, www.afdb.org/fileadmin/uploads/afdb/Documents/Generic-Documents/Media_Embargoed_Content/EN-AEO_2011_embargo%206%20Juin.pdf (accessed 29 June 2016).

AfDB (2012), *African economic outlook 2012: Promoting youth employment in Africa*, www.africaneconomicoutlook.org/sites/default/files/content-pdf/AEO2012_EN.pdf (accessed 3 July 2016).

AfDB (2013), *Financial inclusion in Africa.* https://www.afdb.org/fileadmin/uploads/afdb/Documents/Project-and-Operations/Financial_Inclusion_in_Africa.pdf (accessed 13 August 2018).

AfDB (2014), *Tracking Africa's Progress in Figures*, www.afdb.org/fileadmin/uploads/afdb/Documents/Publications/Tracking_Africa%E2%80%99s_Progress_in_Figures.pdf (accessed 16 July 2016).

AfDB (2015), *African Economic Outlook 2015: Regional Development and Spatial Inclusion*, www.africaneconomicoutlook.org/en/telechargements (accessed 6 July 2016).

AfDB (2016), *African Economic Outlook 2016: Sustainable Cities and Structural Transformation*, www.africaneconomicoutlook.org/en/ (accessed 17 July 2016).

Africa Centre for Security Studies (2016), 'Overlapping effects of autocracy and conflict in Africa', Africa Center for Strategic Studies, https://africacenter.org/spotlight/autocracy-conflict-africa/ (accessed 30 June 2017).

African Economic Outlook (2015), *Regional Development and Spatial Inclusion*, www.africaneconomicoutlook.org/fileadmin/uploads/aeo/2015/PDF_Chapters/Overview_AEO2015_EN-web.pdf (accessed 27 July 2017).

African Economic Outlook (2017), *Entrepreneurship and Industrialisation*, www.africaneconomicoutlook.org/en (accessed 27 July 2017).

Africa Progress Report (2015), *Power, People, Planet: Seizing Africa's Energy and Climate Opportunities.*

Afrobarometer (2016), *Do Africans Still Want Democracy?*, http://globalreleases. afrobarometer.org/global-release/pp36-do-africans-still-want-democracy (accessed on 27 July 2017).

Afrobarometer (2016a), *Do Trustworthy Institutions Matter for Development? Corruption, Trust, and Government Performance in Africa*, http://afrobarometer. org/sites/default/files/publications/Dispatches/ab_r6_dispatchno112_trustworthy_institutions_and_development_in_africa.pdf (accessed 27 July 2017).

Aker, J. & Mbiti, I. (2010), 'Mobile phones and economic development in Africa', *Journal of Economic Perspectives*, 24, 3, pp. 207–232.

Alegi, P. (2010), *African Soccerscapes* (Athens: Ohio University Press).

Alesina, A., Easterly, W. & Matuszeski, J. (2011), 'Artificial states', *Journal of the European Economic Association*, 9, 2, pp. 246–277.

Amin, S. (1973), *Neo-colonialism in West Africa* (London: Penguin African Library).

Anderson, D. (2006), *Histories of the Hanged: Britain's Dirty War in Kenya and the End of Empire* (London: Weidenfeld & Nicolson).

Anderson, D. & McKnight, J. (2015), 'Kenya at war: Al-Shabaab and its enemies in Eastern Africa', *African Affairs*, 114, 454, pp. 1–27.

Asante, M. (2015), *The History of Africa: The Quest for Eternal Harmony* (Abingdon: Routledge).

AU (2000), *Constitutive Act of the African Union.* https://au.int/sites/default/files/pages/32020-file-constitutiveact_en.pdf

AU (2003), *Protocol on the Amendments to the Constitutive Act of the African Union*, https://www.au.int/web/sites/default/files/treaties/7785-file-protocol_amendments_constitutive_act_of_the_african_union.pdf

AU (2005), *Meeting of Experts on the Definition of the African Diaspora*, https://au.int/sites/default/files/treaties/7785-treaty-0025_-_protocol_on_the_amendments_to_the_constitutive_act_of_the_african_union_e.pdf (accessed 13 August 2018).

AU (2012), *Declaration of the Global African Diaspora Summit*, https://au.int/sites/default/files/treaties/7785-treaty-0025_-_protocol_on_the_amendments_to_the_constitutive_act_of_the_african_union_e.pdf (accessed 13 August 2018).

AU (2014a), *The Common African Position*, https://au.int/sites/default/files/documents/32848-doc-common_african_position.pdf

AU (2014b), *African Union Handbook 2014*, www.un.org/en/africa/osaa/pdf/au/au-handbook-2014.pdf

AU (2017), *African Union Handbook 2017*, https://www.au.int/web/sites/default/files/pages/31829-file-african-union-handbook-2017-edited.pdf

AU Commission (2015), *Agenda 2063 Framework Document: 'The Africa we want,'* www.un.org/en/africa/osaa/pdf/au/agenda2063-framework.pdf

Baker & McKenzie (2015), *Spanning Africa's Infrastructural Gap: How Development Capital Is Transforming Africa's Project Build-out*, The Economist Corporate Network, http://ftp01.economist.com.hk/ECN_papers/Infrastructure-Africa

Bakewell, O. & De Haas, H. (2007), 'African Migrations: Continuities, discontinuities and recent transformations', in L. de Haan, U. Engel. & P. Chabal (eds), *African Alternatives* (Leiden: Brill).

BarbieSaviour, www.barbiesavior.com/ (accessed 13 August 2018).

Barrow, O. & Jennings, M. (2001), *The Charitable Impulse: NGOs & Development in East and North-East Africa* (Oxford: James Currey).

Bates, R. (1981), *Markets and States in Tropical Africa: The Political Basis of Agricultural Policies* (Berkeley, CA: University of California Press).

Ben-Ari, N. (2014), *Big dreams for Rwanda's ICT sector*, www.un.org/africarenewal/magazine/april-2014/big-dreams-rwanda%E2%80%99s-ict-sector (accessed 30 June 2017).

Berg, E. (1981), *Accelerated Development in Southern Africa: An Agenda for Africa* (Washington, DC: World Bank).

Biddle, I. & Knights, V. (2007), *Music, Identity and the Politics of Location: Between the Global and the Local* (Aldershot: Ashgate).

Blas, J. (2014), 'Equatorial Guinea: Squandered riches', *The Financial Times*, 3 February.

Bøås, M. & Dunn, K. (2007), *African Guerrillas Raging Against the Machine* (Boulder, CO: Rienner).

Boni, S. (1999), 'Striving for Resources or Connecting People? Transportation in Sefwi (Ghana)', *The International Journal of African Historical Studies*, 32, 1, pp. 49–70.

Braathen, E., Bøås, M., Sæther, G. (eds) (2000), *Ethnicity Kills?: The Politics of War, Peace and Ethnicity in Sub-Saharan Africa* (London: Palgrave Macmillan).

Brautigam, D. (2009), *The Dragon's Gift: The Real Story of China in Africa* (Oxford: Oxford University Press).

Brautigam, D. (2015), '5 myths about Chinese investment in Africa', *Foreign Policy*, http://foreignpolicy.com/2015/12/04/5-myths-about-chinese-investment-in-africa/ (accessed 17 June 2016).

Brendon, P. (2008), *The Decline and Fall of the British Empire, 1781–1997* (New York: Alfred A. Knopf).

Brenner, L. (1993), *Muslim Identity and Social Change in Sub-Saharan Africa* (Bloomington, IN: Indiana University Press).

Burke, J. (2017), 'Witnesses say dozens killed in al-Shabaab attack on Kenyan troops', *Guardian*, 27 January.

Butler, K. (2000), 'From black history to diasporan history: Brazilian abolition in Afro-Atlantic context', *African Studies Review*, 43, 1, pp. 125–139.

Cain, P. & Hopkins, A. (2002), *British Imperialism, 1688–2000* (Harlow: Longman).

Cederman, L., Wimmer, A. & Min, B. (2010), 'Why do ethnic groups rebel? New data and analysis', *World Politics*, 62, 1, pp. 97–119.

Chamberlain, M. (2010) *The Scramble for Africa* (Harlow: Longman).

Chabal, P. & Daloz, J. (1999), *Africa Works: Disorder as Political Instrument* (Oxford: James Currey).

Charry, E. (2012), *Hip Hop Africa: New African Music in a Globalizing World* (Bloomington, IN: Indiana University Press).

Chazan, N. (1999), *Politics and Society in Contemporary Africa* (Boulder, CO: Lynne Rienner Publishers).

Cheeseman, N. (2010), 'African elections as vehicles for change', *Journal of Democracy*, 21, 4, pp. 139–153.

Cheeseman, N., Anderson, D. & Scheibler, A. (2014), *Routledge Handbook of African Politics* (London: Routledge).

China Statistical Yearbook, 2000–2015, www.stats.gov.cn/english/statisticaldata/AnnualData/ and www.stats.gov.cn/tjsj/ndsj/2015/indexeh.htm (17 June 2016).

Cilliers, J. and Schünemann, J. (2013), 'The future of intrastate conflict in Africa: More violence or greater peace?', ISS Paper No. 246.

Clapham, C. (1996), *Africa and the International System: The Politics of State Survival* (Cambridge: Cambridge University Press).

Clapham, C. (1998), *African Guerrillas* (Oxford: James Currey).

Climate Change Vulnerability Index (2016), *Climate Change Vulnerability Index 2017*, http://reliefweb.int/report/world/climate-change-vulnerability-index-2017 (accessed 5 August 2017).

Cohen, A. (2017), *The Politics and Economics of Decolonization in Africa: The Failed Experiment of the Central African Federation* (London: I.B.Tauris).

Collier, P. (2008), *The Bottom Billion: Why the Poorest Countries Are Failing and What Can be Done About It* (Oxford: Oxford University Press).

Collier, P. & Gunning, J. (1999), 'Why has Africa grown slowly?', *The Journal of Economic Perspectives*, 13, 3, pp. 3–22.

Collier, P. & Hoeffler, A. (2004), 'Greed and grievance in civil war', *Oxford Economic Papers*, 56, 4, pp. 563–595.

Collins, J. & Richards, P. (1989), 'Popular music in West Africa', in Frith, S. (ed) *World Music, Politics and Social Change* (Manchester: Manchester University Press).

Cooper, F. (1996a), *Decolonization and African Society: The Labor Question in French and British Africa* (Cambridge: Cambridge University Press).

Cooper, F. (1996b), '"Our strike": Equality, anticolonial politics and the 1947–48 railway strike in French West Africa', *The Journal of African History*, 37, pp. 81–118.

Cooper, F. (2002), *Africa Since 1940: The Past of the Present* (Cambridge: Cambridge University Press).

Cooper, F. (2005), *Colonialism in Question: Theory, Knowledge, History* (Berkeley, CA: University of California Press).

Curtin, P. (1971), 'Jihad in West Africa: Early phases and inter-relations in Mauritania and Senegal', *The Journal of African History*, 12, pp. 11–24.

Darby, P. (2002), *Africa Football and FIFA: Politics, Colonialism and Resistance* (London: Frank Cass).

Darwin, J. (1997), 'Imperialism and the Victorians: The dynamics of territorial expansion', *English Historical Review*, 112, 447, pp. 614–642.

Davidson, B. (1992), *The Black Man's Burden: Africa and the Curse of the Nation State* (London: James Currey).

Davis, N. (1978), 'The Angolan Decision of 1975: A personal memoir', *Foreign Affairs*, 57, 1, pp. 109–124.

de Waal, A. (2004), 'Counterinsurgency on the cheap', *London Review of Books*, 26, 15, pp. 25–27.

de Waal, A. & Abdel Salam, A. (2004), 'Islamism, state power, and jihad in Sudan', in A. de Waal (ed), *Islamism and its Enemies in the Horn of Africa* (Bloomington, IN: Indiana University Press).

de Waal, A. & Ibreck, R. (2013), 'Hybrid social movements in Africa', *Journal of Contemporary African Studies*, 31, 2, pp. 303–324.

de Witte, L. (2002), *The Assassination of Lumumba* (London: Verso).

Decalo, S. (1990), *Coups and Army Rule in Africa* (New Haven, CT: Yale University Press).

Des Forges, A. (1999), *'Leave None To Tell The Story': Genocide in Rwanda* (New York: Human Rights Watch).

Diamond, L. (1997), *The Prospects for Democratic Development in Africa* (Stanford, CA: Hoover Institution on War and Peace).

Dike, K. (1956), *Trade and Politics in the Niger Delta, 1830–1885; An Introduction to the Economic and Political History of Nigeria* (Oxford: Clarendon Press).

Dowd, C. & Raleigh, C. (2013), 'Briefing: The myth of global Islamic terrorism and local conflict in Mali and the Sahel', *African Affairs*, 112, 488, pp. 498–509.

Dwyer, M. (2017), *Soldiers in Revolt: Army Mutinies in Africa* (London: Hurst & Co.).

Dwyer, P. & Zeilig, L. (2012), *African Struggles Today: Social Movements Since Independence* (Chicago: Haymarket Books).

Economist Intelligence Unit (2017), *Democracy Index 2016: Revenge of the 'Deplorables'*.

Ehret, C. (2016), *The Civilizations of Africa: A History to 1800* (Charlottesville, VA: University of Virginia Press).

El Din, A. (2007), 'Islam and Islamism in Darfur', in A. de Waal (ed), *War in Darfur and the Search for Peace* (London: Justice Africa).

Ellis, S. (1999), *The Mask of Anarchy: The Destruction of Liberia and the Religious Dimensions of an African War* (London: C. Hurst).

Ellis, S. (2002), 'Writing histories of contemporary Africa', *The Journal of African History*, 43, 1, pp. 1–26.

Ellis, S. & ter Haar, G. (1998), 'Religion and politics in sub-Saharan Africa', *The Journal of Modern African Studies*, 36, 2, pp. 175–201.

Ellis, S. & van Kessel, I. (2009), *Movers and Shakers: Social Movements in Africa* (Leiden: Brill).

Engel, U. & Ramos, M. (2013), *African Dynamics in a Multipolar World* (Leiden: Brill).

Englebert, P. & Ron, J. (2004), 'Primary commodities and war: Congo-Brazzaville's ambivalent resource curse', *Comparative Politics*, 37, 1, pp. 61–81.

Englebert, P., Tarango, S. & Carter, M. (2002), 'Dismemberment and suffocation: A contribution to the debate on African boundaries'. *Comparative Political Studies*, 35, 10, pp. 1093–1118.

EU (2016), *Second Progress Report: First Deliverables on the Partnership Framework with third countries under the European Agenda on Migration*, https://eeas.europa.eu/sites/eeas/files/second-progress-report-1_en_act_part1_v11.pdf (20 July 2017).

Fage, J. (1969), 'Slavery and the slave trade in the context of West African history', *The Journal of African History*, 10, 3, pp. 393–404.

Falola, T. (2008), *Key Events in African History* (Westport, CT: Greenwood Press).

Fanon, F. (1967), *Black Skin, White Masks* (New York: Grove Press).

Fanon, F. (2001), *Wretched of the Earth* (London: Penguin Books).

FAO, IFAD and WFP (2015), *The State of Food Insecurity in the World 2015: Meeting the 2015 international hunger targets: Taking stock of uneven progress*, www.fao.org/3/a-i4646e.pdf (accessed 13 August 2018).

Faris, S. (2007), 'The real roots of Darfur', *The Atlantic*, www.theatlantic.com/magazine/archive/2007/04/the-real-roots-of-darfur/305701/ (accessed 20 June 2017).

Ferguson, J. (1994), *Anti-Politics Machine* (Minneapolis, MN: University of Minnesota Press).

Ferguson, N. (2004), *Empire: How Britain Made the Modern World* (London: Allen Lane).

Fieldhouse, D. (1973), *Economics and Empire, 1830–1914* (Ithaca, NY: Cornell University Press).

Fieldhouse, D. (1986), *Black Africa: Economic Decolonisation and Arrested Development* (London: Allen & Unwin).

Flahaux, M. & De Haas, H. (2016), 'African migration: Trends, patterns, drivers', *Comparative Migration Studies*, 4, 1, pp. 1–25.

Flint, J. (1983), 'Planned decolonization and its failure in British Africa', *African Affairs*, 82, 328, pp. 389–411.

Flint, J. (1999), 'Britain and the scramble for Africa', in Winks, R. (ed), *The Oxford History of the British Empire: Vol. 5* (Oxford: Oxford University Press).

Flint, J. & de Waal, A. (2005), *Darfur: A Short History of a Long War* (London: Zed Books).

Frankema, E. (2012), 'The origins of formal education in sub-Saharan Africa: Was British rule more benign?' *European Review of Economic History*, 16, pp. 335–355.

Freedom House (2018), *Freedom in the World 2018*, https://freedomhouse.org/report/freedom-world-2018-table-country-scores (accessed 13 August 2018).

Freund, B. (2007), *The African City: A History* (Cambridge: Cambridge University Press).

Foster, V. & Briceño-Garmendia, C. (2009), *Africa's Infrastructure: A Time for Transformation* (Washington, DC: World Bank).

Fuest, V. (2009), 'Liberia's women acting for peace: Collective action in a war-effected country', in Ellis, S. & van Kessel, I. (eds), *Movers and Shakers: Social Movements in Africa* (Leiden: Brill).

Gberie, L. (2003), 'ECOMOG: The story of an heroic failure', *African Affairs*, 102, 406, pp. 147–154.

Gberie, L. (2009), 'African civil society, "blood diamonds" and the Kimberley Process', in Ellis, S. & van Kessel, I. (eds), *Movers and Shakers: Social Movements in Africa* (Leiden: Brill).

Gerhart, G. & Glaser C. (2010), *From Protest to Challenge: Vol. 6 [Challenge and Victory, 1980–1990]* (Bloomington, IN: Indiana University Press).

Gleijeses, P. (2002), *Conflicting Missions: Havana, Washington, and Africa, 1959–1976,* (Berkeley, CA: University of North Carolina Press).

Global Witness (1998), 'A rough trade', https://www.globalwitness.org/en-gb/archive/rough-trade/ (accessed 26 June 2017).

Gonzalez-Garcia, J., Hitaj, E., Mlachila, M., Viseth, A. & Yenice, M. (2016) *Sub-Saharan African Migration: Patterns and Spillovers* (Washington, DC: IMF).

Gould, J. (2005), 'Conclusion: The politics of consultation', in Gould, J. (ed), *The New Conditionality. The Politics of Poverty Reduction Strategies* (London: Zed Books).

Graham, M. (2011), 'Covert collusion? American and South African relations in the Angolan Civil War, 1974–1976', *African Historical Review*, 43, 1, pp. 28–47.

Graham, M. (2015), *The Crisis of South African Foreign Policy* (London: I.B.Tauris).

Great Green Wall (2017), http://www.greatgreenwall.org/about-great-green-wall (accessed 13 August 2018).

Grossman, H. (1999), 'Kleptocracy and revolutions', *Oxford Economic Papers*, 51, 2, pp. 267–283.

Groth, H. & May, J. (2017), *Africa's Population: In Search of a Demographic Dividend* (Springer International).

Grove, A. (1993), *The Changing Geography of Africa* (Oxford: Oxford University Press).

GSMA (2016), *The Mobile Economy: Africa 2016.* https://www.gsma.com/mobileeconomy/africa/

GSMA (2017), *The Mobile Economy: Sub-Saharan Africa 2017.* https://www.gsmaintelligence.com/research/?file=7bf3592e6d750144e58d9dcfac6adfab&download (accessed 13 August 2018).

Gyimah-Boadi, E. (2015), 'Africa's Waning democratic commitment', *Journal of Democracy*, 26, 1, 101–113.

Harber, C. (2017), *Schooling in Sub-Saharan Africa: Policy, Practice and Patterns* (London: Palgrave Macmillan).

Hargreaves, J. (1988), *Decolonization in Africa* (London: Longman).

Hanlon, J. (1986), *Beggar Your Neighbours: Apartheid Power in Southern Africa* (Bloomington, IN: Indiana University Press).

Herbst, J. (2000), *States and Power in Africa* (Princeton, NJ: Princeton University Press).

Hershey, M. (2013), 'Explaining the non-governmental organisation (NGO) boom: The case of HIV/AIDS NGOs in Kenya', *Journal of Eastern African Studies*, 7, 4, pp. 671–690.

Hine, D., Keaton, T. & Small, S. (2009), *Black Europe and the African Diaspora* (Urbana, IL: University of Illinois Press).

Hintjens, H. (1999), 'Explaining the 1994 genocide in Rwanda', *The Journal of Modern African Studies*, 37, 2, pp. 241–286.

Hirsch, J. (2001), *Sierra Leone: Diamonds and the Struggle for Democracy* (London: Lynne Rienner Publishers).

Hobson. J. (1902), *Imperialism: A Study* (London: George Allen & Unwin).

Hodgkin, T. (1956), *Nationalism in Colonial Africa* (London: Frederick Muller).

Howard, A.M. (2010) 'Actors, places, regions, and global forces: An essay on the spatial history of Africa since 1700', in U. Engel and P. Nugent (eds), *Respacing Africa* (Leiden: Brill).

Howe, H. (1998), 'Private security forces and African stability: The case of executive outcomes', *The Journal of Modern African Studies*, 36, 2, pp. 307–331.

HRW (2015), *Equatorial Guinea*, https://www.hrw.org/africa/equatorial-guinea (accessed 7 May 2017).

HRW (2017), *AU's 'ICC Withdrawal Strategy' Less than Meets the Eye*, https://www.hrw.org/news/2017/02/01/aus-icc-withdrawal-strategy-less-meets-eye (accessed 24 July 2017).

Hubbell, A. (2001), 'A view of the slave trade from the margin: Souroudougou in the late nineteenth-century slave trade of the Niger Bend', *The Journal of African History*, 42, 1, pp. 25–47.

Huntington, S. (1991), *The Third Wave: Democratization in the Late Twentieth Century* (Oklahoma, OK: Oklahoma University Press).

Hyden, G. (2000), 'The governance challenge in Africa', in Hyden, G. (ed), *African Perspectives on Governance* (Trenton, NJ: Africa World Press).

Iliffe, J. (1995), *Africans: History of a Continent* (Cambridge: Cambridge University Press).

IMF (2014) *Africa Rising: Building to the Future Conference*, Maputo, Mozambique 29–30 May, www.africa-rising.org/ (accessed 20 April 2016).

IMF (2015), *Press Release: IMF Approves US$918 Million ECF Arrangement to Help Ghana Boost Growth, Jobs and Stability*, https://www.imf.org/external/np/sec/pr/2015/pr15159.htm (accessed 17 June 2016).

IMF (2016), *Regional Economic Outlook: Sub-Saharan Africa, Time for a Policy Reset* (Washington, DC: IMF).

IMF (2018), *Heavily Indebted Poor Countries (HIPC) initiative and Multilateral Debt Relief Initiative (MDRI): Statistical update*, www.worldbank.org/en/topic/debt/brief/hipc (accessed 12 June 2018).

Inikori, J. (1994) 'Ideology versus the tyranny of paradigm: Historians and the impact of the Atlantic slave trade on African societies', *African Economic History*, 22, pp. 37–58.

Inter-Parliamentary Union (2018), *Women in National Parliaments: 2018*, http://archive.ipu.org/wmn-e/classif.htm (accessed 12 June 2018).

IPCC (2014), *Climate Change 2014: Synthesis Report*. https://www.ipcc.ch/pdf/assessment-report/ar5/syr/SYR_AR5_FINAL_full_wcover.pdf (accessed 6 July 2017).

Jackson, R. (1993) *Quasi-States: Sovereignty, International Relations, and the Third World* (Cambridge: Cambridge University Press).

Jackson, R. & Rosberg, C. (1982a), *Personal Rule in Black Africa* (Berkeley: University of California Press).

Jackson, R. & Rosberg, C. (1982b), 'Why Africa's weak states persist: The empirical and the judicial in statehood', *World Politics*, 35, 1, 1–24.

Jackson, R. & Rosberg, C. (1984), 'Personal rule: Theory and practice in Africa', *Comparative Politics*, 16, 4, 421–442.

Jackson, S. (1995), 'China's Third World Foreign Policy', *The China Quarterly*, 142, pp. 388–422.

Jennings, M. (2013) 'NGOS', in Cheeseman, N., Anderson, D. & Scheibler, A. (eds), *Routledge Handbook of African Politics* (London: Routledge).

Jerven, M. (2013a), *Poor Numbers: How We Are Misled by African Development Statistics and What to Do About It* (Ithaca, NY: Cornell University Press).

Jerven, M. (2013b), 'For richer, for poorer: GDP revisions and Africa's statistical tragedy'. *African Affairs*, 112, 446, pp. 138–147.

Jerven, M. (2015), *Africa: Why Economists Get It Wrong* (London: Zed Books).

Joseph, G. (2001) 'African literature', in Gordon A. & Gordon, D. (eds), *Understanding Contemporary Africa* (Boulder, CO: Lynne Rienner).

Joseph, R. (1999), *State, Conflict and Democracy in Africa* (Boulder, CO: Rienner).

Judd, D. (2013), *The Boer War* (London: I.B.Tauris).

Juma, C. (2017), 'Leapfrogging progress: The misplaced promise of Africa's mobile revolution', *The Breakthrough*, 7, https://thebreakthrough.org/index.php/journal/issue-7/

Kane, A. & Leedy, T. (2013), *African Migrations: Patterns and Perspectives* (Bloomington, IN: Indiana University Press).

Kaplan, R. (1994), 'The coming anarchy', *Atlantic Monthly*, www.theatlantic.com/magazine/archive/1994/02/the-coming-anarchy/304670/ (accessed 15 February 2015).

Kapuscinski, R. (2003), *Gazeta Wyborcza*, 23 August.

Kaunda, K. (1974), *Humanism in Zambia and a Guide to its Implementation* (Lusaka: Division of National Guidance).

Keen, D. (1998), *The Economic Functions of Violence in Civil Wars* (Oxford: Oxford University Press).

Killingray, D. & Plaut, M. (2012), *Fighting for Britain: African Soldiers in the Second World War* (Woodbridge, ON: James Currey).

Klein, M. (1992), 'The slave trade in the western Sudan during the nineteenth century', in Savage, E. (eds), *The Human Commodity: Perspectives on the Trans-Saharan Slave Trade* (London: F. Cass).

Lafi, N. (2017), 'The "Arab Spring" in global perspective: Social movements, changing contexts and political transitions in the Arab world (2010–2014)', in Berger, S. & Nehring, H. (eds), *The History of Social Movements in Global Perspectives* (London: Palgrave Macmillan).

Larmer, M. (2010), 'Social movement struggles in Africa', *ROAPE*, 37, 125, pp. 251–262.

Lazarus, N. (1999), *Nationalism and Cultural Practice in the Postcolonial World* (Cambridge: Cambridge University Press).

Legacies of British Slave-ownership database, https://www.ucl.ac.uk/lbs/.

Legum, C. (1965), *Pan-Africanism: A Short Political Guide* (New York: Frederick A. Praeger, Inc.).

Legum, C. (1975), 'The organisation of African unity - success or failure?' *International Affairs*, 51, 2, pp. 208–219.

Liebau, H. (2010), *The World in World Wars: Experiences, Perceptions and Perspectives from Africa and Asia* (Leiden: Brill),

Lindberg, S. (2006), *Democracy and Elections in Africa* (Baltimore, MD: Johns Hopkins University Press).

Louw-Vaudran, L. (2016), *Super Power or Neo-colonialist: South Africa in Africa* (Cape Town: Tafelberg).

Lovejoy, P. (2012), *Transformations in Slavery: A History of Slavery in Africa* (Cambridge: Cambridge University Press).

Lovejoy, P. & Richardson, D. (2002), 'The initial "crisis of adaptation": The impact of British abolition on the Atlantic Slave trade in West Africa, 1808–1820', in Law, R. (ed), *From Slave Trade to 'Legitimate' Commerce: The Commercial Transition in Nineteenth-Century West Africa* (Cambridge: Cambridge University Press).

Lunn, J. (1999), *Memoirs of the Maelstrom: A Senegalese Oral History of the First World War* (Portsmouth: Heinemann).

Mahajan, V. (2008) *Africa Rising: How 900 Million African Consumers Offer More than You Think* (Upper Saddle River, NJ: Wharton School Pub).

Maltz, G. (2007), 'The case for presidential term limits', *Journal of Democracy*, 18, 1, pp. 128–142.

Mamdani, M. (2001), *When Victims Become Killers: Colonialism, Nativism, and the Genocide in Rwanda* (Princeton, NJ: Princeton University Press).

Manning, P. (1983), 'Contours of slavery and social change in Africa', *The American Historical Review*, 88, 4, pp. 835–857.

Manning, P. (2010), *The African Diaspora: A History Through Culture* (New York: Columbia University Press).

Mano, W., Knorpp, B. & Agina, A. (2017), *African Film Cultures: Contexts of Creation and Circulation* (Newcastle: Cambridge Scholars Publishing).

Marshall, R. (2009), *Political Spiritualities: The Pentecostal Revolution in Nigeria* (Chicago, IL: The University of Chicago Press).

Martinez, M. & Mlachila, M. (2013), *IMF Working Paper 13/53: The Quality of the Recent High-Growth Episode in Sub-Saharan Africa*, https://www.imf.org/external/pubs/ft/wp/2013/wp1353.pdf (accessed 3 March 2016).

Mazrui, A. (1969), 'European exploration and Africa's self-discovery', *The Journal of Modern African Studies*, 7, 4, pp. 661–676.

Mazrui, A. (2005), 'The re-invention of Africa: Edward said, V. Y. Mudimbe, and Beyond', *Research in African Literatures*, 36, 3, pp. 68–82.

Mazrui, A. (2009), 'Preface: Comparative Africanity – blood, soil and ancestry' in Adibe, J. (ed), *Who is an African? Identity, Citizenship and the Making of the Africa-Nation* (London: Adonis & Abbey Publishers).

Mazrui, A. & Tidy, M. (1984), *Nationalism and New States in Africa* (London: Heinemann Educational).

Mbeki, T. (2001), 'The African Renaissance: Africans defining themselves', speech at the University of Havana, Cuba, 27 March, www.sahistory.org.za/archive/address-president-thabo-mbeki-university-havana-cuba-27-march-2001 (accessed 14 June 2017).

McGowan, P. (2003), 'African military coups d'état, 1956–2001: Frequency, trends and distribution', *The Journal of Modern African Studies*, 41, 3, pp. 339–370.

Meade, J. (1961), *The Economic and Social Structure of Mauritius: Report to the Governor of Mauritius* (London: Methuen).

Meny-Gibert, S. & Chiumia, S. (2016), *Where do South Africa's international migrants come from?*, https://africacheck.org/factsheets/geography-migration/

Meredith, M. (2005), *The State of Africa: A History of the Continent Since Independence* (London: Free Press).

Meredith, M. (2006), *The Fate of Africa: From the Hopes of Freedom to the Heart of Despair* (New York: Public Affairs).

Meredith, M. (2007), *Diamonds, Gold and War: The Making of South Africa* (London: Pocket).

Ministry of Foreign Affairs, Japan (2015), *Diplomatic Bluebook 2015*, www.mofa.go.jp/policy/other/bluebook/2015/html/chapter2/c020701.html (accessed 23 July 2017).

Mkandawire, T. & Soludo, C. (1999) *Our Continent, Our Future: African Perspectives on Structural Adjustment* (Ottawa, CA: Council for the Development of Social Science Research in Africa).

Mo Ibrahim Foundation (2016), *2016 Mo Ibrahim Index of good governance: A decade of African governance 2006–2015*, http://mo.ibrahim.foundation/iiag/downloads/ (accessed 14 August 2018).

Mo Ibrahim Foundation (2017), *Africa at a tipping point. 2017 forum report*.http://s.mo.ibrahim.foundation/u/2017/11/21165610/2017-IIAG-Report.pdf

Moghalu, K. (2014), *Emerging Africa: How the Global Economy's 'Last Frontier' Can Prosper and Matter* (London: Penguin Books).

Mohan, G. (2000), *Structural Adjustment: Theory, Practice and Impacts* (New York: Routledge).

Morgan, A. (2013), *Music, Culture and Conflict in Mali* (Copenhagen: Freemuse).

Moyo, A. (2001), 'Religion in Africa', in Gordon, A. & Gordon, D. (eds), *Understanding Contemporary Africa* (Boulder, CO: Lynne Rienner).

MSF (2014), *Pushed to the limit and beyond*, https://www.msf.org.uk/sites/uk/files/ebola_-_pushed_to_the_limit_and_beyond.pdf (accessed 3 July 2017).

Mudimbe, V. (1988), *The invention of Africa: Gnosis, Philosophy, and the Idea of Knowledge* (Bloomington, IN: Indiana University Press).

Mueller, J. (2000), 'The banality of "ethnic war"', *International Security*, 25, 1, pp. 42–70.

Nasson, B. (2011), *The Boer War: The Struggle for South Africa* (Stroud: History Press).

Ndegwa, S. (1996), *The Two Faces of Civil Society: NGOs and Politics in Africa* (West Hartford, CT: Kumarian Press).

Nellis, J. (1986), *Public Enterprises in Sub-Saharan Africa* (Washington, DC: World Bank).

NEPAD (2001), *The New Partnership for Africa's Development*.

NEPAD (2003), *The African Peer Review Mechanism: Base Document*.

Neslen, A. (2015), 'Morocco poised to become a solar superpower with launch of desert mega-structure', *The Guardian*, 26 October.

New York Times (2013), 'China finds resistance to oil deals in Africa', 17 September.

Ngũgĩ wa Thiong'o (1986), *Decolonising the Mind: The Politics of Language in African Literature* (London: Heinemann Educational).

Nkrumah, K. (1965), *Neo-colonialism: The Last Stage of Imperialism* (London: Panaf LTD).

Nugent, P. (2012), *Africa Since Independence* (Basingstoke: Palgrave Macmillan).

Nunn, N. (2008), 'The long-term effects of Africa's slave trades', *The Quarterly Journal of Economics*, 123, 1, pp. 139–176.

Nyerere, J. (1968), *Ujamaa: Essays on Socialism* (Dar es Salaam: Oxford University Press).

OAU (1963), *OAU Charter*.

OAU (1980), *Lagos Plan of Action*.

OAU (1991), *Abuja Treaty*.

Obi, C. (2009), 'Economic community of West African states on the ground: Comparing peacekeeping in Liberia, Sierra Leone, Guinea Bissau, and Côte d'Ivoire', *African Security*, 2, pp. 119–135.

OECD (2016), *Youth unemployment rate*, https://data.oecd.org/unemp/youth-unemployment-rate.htm (accessed 6 June 2017).

Okpewho, I., Boyce Davies, C. & Mazrui, A. (2001), *The African Diaspora: African Origins and New World Identities* (Bloomington, IN: Indiana University Press).

Oliver, R. (2001), *Medieval Africa, 1250–1800* (Cambridge: Cambridge University Press).

Oliver, R. & Sanderson, G. (eds) (1985), *Cambridge History of Africa, Vol. 6: From 1870 to 1905* (Cambridge: Cambridge University Press).

Olsen, G. (1998), 'Europe and the promotion of democracy in post-Cold War Africa: How serious is Europe and for what reason?', *African Affairs*, 97, pp. 343–67.

O'Toole, T. (1986), *The Central African Republic: The Continent's Hidden Heart* (Boulder, CO: Westview Press).

Oxfam (2013), *Make Poverty History, and G8 Promises – Was It All Really Worth It?*

Oxfam (2017), *A climate in crisis: How climate change is making drought and humanitarian disaster worse in East Africa.*

Parnell, S. & Pieterse, E. (2014), *Africa's Urban Revolution* (London: Zed Books).

Patterson, T. & Kelley, R. (2000), 'Unfinished migrations: Reflections on the African Diaspora and the making of the modern world', *African Studies Review*, 43, 1, pp. 11–45.

Pearce, R. (1984), 'The colonial office and planned decolonization in Africa', *African Affairs*, 83, 330, pp. 77–93.

Pew Research Centre (2017), *African immigrant population in US steadily climbs*, www.pewresearch.org/fact-tank/2017/02/14/african-immigrant-population-in-u-s-steadily-climbs/ (accessed 21 June 2018).

Pitsiladis, Y., Bale, J., Sharp, C. & Noakes, T. (eds) (2007), *East African Running: Toward a Cross-Disciplinary Perspective* (Abingdon: Routledge).

Posner, D. & Young, D. (2007), 'The institutionalization of political power in Africa', *Journal of Democracy*, 18, 3, pp. 126–140.

Prunier, G. (2005a), *The Rwanda Crisis: History of a Genocide* (London: Hurst).

Prunier, G. (2005b), *Darfur: The Ambiguous Genocide* (London: Hurst).

Prunier, G. (2009), *Africa's World War: Congo, the Rwandan Genocide, and the Making of a Continental Catastrophe* (Oxford: Oxford University Press).

PWC (2015), *From fragile to agile. Africa oil & gas review. Report on current developments in the oil & gas industry in Africa*, https://www.pwc.co.za/en/assets/pdf/oil-and-gas-review-2015.pdf

Radelet, S. (2010), *Emerging Africa: How 17 Countries Are Leading the Way* (Baltimore, MD: Center for Global Development).

Radi-Aid, www.rustyradiator.com/

Raleigh, C. (2014), 'Political hierarchies and landscapes of conflict across Africa', *Political Geography*, 42, pp. 92–103.

Raleigh, C. (2016), 'Pragmatic and promiscuous: Explaining the rise of competitive political militias across Africa', *Journal of Conflict Resolution*, 60, 2, pp. 283–310.

Randall, V. & Svåsand, L. (2002), 'Political parties and democratic consolidation in Africa', *Democratization*, 9, 3, pp. 30–52.

Ranger, T. (1993), 'The invention of tradition in colonial Africa', in Hobsbawm, E. & Ranger, T. (eds) *The Invention of Tradition* (Cambridge: Cambridge University Press).

Reed, W. (1998), 'Guerrillas in the midst: The former government of Congo-Zaire', in Clapham, C. (ed), *African Guerrillas* (Oxford: James Currey).

Reno, W. (1998), *Warlord Politics and African States* (London: Lynne Rienner Publishers).

Reno, W. (2007), 'Patronage politics and the behaviour of armed groups', *Civil Wars*, 9, 4, pp. 324–342.

Reyntjens, F. (2009), *The Great African War: Congo and Regional Geopolitics, 1996–2006* (Cambridge: CUP).

Reyntjens, F. (2016), 'The struggle over term limits in Africa: A new look at the evidence', *Journal of Democracy*, 27, 3, pp. 61–68.

Robertson, C. & Okonjo-Iweala, N. (2012), *The Fastest Billion: The Story Behind Africa's Economic Revolution* (London: Renaissance Capital).

Robinson, R. & Gallagher, J. (1961), *Africa and the Victorians: The Official Mind of Imperialism* (London: Macmillan).

Rodney, W. (1966), 'African slavery and other forms of social oppression on the upper guinea coast in the context of the Atlantic slave-trade', *The Journal of African History*, 7, 3, pp. 431–443.

Rodney, W. (1972), *How Europe Underdeveloped Africa* (Washington, DC: Howard University Press).

Ross, M. (1999), 'The political economy of the resource curse', *World Politics*, 51, 2, pp. 297–322.

Rotberg, R. (2013), *Africa Emerges* (Cambridge: Polity Press).

SAFLII (2015), *Budget of the African Union for the 2016 Financial Year*, www.saflii.org/au/AUDECISIONS/2015/19.pdf (accessed 24 July 2017).

Samson, A. (2012), *World War I in Africa : The Forgotten Conflict among the European Powers* (London: I.B.Tauris).

Sanderson, G., N. (1985), 'The European partition of Africa: Origins and dynamics', Roland O. & Sanderson, G. (eds), *The Cambridge History of Africa. Volume 6 – From 1870 to 1905.* (Cambridge: Cambridge University Press).

Sardar, Z. (1999), 'Development and the locations of Eurocentrism', in Munck, R. & O'Hearn, P. (eds), *Critical Development Theory: Contributions to a New Paradigm* (London: Zed Books).

Sarkin, J. (2011), *Germany's Genocide of the Herero: Kaiser Wilhelm II, His General, His Settlers, His Soldiers* (Cape Town: University of Cape Town Press).

Schumacher, E. (1975), *Politics, Bureaucracy, and Rural Development in Senegal* (Berkeley, CA: University of California Press).

Scott, S. (2004), 'How many perpetrators were there in the Rwandan genocide? An estimate', *Journal of Genocide Research*, 6, 1, pp. 85–98.

Shaka. F. (2004), *Modernity and the African Cinema* (Trenton, NJ: Africa World Press).

Shepard, T. (2006), *The Invention of Decolonization: The Algerian War and the Remaking of France* (Ithaca, NY: Cornell University Press).

Shivji, I. (2007), *Silences in NGO Discourse: The role and Future of NGOs in Africa* (Nairobi: Fahamu).

Shipway, M. (2007), *Decolonization and its Impact: A Comparative Approach to the End of the Colonial Empires* (Oxford: Blackwell).

Shillington, K. (2012), *History of Africa* (Palgrave Macmillan).

Shubin, V. (2008), *The Hot 'Cold War': The USSR in Southern Africa* (London: Pluto Press).

Soares, B. (2009), 'An Islamic social movement in contemporary West Africa: NASFAT of Nigeria', in Ellis, S. & van Kessel, I. (eds), *Movers and Shakers: Social Movements in Africa* (Leiden: Brill).

Stockwell, J. (1979), *In Search of Enemies* (London: Futura Publications).

Stoecker, H. (1986), *German Imperialism in Africa* (London: C. Hurst).

Storey, A. (2009), 'Measuring Human Development' in McCann, G. & McCloskey, S. (eds), *From the Local to the Global: Key Issues in Development Studies* (London: Pluto).

Strachan, H. (2004), *The First World War in Africa* (Oxford: Oxford University Press).

Straus, S. (2004), 'How many perpetrators were there in the Rwandan genocide? An estimate', *Journal of Genocide Research*, 6, 1, pp. 85–98.

Stuart, L. (2013), T*he South African Non-profit Sector: Struggling to Survive, Needing to Thrive*, www.ngopulse.org/article/south-african-nonprofit-sector-struggling-survive-needing-thrive, (accessed 7 June 2017).

Sun, Yun (2014), *Africa in China's Foreign Policy*, www.brookings.edu/~/media/Research/Files/Papers/2014/04/africa-china-policy-sun/Africa-in-China-web_CMG7.pdf?la=en (accessed 14 May 2017).

Suri, T. & William, J. (2016), 'The long-run poverty and gender impacts of mobile money', *Science*, 354, 6317, pp. 1288–1292.

The Economist (2000), 'Hopeless Africa', 11 May.

The Economist (2011), 'The hopeful continent: Africa rising', 3 December.

The Economist (2011a), 'Now for the hard part', 3 February.

The Economist (2013), 'Lurching ahead', 13 April.

The Lancet (2014), 'Global, regional, and national prevalence of overweight and obesity in children and adults during 1980–2013: A systematic analysis for the Global Burden of Disease Study 2013' Volume 384, Issue 9945, pp. 766–781, August 30, 2014.

Thomas, M., Butler, L. & Moore, B. (2015), *Crises of Empire: Decolonization and Europe's Imperial States* (London: Bloomsbury).

Thompson, A. (2007), *The Media and the Rwanda Genocide* (London: Pluto Press).

Thompson, V. (1964), 'The Ivory Coast', in Carter, G. (ed), *African One-Party States* (New York: Cornell University Press).

Thornton, J. (1998), *Africa and Africans in the Making of the Atlantic World, 1400–1800* (Cambridge: Cambridge University Press).

Time Magazine (1994), 'Descent into Mayhem', 18 April.

Trans-Atlantic Slave Trade Database, www.slavevoyages.org/tast/index.faces.

Trevor-Roper, H. (1964), *Rise of Christian Europe* (New York: Harcourt, Brace & World).

Triulzi, A. & McKenzie, R. (2013), *Long Journeys. African Migrants on the Road* (Leiden: Brill).

Turner, T. (2007), *The Congo Wars: Conflict, Myth and Reality* (London: Zed Books).

UIS (2012), 'School and teaching resources in Sub-Saharan Africa', *UIS Information Bulletin*, no.9.

UN (2002), '*Final Report of the Panel of Experts on the Illegal Exploitation of Natural Resources and Other Forms of Wealth of the Democratic Republic of the Congo*'.

UN (2015), *Framework for Climate Change: Adoption of the Paris Agreement*.

UN (2016), 'World Population Prospects: The 2015 Revision', Department of Economic and Social Affairs, Population Division, https://esa.un.org/unpd/wpp/DataQuery/ (accessed 3 July 2016).

UN (2017), *Department of Economic and Social Affairs, Population Division*, 'World Population Prospects: The 2017 Revision'.

UN (2017a), *Peacekeeping Fact Sheet*, www.un.org/en/peacekeeping/resources/statistics/factsheet.shtml (accessed 24 July 2017).

UN (2017b), *More than $350 million pledged for refugees in Uganda*, https://www.un.org/apps/news/story.asp?NewsID=57050#.WXcJEoTyupr (accessed 12 July 2017).

UN (2018), *International Migration Stock: 2017 Revision*.

UNAIDS (2016), *Global Aids Update*.

UNCTAD (2015), *Building the African Continental Free Trade Area* (New York: United Nations).

UNCTAD (2016), *Handbook of Statistics 2016* (New York: United Nations).

UNECA (1989), *Economic Report on Africa, 1989* (Addis Ababa: Economic Commission for Africa).

UNECA (2015), *Intra-African Trade and Africa Regional Integration Index*, https://www.uneca.org/sites/default/files/uploaded-documents/RITD/2015/

CRCI-Oct2015/intra-african_trade_and_africa_regional_integration_index.pdf (accessed 15 June 2017).

UNECA (2016), *Transformative Industrial Policy for Africa* (Addis Ababa: Economic Commission for Africa).

UNESCO (2012), *World Atlas of Gender Equality in Education*.

UNESCO (2015), *Education for All 2000–2015: Achievements and Challenges*.

UNHCR (2016), *'Refugee' or 'migrant' – Which is right?*, www.unhcr.org/uk/news/latest/2016/7/55df0e556/unhcr-viewpoint-refugee-migrant-right.html

UNHCR (2017), *Global Trends: Forced displacement in 2016*, www.unhcr.org/uk/statistics/unhcrstats/5943e8a34/global-trends-forced-displacement-2016.html

UNHDR (2015), *Human Development Report*, http://report.hdr.undp.org/

UNDP (2012), *Mobile technologies and empowerment: Enhancing human development through participation and innovation*, www.undp.org/content/undp/en/home/librarypage/democratic-governance/access_to_informationande-governance/mobiletechnologiesprimer.html

UNDP (2015), *The Millennium Development Goals Report 2015*, www.un.org/millenniumgoals/2015_MDG_Report/pdf/MDG%202015%20rev%20(July%201).pdf (accessed 9 July 16).

UNDP (2016), *Human Development Report 2016. Human Development for Everyone*.

UN-Habitat (2010), *The State of African Cities 2010: Governance, Inequalities and Urban Land Markets*.

United Nations University (2016), *'Like it or not, poor countries are increasingly dependent on mining and oil & gas'*, https://www.wider.unu.edu/publication/it-or-not-poor-countries-are-increasingly-dependent-mining-and-oil-gas

Uvin, P. (1997), 'Prejudice, Crisis, and Genocide in Rwanda', *African Studies Review*, 40, 2, pp. 91–115.

Vale, P. & Maseko, S. (1998), 'South Africa and the African Renaissance', *International Affairs*, 74, 2, pp. 271–287.

van de Walle, N. (2001), *African Economies and the Politics of Permanent Crisis, 1979–1999* (Cambridge: Cambridge University Press).

Vandervort, B. (1998), *Wars of Imperial Conquest in Africa, 1830-1914* (Bloomington, IN: Indiana University Press).

van Dijk, M.P. (2009), *The New Presence of China in Africa* (Amsterdam: Amsterdam University Press).

Vansina, J. (1990), *Paths in the Rainforests: Toward a History of Political Tradition in Equatorial Africa* (Madison, WI: University of Wisconsin Press).

van Walraven, K. (1999), *Dreams of Power: The Role of the Organization of African Unity in the Politics of Africa, 1963–1993* (Aldershot: Ashgate).

Vencovsky, D. (2007), 'Presidential term limits in Africa', *Conflict Trends*, 2, pp. 15–21.

Wali, O. (1963), 'The Dead End of African Literature?', *Transition*, 10, pp. 13–15.

Westad, O. (2007), *The Global Cold War: Third World Interventions and the Making of Our Times* (Cambridge: Cambridge University Press).

White, B. (2008), *Rumba Rules: The Politics of Dance Music in Mobutu's Zaire* (London: Duke University Press).

WHO (2014a), *World Malaria Report 2014*.

WHO (2014b), *Statement on the 1st meeting of the IHR Emergency Committee on the 2014 Ebola outbreak in West Africa*, www.who.int/mediacentre/news/statements/2014/ebola-20140808/en/

WHO (2016a), *World Malaria Report 2016*.

WHO (2016b), *Ebola data and statistics*, 11 May 2016, http://apps.who.int/gho/data/view.ebola-sitrep.ebola-summary-latest?lang=en

Widner, J. (1992), *The Rise of a Party-State in Kenya: From 'Harambee!' to 'Nyayo!'* (Berkeley: University of California Press).

Williams, D. & Young, T. (2012), 'Civil society and the liberal project in Ghana and Sierra Leone', *Journal of Intervention and State Building*, 6, 1, pp. 7–22.

Williams, G. (1994), 'Why structural adjustment is necessary and why it doesn't work', *ROAPE*, 21, 60, pp. 214–225.

Williams, P. (2007), 'From non-intervention to non-indifference: The origins and development of the African Union's security culture', *African Affairs*, 106, 423, pp. 253–279.

Williams, P. (2016), *War and Conflict in Africa* (Cambridge: Polity).

Williams, P. & Boutellis, A. (2014), 'Partnership peacekeeping: Challenges and opportunities in the United Nations–African Union Relationship', *African Affairs*, 113, 451, pp. 254–278.

World Bank (1980), *World Bank Development Report 1980* (Washington, DC: World Bank).

World Bank (1984), *World Bank Development Report: Recovery or Relapse in the World Economy?* (Washington, DC: Oxford University Press).

World Bank (1989), *Sub-Saharan Africa: From Crisis to Sustainable Growth: A Long-Term Perspective Study* (Washington, DC: World Bank).

World Bank (1990), *World Development Report: Poverty* (New York: Oxford University Press).

World Bank (1994), *Adjustment in Africa: Reforms, Results, and the Road Ahead* (Washington, DC: World Bank).

World Bank (2000), *African Development Indicators* (Washington, DC: World Bank).

World Bank (2008), *Improving Trade and Transport for Landlocked Developing Countries* (Washington, DC: World Bank).

World Bank (2015), *Development Indicators*, http://data.worldbank.org/data-catalog/world-development-indicators (accessed 5 May 2015).

World Bank (2016a), *Digital Dividends 2016 Report* (Washington, DC: World Bank).

World Bank (2016b), *Annual Report, 2016* (Washington, DC: World Bank).

World Bank (2017), Access to electricity (% of population), https://data.worldbank.org/indicator/EG.ELC.ACCS.ZS?page=5

Young, C. (1982), *Ideology and Development in Africa* (New Haven, CT: Yale University Press).

Young, C. (1988), 'The African colonial state and its political legacy' in Rothchild, D. & Chazan, N. (eds), *The Precarious Balance: State and Society in Africa* (Boulder, CO: Westview).

Young, C. (1994), *The African Colonial State: In Comparative Perspective* (New Haven, CT: Yale University Press).

Young, C. (2012), *The Postcolonial State in Africa: Fifty Years of Independence, 1960–2010* (Madison: University of Wisconsin Press).

Zeilig, L., Larmer, M. & Dwyer, P. (2012), 'An epoch of uprisings: Social movements in post-colonial Africa, 1945–98', *Socialist History*, 40, pp.1–24.

Zeleza, P. (2008), 'The challenges of studying the African diasporas', *African Sociological Review*, 12, 2, pp. 4–21.

Zimmerer, J. & Zeller, J. (eds) (2008), *Genocide in German South-West Africa: The Colonial War (1904–1908) in Namibia and its Aftermath* (Monmouth: Merlin Press).

Zimmerman, A. (2001), *Anthropology and Antihumanism in Imperial Germany* (Chicago, IL: Chicago University Press).

Zghal, A. (1995), 'The "bread riot" and the crisis of the one-party system in Tunisia', in Mamdani, M. & Wamba-dia-Wamba, E. (eds), *African Studies in Social Movements and Democracy* (Dakar: CODSRIA).

Zolberg, A. (1966), *Creating Political Order: The Party-States of West Africa* (Chicago: Chicago University Press).

보론 참고문헌

김성수 "아프리카 기회의 대륙" 롯데인재개발원, 2019.

김성수 "아프리카의 정치사회적·경제적토대와 지속가능성장에 대한 연구: 중소국가의 정치부패문제를 중심으로" 『평화학연구』 20권 3호 (2019).

서상현 "아프리카 자유무역지대(AfCFTA)출범과 시사점, 『POSRI 이슈페이퍼』, 2019.

손병일 "아프리카에서 캐는 우리수출의 블랙다이아몬드" 이지형 등 『2020년 세계 주요지역별 시장진출전략: 2020 세계시장진출전략』 KOTRA, 2019.

Glaeser, Edward. *Triumph of the City*. NY: Penguin Press, 2011.

Kim, Sungsoo "Public Private Partnership: Korean Experiences" KSC-UDBS Forum at University of Dar Es Salaam, 2019.

Kim, Sungsoo and Robert Suphian "Official Development Assistance and Economic Growth in East African Countries" *The Journal of Peace Studies*, Vol.18 No. 2, 2017.

Kim, Sungsoo and Haggai Kennedy Ochieng "Cultural Exchange and its Externalities on Korea-Africa Relations: How the Korean Wave affect the Perception and Purchasing Behavior of African Consumers?" *East Asian Economic Review*, Vol.23 No.4, 2019.

찾아보기

A

ANC ☞ 아프리카민족회의 참조
AU ☞ 아프리카연합 참조

B

BDP ☞ 보츠와나민주당 참조

C

COSATU ☞ 남아프리카 노동조합회의 참조
CPP ☞ 회의인민당 참조

E

ECOWAS ☞ 서아프리카경제공동체 참조

F

FIS ☞ 이슬람구국전선 참조
FNLA ☞ 앙골라민족해방전선 참조

I

IDP ☞ 국내 실향민 참조
IMF ☞ 국제통화기금 참조

M

MDC ☞ 민주변화동맹 참조
MDGs ☞ 유엔 새천년개발목표 참조
MPLA ☞ 앙골라해방인민운동 참조
MSF ☞ 국경없는 의사회 참조

N

NEPAD ☞ 아프리카 개발을 위한 신파트너십 참조
NLF ☞ 민족해방전선 참조
NPFL ☞ 라이베리아 민족애국전선 참조

O

OAU ☞ 아프리카통일기구 참조
ODA ☞ 공적개발원조 참조

R

RUF ☞ 혁명연합전선 참조

S

SAPs ☞ 구조조정프로그램 참조

U

UNITA ☞ 앙골라완전독립민족동맹 참조

역자소개

김성수 (skim14@hanyang.ac.kr)

한양대학교 정치외교학과
아메리칸대학교 정치학 학사
매리마운트대학교 인문학 석사
서던캘리포니아대학교(USC) 정치학석사 및 박사

현 한양대학교 정치외교학과 교수
　　유럽-아프리카연구소 소장
　　탄자니아 다르에살렘대학교 한국학연구센터(KSC-UDSM) 코디네이터

한국평화학회 부회장
한국정치학회 대외협력이사 및 특임이사
한국국제정치학회 연구이사
외교부 정책자문위원/민주평통 상임위원/국무총리실 정부업무평가 전문위원/
　　재외동포정책실무위원회 민간위원역임

주요 논저
『새로운 패러다임의 비교정치』(박영사)
『자본주의와 민주주의, 상생의 정치경제학을 위하여』(박영사)
『세계속의 아프리카』(역서, 한양대학교출판부)
『아프리카 기본정보체계 및 파트너쉽 구축』(공저, 우진하우스)
The Role of the Middle Class in Korea Democratization (Jimoondang) 외 다수
그 외 비교정치와 정치경제 그리고 아프리카지역 연구에 관한 논문을 KCI와
　　SSCI에 다수 게재

명인문화사 정치학 관련 서적

정치학 분야

정치학의 이해
Roskin 외 지음 / 김계동 옮김

정치학개론: 권력과 선택, 15판
Shively 지음 / 김계동, 민병오, 윤진표, 이유진
최동주 옮김

비교정부와 정치, 제10판
Hague, Harrop, McCormick 지음 / 김계동,
김 욱, 민병오, 윤진표, 이유진 옮김

정치학방법론
Burnham 외 지음 / 김계동 외 옮김

정치이론   Heywood 지음 / 권만학 옮김

정치 이데올로기: 이론과 실제
Baradat 지음 / 권만학 옮김

민주주의국가이론
Dryzek, Dunleavy 지음 / 김욱 옮김

신자유주의
Cahill, Martijn Konings 지음 / 최영미 옮김

정치사회학
Clemens 지음 / 박기덕 옮김

복지국가: 이론, 사례, 정책   정진화 지음

포커스그룹: 응용조사 실행방법
Krueger, Casey 지음 / 민병오, 조대현 옮김

문화로 읽는 세계
Gannon, Pillai 지음 / 남경희, 변하나 옮김

거버넌스의 정치학: 한국정치의 새로운
패러다임 모색   김의영 지음

한국현대사의 재조명   한국전쟁학회 편

성공하는 리더십의 조건
Keohane 지음 / 심양섭, 이면우 옮김

여성, 권력과 정치
Stevens 지음 / 김영신 옮김

국제관계 분야

국제관계와 세계정치
Heywood 지음 / 김계동 옮김

국제정치경제
Balaam, Dillman 지음 / 민병오 외 옮김

국제기구의 이해: 글로벌 거버넌스의
정치와 과정, 제3판
Karns, Mingst, Stiles 지음 / 김계동, 김현욱,
민병오, 이상현, 이유진, 황규득 옮김

현대외교정책론, 제3판
김계동, 김태효, 유진석 외 지음

외교: 원리와 실제
Berridge 지음 / 심양섭 옮김

세계화와 글로벌 이슈, 제6판
Snarr 외 지음 / 김계동, 민병오, 박영호,
차재권, 최영미 옮김

세계화의 논쟁: 국제관계 접근에서의 찬성과
반대논리, 제2판
Haas, Hird 엮음 / 이상현 옮김

현대 한미관계의 이해
김계동, 김준형, 박태균 외 지음

글로벌 환경정치와 정책
Chasek, Downie, Brown 지음 / 이유진 옮김

핵무기의 정치
Futter 지음 / 고봉준 옮김

비정부기구(NGO)의 이해
Lewis, Kanji 지음 / 최은봉 옮김

한국의 중견국 외교
손열, 김상배, 이승주 외 지음

자본주의   Coates 지음 / 심양섭 옮김

지역정치 분야

동아시아 국제관계
McDougall 지음 / 박기덕 옮김

동북아 정치: 변화와 지속
Lim 지음 / 김계동 옮김

일본정치론
이가라시 아키오 지음 / 김두승 옮김

현대 중국의 이해, 제3판
Brown 지음 / 김흥규 옮김

현대 미국의 이해
Duncan, Goddard 지음 / 민병오 옮김

현대 러시아의 이해
Bacan 지음 / 김진영 외 옮김

현대 일본의 이해
McCargo 지음 / 이승주, 한의석 옮김

현대 유럽의 이해
Outhwaite 지음 / 김계동 옮김

현대 동남아의 이해   윤진표 지음

현대동아시아의 이해
Kaup 편 / 민병오, 김영신, 이상율, 차재권 옮김

미국정치와 정부
Bowles, McMahon 지음 / 김욱 옮김

미국외교정책: 강대국의 패러독스
Hook 지음 / 이상현 옮김

세계질서의 미래
Acharya 지음 / 마상윤 옮김

알자지라 효과
Seib 지음 / 서정민 옮김

일대일로의 국제정치   이승주 편

중일관계
Pugliese & Insisa 지음 / 최은봉 옮김

북한, 남북한 관계 분야

북한의 외교정책과 대외관계: 협상과 도전의
전략적 선택   김계동 지음

북한의 체제와 정책: 김정은시대의 변화와
지속   체제통합연구회 편

북한의 통치체제: 지배구조와 사회통제
안희창 지음

남북한 체제통합론: 이론·역사·경험·정책
김계동 지음

한국전쟁, 불가피한 선택이었나
김계동 지음

한반도 분단, 누구의 책임인가?
김계동 지음

한류, 통일의 바람   강동완, 박정란 지음

안보, 정보 분야

국제안보의 이해: 이론과 실제
Hough, Malik, Moran, Pilbeam 지음 /
고봉준, 김지용 옮김

전쟁과 평화
Barash, Webel 지음 / 송승종, 유재현 옮김

국제안보: 쟁점과 해결
Morgan 지음 / 민병오 옮김

전쟁: 목적과 수단
Codevilla 외 지음 / 김양명 옮김

국가정보: 비밀에서 정책까지
Lowenthal 지음 / 김계동 옮김

국가정보의 이해: 소리없는 전쟁
Shulsky, Schmitt 지음 / 신유섭 옮김

테러리즘: 개념과 쟁점
Martin 지음 / 김계동 외 옮김